高等院校公共基础课系列教材

大学语文与实用写作
（第3版）

主　编　吴满珍　徐江涛
副主编　杨东炜　张筱南
　　　　任秀霞　李海明

清华大学出版社
北　京

内 容 简 介

本书是在第 2 版的基础上，根据党的二十大以来国内高校大学语文与实用写作教学活动中出现的新情况、新进展，精心修订而成的，不仅优化了文学鉴赏作品，还突出了实用写作的应用性。

本书分为三大部分，即文学鉴赏、实用写作和文体知识。其中，文学鉴赏部分，既有传统的经典篇目，也有诺贝尔奖的当代获奖作品，每篇选文都配有题解、文献来源、正文、注释、阅读提示和思考练习，便于师生教与学；实用写作部分，选择了几种常用文体，并精选贴近社会生活的最新例文，帮助学生迅速掌握申论、常用公文、求职信、演讲稿、毕业论文和新媒体稿件等的写作要求和技巧；文体知识部分，综合介绍了几种文学体裁的发展过程及其特点，使学生更好地掌握它们的发展脉络、特点和异同。

本书旨在为教学服务，使学生学以致用，可作为高等院校大学语文与实用写作课程的教材，也可作为文学爱好者的参考书。

本书封面贴有清华大学出版社防伪标签，无标签者不得销售。
版权所有，侵权必究。举报：010-62782989，beiqinquan@tup.tsinghua.edu.cn。

图书在版编目(CIP)数据

大学语文与实用写作 / 吴满珍，徐江涛主编. —3 版. —北京：清华大学出版社，2024.4
高等院校公共基础课系列教材
ISBN 978-7-302-66048-4

Ⅰ.①大… Ⅱ.①吴… ②徐… Ⅲ.①大学语文课—高等学校—教材 ②汉语—应用文—写作—高等学校—教材 Ⅳ.①H1

中国国家版本馆 CIP 数据核字(2024)第 070811 号

责任编辑：王　定
封面设计：周晓亮
版式设计：孔祥峰
责任校对：成凤进
责任印制：刘　菲

出版发行：清华大学出版社
网　　址：https://www.tup.com.cn，https://www.wqxuetang.com
地　　址：北京清华大学学研大厦 A 座　　　邮　编：100084
社 总 机：010-83470000　　　　　　　　　邮　购：010-62786544
投稿与读者服务：010-62776969，c-service@tup.tsinghua.edu.cn
质 量 反 馈：010-62772015，zhiliang@tup.tsinghua.edu.cn
印 装 者：三河市科茂嘉荣印务有限公司
经　　销：全国新华书店
开　　本：185mm×260mm　　印　张：19.25　　字　数：505 千字
版　　次：2013 年 9 月第 1 版　　2024 年 6 月第 3 版　　印　次：2024 年 6 月第 1 次印刷
定　　价：69.80 元

产品编号：106805-01

本书编委会

主　编　吴满珍　　徐江涛

副主编　杨东炜　　张筱南　　任秀霞　　李海明

编　委（排名不分先后）
　　　　　郭瑞芳　　刘卫华　　毛　宁　　金　霞
　　　　　吴竹芸　　郭　凡　　杜　娇　　杨启金
　　　　　何　恬　　黄　辉

前　言

近年来，大学母语教育改革的力度比以往任何时候都要大，有的学校将大学语文课程分解为多门人文素养通识课程供学生自由选修，有的学校则以应用写作课程取代原有的大学语文课程。不论大学母语教育改革带来的变化有多大，大学母语教育承载的使命始终没有变：在关注学生的情操修养和文化素质的培养的同时，还应有助于提高学生的写作、交际和表达等方面的能力。

本书是在第2版的基础上，根据近年来国内高校大学语文与实用写作教学活动中出现的新情况、新进展，精心修订而成的。

本书分为三大部分，即文学鉴赏、实用写作和文体知识。

文学鉴赏部分，既弘扬了中华民族的文化精华，又大胆吸纳了国外优秀文学成果。选文既有传统的经典篇目，也有诺贝尔奖的当代获奖作品。为了更好地培养学生的人文素质和欣赏水平，本书特意在浩如烟海的文学佳作中选取同一作家不同风格的作品或不同流派同一风格的作品。每篇选文都配有题解、文献来源、正文、注释、阅读提示和思考练习，便于教师讲解和学生探究。

实用写作部分，主要培养大学生的母语应用水平，弥补了普通大学语文课程难以兼顾应用文写作的不足。结合教学实际，我们选择了几种常用文体，从文体概念、写作格式、典型例文、写作训练等方面做了简明扼要的阐述，并精选贴近社会生活的最新例文，有利于学生迅速掌握申论、常用公文、合同、求职信、计划、市场调查报告、总结、演讲稿、毕业论文、新媒体写作等方面的写作要求和技巧。每种文体后面还附有写作训练，供学生思考和实践。

文体知识部分，综合介绍了几种文学体裁的发展过程及其特点，使学生既能从宏观角度掌握文体发展脉络，又可从微观方面了解各种文体的特点和异同。

本版次的修订主要体现在文学鉴赏更加精要，实用写作与时俱进，选文和写作训练进行了相应更新，更加符合实际应用的需要。

以上种种努力旨在为教学服务，使学生学以致用。由于各个学校的教育对象、教学条件存在一定的差异，所以教师在使用本书时可因地制宜、因材施教，灵活处理，以求达到最佳教学效果。

本书各篇目的解析、例文的选用，有借用其他作品的地方，难以一一注明，特向各位专家致谢！

书中难免存在一些纰漏，敬请广大读者不吝赐教，以便日后修改完善。对关心和支持本书的专家、同仁，深致谢意！

本书免费提供教学课件，读者可扫描下方二维码获取。

教学课件

编　者

2024 年 2 月

目 录

第一部分　文学鉴赏

采薇 …… 1	抄检大观园(节选) …… 59
郑伯克段于鄢 …… 3	伤逝 …… 64
苏秦始将连横 …… 6	今 …… 75
论语(六则) …… 9	炉中煤 …… 76
人皆有不忍人之心 …… 11	念奴娇·昆仑 …… 78
秋水 …… 12	沙扬娜拉 …… 79
国殇 …… 15	七子之歌 …… 80
上邪 …… 16	寻梦者 …… 84
垓下之围 …… 17	箓竹山房 …… 85
癸卯岁始春怀古田舍(其二) …… 20	日出(节选) …… 91
山居秋暝 …… 22	论快乐 …… 96
西上莲花山 …… 23	生命的三分之一 …… 99
梁甫吟 …… 25	受戒 …… 101
月夜 …… 27	天堂与地狱 …… 113
登高 …… 28	神雕重剑 …… 116
祭十二郎文 …… 29	陈奂生上城 …… 122
秋词二首 …… 32	听听那冷雨 …… 129
长恨歌 …… 33	错误 …… 134
锦瑟 …… 38	永远的尹雪艳 …… 135
八声甘州 …… 39	神女峰 …… 143
定风波 …… 41	十八岁出门远行 …… 145
江城子 …… 42	亚洲铜 …… 150
渔家傲 …… 43	棋王 …… 151
永遇乐 …… 44	论美 …… 154
关山月 …… 46	给克恩 …… 155
钗头凤 …… 47	半张纸 …… 156
贺新郎 …… 49	米龙老爹 …… 159
摸鱼儿 …… 50	一个官员之死 …… 164
长亭送别 …… 52	飞鸟集(节选) …… 166
胭脂 …… 55	警察和赞美诗 …… 169

当你老了……173	哑爱……185
我为什么而活着……175	等待戈多(节选)……189
变形记(节选)……176	

第二部分　实用写作

第一节　申论……199
　　一、申论的含义和特点……199
　　二、申论考试的考查目标……199
　　三、申论的写作方法……202
第二节　常用公文……208
　　一、公文的概念、种类和格式……208
　　二、公文的结构……208
　　三、常用公文的写法……209
第三节　合同……216
　　一、合同的概念、性质和类型……216
　　二、合同的行文格式与基本内容……217
第四节　求职信……227
　　一、求职信的性质和作用……227
　　二、求职信的写作格式和主要内容……227
　　三、写作要求……229
第五节　计划……233
　　一、计划的含义和类型……233
　　二、计划的特点……233
　　三、计划的写作格式……234
　　四、写作要求……236
第六节　市场调查报告……244
　　一、市场调查报告的概念……244
　　二、市场调查的目的与意义……244
　　三、市场调查的内容……245

　　四、行文格式……245
　　五、写作要求……246
第七节　总结……250
　　一、总结的含义、类型和特点……250
　　二、总结的写作格式……251
　　三、写作要求……253
第八节　演讲稿……258
　　一、演讲稿的含义、种类和特点……258
　　二、演讲稿的写作格式……259
　　三、写作要求……260
第九节　毕业论文……262
　　一、毕业论文的概念……262
　　二、毕业论文的特点……262
　　三、毕业论文的写作流程……263
　　四、毕业论文的格式……264
　　五、毕业论文的基本写作要求……265
第十节　新媒体写作……269
　　一、新媒体的概念……269
　　二、新媒体的类别……270
　　三、网络新闻写作……270
　　四、微博写作……276
　　五、微信公众号写作……278
　　六、小红书写作……281

第三部分　文体知识

第一节　记叙文概说……283
　　一、叙述……284
　　二、描写……284
　　三、抒情……285
　　四、议论……285
第二节　论说文概说……285
　　一、议论文……286
　　二、说明文……287

第三节　诗词曲赋概说……288
　　一、诗……288
　　二、词……290
　　三、曲……292
　　四、赋……293
第四节　书信概说……294
第五节　小说概说……295

第一部分

文学鉴赏

采 薇

《诗经》

【题解】

《诗经》是我国最早的一部诗歌总集,收录了自西周初年至春秋中叶五百多年间的诗歌305篇,分为"风""雅""颂"三部分。"风"即国风,共160篇,是今陕西、山西、山东、河北、湖北等地的民间歌谣。"雅",共105篇,是周王朝直接统治地区的乐歌,又分"大雅"和"小雅"。"颂",共40篇,是统治者用于祭祀的乐歌。

《诗经》题材广泛,或反映周部族的发展历程,或揭露社会的黑暗和统治者的罪恶,或表达人民反抗压迫、渴望和平的愿望,或描写爱情、婚姻等,可以说是一部卓越的现实主义历史作品。

《诗经》大多为四言句式,章节回环复沓,一唱三叹,多用赋、比、兴的艺术手法;风格自然朴素,生活气息浓厚;语言质朴优美,音节和谐明快,极富感染力,对后世文学产生了广泛而深远的影响。

【文献来源】

诗经[M]. 程俊英, 蒋见元, 注译. 长沙: 岳麓书社, 2001: 157.

采薇采薇,薇亦作止[1]。曰归曰归,岁亦莫止[2]。靡室靡家,狁之故[3]。不遑启居,狁之故[4]。

采薇采薇,薇亦柔止[5]。曰归曰归,心亦忧止。忧心烈烈,载饥载渴[6]。我戍未定,靡使归聘[7]。

采薇采薇,薇亦刚止[8]。曰归曰归,岁亦阳止[9]。王事靡盬,不遑启处[10]。忧心孔疚,我行不来[11]!

彼尔维何？维常之华[12]。彼路斯何？君子之车[13]。戎车既驾，四牡业业[14]。岂敢定居？一月三捷[15]。

驾彼四牡，四牡骙骙[16]。君子所依，小人所腓[17]。四牡翼翼，象弭鱼服[18]。岂不日戒，狁孔棘！

昔我往矣，杨柳依依。今我来思，雨雪霏霏[19]。行道迟迟，载渴载饥[20]。我心伤悲，莫知我哀！

【注释】

[1] 薇：野生豆科植物，可食。作：生,指刚生出来。止：语气助词。

[2] 曰：语气助词。莫：同"暮"。

[3] 靡：无。狁(xiǎn yǔn)：一作"猃狁"，我国古代北方的一个民族。西周时称狁，春秋时称北狄，秦、汉时称匈奴。

[4] 不遑：不暇。启：跪，危坐。居：安坐，安居。

[5] 柔：柔嫩。

[6] 烈烈：炽烈。载饥载渴：又饥又渴。

[7] 聘：问，问候。

[8] 刚：指薇菜将老而坚硬。

[9] 阳：十月为阳。今犹称农历十月为"小阳春"。

[10] 靡盬(gǔ)：无止息。启处：休整，休息。

[11] 孔：甚，很。疚：病，苦痛。行：出征。来：返，归，一说"来"(lài)，作"慰抚"解。不来：无人慰问。

[12] 尔：花盛开的样子。维：是。常：常棣，一作"棠棣"。华：通"花"。

[13] 路：借作"辂"，大车。斯何：即"维何"。斯：语气助词，无实义。君子：指将帅。

[14] 牡：雄马。业业：健壮的样子。

[15] 定居：指安居。捷：胜，一说捷为"接"的假借字，谓接战，交战。

[16] 骙(kuí)骙：威武，强壮。

[17] 腓(féi)：庇，掩护。

[18] 翼翼：整饬的样子。形容四匹马训练有素。象弭(mǐ)：以象牙为饰的弓弭。弭：弓两端攀弦处，饰以骨角。鱼服：鱼皮制作的箭袋。

[19] 思：语气助词。霏霏：雪花纷落的样子。

[20] 迟迟：迟缓。

【阅读提示】

《采薇》一诗用兵士的口吻，在战罢归来的途中，追述戍边作战的苦况。作者用倒叙的手法，以一连串的回忆镜头再现从军生活的艰苦，表达士兵们久戍不归的思乡之情，通过痛定思痛的反思多层次地表现行役之苦，所以这首诗被称为边塞诗的鼻祖。

关于这首诗的主题，人们有不同的理解。有人认为这首诗具有爱国主义思想，旨在歌颂士兵为保家卫国而英勇作战的精神；也有人认为这首诗的主题在于反战，表现士兵们对战争的厌倦；还有人认为这首诗既体现了士兵们保家卫国的爱国精神，又表达了他们久戍不归的思乡之情。结合全诗的内容来看，本书认为最后一种说法更切合实际。

这首诗可分为三大部分。第一、二、三章为第一部分，主要写戍边战士饥寒交迫、动荡不安的生活和他们对家乡、亲人的殷切思念。第四、五章为第二部分，直接描述了军旅生活和战斗的场面。第六章为第三部分，写归途中的感触和悲伤的心情。

第一部分都以"采薇"起兴，用复叠的章法来表现戍边生活。因为狁之缘故，战士们有家不能归，生活动荡不安，饥寒交迫，于是，对故乡和亲人的思念之情就格外浓烈。但边患未平，归期无望，于是"忧心烈烈""忧心孔疚"。第二部分直接追忆战斗场面。"一月三捷""岂不日戒"，极言紧张无暇。以叠词"业业""骙骙""翼翼"来形容战马，"四牡"说明战马数量为偶数，叠词与成偶数的战马，形式与内容契合一致。第三部分，"昔我往矣，杨柳依依。今我来思，雨雪霏霏"被推为千古名句。"依依"二字既状杨柳之貌，袅娜、飘逸、修美，又状惜别之情，恋恋不舍，难以分别。"杨柳依依"应是良辰美景，而此时，"我"却要去从军服役，"古来征战几人回"，前程难料，凶吉未卜，不胜忧愁。以乐景来写哀情，倍增其哀。

《采薇》在写作上也颇具特色，起兴手法的运用，线性的时间描述，将"他物"与"所咏之词"紧密联系在一起，尤其通过时间的递进，暗示了周人对战争的厌恶和反感与日俱增。客观之景与主观之情浑融无间，并以景衬情，使情更为强烈。复叠的章法，变化与重复相结合，起到了一唱三叹、荡气回肠的抒情效果。此外，结构上倒叙，运用叠字抒情状物，也给诗作增色不少。

【思考练习】
1. 分析本诗第一部分的起兴手法及其表达效果。
2. 解释下列加点的字：
   薇亦作止　曰归曰归　岁亦莫止　忧心孔疚　彼尔维何　载饥载渴
3. "昔我往矣，杨柳依依。今我来思，雨雪霏霏"被推为千古名句，有何道理？

郑伯克段于鄢

《左传》

【题解】

《左传》是《春秋左氏传》的简称，又名《左氏春秋》，是我国早期的一部编年体历史著作，其作者相传是春秋末年鲁国的史官左丘明。《左传》与公羊高的《公羊传》、穀梁赤的《穀梁传》并称"《春秋》三传"。

《左传》的叙事起于鲁隐公元年（公元前722年），止于鲁哀公二十七年（公元前468年），实际记事到鲁悼公十四年（公元前453年）。该书详细记载了诸侯国之间的争霸或侵夺，以及各诸侯国内部贵族之间的矛盾，对于研究我国古代社会的政治、外交、军事等具有较高的历史价值。同时，它擅长描写战争，记叙线索分明，详略得当，尤其善于通过语言、行动和细节刻画人物，标志着我国叙事文学的重大发展，因而具有较高的文学价值。

【文献来源】

杨华. 左传译注：精编本[M]. 北京：商务印书馆，2015：1-7.

初，郑武公娶于申，曰武姜[1]。生庄公及共叔段[2]。庄公寤生，惊姜氏，故名曰"寤生"，遂恶之[3]。爱共叔段，欲立之。亟请于武公，公弗许[4]。

　　及庄公即位，为之请制[5]。公曰："制，岩邑也[6]。虢叔死焉，佗邑唯命[7]。"请京。使居之，谓之"京城大叔"[8]。

　　祭仲曰："都城过百雉，国之害也[9]。先王之制，大都不过参国之一；中，五之一；小，九之一[10]。今京不度，非制也，君将不堪[11]。"公曰："姜氏欲之，焉辟害[12]？"对曰："姜氏何厌之有[13]？不如早为之所，无使滋蔓[14]。蔓，难图也[15]。蔓草犹不可除，况君之宠弟乎？"公曰："多行不义，必自毙，子姑待之[16]。"

　　既而大叔命西鄙、北鄙贰于己[17]。公子吕曰："国不堪贰，君将若之何？欲与大叔，臣请事之；若弗与，则请除之，无生民心[18]。"公曰："无庸，将自及[19]。"大叔又收贰以为己邑，至于廪延[20]。子封曰："可矣，厚将得众[21]。"公曰："不义不暱，厚将崩[22]。"

　　大叔完聚，缮甲兵，具卒乘，将袭郑[23]。夫人将启之[24]。公闻其期，曰："可矣[25]！"命子封帅车二百乘以伐京[26]。京叛大叔段。段入于鄢，公伐诸鄢[27]。五月辛丑，大叔出奔共[28]。

　　遂寘姜氏于城颍，而誓之曰："不及黄泉，无相见也[29]！"既而悔之。颍考叔为颍谷封人，闻之，有献于公[30]。公赐之食，食舍肉[31]。公问之，对曰："小人有母，皆尝小人之食矣，未尝君之羹，请以遗之[32]。"公曰："尔有母遗，繄我独无[33]！"颍考叔曰："敢问何谓也[34]？"公语之故，且告之悔[35]。对曰："君何患焉[36]？若阙地及泉，隧而相见，其谁曰不然[37]？"公从之。公入而赋："大隧之中，其乐也融融[38]！"姜出而赋："大隧之外，其乐也洩洩[39]！"遂为母子如初。

　　君子曰："颍考叔，纯孝也。爱其母，施及庄公[40]。《诗》曰：'孝子不匮，永锡尔类[41]。'其是之谓乎？"

【注释】

[1] 初：当初。郑武公：庄公之父，姓姬，名掘突，公元前770—前744年在位。"武"是他的谥号，"公"是诸侯的通称。娶于申：从申国娶妻，即娶申国国君的女儿为妻。申：国名，在今河南省南阳市。武姜：姜是其母家之姓，武为其夫谥号。

[2] 庄公：指郑国国君。郑国在今河南省新郑市一带，是伯爵之国，所以称国君为郑伯。庄公在公元前743年即位。共(gōng)叔段：庄公的弟弟，名段。古人按伯、仲、叔、季排行，段在兄弟中排行叔，称叔段，他后来失败出逃共国(在今河南省辉县市)，故称共叔段。

[3] 寤(wù)生：倒着生，就是胎儿出生时脚先出来，即难产。寤：通"牾"，逆，倒着。惊姜氏：使姜氏受了惊吓。遂恶(wù)之：就讨厌他。

[4] 亟(qì)：屡次。弗：不。许：答应。

[5] 制：地名，在今河南省荥阳市东北。

[6] 邑：人群聚居的地方，大小不定。

[7] 虢(guó)叔：东虢国君。制原是东虢属地，东虢被郑武公所灭，制就成为郑地。佗：同"他"。唯命：唯命是从。

[8] 京：邑名，在今河南省荥阳市东南，离郑国都城较近。大："大"同"太"。

[9] 祭(Zhài)仲：郑国大夫。城：城墙。雉(zhì)：计算城墙面积的单位，即长三丈，高一丈为一雉。

[10] 参：同"三"。"参国之一"是"参分国之一"的省略，即国都的三分之一。"五之一""九之一"

分别是"五分国之一""九分国之一"的省略。

[11] 不度：不合法度。非制：不是先王的制度。不堪：不能承受。

[12] 欲之：想要这么干。焉：哪里，怎么。辟："避"的古字，避免。

[13] 厌：同"餍"，满足。何厌之有："有何厌"的倒装。

[14] 为：动词，安排、给予。之：指共叔段。滋蔓：滋生，蔓延。无使滋蔓：指不要让他的势力扩大。

[15] 图：图谋，指想办法对付。

[16] 毙：倒下去，这里指失败、垮台。子：你。姑：暂且。之：指共叔段自毙之事。

[17] 鄙：边境城邑。贰：两属。贰于己：使原来属于郑庄公的西部和北部边境城邑同时臣属于自己。

[18] 公子吕：郑国大夫，即下文的"子封"，子封是他的字。

[19] 无庸：不用。自及：自己赶上灾祸，即自取灭亡。

[20] 廪延：地名，在今河南省延津县北。

[21] 厚：本义指山之高大，这里指土地扩大。得众：得到百姓，即百姓归服。

[22] 暱(nì)：同"昵"，亲近。不义不暱：指对君不义对兄不亲。崩：山塌，这里指崩溃。

[23] 完：修治，指维修城墙。聚：指聚集百姓，储积粮食。具：准备。卒：兵士。乘(shèng)：古代四马一车为一乘，此指兵车。

[24] 夫人：指武姜。启之：为之启，指为共叔段打开城门作内应。

[25] 其期：指共叔段袭郑的日期。

[26] 帅：率领。二百乘：指二百辆兵车。

[27] 诸："之于"的合音，其中"之"指代共叔段。这句是说庄公讨伐共叔段到了鄢地。

[28] 五月辛丑：古代用干支记日，这一天是五月二十三日。出奔共：出逃到共国。

[29] 寘(zhì)：同"置"，安置，这里有幽禁的意思。城颍：地名，在今河南省临颍县西北。誓之：对她(指姜氏)发誓。黄泉：古人认为天玄地黄，泉在地下，人死后葬入地下墓穴，因此称为赴黄泉。

[30] 颍考叔：郑国大夫。颍谷：郑国边境城邑，在河南省登封市西南。封人：管理疆界的官。

[31] 舍：放置，搁在一边。

[32] 羹：带汁的肉。请：请允许。遗(wèi)：赠送。

[33] 繄(yī)：句首语气词，无义。

[34] 敢：表示谦敬的副词，有斗胆、冒昧之意。何谓：即"谓何"，指说的是什么意思。

[35] 语(yù)之故：告诉他缘故。

[36] 何患：即"患何"，忧虑什么。

[37] 阙(jué)：同"掘"，挖掘。隧：隧道，这里用作动词，挖隧道。

[38] 赋：赋诗。融融：和乐自得的样子。

[39] 洩(yì)洩：舒畅快乐的样子。

[40] 君子曰：作者假托君子之口发表议论。施(yì)：延续、推及、影响。

[41] 诗：指《诗经》。孝子不匮，永锡尔类：见《诗经·大雅·既醉》篇。匮(kuì)：尽。永：长久。锡：通"赐"。类：指同类。

【阅读提示】

本文记叙了春秋初期郑国王室内部的一场斗争，通过郑庄公与其弟共叔段、其母姜氏争权夺利、互相残杀的历史事件，揭露了历史上统治集团内部斗争的尖锐性和残酷性，以及统治阶级的虚伪与奸诈。

本文在写作上最大的特点是围绕争夺郑国统治权这个中心事件，塑造了一系列个性鲜明的人物形象。作者把人物放在尖锐、复杂的矛盾斗争之中，通过人物之间的关系和人物自己的言行，刻画了不同的性格特点。例如，郑庄公的心狠手辣、阴险狡猾、虚伪刻薄、宽以养恶，共叔段的贪得无厌、狂妄愚蠢和不得人心，姜氏的褊狭昏愦、以私情干政，以及祭仲的老成持重、公子吕的直率急躁、颍考叔的聪慧机敏等，人物性格鲜明突出，跃然纸上。

善于剪裁、材料详略得当是本文的第二大特点。文章详写了庄公和母亲、弟弟不和的起因、矛盾激化过程，以及战前战后各种人物的活动，略写了交战经过和结局；对庄公的应变策略写得很具体，而对姜氏、共叔段写得很概括；颍考叔献计的过程详写，挖隧道的过程省略等，这些都体现了《左传》严谨、简约的特点。

此外，本文简洁传神、富有感染力的细节描写也很有特色，如"庄公寤生"、颍考叔"食舍肉"、庄公母子"隧而相见"等。

【思考练习】

1. 本文反映了春秋时期怎样的社会现实？
2. 结合课文分析郑庄公、共叔段、姜氏具有哪些性格特点？
3. 作者写庄公与姜氏"隧而相见"的用意何在？
4. 把下面的句子译成现代汉语，注意"请"字的不同用法。
   （1）亟请于武公，公弗许。
   （2）及庄公即位，为之请制。
   （3）欲与大叔，臣请事之；若弗与，则请除之，无生民心。
   （4）请以遗之。

苏秦始将连横

《战国策》

【题解】

《战国策》是一部国别体史书，又名《国策》《国事》《事语》《短长》《修书》等。文章大都为战国中晚期各国史官所作，作者姓名已不可考，后经西汉末学者刘向整理编订，正式定名为《战国策》。

全书分为十二国策，共33篇。记事从春秋以后到秦并六国为止，主要记叙了战国时代谋臣策士们的言论及其活动，反映了战国时代政治、军事、外交斗争和各诸侯国之间复杂的关系。全书没有系统、完整的体例，都是相互独立的单篇。其中保存了许多珍贵的史料，是研究战国史的重要文献。

《战国策》还是一部具有很高文学成就的历史散文著作，文笔酣畅，纵横驰骋，铺张弘丽，感情充沛，气势磅礴，长于体情状物，说理论事；善于运用寓言故事和铺陈、排比、比喻等手法来增强文章的生动性和说服力，具有浓厚的文学趣味，堪称先秦散文中的优秀之作，对后代散文的发展有很大影响。

【文献来源】

战国策[M]. 王华宝, 注译, 武汉: 长江文艺出版社, 2019: 13-15.

苏秦始将连横, 说秦惠王曰[1]: "大王之国, 西有巴、蜀、汉中之利[2], 北有胡貉、代马之用[3], 南有巫山、黔中之限[4], 东有殽、函之固[5]。田肥美, 民殷富, 战车万乘, 奋击百万[6], 沃野千里, 蓄积饶多, 地势形便, 此所谓天府, 天下之雄国也。以大王之贤, 士民之众, 车骑之用, 兵法之教, 可以并诸侯, 吞天下, 称帝而治。愿大王少留意, 臣请奏其效。"

秦王曰: "寡人闻之: 毛羽不丰满者, 不可以高飞, 文章不成者, 不可以诛罚[7], 道德不厚者, 不可以使民, 政教不顺者, 不可以烦大臣。今先生俨然不远千里而庭教之, 愿以异日[8]。"

……

说秦王书十上而说不行。黑貂之裘弊, 黄金百斤尽, 资用乏绝, 去秦而归[9]。羸縢履蹻, 负书担橐, 形容枯槁, 面目犁黑, 状有归色[10]。归至家, 妻不下纴, 嫂不为炊, 父母不与言[11]。苏秦喟叹曰: "妻不以我为夫, 嫂不以我为叔, 父母不以我为子, 是皆秦之罪也。"乃夜发书, 陈箧数十, 得太公《阴符》之谋, 伏而诵之, 简练以为揣摩[12]。读书欲睡, 引锥自刺其股[13], 血流至足。曰: "安有说人主不能出其金玉锦绣, 取卿相之尊者乎[14]?"期年[15], 揣摩成, 曰: "此真可以说当世之君矣"

于是乃摩燕乌集阙, 见说赵王于华屋之下, 抵掌而谈[16]。赵王大悦, 封为武安君[17]。受相印, 革车百乘, 锦绣千纯, 白璧百双, 黄金万镒, 以随其后, 约从散横, 以抑强秦[18]。故苏秦相于赵而关不通[19]。当此之时, 天下之大, 万民之众, 王侯之威, 谋臣之权, 皆欲决苏秦之策。不费斗粮, 未烦一兵, 未战一士, 未绝一弦, 未折一矢, 诸侯相亲, 贤于兄弟。夫贤人在而天下服, 一人用而天下从。故曰: "式于政, 不式于勇; 式于廊庙之内, 不式于四境之外[20]。"当秦之隆, 黄金万镒为用, 转毂连骑, 炫熿于道, 山东之国从风而服, 使赵大重[21]。且夫苏秦特穷巷掘门、桑户棬枢之士耳[22], 伏轼撙衔, 横历天下, 廷说诸侯之王, 杜左右之口, 天下莫之能伉[23]。

将说楚王, 路过洛阳, 父母闻之, 清宫除道, 张乐设饮, 郊迎三十里。妻侧目而视, 倾耳而听[24]; 嫂蛇行匍伏, 四拜自跪而谢[25]。苏秦曰: "嫂, 何前倨而后卑也[26]?"嫂曰: "以季子之位尊而多金。"苏秦曰: "嗟乎! 贫穷则父母不子, 富贵则亲戚畏惧[27]。人生世上, 势位富贵, 盖可忽乎哉[28]?"

【注释】

[1] 苏秦: 字季子, 战国时东周洛阳人。连横: 秦与齐、楚等国个别联合以打击其他国家, 称为连横。六国联合共同对抗秦国, 称为合纵。说(shuì): 游说。战国时, 谋臣策士们用谈话劝说国君采纳自己的主张。

[2] 巴、蜀: 地名, 巴指今重庆市一带, 蜀指今四川省西部。汉中: 地名, 今陕西省南部及湖北省西部。

[3] 胡: 指北方游牧民族, 分布在今内蒙古南部。胡貉(hé): 胡地产的貉。代: 郡名, 在今山西、河北两省北部。代马: 代地产的马。

[4] 巫山: 山名, 今重庆市巫山县东。黔中: 郡名, 今湖南省沅陵县西。

[5] 殽(xiáo): 山名, 在今河南省洛宁县北。函: 关名, 即函谷关, 在今河南省灵宝市东北。

[6] 奋击: 奋勇作战的军队。

[7] 文章：这里指法度。

[8] 异日：他日。

[9] 黑貂(diāo)：身体细长，皮毛珍贵的动物。裘：皮衣。敝：破败。

[10] 羸(léi)：缠绕。縢(téng)：绑腿布。履(lǚ)：穿着。蹻(juē)：草鞋。橐(tuó)：布袋。犁：通"黧(lí)"，黑色。归：通"愧"，惭愧。

[11] 纴(rèn)：纺织，此处指织机。炊：做饭。

[12] 发：打开，翻检。陈：摆开。箧(qiè)：书箱。太公：即姜太公，名吕尚，西周时人，曾辅佐武王灭纣。《阴符》：兵书。简：选择。练：熟悉。

[13] 锥(zhuī)：钻孔的工具。股：大腿。

[14] 安：哪里。

[15] 期(jī)年：满一年。

[16] 摩：接近。抵掌：击掌。抵(zhǐ)掌而谈：形容谈得投机。

[17] 武安君：苏秦的封号。武安：地名，在今河北省武安市。

[18] 纯(tún)：束，匹。镒(yì)：古代重量单位，一镒二十四两，一说二十两为一镒。约从(zòng)：缔结合纵的盟约。散横：瓦解秦与其他国家的连横关系。

[19] 关不通：就是秦与六国断绝了来往。关：指函谷关，是秦与六国来往的要塞。

[20] 式：运用。廊：殿的四周为廊。庙：太庙，君主祭祀祖先的地方。廊庙：指朝廷。

[21] 转毂(gǔ)：车轮飞转。连骑：车骑相连。炫(xuàn)熿(huáng)：光耀。山东：战国时，殽山或华山以东为山东。山东之国：指秦以外的六国。

[22] 掘门：窟门，就着墙挖的小门。桑户：用桑木作门。棬(quān)枢：用弯木作门轴。本句形容房屋的简陋，说明苏秦出身贫寒。

[23] 轼：车前横木。搏：节制。衔：马勒口。伉：匹敌、对抗、对等。

[24] 侧目而视：不敢正眼相看。

[25] 匍伏：爬行。

[26] 倨(jù)：傲慢。

[27] 子：作动词用，以为子。

[28] 盍(hé)：怎么。忽：轻视。

【阅读提示】

本文记叙苏秦凭借连横之术游说秦惠王失败后，发愤自励，又以合纵之策在赵国游说并取得成功的事迹，生动、形象地描绘了苏秦在失意时所遭到的冷遇和成功后所受到的尊重，成功地刻画了苏秦这一典型的战国策士的丰满形象，既表现了他有纵论天下大势的政治才能和舌辩的技巧，也表现了他追求名利的思想，揭示了当时世态的炎凉。

本文在写作上的特点：一是善于运用细节描写来刻画人物形象，展示内心活动；二是善于运用对比来渲染气氛，烘托人物性格。

文中苏秦的形象刻画得栩栩如生，鲜明丰满。他是一个典型的战国时期的谋臣策士，朝秦暮楚，没有固定不变的政治主张。失败时的落拓、成功时的显赫，都通过有代表性的细节描写来勾勒。失意时，"羸縢履蹻，负书担橐，形容枯槁，面目犁黑，状有归色"；成功后，"黄金万镒""转毂连骑，炫熿于道""伏轼搏衔，横历天下"。文中对苏秦的心理活动描写也简洁传神。

　　文中只用寥寥数笔就勾勒出苏秦的落拓与显赫，以及家人态度的前后变化，对比鲜明。苏秦失败时，"妻不下纴，嫂不为炊，父母不与言"；腾达后，"父母闻之，清宫除道，张乐设饮，郊迎三十里。妻侧目而视，倾耳而听；嫂蛇行匍伏，四拜自跪而谢"。这种形象的对比，也反映了当时的人情冷暖和世态炎凉。

　　此外，文章的语言恣肆纵横，铺张弘丽，且多用排比、对偶句，气势磅礴，语调铿锵，生动、形象地体现了《战国策》的艺术风格。

【思考练习】
1. 分析文中人物形象的性格特征。
2. 本文在艺术上有什么写作特点？
3. 举例说明文中使用的修辞手法。

论　　语(六则)

【题解】
　　《论语》记载了孔子及其弟子的言行，是孔子的弟子或再传弟子根据笔记和记忆整理出来的一本语录体散文集。《论语》内容丰富，涉及伦理、哲学、教育、文艺、政治、经济等诸方面，是儒家的经典之作。它没有严格的编纂体例，每一则即为一章，集章成篇。它的每一篇标题取自首章首句的两个或三个字，每篇并没有一个统一的主题，语言简洁而旨意深远。

　　孔子(公元前551—前479)，名丘，字仲尼，春秋末期鲁国陬邑(今山东省曲阜市)人。他是我国古代著名的思想家、教育家和儒家学派的创始人，被尊称为"至圣"。"仁"是孔子思想的核心，是世界珍贵的文化遗产。

[文献来源]
杨伯峻. 论语译注[M]. 北京：中华书局，2006：1，11，60，37，138，163.

一

　　子曰："学而时习之，不亦说乎[1]？有朋自远方来，不亦乐乎？人不知，而不愠，不亦君子乎[2]？"(《论语·学而》)

二

　　子曰："吾十有五而志于学，三十而立，四十而不惑，五十而知天命，六十而耳顺，七十而从心所欲，不逾矩[3]。"(《论语·为政》)

三

　　子曰："知之者不如好之者，好之者不如乐之者[4]。"(《论语·雍也》)

四

　　子曰："富与贵，是人之所欲也；不以其道得之，不处也[5]。贫与贱，是人之所恶也；不以其道得之，不去也[6]。君子去仁，恶乎成名[7]？君子无终食之间违仁，造次必于是，颠沛必于是[8]。"（《论语·里仁》）

五

颜渊问仁。子曰："克己复礼为仁[9]。一日克己复礼，天下归仁焉[10]。为仁由己，而由人乎哉？"颜渊曰："请问其目[11]。"子曰："非礼勿视，非礼勿听，非礼勿言，非礼勿动。"颜渊曰："回虽不敏，请事斯语矣[12]。"（《论语·颜渊》）

六

子曰："君子道者三，我无能焉：仁者不忧，知者不惑，勇者不惧[13]。"（《论语·宪问》）

【注释】

[1] 说：同"悦"，喜悦。

[2] 愠：怒。

[3] 有：同"又"。十有五：即十五。立：自立。不惑：无所疑惑。天命：天道。耳顺：顺耳。从心所欲，不逾矩：随心所欲，但又不超过规矩。

[4] 好：喜好。乐：以之为乐。

[5] 处：接受。

[6] 去：抛弃，离开。

[7] 恶(wū)乎：即如何。

[8] 终食之间：吃完一顿饭的时间。造次：仓卒。是：代指"仁"。颠沛：引申为颠沛流离。

[9] 克：战胜。己：自身的私欲。

[10] 归：与也，称许的意思。

[11] 目：条目，要领。

[12] 敏：聪明，机智。事：践行，实行。

[13] 无能：未能做到，未能兼备。忧：忧虑。惑：疑惑。惧：惧怕。

【阅读提示】

孔子作为儒家思想的代表，其思想言行对后世的影响是极为深远的。"仁"是孔子全部思想的核心，既是最高的政治原则，又是最高的道德标准。孔子认为，"仁"的境界是可以通过多种途径达到的。本文选取的是学识、修养两个方面。

前三则阐明了治学之道。第一则概括了孔子人生理想的三个方面：一是学以致用。提倡学习与实践相统一，学到的东西能在适当的时候去运用，不是很快乐吗？二是人情相亲。曾经同窗读书的志同道合的旧友从远方来相见，相互切磋学问，内心不是也很喜悦吗？三是提升自我修养，做到坦然自适。别人不了解自己，也不要因此怨天尤人，只有不断加强自身修养，才算得上是君子。第二则是孔子对自己一生的总结。孔子认为自己不是生而知之的圣人，而是经过努力学习，循序渐进，才跨越了人生一个又一个的里程碑，才能做到随心所欲都不会违背礼法。第三则谈了学道的三种境界。懂得知识不如喜欢知识，喜欢知识不如以知识为乐。启发人们在学习时要善于调整自己的心理状态，追求最佳效果。

后三则阐明了如何通过个人修养实现"仁"。第四则谈"仁"的重要性。在孔子看来，实行仁德是非常重要的，无论在任何情况下，都不能违背"仁"，这样才能称得上是君子。体现了孔子对理想矢志不渝，对个人品德节操的高度重视。第五则讲"仁"与"礼"相辅相成的关系。先提出"克己复礼为仁"，接着从视、听、言、动四个方面具体说明如何做才能实现"仁"。在他看来，"仁"是内容，而"礼"是实现"仁"的外在形式；离开了"仁"，"礼"便成了无源之水，离开了"礼"，"仁"又缺少了重要的依托。只有将两者有机结合在一起，才能成为一个理想的"仁"的实践者。第六则提出了君子的三个道德标准：仁、智、勇。仁者乐天知命，不会有忧愁；智者明辨是非，不会感到迷惑；勇者心胸坦荡，不会有所惧怕。孔子自谦这三条标准他一条都没有具备，从另一方面说明了君子是理想人格的化身。

【思考练习】

1. 《论语》六则体现了孔子的哪些思想？
2. 结合自己的实际，谈谈你对孔子治学之道的认识和理解。
3. 翻译并背诵《论语》六则。

人皆有不忍人之心

孟 子

【题解】

孟子(公元前372—前289)，名轲，鲁国邹(今山东省邹城市)人，是战国时期的儒学大师。孟子继承并发展了孔子的学说，被尊为"亚圣"。他主张施仁政，行王道，大力提倡"民贵君轻"的民本思想。为推行其政治理想，他到各国游说，曾一度受到礼遇，但其主张不太符合战国时期急剧变化的时代要求，被认为迂阔而不近情理，未能实行。他晚年回到鲁国，专注于授徒和著述。

《孟子》一书记述了孟子的言行，是孟子与他的门徒所作，属语录体散文。其文章善用比喻、寓言故事来增强论辩的感染力和说服力，论证问题逻辑严密，气势盛壮，语言生动，明白晓畅，不事雕琢。

【文献来源】

杨伯峻，等. 孟子译注[M]. 长沙：岳麓书社，2021：66-67.

孟子曰："人皆有不忍人之心[1]。先王有不忍人之心，斯有不忍人之政矣[2]。以不忍人之心，行不忍人之政，治天下可运之掌上。所以谓人皆有不忍人之心者，今人乍见孺子将入于井，皆有怵惕恻隐之心，非所以内交于孺子之父母也，非所以要誉于乡党朋友也，非恶其声而然也[3]。由是观之，无恻隐之心，非人也；无羞恶之心，非人也；无辞让之心，非人也；无是非之心，非人也。恻隐之心，仁之端也[4]；羞恶之心，义之端也；辞让之心，礼之端也；是非之心，智之端也。人之有是四端也，犹其有四体也。有是四端而自谓不能者，自贼者也；谓其君不能者，贼其君者也。凡有四端于我者，知皆扩而充之矣，若火之始然，泉之始达[5]。苟能充之，足以保四海；苟不充之，不足以事父母。"

【注释】

[1] 不忍人之心：不忍他人受到伤害之心，即下文所说的恻隐之心。

[2] 不忍人之政：不忍伤害人民的政治，即孟子所说的仁政。

[3] 乍：忽然。怵(chù)惕(tì)：恐慌、警惕。内(nà)交：结交。内：同"纳"，接纳。要(yāo)誉：博取声誉。要：同"邀"，求取。

[4] 端：起源。

[5] 于我：于己。然：通"燃"。

【阅读提示】

本文是一篇立论性的文章，正面阐述了关于"人皆有不忍人之心"的理论。文章开宗明义，提出中心论点，为了显示其确凿性，作者运用了假想"先王有不忍人之心，斯有不忍人之政矣"这一论辩手段，使文章有理、有力。

论证逻辑严密是本文的一大特点。一般来说，拥有一颗恻隐之心，并知羞耻、懂谦让、明是非，才能成为仁人。君王拥有一颗恻隐之心，在治理天下时施行仁政，就是一位仁君。

比喻形象、生动是本文的又一大特点。孟子将人的恻隐之心、羞恶之心、辞让之心、是非之心比喻为人的四肢，具备了恻隐之心、羞恶之心、辞让之心、是非之心，就犹如四肢健全，如果认识并发扬光大这"四心"，就好比燃烧的烈火、流淌的泉水，足以保四海安定、天下太平。

此外，大量的排比句式增强了文章的气势，具有很强的艺术感染力。

【思考练习】

1. 结合本文谈谈孟子"仁政"思想的现实意义。

2. 解释下列句子中画横线的字或词。

(1) 非所以<u>内交</u>于孺子之父母也。

(2) 非所以<u>要誉</u>于乡党朋友也。

(3) 犹其有四<u>体</u>也。

(4) 若火之始<u>然</u>。

3. 翻译并背诵下列句子。

(1) 以不忍人之心，行不忍人之政，治天下可运之掌上。

(2) 恻隐之心，仁之端也；羞恶之心，义之端也；辞让之心，礼之端也；是非之心，智之端也。

(3) 苟能充之，足以保四海；苟不充之，不足以事父母。

秋　水

庄　子

【题解】

庄子(约公元前369—前286)，名周，战国时期宋国蒙邑(今河南商丘)人。庄子是老子之后道家学派的主要代表人物，后世把他们并称为"老庄"。庄子继承了老子关于"道"的哲学思想，强调道与人的主体性关系，把道作为心灵的崇高境界，追求精神上的绝对自由，提倡顺应自然，无为而无不为，鄙弃功名利禄。现存《庄子》一书共33篇，分内篇(7篇)、外篇(15篇)和杂篇(11篇)。一般认为，内篇思想连贯，文风一致，是庄周自著；外篇和杂篇是庄周门人和后学所作。

庄子的文章汪洋恣肆，想象丰富，辞藻瑰丽，并多采用寓言形式，富有浪漫色彩，在先秦诸子散文中独树一帜。诚如鲁迅先生所说："其文则汪洋辟阖，仪态万方，晚周诸子之作，莫能先也。"

【文献来源】

王世舜. 庄子注译[M]. 济南：山东教育出版社，1995: 296-303.

秋水时至，百川灌河[1]。泾流之大，两涘渚崖之间，不辩牛马[2]。于是焉，河伯欣然自喜，以天下之美为尽在己[3]；顺流而东行，至于北海；东面而视，不见水端[4]。于是焉河伯始旋其面目，望洋向若而叹曰："野语有之曰，'闻道百，以为莫己若'者，我之谓也[5]。且夫我尝闻少仲尼之闻而轻伯夷之义者，始吾弗信[6]；今我睹子之难穷也，吾非至于子之门，则殆矣。吾长见笑于大方之家[7]。"

北海若曰："井蛙不可以语于海者，拘于虚也；夏虫不可以语于冰者，笃于时也；曲士不可以语于道者，束于教也[8]。今尔出于崖涘，观于大海，乃知尔丑，尔将可与语大理矣[9]。天下之水，莫大于海，万川归之，不知何时止而不盈；尾闾泄之，不知何时已而不虚；春秋不变，水旱不知[10]。此其过江河之流，不可为量数。而吾未尝以此自多者，自以比形于天地而受气于阴阳，吾在天地之间，犹小石小木之在大山也[11]。方存乎见少，又奚以自多！计四海之在天地之间也，不似礨空之在大泽乎[12]？计中国之在海内，不似稊米之在大仓乎[13]？号物之数谓之万，人处一焉；人卒九州，谷食之所生，舟车之所通，人处一焉；此其比万物也，不似豪末之在于马体乎[14]？五帝之所连，三王之所争，仁人之所忧，任士之所劳，尽此矣！伯夷辞之以为名，仲尼语之以为博[15]；此其自多也，不似尔向之自多于水乎[16]？"

河伯曰："然则吾大天地而小豪末，可乎？"

北海若曰："否。夫物，量无穷，时无止，分无常，终始无故[17]。是故大知观于远近，故小而不寡，大而不多，知量无穷[18]；证曏今故，故遥而不闷，掇而不跂，知时无止[19]；察乎盈虚，故得而不喜，失而不忧，知分之无常也；明乎坦涂，故生而不说，死而不祸，知终始之不可故也[20]。计人之所知，不若其所不知；其生之时，不若未生之时；以其至小，求穷其至大之域，是故迷乱而不能自得也[21]！由此观之，又何以知毫末之足以定至细之倪，又何以知天地之足以穷至大之域[22]？"

【注释】

[1] 时：按照时节。河：黄河。

[2] 泾(jīng)流：水流。涘(sì)：河边。渚(zhǔ)：水中的小洲。辩：通"辨"。

[3] 于是焉：于是乎。河伯：黄河之神。以：认为。

[4] 东面：面朝东。

[5] 旋：改变。望洋：仰视的样子。若：海神，下称"北海若"。

[6] 少：意动词，以为少。轻：意动词，以为轻。仲尼：即孔子。伯夷：殷商时期诸侯孤竹君的长子，与其弟叔齐互让君位，哥俩先后到了周。周武王伐纣，他们认为不义，殷商亡后，二人不食周粟，饿死在首阳山，被后人推崇为高义之士。

[7] 见笑：被讥笑。大方之家：指通晓道理，修养极高的人。成语"贻笑大方"源于此。

[8] 语：谈论。拘：限制。虚：同"墟"，居所。笃：与"拘"意义相近，局限。曲士：指见识浅的人。

[9] 丑：鄙陋。

[10] 尾闾：神话中排泄海水的地方。

[11] 比(bì)形于天地：指寄托身形于天地；比：通"庇"，寄托。受气于阴阳：指禀受阴阳的元气。

[12] 礨(lěi)空：蚁穴，小孔穴。

[13] 中国：同以下所说的"九州"，均指当时黄河中下游一带。海内：四海之内。稊(tí)米：稗子一类的草。

[14] 号：称呼。卒：通"萃"，聚集。人：此句前一"人"指人类，后者指个人。豪末：毫毛之末，"豪"通"毫"。

[15] 五帝：古代传说中的黄帝、颛顼、帝喾、尧、舜。连：续连，指古代传说中禅让之事。三王：指夏启、商汤、周武王。任士：指不畏艰难，不计个人利害得失的贤人。辞：辞让、推却。

[16] 向：先前。

[17] 量：容量。分：得失之禀分。故：通"固"，固定。

[18] 知：通"智"，智慧。观于远近：既看到远也看到近。

[19] 曏(xiǎng)：明，表明。故：古。闷：厌倦。掇：拾取，这里指近的意思，引申为时间短暂。跂(qǐ)：通"企"，踮起脚尖。

[20] 涂：通"途"。说：通"悦"，喜悦。

[21] 其生之时，不若未生之时：人生存的时间，远不如人不在世的时间长。

[22] 至细之倪：事物最细小的限度。倪：端倪，界限。

【阅读提示】

庄子的《秋水》篇由河伯与北海若的七则对话组成，通过河伯与北海若对话的形式，讨论了价值判断的无穷相对性。此文节选了河伯与北海若的前两则对话，第一则写河伯处小自以为大，北海若处大而自以为小，说明事物的相对性；接着用黄河、北海和天地的对比，显示宇宙的辽阔，开拓人类的心胸，使人遨游于无穷的世界；第二则写河伯与北海若对天地毫末的不同认知，说明万物时空是无穷的，不可以用人为的大小长短观念去衡量。文章强调了认识事物的复杂性和不确定性，但过分强调这种不确定性容易导致不可知论。

将抽象的哲理形象化是本文的第一大特点。文中虚构了河伯和北海若两个神话人物，通过对话的方式来展开说理，将深奥玄妙的人生哲理寓于具体的形象之中。河伯是一个受生活环境局限的见识浅陋、自以为是的俗人形象；北海若是一个博学深邃、视野广阔的智者代表。

援譬设喻、逐层推进是本文的第二大特点。文章运用一连串生动形象的比喻，说明事物的大小都是相对的，人的认识是有限的。同时，从河海之比引出大小之比，由小到大，再由大到小，逐层推进，引人联想，发人深思。

此外，大量的排比句和反诘句的运用，使文章气势磅礴。哲学散文写得如此生动活泼，在先秦诸子乃至整个散文史上都是少见的。

【思考练习】

1. 如何理解本文的主旨？本文有什么现实意义？
2. 本文在写作上有什么艺术特点？试举例说明。
3. "计人之所知，不若其所不知；其生之时，不若未生之时；以其至小，求穷其至大之域，是故迷乱而不能自得也！"谈谈你对这几句话的理解。

国 殇

屈 原

【题解】

屈原(约公元前340—前277)，名平，字原，楚国人。年轻时曾得到楚怀王的信任，官至左徒。屈原学识丰富，有远大的政治抱负，因其主张触犯了贵族集团的利益，受到诬陷和排挤，被怀王流放到汉水北部，顷襄王时又被流放到长江南部。楚都郢城被秦军攻陷后，屈原痛感国家政治黑暗，自己的理想无法实现，怀着满腔忧愤，自沉汨罗江。

屈原是我国伟大的浪漫主义诗人，也是"楚辞"这种文学样式的奠基人，作品有《离骚》《九歌》《九章》《天问》等，反映了他进步的政治理想和不愿与世俗同流合污的高尚人格，抒发了爱国爱民的炽烈情怀。其作品想象丰富，气势磅礴，语言瑰丽，夸张奇特，对后世浪漫主义文学产生了极为深远的影响。

【文献来源】

楚辞：典藏版[M].洪兴祖，补注.杭州：浙江大学出版社，2020：177-180.

操吴戈兮被犀甲，车错毂兮短兵接[1]。旌蔽日兮敌若云，矢交坠兮士争先[2]。凌余阵兮躐余行，左骖殪兮右刃伤[3]。霾两轮兮絷四马，援玉枹兮击鸣鼓[4]。天时坠兮威灵怒，严杀尽兮弃原野[5]。

出不入兮往不反，平原忽兮路超远[6]。带长剑兮挟秦弓，首身离兮心不惩[7]。诚既勇兮又以武，终刚强兮不可凌[8]。身既死兮神以灵，子魂魄兮为鬼雄[9]！

【注释】

[1] 操：拿着。吴戈：吴国所产的兵器。犀甲：犀牛皮制作的铠甲。车错毂：指双方激烈交战，兵车来往交错。毂：指车轮中心插轴的地方。短兵：指刀剑。

[2] 矢：箭。士：战士。本句指双方激战，流箭交错，纷纷坠落。

[3] 凌：侵犯。躐(liè)：践踏。行(háng)：行列。左骖(cān)：古代战车用四匹马拉，中间的两匹马叫"服"，左右两边的叫"骖"。殪(yì)：倒地而死。右：指右骖。刃伤：为兵刃所伤。

[4] 霾：同"埋"。絷(zhí)：绊住。霾两轮兮絷四马：车轮陷埋，马被绊住，描写战事之艰难。援：拿着。枹(fú)：一作桴，鼓槌。援玉枹兮击鸣鼓：指主帅鸣击战鼓以振作士气。

[5] 天时坠：天昏地暗、日月无光。坠：一作隧。威灵怒：鬼神震怒。严杀尽：严酷地被杀尽。弃原野：指骸骨弃在原野上。

[6] 忽：指原野宽广无际。超远：遥远。出不入兮往不反：战士们出战时抱着义无反顾的必死决心。平原忽兮路超远：战士们的尸骸被弃在平原山野之中，离家甚远。

[7] 挟(xié)：持，拿。秦弓：秦地所造的弓。首身离：头和身体分离，指战死。惩：恐惧，悔恨。首身离兮心不惩：战士们的尸骸仍带剑持弓，保持战斗姿态。

[8] 诚：果然是，诚然。终：始终。

[9] 神以灵：精神不死。以：而。子：你，指殇者。

【阅读提示】

国殇指死于国事者，文中指为国捐躯的将士。本文是屈原为祭祀鬼神所做的一组乐歌——《九歌》中的一首，内容是追悼和礼赞为国捐躯的楚国将士的亡灵。诗中描绘了一场敌众我寡、以失败告终的战争，表现了楚国将士视死如归、不可凌辱的崇高品格。

第一节描写了战争的场面，渲染了悲壮的气氛。短短十句，已将一场殊死恶战栩栩如生地展现出来，极富感染力。第二节表达了对牺牲将士的哀悼与颂扬，作者用"出不入"和"往不反"这两个同义词，描绘了将士们舍命忘身、义无反顾的英雄形象，在沉痛之中又充满了豪迈气概。"带长剑兮挟秦弓，首身离兮心不惩"写战死者始终保持着战斗的雄姿，更加深了悲壮气氛。最后四句，作者怀着极大的敬意，颂扬了为国牺牲的将士勇武刚强、凛然不可犯，精神永存。

《国殇》是一首祭歌，更是一首爱国主义、英雄主义的赞歌。从写法上看，文章把具体描写与概括叙述相结合，把动态描写和静止画面相结合，特别善于抓住人物最有代表性的外部特征，用简练的笔触勾画出楚国将士的英雄形象。另外，运用夸张、比喻等修辞手法生动、形象地再现了悲壮的场景，表现出凛然、阳刚之美，在楚辞体作品中独树一帜。

【思考练习】

1. "国殇"一词的含义是什么？
2. 《国殇》的风格和语言特点各是什么？在文中有哪些具体表现？
3. 解释下列句子中画线的字或词：
   (1) 操吴戈兮<u>被</u>犀甲
   (2) 车错毂兮<u>短兵</u>接
   (3) 出不入兮往不<u>反</u>
   (4) 凌余阵兮<u>躐</u>余行

上　邪

《乐府诗集》

【题解】

乐府原是西汉王朝设立的一个掌管音乐的机构，后来人们便把这个机构所收集和配乐演唱的歌辞也称为乐府。

汉乐府民歌反映了汉代社会底层人民的生活，有对现实的不满、对封建制度和封建礼教的批判,也有对幸福的憧憬、对理想的追求。它继承并发扬了《诗经》民歌的优良传统,具有强烈的现实主义精神。在语言上以五言为主,句式自由随意,章法灵活多变,描写丰富多彩,标志着我国古代诗歌进入了一个新的发展阶段。

【文献来源】

乐府诗集[M]. [宋]郭茂倩等,上海:上海古籍出版社,1998: 201

上邪[1]!我欲与君相知,长命无绝衰[2]。山无陵,江水为竭,冬雷震震,夏雨雪,天地合,乃敢与君绝[3]。

【注释】

[1] 上邪(yé):即天啊,这是女子呼天明志。
[2] 相知:即相爱。命:与"令"相通,使。长命无绝衰:指让爱情永不衰绝。
[3] 陵:山峰,山头。震震:指雷声。雨(yù)雪:降雪。天地合:天与地合而为一。乃敢:才敢。

【阅读提示】

这是一首别具风格的爱情小诗,表达了一位女子执着忠贞的情感,以及对爱情大胆的追求。首先从正面描写对爱情热烈执着、无所顾忌的追求;接着描绘了自然界五种根本不可能发生的现象,从侧面着笔抒发了对爱情的忠贞不渝。

全诗构思新颖,视角独特,直抒胸臆,情感真挚,想象奇特,热情奔放,语用杂言,错落有致,与我国古代含蓄委婉、缠绵悱恻的爱情诗相比,具有独特的艺术魅力。

【思考练习】

1. 本诗是怎样表现抒情主体对爱情的追求、执着与忠贞的?
2. 试分析本诗的语言特色。
3. 背诵全诗。

垓 下 之 围

司马迁

【题解】

司马迁(约公元前145—前90),字子长,夏阳(今陕西省韩城市)人,西汉伟大的史学家、文学家和思想家。从小受到其父太史令司马谈的教育和熏陶,酷爱历史文化,二十岁开始游历名山大川,知识广博,悉通古今。三十岁做郎中,后承袭父职任太史令,于太初元年(公元前104年)开始着手编写《史记》。天汉二年(公元前99年),由于替李陵辩护,触怒汉武帝,受腐刑。出狱后任中书令。司马迁含垢忍辱,发愤著书,经过二十余年的艰苦耕耘,完成《史记》这部独具风格的历史著作。

《史记》是我国第一部纪传体通史,记叙了上自传说中的黄帝,下至汉武帝太初年间约三千多年的历史。全书一百三十篇,其中"本纪"十二篇,"表"十篇,"书"八篇,"世家"三十篇,"列传"七十篇,共计五十二万余字。作为一部伟大的历史著作,《史记》史料翔实,见识卓异,全面、生动地反映了历史的真实性,所使用的纪传体这一表达形式,对后代史学写作产生了巨大影响。《史记》也是一部伟大的传记文学作品,记叙事件条理清晰、人物形象鲜明生动,具有强烈的艺术感染力,成为后世散文写作的典范。

【文献来源】

史记[M]. 胡怀琛,选注. 卢福咸,校订. 武汉:崇文书局,2014:33-34.

项王军壁垓下,兵少食尽,汉军及诸侯兵围之数重[1]。夜闻汉军四面皆楚歌,项王乃大惊曰[2]:"汉皆已得楚乎?是何楚人之多也!"项王则夜起,饮帐中。有美人名虞,常幸从;骏马名骓,常骑之[3]。于是项王乃悲歌忼慨,自为诗曰:"力拔山兮气盖世,时不利兮骓不逝[4]。骓不逝兮可奈何,虞兮虞兮奈若何[5]!"歌数阕,美人和之[6]。项王泣数行下,左右皆泣,莫能仰视[7]。

于是项王乃上马骑,麾下壮士骑从者八百余人,直夜溃围南出,驰走[8]。平明,汉军乃觉之,令骑将灌婴以五千骑追之[9]。项王渡淮,骑能属者百余人耳[10]。项王至阴陵,迷失道,问一田父,田父绐曰"左"[11]。左,乃陷大泽中。以故汉追及之。项王乃复引兵而东,至东城,乃有二十八骑[12]。汉骑追者数千人。项王自度不得脱。谓其骑曰:"吾起兵至今八岁矣,身七十余战,所当者破,所击者服,未尝败北,遂霸有天下[13]。然今卒困于此[14],此天之亡我,非战之罪也。今日固决死,愿为诸君快战,必三胜之,为诸君溃围,斩将,刈旗[15],令诸君知天亡我,非战之罪也。"乃分其骑以为四队,四向[16]。汉军围之数重。项王谓其骑曰:"吾为公取彼一将。"令四面骑驰下,期山东为三处[17]。于是项王大呼驰下,汉军皆披靡,遂斩汉一将[18]。是时,赤泉侯为骑将,追项王,项王瞋目而叱之,赤泉侯人马俱惊,辟易数里[19],与其骑会为三处。汉军不知项王所在,乃分军为三,复围之[20]。项王乃驰,复斩汉一都尉,杀数十百人。复聚其骑,亡其两骑耳。乃谓其骑曰:"何如?"骑皆伏曰[21]:"如大王言。"

于是项王乃欲东渡乌江。乌江亭长檥船待[22],谓项王曰:"江东虽小,地方千里,众数十万人,亦足王也。愿大王急渡。今独臣有船,汉军至,无以渡。"项王笑曰:"天之亡我,我何渡为!且籍与江东子弟八千人渡江而西,今无一人还,纵江东父兄怜而王我,我何面目见之?纵彼不言,籍独不愧于心乎?"[23]乃谓亭长曰:"吾知公长者[24]。吾骑此马五岁,所当无敌,尝一日行千里,不忍杀之,以赐公。"乃令骑皆下马步行,持短兵接战。独籍所杀汉军数百人。项王身亦被十余创[25]。顾见汉骑司马吕马童,曰:"若非吾故人乎[26]?"马童面之,指王翳曰:"此项王也。"项王乃曰:"吾闻汉购我头千金,邑万户,吾为若德[27]。"乃自刎而死。

【注释】

[1] 壁:壁垒,军营的围墙,此处作动词用,指筑营驻扎。垓(gāi)下:地名,在今安徽省舒城县内。诸侯兵:指齐王韩信、魏相国彭越和九江王黥布的军队。之:代词,指代项羽。

[2] 四面皆楚歌:四面八方都响起用楚方言所唱的歌谣,喻指楚人多已降汉。乃:因而。

[3] 幸从:得到宠爱,跟随在项羽身边。骓(zhuī):毛色黑白夹杂的马。

[4] 忼慨:同"慷慨",悲愤激昂之状。气盖世:豪气盖世。逝:奔驰。

[5] 若:你。奈若何:将你怎么办。

[6] 阕(què):曲终为阕。数阕:数遍。和之:随同他人一起唱。

[7] 莫：没有人。

[8] 马骑(jì)：名词，一人乘一马为一骑。麾(huī)下：即部下。直夜：当夜。溃围：突破重围。

[9] 平明：天亮时。

[10] 属(zhǔ)：随从。骑能属者：骑兵能跟随的人。

[11] 阴陵：秦时地名，故址在今安徽省定远县西北。田父(fǔ)：农夫。绐(dài)：欺骗。左：向左走。

[12] 东城：秦时地名，故址在今安徽省定远县东南。

[13] 度(duó)：揣测，估计。身：动词，亲身经历。当：同"挡"。尝：曾。败北：战败，败走。

[14] 卒：最终。

[15] 固：必，一定。快战：痛痛快快地打一仗。刈(yì)：割，砍。刈旗：砍倒敌将之旗。

[16] 四向：面朝四个方向。

[17] 期：约定。山东：山的东面。为三处：意谓分三处集合。

[18] 披靡：惊溃散乱的样子。

[19] 赤泉侯：汉将杨喜，因追击项羽有功而被封为赤泉侯。瞋(chēn)目：张目，意为瞪大眼睛。叱(chì)：大声呵斥。辟易：因受惊吓而退避。

[20] 复：又，再。

[21] 伏：通"服"，佩服。

[22] 乌江：即今安徽省和县东北之乌江浦。亭长：乡官。秦、汉时制度，十里一亭，设亭长一人。檥：移船靠岸。

[23] 我何渡为：我渡江有什么用？纵：即使。王(wàng)：名词作动词用，称王。王我：以我为王。

[24] 长者：年长厚道之人。

[25] 创：创伤。

[26] 顾见：回头看。骑司马：骑将官衔名。故人：旧相识。吕马童原系项羽部下，故以"故人"称之。若：你，代词。

[27] 面之：面对着项王。指王翳：把项王指给王翳看。吾为若德：我就送你个人情吧。

【阅读提示】

本文主要记述了项羽生命中最后一段经历，通过霸王别姬、东城突围、乌江自刎三个场面的描写，塑造了一位勇敢善战、气盖一世而又颇具人情味的末路英雄形象，歌颂了项羽临危不惧、身先士卒、羞归故里的刚强性格。

本文虽是人物传记，但极具文学色彩，具有如下特点。

第一，场面描写具有悲壮凄怆的气氛。作者着眼于场面的气氛渲染，在垓下兵少食尽、被困数重的情况下，以"四面楚歌"渲染悲凉气氛，营帐夜饮别姬，面对美姬、宝马，慷慨悲歌、相视泪下；东城突围、自刎前与乌江亭长的对话、与故人吕马童的相遇等场面描写都凄惨动人、催人泪下，具有浓厚的抒情性。

第二，选择具有典型意义的事件来刻画人物性格。项王"虞兮虞兮"泣数行下的悲歌，"天之亡我"的反复呼告，瞋目吓退吕马童数里的气势，宁死愧见江东父老的诉说，赠宝马的举动，自刎前成全故人的行为等典型事件，塑造了项王刚毅勇为、磊落坦荡、敢于自责、视死如归、极具人情味的性格。

第三，叙述事件详略得当。因为是为项羽立传，文中详写项羽一方，略写汉军一方；详写项羽本人，略写其部下。全文详其所当详，略其所当略，既使项羽形象鲜明突出，又使文章具有疏密有致的表达效果。

【思考练习】
1. 说明文中"乃"字的用法及含义。
2. 找出项王从垓下"溃围南出驰走"以后所经过的水名、地名。
3. 简要分析项羽形象的特点。
4. 了解文中的场面描写和细节描写。

癸卯岁始春怀古田舍(其二)

陶渊明

【题解】

陶渊明(365—427)，又名潜，字元亮，浔阳柴桑(今江西九江市西南)人。曾祖父陶侃做过晋朝的大司马，祖父陶茂任过武昌太守。至陶渊明出生时，家运已衰落。他曾夸说过自己祖辈的业绩，有建功立业的思想，年近四十才先后任镇军参军和建威参军，四十一岁时在离家百里的彭泽任县令，因不满当时的政治局面而辞官归家。此后躬耕于故乡，过着隐居生活，直到逝世。陶渊明的大部分诗歌造语平淡而寓意深远，号称"平淡之宗"。特别是他归耕以后的一些诗，描绘了乡村优美的景色，反映出他的淳朴真率的生活情趣。也有一些诗作表现了他不与黑暗政治合作的高尚情操，但也流露出回避现实矛盾、乐天安命的消极思想。

【文献来源】

陶渊明集全译[M]. 郭维森，包景诚，等. 译注，贵阳：贵州人民出版社，1994：120.

先师有遗训，忧道不忧贫[1]。
瞻望邈难逮，转欲志长勤[2]。
秉耒欢时务，解颜劝农人[3]。
平畴交远风，良苗亦怀新[4]。
虽未量岁功，即事多所欣[5]。
耕种有时息，行者无问津[6]。
日入相与归，壶浆劳近邻[7]。
长吟掩柴门，聊为陇亩民[8]。

【注释】

[1] 先师：指孔子。遗训：遗留的教诲。忧道：《论语·卫灵公》："子曰：'君子谋道不谋食。耕也，馁在其中矣；学也，禄在其中矣。君子忧道不忧贫。'"忧道不忧贫：君子只担忧找不着道，不担忧贫穷。

[2] 瞻望：仰望。邈(miǎo)：高远。逮：及。长勤：长期从事力耕。

[3] 秉耒(lěi)：持耒，拿着农具。秉：持，手拿着。耒：古时木制的翻土农具。时务：农务，农事。解颜：开颜欢笑。

[4] 平畴(chóu)：平旷的田野(地)。交：通。良苗：嘉禾，好禾苗。怀新：指禾苗生意盎然。

[5] 量：计算。岁功：一年的农事收成。即事：眼前的事务。

[6] 行者：路人。问津：询问渡口，指问路。《论语·微子》："长沮、桀溺耦而耕。孔子过之，使子路问津焉。"

[7] 相与归：(与农人)一起回去。壶浆：提一壶酒浆。

[8] 长吟：长声歌吟。柴门：简陋的门。聊：姑且。为：做。陇亩民：田野之人。

【阅读提示】

《癸卯岁始春怀古田舍》全诗两首，这里选的是第二首。癸卯岁：系晋安帝元兴二年(403年)。始春：开春。怀古田舍：怀古之托迹于古田舍隐士。

这首诗可分四层。第一层四句，起笔很突兀，突然提出先师"忧道不忧贫"的遗训。"忧道不忧贫"是当时的读书人的座右铭，有了"道"，还会为贫忧愁吗？可是陶渊明在三、四两句就对此做了否定：先师的遗训虽然值得"瞻望"，但高远难及——"邈难逮"，他是做不到的，他不能"忧道不忧贫"。正因为如此，所以他只能"转欲志长勤"。"长勤"就是长期从事力耕，这样就可以不忧贫了。这一层，说的是先师的遗训他办不到，他想立志躬耕于陇亩。

第二层四句，说的是他在"平畴"上"长勤"的心情与感受。"秉耒"两句说的是躬耕时的心情，他不仅自己高兴，还要以出自真心的笑颜去劝慰农人。"平畴"两句以"远风""怀新"表现其欢愉的感受。当然，这里的心情与感受都是从"怀新"出发。

第三层四句，更申前意，即使没有计算出一年的收成，但就眼下所做的事来说，就有很多值得高兴的。"耕种"两句切"怀古"题意。从字面上看，是说在休息的时候，没有问津的路人。即不能像长沮、桀溺那样，有孔子这样的人来问津。这里诗人是以古代的耕者(隐士)长沮、桀溺自况，但他并不是因为没有像孔子这样的问津的人而感叹。相反，这两句承"多所欣"。那问津的孔子，不也是热心救世、想做官执政吗？这四句是表达"怀想"。

第四层四句，描写自己力耕而归的生活。首先是处理好与近邻农人的关系："日入相与归"，还要提一壶酒浆慰劳他们。我们的诗人多么平易近人！至于自己呢？关上柴门，长声歌吟，立志做一个"陇亩民"，也是十分惬意的事啊！这一层，也是从"怀想"出发。

所谓"怀古田舍"，或曰"怀古之托迹于古田舍隐士"，虽说是"怀古"，虽说是以长沮、桀溺自况，但最终诗人却身体力行地实现了"怀想"，回到家乡做了一个名副其实的"陇亩民"。

【思考练习】

1. 诗的前四句表达了陶渊明怎样的思想？
2. 简述"怀古田舍"的含义。
3. 就本诗说一说陶诗的"造语平淡而寓意深远"。

山 居 秋 暝

王 维

【题解】

王维(701—761),字摩诘,祖籍祁州(今山西省祁县),后移居蒲州(今山西省永济市)。王维早年思想较为积极,希望在政治上有所作为。他于唐玄宗开元九年(721年)进士及第,任大乐丞。在张九龄为相期间曾受到重用,任监察御史等职,并奉使出塞,在凉州河西节度使幕为判官。自张九龄罢相(737年),李林甫执政始,王维日趋消沉,过上了亦官亦隐的生活。他先是隐居在长安终南山,后迁至蓝田辋川别墅。妻、母亡故后,他钟情于弹琴赋诗,吃斋奉佛。天宝十五载(756年),安禄山叛军攻陷长安,他被俘获,曾接受伪职。长安收复后,降为太子中允,从此更加心灰意懒,无意于世事。最后官至尚书右丞,世称王右丞。

王维工诗善画,兼通音律。前期曾写过一些边塞诗,后期则致力于山水田园诗的创作。与孟浩然同为盛唐山水田园诗派的代表人物,并称"王孟"。王维的山水田园诗用白描手法,细致入微地描绘出大自然的美,有独特的艺术成就。苏轼在《题蓝田烟雨图》中称赞道:"味摩诘之诗,诗中有画;观摩诘之画,画中有诗。"著有《王右丞集》。

【文献来源】

俞平伯,等. 唐诗鉴赏辞典[M]. 上海: 上海辞书出版社,2013: 175.

空山新雨后,天气晚来秋。

明月松间照,清泉石上流。

竹喧归浣女,莲动下渔舟[1]。

随意春芳歇,王孙自可留[2]。

【注释】

[1] 竹喧归浣女,莲动下渔舟:竹林里传出一阵喧笑,知是洗衣女子结伴归来;水中莲叶摇动,知有渔船沿水下行。

[2] 随意春芳歇,王孙自可留:典出《楚辞·招隐士》:"王孙兮归来,山中兮不可以久留。"原指淮南小山,为淮南王刘安招隐士之词,王维在此反用其意。春天的芳华虽已消歇,秋景也佳,山中有如此佳境,王孙当可留下。暗寓他自愿归隐山林。

【阅读提示】

这首诗描写的是秋日一场新雨过后的山间夜景。作者根据自己对山间景物、气候的细致体察和敏锐感受,以简约淡雅的语言描绘出一幅优美而恬静的图景。夜色一点一滴弥漫着,渐渐笼罩在寂静的山峦密林上。刚才一场雨水,将山野洗得更加洁净、幽静。

首联泼墨写意,创造一种氛围,颔联、颈联则转入工笔描摹。月光遍洒在松林间,或许在地上投下簇簇暗影,清冷的泉水在高低嶙峋的岩石间蜿蜒而过,时而淙淙作响,时而静穆无声。形象、色彩、光影、空间位置,错落有致,真是一幅静谧的秋景图!也许诗人觉察到这幅夜景太静，静得少了点什么，便将画卷进一步展开，用"浣女"的笑声和"渔舟"拨动莲叶，展现了山林生活的淳朴与自在。"喧""动"两字给前面描绘的秋景图增加了生机和情感。作者置身于这幅恬静而又生机盎然的秋景图中感到前所未有的舒适、快乐，禁不住脱口而出：虽然春日繁茂的花树已凋落，自然界已进入秋天，但这里的一切是那么亲切可爱，依旧可以逗留憩息。尾联抒情，抒发了诗人对山林优游生活的赞美和对官场的厌弃之情。

历来写秋，多感伤凄凉的色彩，而王维这首诗中的秋景却生机勃勃，令人流连。他在不为一般人经意的寻常景物中发现了无穷的意趣。也许是坎坷的人生经历、极高的文化修养、佛道思想的影响，王维变得清心寡欲。这种心理状态与大自然和平、宁静的景色恰好相应相谐，使他极易发现和贪恋于此，并以之作为主要的精神寄托，因而他笔下的秋景便非同一般。

这首诗最能代表王维山水诗的特色，除上述思想情趣外，艺术上首先表现在善于创造空寂幽静的意境。其主要技巧有两点：一是以光线显幽暗，二是以声响衬寂静。如"明月"和"竹喧"两联，不仅诗中有画，而且诗中有乐，是诗、画、乐交融的精品。其次是笔法错落有致，变换灵活。首联写意勾勒，颔联、颈联工笔描摹，交错描写所见所闻。颔联上句写所见，下句写所闻，颈联则反之。声、色、光、态，无不包括；天、地、远、近，互相交叉；动、静、显、隐，随时变化，使整个画面具有层次感和立体感。

【思考练习】

1. 这首诗是如何以自然美来表现诗人的情趣与理想的？
2. "明月""竹喧"两联同属写景，一动一静，互为衬托，这样写对于展示作者的情趣与追求有什么作用？
3. "竹喧"一联，为何将"竹喧""莲动"调至"归浣女""下渔舟"之前？

西上莲花山

李 白

【题解】

李白（701—762），字太白，号青莲居士，祖籍陇西成纪(今甘肃省秦安县)，生于中亚碎叶城，五岁时随父迁居绵州(今四川省江油市)。受传统文化教育，兴趣广泛。开元十三年(725年)，二十五岁的李白出蜀漫游，后被唐玄宗征召入京，供奉翰林。后因目睹权贵专擅，朝政腐败，他无法实现"济苍生，安社稷"的理想，又不肯投靠权贵，终于蒙受谗言，于天宝三载(744年)痛苦辞京。其后，又浪迹十二年，热衷寻仙访道，以求解脱胸中的悲愤与苦闷。宝应元年(762年)，李白到安徽投靠族叔李阳冰，病逝于当涂。

李白是继屈原之后我国最伟大的浪漫主义诗人之一，存诗900余首。其诗强烈地表现了对国事的关注和政治上不得志的苦闷，猛烈抨击了当时社会的腐朽势力和封建权贵，热情讴歌了祖国的壮丽山河，抒发了对美好理想的渴望和追求，表达了他对处境危厄的激愤抗争，充分体现了他奔放的激情、洒脱不羁的豪侠气概和积极用世的精神。部分作品中也流露出求仙访道,及时行乐的消极、颓废情绪。李白诗歌感情奔纵,豪迈不羁,善于驰骋想象,恣意挥洒,形成飘逸、奔放、雄奇、壮丽的浪漫主义风格,对后世文学产生了深远的影响。著有《李太白全集》。

【文献来源】

俞平伯,等.唐诗鉴赏辞典[M].上海:上海辞书出版社,2013:232.

西上莲花山,迢迢见明星[1]。
素手把芙蓉,虚步蹑太清[2]。
霓裳曳广带,飘拂升天行[3]。
邀我至云台,高揖卫叔卿[4]。
恍恍与之去,驾鸿凌紫冥[5]。
俯视洛阳川,茫茫走胡兵[6]。
流血涂野草,豺狼尽冠缨[7]。

【注释】

[1] 莲花山:指西岳华山上的莲花峰。明星:传说中的华山仙女名。
[2] 素手:洁白的手。芙蓉:荷花。虚步:凌空而行。蹑:登。太清:道家称天空为太清。
[3] 曳:拖。这句是说穿着虹霓制成的衣裳,拖着宽大的飘带,在天空中飘升飞行。
[4] 云台:莲花山东北有云台峰,被视为仙山。卫叔卿:神仙名。
[5] 鸿:鸿鹄,天鹅。紫冥:又称紫虚,即天空、高空。
[6] 川:原野。胡兵:指安禄山率领的部队。
[7] 冠缨:官吏的服饰。

【阅读提示】

这首用游仙体(所谓游仙体,是借歌咏仙境以抒发情怀志向的诗词体式)作的古风,以美好的游仙生活与现实的动乱场面形成强烈的对比,在美善与丑恶的碰撞中给人以心灵的震撼,表达了作者对人民苦难生活的深切同情和对叛军残暴行为的强烈愤慨,这种结构是此诗最大的特点。

想象丰富细腻,形象鲜明生动,是此诗的第二大特点。诗中描绘了仙女明星手握莲花,身拖广带,体态轻盈,凌空飞升的美妙图景,以及想象中诗人与仙人一同飞升的奇特景观,引人幽思遐想。

此外,语言清新自然,质朴凝练,充分体现了李白"清水出芙蓉,天然去雕饰"的语言风格。

【思考练习】

1. 这首诗是怎样体现李白的浪漫主义诗风的?
2. 了解诗中典故的运用。
3. 体会本诗对比式的结构及其作用。
4. 背诵全诗。

梁甫吟

李 白

【题解】

《梁甫吟》也叫《梁父吟》,为乐府古曲名。本诗是李白失意而离开长安之后的作品。李白曾作《冬夜醉宿龙门觉起言志》云:"而我胡为者,叹息龙门下。富贵未可期,殷忧向谁写?去去泪满襟,举声《梁父吟》,青云当自致,何必求知音。"

【文献来源】

俞平伯,等. 唐诗鉴赏辞典[M]. 上海:上海辞书出版社,2013:246.

长啸梁甫吟,何时见阳春[1]?
君不见朝歌屠叟辞棘津,八十西来钓渭滨[2]!
宁羞白发照清水,逢时壮气思经纶[3]。
广张三千六百钓,风期暗与文王亲[4]。
大贤虎变愚不测,当年颇似寻常人[5]。
君不见高阳酒徒起草中,长揖山东隆准公[6]!
入门不拜骋雄辩,两女辍洗来趋风。
东下齐城七十二,指挥楚汉如旋蓬。
狂客落魄尚如此,何况壮士当群雄[7]!
我欲攀龙见明主,雷公砰訇震天鼓,帝旁投壶多玉女[8]。
三时大笑开电光,倏烁晦冥起风雨[9]。
阊阖九门不可通,以额叩关阍者怒[10]。
白日不照吾精诚,杞国无事忧天倾。
猰貐磨牙竞人肉,驺虞不折生草茎[11]。
手接飞猱搏雕虎,侧足焦原未言苦[12]。
智者可卷愚者豪,世人见我轻鸿毛[13]。
力排南山三壮士,齐相杀之费二桃[14]。
吴楚弄兵无剧孟,亚夫咍尔为徒劳[15]。
梁甫吟,声正悲。
张公两龙剑,神物合有时[16]。
风云感会起屠钓,大人𡾰㠍当安之[17]。

【注释】

[1] 梁甫:泰山下的小山名。张衡《四愁诗》云:"我所思兮在太(泰)山,欲往从之梁父(甫)艰。"李善注:"泰山以喻时君,梁甫以喻小人也。"阳春:春天,喻政治清明。见阳春:《楚辞》有"恐溘死不得见乎阳春"之句,诗人以此将自己被谗去职与屈原被谗放逐作比。

[2] 朝歌:殷都,今河南淇县。屠叟:周初太公吕望,即姜子牙。相传吕望50岁卖浆棘津,70岁屠牛朝歌,80岁垂钓渭水,90岁遇周文王而被重用,封于齐。

[3] 宁：岂。经纶：整理丝缕，引申为治国。

[4] 三千六百钓：太公渭滨垂钓10年，每年360天，故云三千六百钓。风期：犹言风度，指品格志气。亲：近。

[5] 大贤虎变：《易经》有"大人虎变"之语，意谓伟人如虎之皮毛秋后更新，文采斑斓。

[6] 高阳酒徒：指郦食其(yì jī)。郦是汉初陈留高阳(今河南杞县)人，自称"高阳酒徒"。刘邦率兵过陈留时，郦往谒见。刘"方踞床，使两女子洗足"，郦长揖不拜，告诫刘"欲诛无道秦，不宜踞见长者"。刘于是辍洗，以礼相待。后郦生为刘邦游说齐王田广，使以72城降汉。事见《史记》。草中：草野之中，意谓民间。隆准：高鼻。《史记》云："高祖为人隆准而龙颜。"

[7] 狂客：一作"狂生"，指郦食其。壮士：李白自指。

[8] 攀龙：追随君主。《后汉书》云："其计固望其攀龙鳞，附凤翼，以成其所志耳。"砰訇：象声词。天鼓：雷霆。投壶：一种游戏，投箭入壶，投中者胜。

[9] 大笑：《神异经》曰："(东王公)与一玉女投壶，每投千二百矫。设有入不出者，天为之嘘；矫出而脱误不接者，天为之笑。"张华注："天不下雨而有电光，是天笑也。"倏烁：电光闪烁。晦冥：昏暗。

[10] 阊阖(chāng hé)：天门。九门：传说天有九重，门有九道。阍(hūn)者：把门人，这里指小人。

[11] 猰貐(yà yǔ)：神话中牛形马足人面赤身的吃人怪兽，常喻暴政。驺虞(zōu yú)：白虎，纹黑，不食生物，不履生草，常喻仁政。

[12] 猱(náo)：猴的一种。雕虎：斑斓猛虎。据《尸子》载，古代勇士黄伯左手执太行之猱，右手搏雕虎。焦原：据《尸子》载，春秋时莒国(今山东莒县)有一块巨石名焦原，广五十步，临百仞深溪，莒国无人敢在上行走。有个勇士侧足其上，被称颂一时。

[13] 卷：收藏。《论语·卫灵公》："邦有道则仕，邦无道则可卷而怀之。"愚者豪：《抱朴子》，"愚夫行之，自矜为豪"。

[14] 力排南山三壮士：据《晏子春秋》记载，齐景公时有公孙接、田开疆、古冶子三壮士，因遇齐相晏子未行礼，为晏子所嫉恨，进谗景公，出谋赏两个桃子，让三人各论其功，功大者可食桃。公孙接和田开疆抢先论功并拿了桃子，古冶子说明二人皆不如自己功大。二人退回桃子，羞愤自杀。古冶子感到对不起他们，也自杀了。据说诸葛亮曾作《梁甫吟》咏此事，称三人"力能排南山，文能绝地纪。一朝被谗言，二桃杀三士"。

[15] 剧孟：西汉洛阳著名侠士。吴楚七国之乱时，汉景帝使周亚夫将兵至河南，得剧孟。周嘲笑曰："吴楚举大事而不求(剧)孟，吾知其无能为已矣。"诗人在此自比剧孟，认为玄宗不重用自己如同吴楚不求剧孟。咍(hái)：嗤笑。

[16] 张公：指西晋大臣张华。张任命雷焕为丰城令，雷在丰城掘得一双宝剑，赠其一与张，张说："详观剑文，乃干将也，莫邪何复不至？虽然，天生神物，终当合耳。"后张华被诛，宝剑不知去向，而雷焕手中的一把则由其子雷华佩戴。雷华佩剑从延平津渡河，剑忽从腰间跃入水中，后派人下水搜寻，不见剑，但见两龙，各长数丈，身有美丽纹章，盘旋游动，"光彩照水，波浪惊沸"。典出《晋书》。诗人用此典，意谓自己虽遭小人排挤，但与"明主"终有会合之时。

[17] 感会：感应，会合。起：奋起，崛起。嶫屼(niè wù)：崎岖不平，喻危难处境。

【阅读提示】

《梁甫吟》是李白的重要作品之一，大约作于天宝年间。天宝以来，唐玄宗恣意淫乐，重用李林甫等佞臣，政治腐败，危机四伏，李白想进谏玄宗，改革朝政，不仅未成，反遭谗言而被迫离京。诗人借乐府古题写现实遭遇，抒发伤时感世情怀，宣泄牢骚之气。全诗以设问开头，感叹有志之士何时得遇明主，为全诗定下了抒情基调，揭示出主旨；紧接着以姜子牙和郦食其自比，点明自己胸怀大志，以图有所作为；然后笔调一转，写自己受小人谗言，被喜怒无常的"明主"拒之门外，但仍不改忧国的精诚之心；接下来以充满自信的语调赞美古代勇士的英武形象，作为诗人的自我写照，并揭露了小人以谗言扼杀人才的丑恶行径；结尾部分以"神物合有时"来自我安慰，最后照应篇首姜子牙的故事，勉励自己面对困境应泰然处之，以待来日。

全诗想象丰富，构思奇特，用典多而不涩。诗中虽流露出怀才不遇的无奈与悲哀，但更多的是显示诗人豪放洒脱、乐观自信的精神品质和蔑视权贵、不屈于恶势力的人格魅力。

【思考练习】

1. 这首诗从哪些方面抒发了作者的思想感情？
2. 全诗从结构上可划分为几个部分？各部分的大意是什么？
3. 诗人大量地运用典故，借用许多古代杰出人物来自比，试说明有何作用。

月 夜

杜 甫

【题解】

杜甫(712—770)，字子美。原籍襄阳(今湖北省襄阳市)，后全家迁居巩县(今河南省巩义市)。青少年时期，曾漫游吴、越、齐、赵各地；唐玄宗天宝三载(744 年)，在洛阳与李白相遇，并结下深厚友谊。天宝六载(747 年)，入京举进士，不第，客居长安近 10 年。因曾在长安附近的少陵住过，故世称"杜少陵"。"安史之乱"中，投奔肃宗，授官左拾遗，故世称"杜拾遗"。不久被贬为华州司功参军，辞官；逃难至陕西，随后入蜀。因严武荐举，曾任西川节度使幕府参谋、检校工部员外郎，故后世称"杜工部"。晚年携家出川，漂泊于两湖一带，死于湘江舟中。

杜甫是我国唐代伟大的现实主义诗人，与李白齐名，世称"李杜"。他一生写了大量忧国忧民、激动人心的优秀诗篇，形成了沉郁顿挫的风格，被后人誉为"诗圣"，其诗亦被称为"诗史"。杜甫的创作无论是古体、近体，还是五言、七言，都能博采众长，推陈出新，将我国古典诗歌的现实主义艺术推向了新的高潮，对后世作家产生了深远的影响。现存诗歌 1400 余首，有《杜少陵集》。

【文献来源】

俞平伯，等. 唐诗鉴赏辞典[M]. 上海：上海辞书出版社，2013：493.

> 今夜鄜州月，闺中只独看[1]。
> 遥怜小儿女，未解忆长安[2]。
> 香雾云鬟湿，清辉玉臂寒[3]。
> 何时倚虚幌，双照泪痕干[4]？

【注释】

[1] 鄜(fū)州：治所在今陕西省富县。闺中：闺中人，指自己的妻子。
[2] 未解：不懂得。忆长安：想念在长安的父亲。

[3] 香：指云鬟中透出的脂膏香气。云鬟：稠密如云的发鬟。清辉：月光。本句描写想象妻子独立夏夜，久久望月的形象。

[4] 虚幌：轻薄透明的帷幕。

【阅读提示】

这是杜甫被叛军押解至长安后所写的一首思念寄身鄜州的妻子儿女的诗。唐肃宗至德元年（756年）八月，杜甫将全家安置在鄜州，自己一人前往灵武（今宁夏回族自治区灵武县，当时朝廷所在地）投奔肃宗，途中被叛军所俘，解往沦陷后的长安，写了这首千古传诵的名作。

曲笔抒怀是本诗的最大特点。诗中本来是抒写作者身处困境，望月思家的心情，却不直接说出，而是从对方的角度来述写。明明是自己在长安望月思念远在鄜州的妻子，却说成是妻子在鄜州望月思念远在长安的自己；明明是自己心里惦记天真幼稚的儿女，却说成是儿女不懂得惦记自己；明明是自己站在夏夜里的月光下思念家人久久不愿离去，却想象成妻子站在月下思念自己，直到夜深露水沾湿了衣裳也不忍离去。最后，作者以盼望早日全家团聚作结，来表现眼前家人两地深深的思念之情和对和平的向往。

用词准确、内涵丰富是此诗的又一特点。全诗虽然只有短短的四十个字，却含蓄委婉，前后照应，如"独看"与"双照"、"今夜"与"何时"等，生动形象，情浓意深，将战乱中的夫妻之情、父子之情表现得淋漓尽致，读来十分亲切感人。

【思考练习】

1. 作者运用什么方法来抒写自己月夜思家的心情？
2. 诗中抒写了几地之月？表达了诗人怎样的情感？
3. 背诵全诗。

登 高

杜 甫

【题解】

这是杜甫七言律诗的代表作之一。此诗作于唐代宗大历二年（767年），当时诗人正客居夔州（今四川省奉节县）。唐时承东汉以来的风俗，全家人于农历九月初九日（即重阳节）外出登山，饮菊花酒，佩戴装有茱萸（一种散发香味的植物）的布囊，相传这样可以避邪免灾。此诗题为"登高"，专指九月九日的登高。

【文献来源】

俞平伯，等. 唐诗鉴赏辞典[M]. 上海：上海辞书出版社，2013：638.

风急天高猿啸哀，渚清沙白鸟飞回[1]。
无边落木萧萧下，不尽长江滚滚来[2]。
万里悲秋常作客，百年多病独登台[3]。
艰难苦恨繁霜鬓，潦倒新停浊酒杯[4]。

【注释】

[1] 猿啸哀：猿猴发出的凄厉叫声。啸：声音悠长的鸣叫。渚(zhǔ)清：水中的小洲因水落而显得轮廓清晰。鸟飞回：鸟儿在空中盘旋飞翔。

[2] 落木：落叶。萧萧：风吹落叶的声音。

[3] 万里：指离家乡万里之遥。悲秋：逢秋天而感到悲凉。常作客：指长久漂流异乡。百年：意谓一生。独登台：独自登上高台眺望。

[4] 苦恨：极恨、甚恨、深恨。繁霜鬓：两鬓又增添了许多如霜的白发。潦倒：形容衰颓憔悴的样子。新停：新近停止。浊酒：与"清酒"相对而言。新停浊酒杯：当时杜甫因患有肺病而戒酒，故云。

【阅读提示】

这首诗的前四句写登高所见到的上下远近雄浑苍凉的景象，重在所闻、所见；后四句抒写因登高所见而触发的深沉复杂的情感，重在所思、所感。

诗的首联写局部近景，为读者描绘了一幅凄清的秋景图。颔联写整体远景，着意渲染秋气的苍凉。颈联向纵(时间)、横(空间)两方面推进，着重抒发其家国之忧和身世之感，内涵丰富。尾联将一切愁苦的根源都归结到时世艰难，突出了诗人伤时忧国的情操。

全诗通体对仗工整，格律严谨，语言精练，极其自然。诗中所写之景颇富立体感，有声有色，有静有动，浑然一体；所抒之情既有力度又有深度，胸襟博大，情感奔放，扣人心弦。

【思考练习】

1. 这首诗在整体布局上有什么特点？
2. 诗中体现了诗人哪些复杂的情感？
3. 找出诗中最为人们传诵的两句，并分析它们的精彩之处。
4. 背诵全诗。

祭十二郎文

韩 愈

【题解】

韩愈(768—824)，字退之，河内河阳(今河南省孟州市)人。祖籍河北昌黎，自称昌黎韩愈，世称韩昌黎。唐代文学家、哲学家。三岁丧父，由兄嫂抚养成人，自幼勤奋好学。唐德宗贞元八年(792年)登进士第，任节度推官，后任监察御史，因上疏请求减免灾民赋役，贬为阳山令。元和十二年(817年)，从裴度征讨淮西吴元济叛乱有功，升任刑部侍郎。元和十四年(819年)，宪宗迎佛骨入大内，他上表力谏，被贬为潮州刺史。穆宗时，任国子祭酒、京兆尹等，最后官至吏部侍郎，又称韩吏部。卒谥"文"，又称韩文公。

韩愈是唐代古文运动的倡导者和领袖，为"唐宋八大家"之首，其文学成就主要包括散文和诗歌。其散文题材广泛，结构严谨，文笔道劲，语言精练；议论文立意新颖，说理透辟；碑志文"随事赋形，各肖其人"；抒情文情真意切，感人至深；序文也留下了不朽佳作。韩愈的诗歌现存三百多首，其诗别开生面，勇于创新，采用散文辞赋的章法笔调，气势雄浑，才力充沛，想象奇特，形成奇崛宏伟的独特风格，开创了李、杜之后的一个重要流派。

韩愈的抒情文情真意切，感人至深，《祭十二郎文》就是其抒情散文的代表作。这是一篇悼念侄儿十二郎的祭文。韩愈三岁而孤，由大哥大嫂抚养成人。二哥韩介有子韩老成，在族中排行十二，故称十二郎，后过继给大哥韩会为子，因此韩愈与十二郎自幼相守，历经患难，"零丁孤苦，未尝一日相离"，感情深厚，虽为叔侄，却情同手足。

【文献来源】

韩愈文[M]. 庄适，臧励和，选注. 李作君，校订. 武汉：崇文书局，2014：137-139.

年月日，季父愈闻汝丧之七日，乃能衔哀致诚，使建中远具时羞之奠，告汝十二郎之灵[1]：

呜呼！吾少孤，及长，不省所怙，惟兄嫂是依[2]。中年，兄殁南方，吾与汝俱幼，从嫂归葬河阳，既又与汝就食江南，零丁孤苦，未尝一日相离也[3]。吾上有三兄，皆不幸早世，承先人后者，在孙惟汝，在子惟吾，两世一身形单影只。嫂尝抚汝指吾而言曰："韩氏两世，惟此而已！"汝时尤小，当不复记忆，吾时虽能记忆，亦未知其言之悲也。吾年十九，始来京城。其后四年而归视汝。又四年，吾往河阳省坟墓，遇汝从嫂丧来葬。又二年，吾佐董丞相于汴州，汝来省吾；止一岁，请归取其孥[4]。明年，丞相薨，吾去汴州，汝不果来[5]。是年，吾佐戎徐州，使取汝者始行，吾又罢去，汝又不果来。吾念汝从于东，东亦客也，不可以久，图久远者，莫如西归，将成家而致汝，呜呼！孰谓汝遽去吾而殁乎[6]！吾与汝俱少年，以为虽暂相别，终当久相与处，故舍汝而旅食京师，以求斗斛之禄[7]；诚知其如此，虽万乘之公相，吾不以一日辍汝而就也。

去年，孟东野往，吾书与汝曰："吾年未四十，而视茫茫，而发苍苍，而齿牙动摇。"念诸父与诸兄，皆康强而早世，如吾之衰者，其能久存乎，吾不可去，汝不肯来，恐旦暮死而汝抱无涯之戚也；孰谓少者殁而长者存，强者夭而病者全乎！呜呼！其信然邪？其梦邪？其传之非其真邪？信也，吾兄之盛德而夭其嗣乎？汝之纯明而不克蒙其泽乎[8]？少者强者而夭殁，长者衰者而存全乎？未可以为信也。梦也，传之非其真也，东野之书，耿兰之报，何为而在吾侧也[9]？呜呼！其信然矣！吾兄之盛德而夭其嗣矣！汝之纯明宜业其家者，不克蒙其泽矣[10]！所谓天者诚难测，而神者诚难明矣！所谓理者不可推，而寿者不可知矣！虽然，吾自今年来，苍苍者或化而为白矣，动摇者或脱而落矣。毛血日益衰，志气日益微，几何不从汝而死也；死而有知，其几何离，其无知，悲不几时！而不悲者无穷期矣！汝之子始十岁，吾之子始五岁，少而强者不可保，如此孩提者，又可冀其成立邪？呜呼哀哉！呜呼哀哉！汝去年书云："比得软脚病，往往而剧[11]。"吾曰："是疾也，江南之人，常常有之。"未始以为忧也。呜呼！其竟以此而殒其生乎？抑别有疾而至斯乎？汝之书，六月十七日也，东野云："汝殁以六月二日。"耿兰之报无月日；盖东野之使者，不知问家人以月日，如耿兰之报，不知当言月日，东野与吾书，乃问使者，使者妄称以应之耳。其然乎？其不然乎？今吾使建中祭汝，吊汝之孤，与汝之乳母。彼有食可守以待终丧，则待终丧而取以来；如不能守以终丧，则遂取以来；其余奴婢，并令守汝丧。吾力能改葬，终葬汝于先人之兆，然后惟其所愿。

呜呼！汝病吾不知时，汝殁吾不知日，生不能相养以共居，殁不能抚汝以尽哀，敛不凭其棺，窆不临其穴[12]，吾行负神明而使汝夭，不孝不慈，而不得与汝相养以生，相守以死，一在天之涯，一在地之角，生而影不与吾形相依，死而魂不与吾梦相接，吾实为之，其又何尤！彼苍者天，曷其有极！自今已往，吾其无意于人世矣，当求数顷之田于伊颍之上，以待余年，教吾子与汝子，幸其成，长吾女与汝女，待其嫁，如此而已！呜呼！言有穷而情不可终，汝其知也邪？其不知也邪？呜呼哀哉，尚飨！

【注释】

[1] 羞：通"馐"。奠：用作名词。远具时羞之奠：从远处准备好应时的新鲜食品作为祭品。

[2] 不省(xǐng)所怙(hù)：不知道父亲是什么样子。《诗经·小雅·蓼莪》有"无父何怙，无母何恃"，后用"怙"代称父亲，用"恃"代称母亲。

[3] 就食江南：到江南谋生。

[4] 孥：妻子儿女的合称。

[5] 薨(hōng)：唐代二品以上的官员死了都称薨。

[6] 遽：匆忙，仓促。孰谓汝遽去吾而殁乎：哪里想到你突然离我而去就死了呢？

[7] 斗斛(hú)之禄：指微少的俸禄。斗、斛都是古代的量器，唐代以十斗为一斛。

[8] 克：能够。蒙：承受。泽：恩泽。

[9] 东野：指孟郊。耿兰：老成家的仆人。

[10] 宜：应该。业：动词，继承家业。

[11] 比：近来。软脚病：脚气病。

[12] 敛(liàn)：同"殓"，殡殓，装殓。窆(biǎn)：埋葬。敛不凭其棺，窆不临其穴：为死者更衣称小敛，把尸体装进棺材称大敛。

【阅读提示】

在韩愈的散文中，悼念其侄儿韩老成的《祭十二郎文》尤其具有浓厚的抒情色彩。哀吊之文前人多用骈体或四言韵文写作，在整齐的格式中求得一种庄肃之感。而此文全无格式、套语，并且不像韩愈其他文章那样讲究结构。全文以向死者诉说的口吻写成，哀家族之凋落，哀死者之早夭，哀自身之未老先衰，疑天理，疑神明，疑生死之数乃至疑后嗣之成立，极写内心之辛酸悲恸。中间一段写初闻噩耗时将信将疑、不愿相信又不得不信的心理，尤其哀切动人。文章语意反复而一气贯注，最能体现在特定情景下散体文相对于骈体文的优势和长处。

这篇别开生面、哀恸欲绝的祭文自始至终贯注着一个"情"字。文章哭诉十二郎不该死，十二郎死得可痛可哀，无一言不是情至之语，真可谓"言有穷而情不可终"。韩愈把自己和十二郎放在一起来讲，把十二郎放在韩氏家族中来讲，悔恨自己求禄远宦而导致暂离成永别，设想侄儿会比叔父先死而抱无涯之戚，并且由于过度悲恸而产生不合常情的想法，这些抒情手法的运用，始终离不开对死者生平琐事的回忆，虽无意为文，然情至而文深，显得格外感人。

为了充分表达感情的沉痛，作者特别注重运用悲叹词、虚词和语气词。如第三段开头，连用三个并列的转折连词"而"字，又用三个"邪"字，三个"乎"字，三个"也"字，五个"矣"字，全文连用七个"呜呼"，三个"呜呼哀哉"，既加重了语气，使感情表达得更强烈，又增强了节奏，还可从中看到作者感情的起伏，时而呜咽抽泣，时而泪流满面，时而号啕大哭。难怪千百年来无数读者为之感动，真堪称"祭文中千年绝调"。

文章结构严谨，富于变化。全文不仅几段之间存在有机联系，而且每一段之中层次转换变化无穷，有如万水回环，千峰合抱。而这些转换又是情感变化所致，毫无造作之迹。不刻意追求结构而结构自妙，在古今文章中都是不可多得的，难怪桐城派古文家刘大櫆说："文贵变。……一集之中篇篇变，一篇之中段段变，一段之中句句变，神变，气变，境变，音节变，字句变，惟昌黎能之。"

【思考练习】

1. 这篇祭文为什么写得如此感人？请具体分析其主要原因。
2. 作者在处理叙事和抒情的关系上有什么特点？
3. 此文是怎样综合辞赋、骈文中的铺叙、排偶手法的？请举例加以说明。

秋 词 二 首

刘禹锡

【题解】

刘禹锡(772—842)，字梦得，彭城(今江苏省徐州市)人，唐代中期诗人、哲学家。政治上主张革新，是王叔文派政治革新活动的中心人物之一。后被贬为朗州司马、连州刺史，晚年任太子宾客，世称"刘宾客"。和柳宗元并称"刘柳"，和白居易并称"刘白"。其诗通俗清新，善用比兴手法寄托政治内容。其学习民歌写成的《竹枝词》《柳枝词》等诗具有新鲜活泼、健康开朗的特色，语言简朴生动，情致缠绵，情调独具一格，是唐诗中别开生面之作。诗集有《刘宾客集》。

【文献来源】

俞平伯，等. 唐诗鉴赏辞典[M]. 上海：上海辞书出版社，2013：910.

一

自古逢秋悲寂寥，我言秋日胜春朝[1]。
晴空一鹤排云上，便引诗情到碧霄[2]。

二

山明水净夜来霜，数树深红出浅黄。
试上高楼清入骨，岂如春色嗾人狂[3]。

【注释】

[1] 寂寥：寂静；空旷。春朝(zhāo)：春天的早晨，这里指春天。
[2] 排：推开；冲出。排云上：冲云直上。便：就，于是。碧霄：蓝天。
[3] 嗾(sǒu)：令，使。

【阅读提示】

　　永贞元年(805年)，顺宗即位，任用王叔文改革朝政，刘禹锡也参加了这场革新运动。但革新遭到宦官、藩镇、官僚势力的强烈反对，以失败而告终。顺宗被迫退位，王叔文被赐死，刘禹锡被贬。这两首诗就是诗人被贬朗州司马时所作。可贵的是，诗人在遭受严重打击后，并没有悲观、失望、消沉下去，而是赞美秋天，给人一种昂扬向上的信心。

　　"悲秋"是古代诗歌的传统主题，并且有许多名篇佳作。这两首诗的可贵在于诗人对秋天和秋色的感受与众不同，一反过去文人悲秋的传统，开创新意，写出了一个生机勃勃、斗志昂扬的秋天。诗人通过对秋天的生机勃发和明净景致的描摹，唱出了昂扬的励志高歌，唤醒人们为理想而奋斗的英雄气概和高尚情操。

　　在第一首诗中，诗人起笔就否定了传统的悲秋观念，认为秋日胜过了欣欣向荣、生机盎然的春天，赋予秋一种饱满的神韵。接着把读者的视线引向那振翅高飞的鹤，抓住一鹤凌云这一典型事物进行描绘，展现了秋高气爽、万里晴空、白云飘浮的开阔景象。在这样的氛围中，诗人驰骋想象，自己的"诗情"也随着凌空奋发、大展鸿图的白鹤而飞到碧蓝的天空。如果说第一首诗是借赞秋气以赞美志向高洁的话，第二首诗便是借咏秋色来颂扬情操的清白了。开头两句采用白描的手法如实勾勒出秋的特色：山明水净、洁白如霜、略带有红有黄的色彩，流露出高雅闲淡的情韵，宛然如文质彬彬的君子风度，令人肃然起敬。接着设想假若不信，可试上高楼一望，便会使人感到清澈入骨，思想澄净，心情肃然深沉，不会像那繁华浓艳的春色教人轻浮若狂。全诗呈现的是秋天的生气和素色，唤醒人们为理想而奋斗，这是一首昂扬的励志高歌。立意新颖、意境开阔、格调高昂是这两首诗的最大特点。

　　作者将物人格化，巧妙地运用拟人、象征手法是其第二大特点。鹤冲破了秋天的肃杀氛围，为大自然别开生面，是不屈志士的化身和奋斗进取的体现，令人斗志倍增。景色如容妆，见性情，显品德。特别是末句用"春色嗾人狂"来反衬诗的主旨，既具有哲理的意蕴，又具有艺术的魅力，令人回味无穷。此外，用白描的手法描绘出形象鲜明的画面，展现美妙而神奇的秋韵，引人做幽思遐想也是此诗的一大特点。

【思考练习】

1. 这两首诗中的"秋"与一般文人的"悲秋"有什么不同？
2. 分析这两首诗如何借景抒情？
3. 谈谈两诗的写作特点。
4. 背诵这两首诗。

长 恨 歌

白居易

【题解】

　　白居易(772—846)，字乐天，号香山居士，有"白香山"之称，唐代著名诗人。其诗风格平易通俗，言浅意深，意蕴深远。白居易和好友元稹共同发起了旨在揭露时弊的"新乐府运动"，提出了"文章合为时而著，歌诗合为事而作"的文学主张。其代表诗作有《长恨歌》《琵琶行》

等，有《白氏长庆集》传世，存诗近3000首，数量之多为唐人之冠。

【文献来源】

俞平伯，等. 唐诗鉴赏辞典[M]. 上海：上海辞书出版社，2013：946-948.

汉皇重色思倾国，御宇多年求不得[1]。
杨家有女初长成，养在深闺人未识。
天生丽质难自弃，一朝选在君王侧。
回眸一笑百媚生，六宫粉黛无颜色。
春寒赐浴华清池，温泉水滑洗凝脂[2]。
侍儿扶起娇无力，始是新承恩泽时[3]。
云鬓花颜金步摇，芙蓉帐暖度春宵[4]。
春宵苦短日高起，从此君王不早朝。
承欢侍宴无闲暇，春从春游夜专夜[5]。
后宫佳丽三千人，三千宠爱在一身。
金屋妆成娇侍夜，玉楼宴罢醉和春[6]。
姊妹弟兄皆列土，可怜光彩生门户[7]。
遂令天下父母心，不重生男重生女。

骊宫高处入青云，仙乐风飘处处闻[8]。
缓歌慢舞凝丝竹，尽日君王看不足[9]。
渔阳鼙鼓动地来，惊破霓裳羽衣曲[10]。
九重城阙烟尘生，千乘万骑西南行[11]。
翠华摇摇行复止，西出都门百余里[12]。
六军不发无奈何，宛转蛾眉马前死[13]。
花钿委地无人收，翠翘金雀玉搔头[14]。
君王掩面救不得，回看血泪相和流。
黄埃散漫风萧索，云栈萦纡登剑阁[15]。
峨嵋山下少人行，旌旗无光日色薄[16]。
蜀江水碧蜀山青，圣主朝朝暮暮情。
行宫见月伤心色，夜雨闻铃肠断声。
天旋地转回龙驭，到此踌躇不能去[17]。
马嵬坡下泥土中，不见玉颜空死处[18]。

君臣相顾尽沾衣，东望都门信马归[19]。
归来池苑皆依旧，太液芙蓉未央柳[20]。
芙蓉如面柳如眉，对此如何不泪垂。
春风桃李花开日，秋雨梧桐叶落时。
西宫南内多秋草，落叶满阶红不扫[21]。
梨园弟子白发新，椒房阿监青娥老[22]。

夕殿萤飞思悄然，孤灯挑尽未成眠[23]。
迟迟钟鼓初长夜，耿耿星河欲曙天[24]。
鸳鸯瓦冷霜华重，翡翠衾寒谁与共[25]。
悠悠生死别经年，魂魄不曾来入梦。

临邛道士鸿都客，能以精诚致魂魄[26]。
为感君王辗转思，遂教方士殷勤觅[27]。
排空驭气奔如电，升天入地求之遍。
上穷碧落下黄泉，两处茫茫皆不见[28]。
忽闻海上有仙山，山在虚无缥缈间。
楼阁玲珑五云起，其中绰约多仙子[29]。
中有一人字太真，雪肤花貌参差是[30]。
金阙西厢叩玉扃，转教小玉报双成[31]。
闻道汉家天子使，九华帐里梦魂惊[32]。
揽衣推枕起徘徊，珠箔银屏迤逦开[33]。
云鬓半偏新睡觉，花冠不整下堂来。
风吹仙袂飘飘举，犹似霓裳羽衣舞[34]。
玉容寂寞泪阑干，梨花一枝春带雨[35]。

含情凝睇谢君王，一别音容两渺茫[36]。
昭阳殿里恩爱绝，蓬莱宫中日月长[37]。
回头下望人寰处，不见长安见尘雾[38]。
唯将旧物表深情，钿合金钗寄将去[39]。
钗留一股合一扇，钗擘黄金合分钿[40]。
但教心似金钿坚，天上人间会相见[41]。
临别殷勤重寄词，词中有誓两心知[42]。
七月七日长生殿，夜半无人私语时[43]。
在天愿作比翼鸟，在地愿为连理枝。
天长地久有时尽，此恨绵绵无绝期[44]。

【注释】

[1] 汉皇：汉武帝，借指唐玄宗。倾国：借指绝代佳人。御宇：统治天下。

[2] 华清池：骊山华清宫的温泉浴池。凝脂：形容肌肤洁白滑润。

[3] 侍儿：侍候杨玉环沐浴的宫女。恩泽：指杨玉环承受玄宗宠爱。

[4] 步摇：一种首饰，上有垂珠，行步则摇。

[5] 专夜：专房之宠。

[6] 金屋：《汉武故事》载：武帝幼时，他姑母将他抱在膝上，问他要不要她的女儿阿娇做妻子。他笑着答道："若得阿娇，当以金屋贮之。"

[7] 列土：分封土地，加官晋爵。可怜：可羡。

[8] 骊宫：骊山华清宫。

[9] 凝丝竹：管弦之声聚而不散。

[10] 渔阳：郡名，属范阳节度使管辖，是安禄山叛军的出发地。鼙(pí)鼓：古代军中用的一种鼓。渔阳鼙鼓：这里借指安禄山叛乱。

[11] 九重：古制皇宫有九道门。

[12] 翠华：皇帝的旌旗仪仗，上饰翠羽。摇摇：摇荡飘扬。

[13] 六军：天子统帅的军队，这里指皇帝的护从军队。

[14] 钿(diàn)：一种嵌金花的首饰。翠翘金雀：饰翠羽的金雀钗。玉搔头：玉簪。

[15] 云栈：高入云端的栈道。萦纡：曲折环绕。剑阁：大小剑山之间的栈道名，又名剑门关，在今四川省剑阁县北。

[16] 峨嵋山：在今四川省峨眉山市。玄宗并未经过这里，此处泛指蜀山，渲染玄宗入蜀时的凄凉情景。

[17] 天旋日转：指局势转变，京城收复。回龙驭：指皇帝的龙驾回京。

[18] 玉颜：指杨玉环如花似玉的颜容。

[19] 信马：听任马自己走去。

[20] 太液：汉代大明宫的池名。未央：汉宫名，在汉长安城西南隅。这里泛指唐代的池苑宫殿。

[21] 西宫：西内，即太极宫。南内：指兴庆宫，玄宗回京后先住在南内，后迁西宫。

[22] 梨园弟子：当年玄宗在梨园教练出来的乐工。椒房：后妃居住的宫殿。阿监：宫中侍从女官。青娥：指女子青春美好的容颜。

[23] 思悄然：忧思不语。

[24] 耿耿：明亮。

[25] 鸳鸯瓦：成对的瓦，正反嵌合。霜华：霜花。翡翠衾：翡翠羽毛被子。

[26] 临邛(qióng)：今四川省邛崃市。鸿都：东汉时洛阳宫门名，这里借喻长安。能以精诚致魂魄：能以诚心将死者魂魄召来。

[27] 辗转思：辗转反侧的思念。方士：有法术的人，指道士。

[28] 碧落：道家对天空的称呼。

[29] 五云：五色祥云。

[30] 太真：杨贵妃作女道士时的号。参差：仿佛，好像。

[31] 玉扃(jiōng)：玉做的门。小玉：传说是吴王夫差的小女，殉情而死。双成：董双成，传说中西王母的侍女，这里都借指太真的侍女。

[32] 九华帐：花饰繁丽的帐子，《西京杂记》载汉宫后妃用具中有"九华帐"。

[33] 珠箔：珠帘。屏：屏风。迤逦(yǐ lǐ)：曲折绵长的样子。

[34] 袂(mèi)：衣袖。

[35] 阑干：纵横。

[36] 凝睇(dì)：注视。

[37] 昭阳殿：汉成帝宠妃赵昭仪住处。此处借指杨贵妃生前居住的宫殿。

[38] 人寰：人世间。

[39] 旧物：即下句所说"钿合金钗"。钿合：镶金花的盒子。

[40] 擘(bò)：用手指把东西分开。合分钿：将钿盒分开成两半。钗留一股合一扇，钗擘黄金合分钿：将金钗和钿盒分成两半，以作将来重见的信物。

[41] 但教：只希望。
[42] 重寄词：贵妃在方士告别时又托他捎话。两心知：只有玄宗、贵妃两人心里明白。
[43] 长生殿：华清宫中的一个殿。
[44] 有时尽：有穷尽的时候。

【阅读提示】

《长恨歌》是诗人于元和元年(806 年)任陕西周至县县尉时所作。诗人与好友陈鸿、王质夫一同到马嵬附近游仙游寺时，谈及李隆基和杨玉环的爱情故事，相与感叹。王质夫认为李、杨的故事，没有大手笔难以写好，便对白居易说："乐天深于诗，多于情者也。试为歌之如何？"于是白居易写下了这首脍炙人口的杰作。陈鸿也写了一篇《长恨歌传》。这首长篇叙事诗不仅是白居易诗中的精品，而且是中国古典诗歌中叙事诗的代表作，在我国文学史上占有重要地位。

《长恨歌》的主题是复杂的、双重的，既对唐玄宗看重美色、废弃朝政、荒淫误国以致发生"安史之乱"有揭露、有抨击，也对杨贵妃的悲惨结局寄予了极大的同情，从而使这个故事超越历史事实、历史人物本身而具有普遍意义，产生了强烈的艺术魅力，受到人民的喜爱。

《长恨歌》是一首抒情成分很浓的叙事诗，最大的特点是诗人在叙述故事和人物塑造上采用了我国传统的手法，将叙事、写景和抒情和谐地结合在一起，形成诗歌抒情上回环往复的特点。诗人把人物的思想感情注入景物，又用景物的折光来烘托人物的心情。无论是乐景还是哀景，作者从各个方面反复渲染唐玄宗的苦苦追求和寻觅，跌宕回环，层层渲染，使人物感情回旋上升，达到高潮。缠绵悱恻的相思之情使人觉得回肠荡气，这首诗之所以能在千百年间吸引读者，使他们受感染、被诱惑，其原因之一，恐怕就在于此吧！

语言文字优美、修辞手法多样是此诗的第二大特点。作为一首叙事长诗，语言流畅婉转，简洁传神，明丽优美，对仗工整，加上顶针、比喻、夸张、指代等修辞手法的运用，使诗句节奏鲜明、韵律和谐，具有音乐美和形式美。

此诗的第三大特点是现实主义的实写和浪漫主义的虚写相结合。诗的前半部分主要实写人间事，后半部分主要虚写仙境情。设想如果没有后半部分的杨太真在仙境的亡魂再现，赠物寄词表深情的动人情节，作者所描写的李、杨爱情悲剧远远达不到现有的艺术魅力，更不能超出历史事实而具有普遍性。

故事情节曲折多变，大起大落，由极乐到极悲，以及叙事简明概括也是此诗的一大特色。

【思考练习】

1. 谈谈你对《长恨歌》主题思想的理解。
2. 诗中写唐玄宗回宫后极为思念杨贵妃，这对情节发展有什么作用？
3. 此诗叙事的详略极为适宜，试以第二部分为例加以分析。
4. 背诵全诗。

锦 瑟

李商隐

【题解】

李商隐(约813—858),字义山,号玉谿生,怀州河内(今河南省沁阳市)人,晚唐诗人。与杜牧齐名,世称二人为"小李杜"。在词采华艳上与温庭筠近,又称"温李"。初为牛党令狐楚赏识,开成二年(837),中进士。后李党王茂元爱其才,被荐为掌书记,并成为其女婿。从此一生处在牛李党争之中,无法摆脱,郁郁不得志。46岁客死在郑州荥阳。

李商隐写有政治诗、咏史诗、写景咏物诗和不少"无题诗"。他广纳前人之长,承杜甫七律的沉郁顿挫,融齐梁诗的华丽浓艳,学李贺诗的诡异幻想,形成了深情、缠绵、绮丽、精巧的风格,成就很高,他还善于用典。有《玉谿生诗集》和《樊南文集》。

【文献来源】

俞平伯,等. 唐诗鉴赏辞典[M]. 上海:上海辞书出版社,2013:1239.

> 锦瑟无端五十弦,一弦一柱思华年[1]。
> 庄生晓梦迷蝴蝶,望帝春心托杜鹃[2]。
> 沧海月明珠有泪,蓝田日暖玉生烟[3]。
> 此情可待成追忆,只是当时已惘然[4]。

【注释】

[1] 锦瑟:相传古瑟为五十弦。无端:没来由。华年:指青春年少时的往事。

[2] 庄生晓梦迷蝴蝶:借用庄周梦中化为蝴蝶的典故,比喻往日的理想抱负都如梦幻一般。望帝春心托杜鹃:用望帝魂化为杜鹃的典故,比喻自己的满腔忧怨无法言明,只能托杜鹃的嘴倾吐出来。

[3] 沧海月明珠有泪:这里用传说中鲛人哭泣时眼泪会变成珠子的典故,暗喻自己的身世之悲、沉沦之苦。蓝田日暖玉生烟:这句用日光下玉的光泽有如烟影而可望不可即,暗喻自己虽有才能却被弃置不得施展。

[4] 惘然:惆怅失意而迷茫不知所措的样子。

【阅读提示】

《锦瑟》是李商隐的代表作,是富有抱负和才华的诗人在追忆悲剧性的年华逝去时所奏出的一曲人生之歌。诗人把生活中的琐细事情、重大变故及精神状态全都高度概括、抽象为一种人生的感受和情绪,然后用浪漫的象征手法表现出来。本诗其实是一首无题诗,取其句首两字为题命名。对于本诗主旨的理解历来莫衷一是,有自伤身世说、悼亡说、爱恋说、音乐境界说等,历来被认为是古典诗歌中最难解的一首,可谓是"一篇锦瑟解人难"。

此诗首联以锦瑟起兴,并以其象征诗人命运。颔联用庄周梦蝶和望帝化鹃的典故,既写出了梦境的迷离恍惚、梦醒后的惘然若迷,又渲染了一种笼罩着哀怨凄迷的气氛。颈联描绘了一幅沧海月明、遗珠有泪的图画,既是对锦瑟清寥悲苦之意境的描摹,又是对诗人不为世用的寂寥身世的一种喻解。尾联是对"思华年"的总括。"此情"统指颔、颈二联所概括抒写的情事,即自己的悲剧身世的各种境界。以昔衬今,加倍渲染了今日追忆时难以禁受的怅惘悲凉。

全诗借助诗歌的语言和意象,将锦瑟弹奏的各种艺术意境(迷幻、哀怨、清寥、缥缈)化为一幅幅形象鲜明的画面(庄生梦蝶、杜鹃啼血、遗珠有泪、玉石生烟),以概括抒写其华年所经历的种种人生境遇和人生感受,传达他在思华年时迷惘、哀伤、落寂、惆怅的心声。因此,本诗兼有音乐的意境、画面的形象和诗歌的意象的三重暗示性。由于三重暗示的融汇统一,内涵也就显得虚泛、抽象和朦胧,极易引起读者多方面的联想。

【思考练习】

1. 首联连用了几个数量词,读来不但不觉得枯燥乏味,反而会产生一种神奇美感,试析其缘由。
2. 你是怎样理解《锦瑟》的主旨的?
3. 本诗描绘了哪些画面?创设了怎样的意境?
4. 背诵全诗。

八 声 甘 州

柳 永

【题解】

柳永(约 987—1053),原名三变,字景庄,后改名永,字耆卿,崇安(今福建省武夷山市)人,北宋著名词人。出身于儒宦世家,早年游历汴京,屡试不第,于是流连于歌楼妓馆,为乐工歌妓撰写歌辞,沉迷于声色词曲。时人将其举荐于宋仁宗,却只得四字批语:"且去填词"。他仕途失意潦倒,便自称"奉旨填词柳三变",放浪形骸。宋仁宗景祐元年(1034 年)中进士,曾任泗州判官、余杭县令、晓峰盐场大使,官至屯田员外郎,世称"柳屯田"。

柳永是宋代第一个专业写词的作家,也是第一位大量作慢词的人,在词的内容和表现手法方面都有新的开拓,对宋词的发展产生了重要影响。他的词题材较为广泛,以抒写羁旅行役和男女恋情为主,也有一些歌咏自然风光的作品。其词善于铺叙,情景交融,音律和谐优美,语言浅易自然,以白描见长,抒情色彩强烈,自成一格。叶梦得《避暑录话》中言称"凡有井水饮处,即能歌柳词",足见其词流传之广。有《乐章集》传世,存词二百余首。

【文献来源】

夏承焘,等. 宋词鉴赏辞典[M]. 上海:上海辞书出版社,2013:78.

对潇潇暮雨洒江天,一番洗清秋[1]。渐霜风凄紧,关河冷落,残照当楼[2]。是处红衰翠减,苒苒物华休[3]。惟有长江水,无语东流。

不忍登高临远,望故乡渺邈,归思难收[4]。叹年来踪迹,何事苦淹留[5]?想佳人妆楼颙望,误几回、天际识归舟[6]。争知我,倚阑干处,正恁凝愁[7]!

【注释】

[1] 潇潇:下小雨的样子。清秋:清冷的秋景。
[2] 渐:逐渐。霜风:指秋风。凄紧:凄凉迫近。残照:落日的余辉。

[3] 是处：到处。红衰翠减：花叶凋零。苒苒：渐渐。物华：美好的景物。
[4] 渺邈：渺茫遥远。
[5] 淹留：长期停留。
[6] 颙(yóng)望：抬头凝望，一作"长望"。天际：天边。
[7] 争知：怎知。处：时。恁(nèn)：如此。凝：表示一往情深，专注不已。凝愁：凝结不解的深愁。

【阅读提示】

这首描写羁旅行役之苦的名作，将作者的羁旅之苦、漂泊之愁、思乡之情，从"望"中透出。全词以"登高临远"为线索，上阕写望中所见，融情于景；下阕写望中所思，即景抒情。章法结构细密，虚实相映。

开篇两句以一个"对"字领起，写出登临远眺的时间、地点和环境。深秋季节，傍晚时分，暮雨潇潇，洒遍江天，千里无垠。经过风雨的洗涤，秋空愈加清爽辽阔，无与伦比。"渐霜风凄紧，关河冷落，残照当楼"，以一个"渐"字领起，承上句而言日落景象。随着时间推移，景物遂又生一番变化。秋已更深，雨洗暮空，凉风愈加凄然而遒劲，山河冷落萧条，残阳照射着楼台，令孤单漂泊的游子倍觉寂寞寒冷。一"紧"字，写尽悲秋之气。"是处红衰翠减，苒苒物华休"紧接上文具体描写"冷落"：繁华美好的景物都随着秋风的来临而不见了，到处花儿枯萎，草木凋零。"惟有长江水，无语东流"，自然的一切都变化了，只有滚滚的长江之水奔流不绝。"无语"两字乃"无情"之意，此句蕴含百感交集的复杂心理和无穷的感慨愁恨，为下阕直抒胸臆烘托环境，渲染气氛。

下阕由"不忍"领起，从写景转入抒情，总括登楼眺望引起的感想。遥望远方本是想稍解思乡之苦，可是未见故乡，这一片落日余辉之下的萧瑟秋景，反而更易触动游子的思乡情怀，一想到故乡，归去的念头就无法抑制。"不忍"写出了词人的矛盾心态。"叹年来踪迹，何事苦淹留"，用设问感叹自己浪迹天涯、事业无成的无奈和苦闷，思乡之情愈加迫切。"想佳人妆楼颙望，误几回天际识归舟"，词人推己及人，本是自己登高远眺，却偏设想远在故乡的佳人，也登楼望远，渴盼游子归来，甚至还"误几回天际识归舟"。从自己的望乡想到意中人的望归，如此着笔，又多一番曲折、多一番情致，更觉含蓄委婉、情感缠绵。结尾两句，从对方回到自己，向意中人倾诉自己有家难归、惆怅满怀的心境。"倚阑干"与上阕首句相关联、相辉映，词中登高远眺之景，皆为"倚阑"时所见，思归之情又是从"凝愁"中生发；而"争知我"三字化实为虚，使思归之苦、怀人之情表达得更为委婉动人。

【思考练习】

1. 分析这首词是怎样做到情景交融的。
2. 下阕如何抒发词人的思乡之情？
3. 这首词在结构上有何特色？
4. 背诵全词。

定 风 波

苏 轼

【题解】

苏轼(1037—1101),字子瞻,号东坡居士。眉州眉山(今四川省眉山市)人。父苏洵、弟苏辙,都是文坛名士,世称"三苏"。苏轼少怀壮志,负才名,二十二岁中进士,入仕后,曾位及三品(宋朝没有一品官,宰相是二品),但他坚持"流而不返者,水也。不以时迁者,松柏也"的观点,在当时的新旧党争中既不容于王安石的改革派,又不容于司马光的保守派,后因乌台诗案被捕入狱。一生遭三贬:一贬黄州(今湖北省黄冈市),二贬惠州(今广东省惠州市),三贬儋州(今海南省儋州市),63岁赦免后逝世于常州(今江苏省常州市)。

苏轼在散文、诗、词等方面都有很高的造诣,其作品具有独特的艺术风格:散文长于说理,纵横恣肆;诗歌题材广泛,风格多样;词突破晚唐五代窠臼,开创了北宋词坛豪放的词风。苏轼以写豪放词著称,也有不少婉约词写得感情真挚。

【文献来源】

夏承焘,等. 宋词鉴赏辞典[M]. 上海:上海辞书出版社,2013:380.

(三月七日,沙湖道中遇雨。雨具先去,同行皆狼狈,余独不觉[1]。已而遂晴,故作此词。)

莫听穿林打叶声,何妨吟啸且徐行。竹杖芒鞋轻胜马,谁怕[2]?一蓑烟雨任平生[3]。料峭春风吹酒醒,微冷,山头斜照却相迎[4]。回首向来萧瑟处,归去,也无风雨也无晴[5]。

【注释】

[1] 三月:元丰五年(1082年)的三月。沙湖:在黄州东南三十里,苏轼到这里看所买的地。
[2] 芒鞋:草鞋。谁怕:意即不怕。
[3] 一蓑烟雨任平生:一向是披件蓑衣任凭风吹雨打。
[4] 料峭:形容风寒。
[5] 萧瑟:指风雨声,也指风雨引起的困难。处:境地。

【阅读提示】

《定风波》,唐教坊曲名,后用为词牌。这首词是苏轼谪居黄州时写的,词中所描写的虽是途中遇雨的一件小事,却由此反映出作者旷达洒脱的精神气度和不随物悲喜的人生态度。

词的上阕写作者冒雨徐行时淡定自若的心境。用"莫听""何妨""谁怕"等带有浓郁感情色彩的词语来表明他的从容自在,"一蓑烟雨任平生"形象地写出了词人的处世态度——身披蓑衣,任凭风吹雨打,照样往来自如。

词的下阕写雨晴后的景物和感受。雨过天晴,微冷的春风能将人从酒醉中唤醒,同样体现了词人的达观态度,与上阕相呼应,"回首向来萧瑟处,归去,也无风雨也无晴"再次表现作者在困境中无所谓的心境,"也无风雨也无晴"才是一种遇悲不忧、遇喜不惊的真旷达。

本词具有浓厚的象征性和深刻的哲理性。整首词从叙事、写景到抒怀、议论,作者的感受、胸襟和个性,通过途中遇雨这件生活小事表现得淋漓尽致。此外,笔调风趣、幽默,俏皮的语言和本词所要表达的思想感情是和谐的,使人们在谈笑风生中受到启发,在机智诙谐中获得美感。

【思考练习】

1. 词中哪些句子体现出象征意味?
2. 作者的人生观对你有什么启发?
3. 背诵全词。

江 城 子

苏 轼

【题解】

《江城子》,一作《江神子》,首见于《花间集》韦庄词。原为单调,三十五字。宋人多依曲重增一片,成为双调,七十字。上下阕各五韵。宋神宗熙宁八年(1075年),苏轼在密州(今山东诸城市)当知府,妻子王弗1065年病故于京师,葬于京城之西,次年迁葬于苏轼故乡四川眉山东北的祖坟。本词是苏轼为悼念亡妻而作的。

【文献来源】

夏承焘,等. 宋词鉴赏辞典[M]. 上海: 上海辞书出版社,2013: 431.

(乙卯正月二十日夜记梦)

十年生死两茫茫。不思量,自难忘[1]。千里孤坟,无处话凄凉。纵使相逢应不识,尘满面,鬓如霜[2]。

夜来幽梦忽还乡。小轩窗,正梳妆[3]。相顾无言,惟有泪千行。料得年年肠断处,明月夜,短松冈[4]。

【注释】

[1] 思量(liáng):想念。
[2] 纵使相逢应不识:即使见面(妻子)也不认得他了。这几句自伤生活不安定,处境不顺利,到处奔走,因而风尘仆仆,未老先衰(作者当时才39岁)。
[3] 轩:有窗槛的小屋。
[4] 短松冈:种着小松树的山冈。古人葬地多植松柏,此指王弗墓地。

【阅读提示】

这是一首记梦词,表达了作者对亡妻永不忘怀的深情。

上阕写梦前思念。一开头写"十年生死两茫茫",点明妻子王弗已死十年之久,生者与死者之间已经被相隔在彼此全无所知的两个世界里,再也不能互诉衷肠了。这里包含了无限的感伤!"不思量,自难忘",写即使不去想念她,但也总是难以忘怀,语虽平易,却表达了对妻子真挚深沉的感情。"千里孤坟,无处话凄凉",写妻子的坟墓,远在数千里之外的四川,自己在山东的密州,心情阴郁不畅,这凄凉痛苦的遭遇和想念亡妻的悲伤感情,纵有千言万语又到哪儿去诉说呢？"凄凉"二字，一方面描写自己被贬的痛苦生活和凄凉孤寂的处境；另一方面表达了思念王弗凄楚的心怀。于是作者又进一步勾勒自己在爱妻死后的形象，"尘满面，鬓如霜"，几笔就写出因屡屡遭贬，奔走劳碌，生活坎坷的潦倒情形，这些年的不幸遭遇已使他变得如此衰老，以致使爱妻"纵使相逢"也"应不识"了。

下阕写梦中的喜悦与醒后的悲哀。"夜来幽梦忽还乡"，写梦中忽然回到家乡，是下阕的引句，整个下阕从"还乡"展开。"小轩窗，正梳妆"，写作者归乡后看见亡妻似乎仍是十年前的仪态，正凭窗对镜理红妆。两人相会应是令人喜悦的，但梦境并非现实，生者与死者之间只能相顾却不能言，生离死别的千情万绪一时化作"泪千行"。这里既写出了两人感情的真挚深厚，也表现了作者的凄苦情怀。"料得年年肠断处：明月夜，短松冈"由梦境回到现实，写梦醒之后的悲哀。料想年年最令人断肠的地方是哪儿呢？在明月的夜晚，一片短松围绕的爱妻的坟地上。"明月夜，短松冈"，六个字勾出坟地的凄冷幽邃的境界，这凄苦的夜景是想象的，它进一步衬托出作者对亡妻的深切怀念。

苏轼这首体现婉约风格的词最大的特点是情浓且在情感表达上直意曲说，正像陈廷焯在《白雨斋词话》中所说："东坡词，纯以情胜；情之至者词亦至。"

【思考练习】
1. 将此词与《定风波》作比，了解苏轼不同词风的情感表达方式。
2. 背诵全词。

渔 家 傲

李清照

【题解】

李清照(1084—约 1151)，号易安居士，山东历城(今山东省济南市)人，其父李格非为当时著名学者。李清照早年受到良好的文化教养，少年时便有名。18 岁与赵明诚结婚，生活优裕，夫妻时常互相唱和，共同致力于书画金石的收集和整理。靖康二年(1127 年)北宋亡，二人相继南渡避难，不久赵明诚病死在建康(今江苏省南京市)，从此她只身漂泊于杭州、越州、台州和金华一带，晚景凄凉困顿。

李清照是诗、词、散文皆有成就的宋代女作家，词风变化很大。南渡前，其词多描写少女、少妇的闺中生活，或描绘自然风光，词风清冷明快；南渡后，其词风趋于含蓄深沉，多抒写国破家亡后愁苦悲哀的心境，隐寓家国之痛。清人王士祯称她为婉约之宗，也偶有豪放之作。李清照在词方面的艺术成就很高，常常选取一些生活片段入词，创造性地运用叠字，具体、细致地展现自己的内心世界，抒情既委婉含蓄又极其自然。有《漱玉词》辑本、《李清照集校注》。

【文献来源】

夏承焘，等. 宋词鉴赏辞典[M]. 上海：上海辞书出版社，2013：954.

天接云涛连晓雾，星河欲转千帆舞[1]。仿佛梦魂归帝所。闻天语，殷勤问我归何处[2]？
我报路长嗟日暮，学诗谩有惊人句[3]。九万里风鹏正举[4]。风休住，蓬舟吹取三山去[5]！

【注释】

[1] 云涛：云层舒卷如波涛起伏。星河：银河。帆：指船只。

[2] 帝所：天帝的住所，即天宫。闻天语：听见天帝说话。

[3] 报：回答。路长：比喻人生的道路悠长。日暮：形容求索未得而时光已逝。谩：空自，徒然。谩有惊人句：空有使人惊奇的诗句。

[4] 九万里风鹏正举：《庄子·逍遥游》载，大鹏鸟"背若泰山，翼若垂天之云，抟扶摇羊角而上者九万里"。这里借以自喻，表示自己要像大鹏鸟那样乘风高飞。

[5] 蓬舟：像蓬草一样轻快的小舟。三山：相传渤海中有三座神山，即蓬莱、方丈、瀛洲，为神仙居处。

【阅读提示】

这是一首记梦词。从词的内容、情调及风格来看，可能是李清照南渡以后的作品。但是，此词却与作者一贯的婉约词风有所不同，被看作仅有的一首豪放词作。作者借助对梦境的描述，创造了一个幻想中的神话世界，充分反映作者对生活的热情、对自由的向往和对光明的追求。

上阕开头两句描写梦境的壮阔背景：云涛汹涌，雾气迷漫，天河流转，千帆飞舞，展现出一幅瑰奇雄伟的画面。接着展开梦境，诗人想象自己的梦魂来到了天宫，听见天帝询问自己的去向，于是引起了下阕对天帝的回答。下阕根据天帝的询问来诉说词人在人间受到的冷遇，感叹自己虽有卓越的才华，但求索未得而时光已逝，找不到光明的出路。最后表示，要像大鹏鸟一样乘风高举，奔向那传说中的神山，寻求幸福和解脱。

这首词具有鲜明的浪漫主义特色，词风豪迈奔放。作者在梦中横渡天河，直入天宫，并大胆地向天帝倾诉自己的不幸，强烈要求摆脱"路长"与"日暮"的困苦境地，然后像大鹏鸟那样，磅礴九天，乘风破浪，驶向理想中的仙境。

此词给人印象最深的是大胆而又丰富的想象。作者创造出虚无缥缈的梦境，把天上的银河与人间的河流联系起来，把闪烁的星群想象成为挂满蓬帆的船。作者正是乘坐这艘"船"驶入天上的神仙世界，受到"天帝"的接待。这的确是"穿天心，出地腑"的神来之笔。这样的词句出自李清照，确实是"惊人"的。

大量用前人的诗句也是此词的一大特色。

【思考练习】

1. 本词的风格和李清照一贯的词风有什么不同？
2. 词中的想象有什么特色？
3. 背诵全词。

永 遇 乐

李清照

【题解】

这是李清照后期词的代表作之一。当时南宋政权南渡后建立了小朝廷，依旧过着声色犬马、歌舞升平的生活，抗金复国大计抛于脑后，作者心中却时时充盈着家事、国事的忧伤。这首词就是作者晚年流寓杭州时某一年元宵节所写，描写了词人面对元宵佳节灯红酒绿、车水马龙的繁闹景象，不愿与朋友外出游玩，而独自坐在帘儿底下回首往事、听人笑语时的凄怆心境。

【文献来源】

夏承焘，等. 宋词鉴赏辞典[M]. 上海：上海辞书出版社，2013：983.

落日熔金，暮云合璧，人在何处？染柳烟浓，吹梅笛怨，春意知几许！元宵佳节，融和天气，次第岂无风雨？来相召，香车宝马，谢他酒朋诗侣。

中州盛日，闺门多暇，记得偏重三五[1]。铺翠冠儿，撚金雪柳，簇带争济楚[2]。如今憔悴，风鬟霜鬓，怕见夜间出去。不如向、帘儿底下，听人笑语。

【注释】

[1] 中州：古称河南为豫州，因为它是九州的中心，故称中州，此处指汴京，即今开封。三五：指阴历每月十五，此指正月十五元宵节。偏重三五：特别重视正月十五。

[2] 铺：镶嵌。翠：指翡翠鸟的羽毛。冠儿：一种女式帽，此指装饰着翡翠的帽子。撚金：撚(niǎn)，同捻，撚搓搓成金丝。雪柳：一种用彩纸搓成柳枝模样的装饰物。簇带：宋时俗称，插戴的意思。济楚：整齐、漂亮。

【阅读提示】

这首词上阕写今，描绘了元宵佳节黄昏时的美好景物和饱受创伤的漂泊者的心情。词一开头在写景中提出三个疑问句，表达了词人凄怆悲凉的心境，也为下文懒得出游埋下伏笔。第一个疑问句首先以两个四字对句来写夕照鲜明，晚霞艳丽，暗示入夜以后天色必然晴朗，正好欢度佳节，接着突然以"人在何处"发问，表现她在丈夫去世后的处境和寂寞的心情。第二个疑问句中的春景既是对春之早、景之艳丽的赞叹，又包含了她垂暮之年感受不到春意的心境。第三个疑问句显示了词人历尽沧桑之后，对一切都感到变幻难测，因而顾虑重重的心理状态。种种心境，哪儿还有心思赏景观灯呢？既然如此，当然就只能婉言谢绝用"香车宝马"来盛情邀请的"酒朋诗侣"了。

下阕以今昔对比表达盛衰之感，也进一步说明自己不去玩赏的理由。前六句是忆昔。从眼前的景物和心情想到汴京沦陷以前的繁华世界。可现在呢，完全不同了，词人从记忆中回到现实里来，所以后五句转回眼前今昔对比，禁不住既凄凉又生怯。年纪老了，头发白了，加上懒得打扮，因而也就"怕见夜间出去"，还不如独自"向帘儿底下，听人笑语"算了。这一结束语看似很平淡，可是在平淡中却饱含着丰富的内涵和人生感慨！作者满腹心酸，一腔凄怨，通过这平淡的一句，反而显得更加沉重了。不但有今昔盛衰之感，还有我苦人乐之别，所以更觉凄黯。结尾句内涵丰富，加深了对"中州盛日"的遥想和对"次第岂无风雨"的焦虑，并隐含着对拱手让出大片河山、醉生梦死、苟安于一隅的南宋小朝廷的讽刺和谴责。

这首词写得深沉、含蓄、凄婉。乐情与哀情、乐景与哀景，昔日的盛装与今日的憔悴，他人之乐与自己之哀，构成了鲜明的对照，从而做到不言哀而自己的哀怨愁苦之情溢于言表。加上一连串口语和疑问句式的使用，进一步增强了词的感染力。

【思考练习】

1. 这首词抒发了词人怎样的思想感情？

2. "春意知几许"有何言外之意?
3. 本词在艺术上的特点是什么?
4. 背诵全词。

关 山 月

陆 游

【题解】

陆游(1125—1210),字务观,中年自号放翁,越州山阴(今浙江省绍兴市)人,南宋杰出的爱国诗人。从小受父辈抗金热情的影响,青年时就立下"上马击狂胡"的壮志。30岁应礼部考试名列第一,孝宗时赐进士出身,曾任镇江隆兴通判、夔州通判。在政治上,他坚决主张抗战,充实军备,但一直受到投降派的打击。65岁时回到故乡,赋闲20多年,收复中原的信念始终不渝,最终怀着"死前恨不见中原"的民族悲愤辞世。

陆游一生以诗歌创作为主,今存9000多首诗,数量之多为中国文学史上所罕见。内容极为丰富,抒发政治抱负,反映人民疾苦,批判当时统治集团的屈辱投降,表现出渴望恢复国家统一的强烈爱国热情和壮志未酬的悲愤。其诗以雄浑豪放为主,想象丰富。也擅长作词,其词作兼有豪放和婉约之长,在南宋词坛上有其自家风貌。

【文献来源】

张永鑫,刘桂秋. 陆游集[M]. 南京:凤凰出版社,2020: 72.

> 和戎诏下十五年,将军不战空临边[1]。
> 朱门沉沉按歌舞,厩马肥死弓断弦[2]。
> 戍楼刁斗催落月,三十从军今白发[3]。
> 笛里谁知壮士心,沙头空照征人骨。
> 中原干戈古亦闻,岂有逆胡传子孙[4]?
> 遗民忍死望恢复,几处今宵垂泪痕!

【注释】

[1] 和戎诏:与金人议和的诏书。戎:本是对少数民族的泛称,这里指金人。
[2] 按歌舞:按节拍表演歌舞。厩:马房。
[3] 戍楼刁斗催落月:戍楼上的刁斗声催着月亮下落,意为岁月在刁斗声中流逝。
[4] 逆胡传子孙:异族在中原传子传孙,意为金人占领中原的时间太长了。

【阅读提示】

这首诗是作者在范成大幕府任参议官时所写。诗人主张进取中原,而范成大却按兵不动,眼看复国希望将成泡影,诗人悲愤满腔写下此诗。这首诗用汉代乐府古题吟咏边塞生活,赋予了作品深广的社会内容。诗中痛斥统治者一纸和议抛弃半壁江山、苟且偷生贪图享乐的无耻行径,倾诉了爱国将士和沦陷区人民的满腔悲愤。

全诗分为三个层次。首先写统治阶级屈辱偷安、不修战备的情景；接着写戍边战士壮志难酬、老死疆场的状况；最后写中原人民切望恢复、对月流泪的场面。全诗结构紧凑，用"月"统摄全篇。三个场景——将军月下享乐、战士对月长叹、遗民望月垂泪，时空或异，构成了一幅关山月夜全景图。可以说，这幅图也正是当时南宋社会的一个缩影。三个层次、三个场景构成并列和对比的关系，有力地表达了主旨，反映了作者鲜明的爱憎感情。

诗开头用"和戎诏下十五年"一句笼罩全篇，说明种种可悲的情景都是由当时的统治者奉行投降妥协的政策造成的。可以说，正是由于统治者"和戎诏"的颁发，才导致了三个场景的出现。而全诗的中心思想也主要是揭露南宋统治者的投降路线造成的严重恶果，表达诗人统一祖国的信念和因这一信念无法实现而导致的愤慨。

这首诗抒情言志，通过选取典型事物、创造典型环境来抒发情感。马肥死、弓断弦、白骨堆、遗民泪等独特事物，狂歌酣舞、沙场怨笛、万民望月等生动场面，都能够引发读者的想象和联想，让整首诗具有很强的艺术表现力。

【思考练习】
1. 为什么说这首诗是以"月"统摄全篇的？
2. 找出诗中的典型事物和典型场景，分别说明其表现作用。
3. 背诵全诗。

钗 头 凤

陆 游

【题解】

这首词写的是陆游自己的爱情悲剧。据《齐东野语》记载，陆游初娶表妹唐琬为妻，两人感情甚笃，但是，陆游的母亲不喜欢这个儿媳妇，逼令陆游休弃唐氏，他们被迫离婚。后来唐琬改嫁赵士程，陆游也另外续了妻。1155年的春天，陆游到浙江绍兴禹迹寺附近的沈园游玩，与偕夫同游的唐琬巧遇。陆游见人感事，百感交集，遂乘醉吟赋此词，信笔题于沈园的墙上。据说，唐琬看了这首词后，也和了一首，由于伤感过度，不久便离开人世。

《钗头凤》，词牌名，双调，六十字，上下片各七仄韵两叠韵。

【文献来源】

夏承焘，等. 宋词鉴赏辞典[M]. 上海：上海辞书出版社，2013：1166.

红酥手，黄縢酒。满城春色宫墙柳[1]。东风恶，欢情薄。一怀愁绪，几年离索[2]。错，错，错。

春如旧，人空瘦。泪痕红浥鲛绡透[3]。桃花落，闲池阁。山盟虽在，锦书难托。莫，莫，莫！

附：唐琬《钗头凤》

【文献来源】

夏承焘，等. 宋词鉴赏辞典[M]. 上海：上海辞书出版社，2013：1191.

世情薄，人情恶，雨送黄昏花易落。晓风干，泪痕残。欲笺心事，独语斜阑。难，难，难！
人成各，今非昨，病魂常似秋千索。角声寒，夜阑珊。怕人寻问，咽泪装欢。瞒，瞒，瞒！

【注释】

[1] 黄滕酒：即黄封酒，是一种官酒，在封口贴着黄纸，故名。

[2] 离索：离散。

[3] 浥(yì)：湿润。鲛绡：古代神话中的鲛人织的丝绢。

【阅读提示】

北宋以来，在写爱情闺怨的词作中，控诉封建礼教的作品极为少见，而陆游的这首《钗头凤》是不可多得的佳作。

此词上阕追忆往昔美满的爱情生活，感叹被迫离异的痛苦。前三句回忆往昔与唐氏偕游沈园的美好情景。后几句写词人被迫与唐氏离异后的痛苦。"东风"暗喻以陆游母亲为代表的封建家长的专断。接下来的三句又进一层把词人怨恨"东风"的心理抒写出来，补足一个"恶"字，这既是对往事的概括，也是对专制的封建社会的控诉。接下来，一连三个"错"字，所表达的感情，一字比一字深，一字比一字重，含有无尽的悔恨和懊恼。

词的下阕，由感慨往事回到现实。前三句写沈园重逢时见到唐琬的情景，依然是从前那样的景致，但是人却今非昔比。像桃花一样美丽娇好的唐氏已被无情的"东风"摧残折磨得憔悴不堪了。作者先借沈园的冷落萧条之景，烘托离人的悲伤之情。接着又用"山盟虽在，锦书难托"，转入直接抒情。按封建礼法，两人均已婚嫁，即使写了书信，也没法相寄了，一连三个"莫"字，写出了诗人既无力改变现实，又无可奈何的绝望悲痛心情。明明在爱，却又不能去爱；明明不能去爱，却又割不断这缕情丝。刹那间，有爱，有恨，有痛，有怨，真是百感交集，万箭攒心，全词就在这极其沉痛的喟叹声中结束了。

此词将写景、叙事、抒情融为一体，通过对比，写出了两人的处境，抒发了各自的情感。又自如地运用隐喻、象征、白描、烘托、照应等手法，用语平易自然，一连串的叠字，营造一种急促凄绝的格调，展现强烈的艺术感染力。

【思考练习】

1. 本词在艺术上最大的特点是什么？
2. "东风恶"有何寓意？
3. 将唐琬的《钗头凤》和陆游的《钗头凤》作比较，谈谈有何异同。
4. 背诵全词。

贺 新 郎

辛弃疾

【题解】

辛弃疾(1140—1207),字幼安,号稼轩,历城(今山东省济南市)人。辛弃疾出生时,山东已为金兵所占。他二十一岁时参加抗金义军,不久即归南宋,历任湖北、江西、湖南、福建、浙东安抚使等职。一生坚决主张抗金,提出不少收复失地的建议,但均未被采纳,反遭主和派打击,曾长期闲居于江西上饶一带。辛弃疾的词多数抒发力图复国的爱国热情,倾诉壮志难酬的满腔悲愤,对南宋上层统治集团的屈辱投降进行揭露和批判,也有不少是吟咏祖国河山的。辛弃疾的词艺术风格多样,以豪放为主,笔力雄厚。他与苏轼并称"苏辛"。

【文献来源】

夏承焘,等. 宋词鉴赏辞典[M]. 上海:上海辞书出版社,2013:1369.

(别茂嘉十二弟[1]。鹈鴂杜鹃实两种,见《离骚补注》[2]。)

绿树听鹈鴂。更那堪、鹧鸪声住,杜鹃声切。啼到春归无寻处,苦恨芳菲都歇[3]。算未抵、人间离别。马上琵琶关塞黑,更长门翠辇辞金阙[4]。看燕燕,送归妾[5]。

将军百战身名裂。向河梁、回头万里,故人长绝[6]。易水萧萧西风冷,满座衣冠似雪。正壮士、悲歌未彻[7]。啼鸟还知如许恨,料不啼清泪长啼血。谁共我,醉明月[8]?

【注释】

[1] 茂嘉:作者族弟,生平不详。因事贬官桂林(今广西桂林),辛弃疾作此词为之送别。

[2] 鹈鴂:鸟名,又叫伯赵,以秋分鸣。杜鹃:又名子归,常立夏鸣,鸣声凄切。洪兴祖《离骚补注》认为鹈鴂、杜鹃是两种鸟,现代学者认为鹈鴂即杜鹃。

[3] 芳菲:指花。歇:凋谢。

[4] 马上琵琶:这里运用了王昭君出塞的典故。长门:汉武帝陈皇后被废以后所居之处。翠辇:用翡翠作装饰的宫车。金阙:指帝王的宫殿。这句是说昭君远离故国的情景有如当年陈皇后失宠退居长门宫一样悲惨。

[5] 燕燕:这里引用了"庄姜送归妾"的典故。卫庄公妻庄姜无子,以庄公妾戴妫之子完为子。完即位不久,在一次政变中被杀,戴妫于是被遣返回国,庄姜远送于郊野,作《燕燕》诗以别。

[6] 将军:这里引用了李陵送别苏武的典故。汉武帝时,李陵曾屡次与匈奴作战,后来投降了匈奴,落得身败名裂。故人:指苏武,汉武帝时名将,曾作为使节出使匈奴,被匈奴拘囚十九年,不屈,后得回国。临行前李陵曾置酒在桥上送别苏武。

[7] 壮士:指荆轲。这里引用了荆轲刺秦王的典故。悲歌:荆轲所作的《易水歌》。未彻:没有结束。

[8] 如许恨:如此这般多的恨事。

【阅读提示】

这首送别词借题发挥,作者借族弟茂嘉的离别之事,抒自己身世之感与家国之悲。

词以暮春季节引人思家念国的几种啼鸟起兴,衬托国仇家恨的深重,末尾又以不知别恨的啼鸟作结,烘托送别的凄凉气氛。

这首词艺术上最大的特点是结构上打破词上下阕的界限,一气呵成,过阕不换意。从上阕的"算未抵"到下阕的"未彻",一口气列举出昭君出塞、戴妫归齐、李陵别苏武、荆轲别太子等古代英雄美人辞家离国的故事,淋漓尽致地倾诉了"人间离别"之苦,寄托自己南归以后报国无门的郁愤。最后四句回应开头,落笔点题表示惜别之意,词意至此益显悲壮。

辛弃疾词喜欢用典,词中运用典故把离别的悲剧气氛渲染到高峰,四个典故不仅与离别有关,而且折射当时的社会现实,都与国家利益相关。

【思考练习】

1. 这首词反映了作者什么样的思想情感?
2. 本词写法上的独特之处在哪里?
3. 分析文中四处典故的政治折射点。
4. 背诵全词。

摸 鱼 儿

辛弃疾

【题解】

宋孝宗(赵慎)淳熙六年(1179年),辛弃疾由湖北转运副使调任湖南转运副使,其原职由他的旧日好友王正之接替。王正之在湖北转运副使官署内办酒席为辛弃疾送行,辛弃疾于是写下这首词,抒发了自己政治上的壮志未酬、英雄无用武之地的幽愤之情。

《摸鱼儿》,唐教坊曲名,原起为捕鱼歌,后用为词调。双调,一百一十六字,上阕六仄韵,下阕七仄韵。

【文献来源】

夏承焘,等. 宋词鉴赏辞典[M]. 上海:上海辞书出版社,2013:1271.

(淳熙己亥,自湖北漕移湖南,同官王正之置酒小山亭,为赋[1]。)

更能消、几番风雨?匆匆春又归去[2]。惜春长怕花开早,何况落红无数[3]。春且住。见说道、天涯芳草无归路[4]。怨春不语。算只有殷勤,画檐蛛网,尽日惹飞絮[5]。

长门事,准拟佳期又误。蛾眉曾有人妒[6]。千金纵买相如赋,脉脉此情谁诉[7]?君莫舞,君不见、玉环飞燕皆尘土[8]!闲愁最苦。休去倚危栏,斜阳正在、烟柳断肠处。

【注释】

[1] 漕:漕司的简称,即转运司,掌财赋及谷物转运等事务。移:迁移,调动。同官:同僚,同事。

[2] 更能:还能够。消:经得起。匆匆:急促。

[3] 落红:落花。

[4] 且住:暂停。见说道:据说,听说。

[5] 惹:招,引,此处是沾挂的意思。

[6] 长门:汉代宫殿名。汉武帝时,陈皇后遭嫉失宠,幽居在长门宫。准拟佳期:指汉武帝和陈皇后预先约定了相会的好日子。蛾眉:代指美女,语出屈原《离骚》:"众女嫉余之蛾眉兮,谣诼谓余以善淫。"

[7] 千金：陈皇后闻听司马相如是著名的辞赋家，曾用黄金百斤请司马相如写了《长门赋》献给汉武帝，希望重新受到宠幸。

[8] 玉环：指唐玄宗宠妃杨玉环。"安史之乱"时，玄宗逃到马嵬坡，军士杀死杨玉环的兄长杨国忠，杨玉环被缢死。飞燕：汉成帝宠妃赵飞燕，后废为平民，自杀而死。这两人皆善舞、善妒而不得善终。

【阅读提示】

这首词通篇运用比兴、象征手法，借美人香草写君臣之事，用往古之事讽当事之人。上阕托物起兴，借暮春残景象征日趋衰微的南宋王朝；下阕借古喻今，用陈皇后失宠的典故和杨玉环、赵飞燕的下场，隐喻作者被压抑的苦闷和对朝廷执政者的不满与警告。词一开头，就把读者带入了一个深沉而感伤的艺术境界。春已迟暮，再经受不住几番风雨的摧残了。无情的风雨，催送春归，象征作者功业不就、流年匆匆消失的难堪处境，同时也是风雨飘摇的南宋政权的形象写照。

"惜春"二句把人们爱恋春光的心理描写得十分细腻。爱惜春花却又常常担忧花开得太早，因为花开得早，也就凋零得快，何况眼前已是落红遍地，春残花谢，一片败落景象了呢！这种惜春感情包含许多复杂、难言的忧虑和苦闷。作者南渡之前，对投归南宋，共同抗金，收复中原抱有无限希望。但十几年的宝贵时光过去了，一切美好的憧憬也破灭了，眼前看到的只是南宋小朝廷的黑暗与腐败，投降与卖国，就像这"落红无数"的晚春一样，不堪入目。

"春且住"几句，表达希望春光暂且留下来，听说天边长满了芳草没有回去的路了。"怨春不语"几句是说，怨恨春天不解人意，仍然匆匆地走掉了。算来算去只有画檐下的蛛网，在那里终日不停地沾惹着漫天飞舞的柳絮，殷勤地想挽留住春光。这几句和第一句呼应，仍然影射南宋残败的政局，暗示苟安的局面不会维持多久了。表达了作者对南宋朝廷曲折委婉的怨恨，对国家的危亡深切的忧虑。

"长门事"几句，以陈皇后遭嫉，佳期无望，暗示由于投降派的压抑、嫉恨、排挤、打击，皇帝总是听信谗言，不对自己委以重任，自己内心的悲愤、苦闷之情，无法向人诉说。

"君莫舞"几句，用玉环、飞燕比喻皇帝宠信的小人，警告他们不要太得意，不要太高兴，难道没有看见玉环、飞燕那样得宠的人，现在也都化为尘土了吗。言外之意是说不会有什么好结果。

"闲愁"几句，大意是忧虑国家命运，但又不能参与决策，只能做个闲官的心情愁苦极了。不要去凭栏远眺，栏杆外面，夕阳西下，烟柳迷离的景色，实在令人伤心断肠。这简直就是南宋风雨飘摇的半壁江山的形象写照。他提醒最高统治者，要正视这日暮途穷、岌岌可危的政局。

作者用婉转、含蓄、曲折的笔调，以中国诗歌传统的比兴手法，表达壮志难酬、忧虑国家命运的激愤感情。在风格上，这首词不属于豪放一类，但也不能算作婉约，而是绵里藏针、柔中有刚，反映了辛词丰富多彩的风格。

【思考与练习】

1. 分析词中比兴、象征手法的运用。
2. 本词的委婉、含蓄的风格是如何体现的？
3. 比较本词与体现词人豪放风格的作品。
4. 背诵全词。

长亭送别

王实甫

【题解】

王实甫(约1230—1310),名德信,字实甫,大都(今北京市)人,元代杰出的杂剧作家。著有杂剧14种,现传世的全本除《西厢记》外,还有《丽春堂》《破窑记》两种,其中以《西厢记》最为著名,明人贾仲明曾评述"新杂剧,旧传奇,《西厢记》天下夺魁"。

《西厢记》全名为《崔莺莺待月西厢记》。关于崔莺莺与张生的故事,唐代便有元稹的传奇小说《莺莺传》(又名《会真记》)。宋金时又有赵令畤的鼓子词《商调·蝶恋花》,董解元的《西厢记诸宫调》,戏曲方面有宋官本杂剧《莺莺六幺》、金院本《红娘子》、南戏《张珙西厢记》等。王实甫的《西厢记》则是在前人的基础上进一步加工提炼,使题材更加集中,反封建主题更加鲜明,艺术上也有了更大的提高。

《西厢记》共有五本二十一折,本文节选的是第四本第三折。

【文献来源】

陈云发. 元杂剧选解[M]. 上海:复旦大学出版社,2008: 31-33.

(夫人、长老上,云)今日送张生赴京,十里长亭,安排下筵席。我和长老先行,不见张生、小姐来到。

(旦、末、红同上[1]。旦云[2])今日送张生上朝取应,早是离人伤感,况值那暮秋天气,好烦恼人也呵!悲欢聚散一杯酒,南北东西万里程。(旦唱)

【正宫·端正好[3]】碧云天,黄花地,西风紧,北雁南飞。晓来谁染霜林醉?总是离人泪。

【滚绣球】恨相见得迟,怨归去得疾。柳丝长玉骢难系,恨不倩疏林挂住斜晖。马儿迍迍的行,车儿快快的随。却告了相思回避,破题儿又早别离[4]。听得道一声"去也",松了金钏;遥望见十里长亭,减了玉肌:此恨谁知?

(红云)姐姐今日怎么不打扮?(旦云)你那知我的心哩!(旦唱)

【叨叨令】见安排着车儿、马儿,不由人熬熬煎煎的气;有甚么心情花儿、靥儿,打扮得娇娇滴滴的媚[5];准备着被儿、枕儿,则索昏昏沉沉的睡;从今后衫儿、袖儿,都揾做重重叠叠的泪。兀的不闷杀人也么哥!兀的不闷杀人也么哥!久已后书儿、信儿,索与我恓恓惶惶的寄。

(做到,见夫人科[6])。夫人云)张生和长老坐,小姐这壁坐,红娘将酒来。张生,你向前来,是自家亲眷,不要回避。俺今日将莺莺与你,到京师休辱没了俺孩儿,挣揣一个状元回来者。(末云)小生托夫人余荫,凭着胸中之才,视官如拾芥耳。(洁云)夫人主张不差,张生不是落后的人。(把酒了,坐。)(旦长吁科)(旦唱)

【脱布衫】下西风黄叶纷飞,染寒烟衰草萋迷。酒席上斜签著坐的,蹙愁眉死临侵地。

【小梁州】我见他阁泪汪汪不敢垂,恐怕人知;猛然见了把头低,长吁气,推整素罗衣。

【幺篇】虽然久后成佳配,奈时间怎不悲啼。意似痴,心如醉,昨宵今日,清减了小腰围。

(夫人云)小姐把盏者!(红递酒,旦把盏长吁科,云)请吃酒!(旦唱)

【上小楼】合欢未已,离愁相继。想着俺前暮私情,昨夜成亲,今日别离。我谂知这几日相思滋味，却原来比别离情更增十倍。

【幺篇】年少呵轻远别，情薄呵易弃掷。全不想腿儿相挨，脸儿相偎，手儿相携。你与俺崔相国做女婿，妻荣夫贵，但得一个并头莲，煞强如状元及第。

（红云）姐姐，不曾吃早饭，饮一口儿汤水。（旦云）红娘，甚么汤水咽得下！（唱）

【满庭芳】供食太急，须臾对面，顷刻别离。若不是酒席间子母每当回避，有心待与他举案齐眉。虽然是厮守得一时半刻，也合著俺夫妻每共桌而食。眼底空留意，寻思起就里，险化做望夫石。

（夫人云）红娘把盏者。（红把酒科）（旦唱）

【快活三】将来的酒共食，尝着似土和泥。假若便是土和泥，也有些土气息，泥滋味。

【朝天子】暖溶溶玉醅，白泠泠似水，多半是相思泪。眼面前茶饭怕不待要吃，恨塞满愁肠胃。"蜗角虚名，蝇头微利"，拆鸳鸯在两下里。一个这壁，一个那壁，一递一声长吁气。

（夫人云）辆起车儿，俺先回去，小姐随后和红娘来。（下）（末辞洁科）（洁云）此一行别无话儿，贫僧准备买登科录看，做亲的茶饭少不得贫僧的。先生在意，鞍马上保重者！"从今经忏无心礼，专听春雷第一声。"（下）（旦唱）

【四边静】霎时间杯盘狼藉，车儿投东，马儿向西，两意徘徊，落日山横翠。知他今宵宿在哪里？有梦也难寻觅。

（旦云）张生，此一行得官不得官，疾便回来。（末云）小生这一去，白夺一个状元。正是："青霄有路终须到，金榜无名誓不归。"（旦云）君行别无所赠，口占一绝，为君送行："弃掷今何在，当时且自亲。还将旧来意，怜取眼前人。"（末云）小姐之意差矣，张珙更敢怜谁？谨赓一绝，以剖寸心："人生长远别，孰与最关情？不遇知音者，谁怜长叹人？"（旦唱）

【耍孩儿】淋漓襟袖啼红泪，比司马青衫更湿[7]。伯劳东去燕西飞，未登程先问归期。虽然眼底人千里，且尽生前酒一杯。未饮心先醉，眼中流血，心内成灰。

【五煞】到京师服水土，趁程途节饮食。顺时自保揣身体。荒村雨露宜眠早，野店风霜要起迟！鞍马秋风里，最难调护，最要扶持。

【四煞】这忧愁诉与谁？相思只自知，老天不管人憔悴。泪添九曲黄河溢，恨压三峰华岳低。到晚来闷把西楼倚，见了些夕阳古道，衰柳长堤。

【三煞】笑吟吟一处来，哭啼啼独自归。归家若到罗帏里，昨宵个绣衾香暖留春住，今夜个翠被生寒有梦知。留恋你别无意，见据鞍上马，阁不住泪眼愁眉。

（末云）有甚言语嘱咐小生咱？（旦唱）

【二煞】你休忧"文齐福不齐"[8]，我则怕你"停妻再娶妻"。你休要"一春鱼雁无消息"！我这里"青鸾有信频须寄"，你却休"金榜无名誓不归"。此一节君须记：若见了那异乡花草，再休似此处栖迟。

（末云）谁再似小姐？小生又生此念。小姐放心，小生就此拜辞。（旦唱）

【一煞】青山隔送行，疏林不作美，淡烟暮霭相遮蔽。夕阳古道无人语，禾黍秋风听马嘶。我为甚么懒上车儿内，来时甚急，去后何迟？

（红云）夫人去好一会，姐姐，咱家去！（旦唱）

【收尾】四围山色中，一鞭残照里，遍人间烦恼填胸臆，量这些大小车儿如何载得起？
(旦、红下。)(末云)仆童，赶早行一程儿，早寻个宿处。(末念)泪随渡水急，愁逐野云飞。(下)

【注释】

[1] 旦：杂剧中女角的通称，这里指莺莺。末：杂剧中男角的通称，这里指张生。

[2] 云：道白。

[3] 正宫：宫调名，类似现在乐调中的D调。

[4] 破题儿：唐宋以来科举考试时，诗赋、八股开头解析题意的一段文字，这里比喻事物的开端。

[5] 靥儿：古代女子在额部和两鬓点贴的装饰。

[6] 科：元杂剧中表示动作、表情及舞台效果的术语。

[7] 红泪：王嘉《拾遗记》载，三国魏文帝时薛灵芝被选入宫时，泣别父母，以玉唾壶承泪，壶即红色。后人遂用红泪指女子的眼泪。

[8] 文齐福不齐：文章写得好而没有考中的福分。

【阅读提示】

《西厢记》的基本剧情是：唐朝时，书生张珙进京赶考在普救寺巧遇崔莺莺，一见钟情。张珙便搬到寺内西厢住下。叛军孙飞虎围攻普救寺想掠莺莺为妻，崔母在无奈之际允下诺言：若张珙能退去贼军，便将莺莺许配给他。但解围以后崔母却言而无信，要张珙和莺莺以兄妹相称。这下苦煞了莺莺和张珙。丫鬟红娘暗中为之传递书简，让他们私下相会。崔老夫人发觉后恼怒异常，拷打红娘。又怕家丑外扬，只得私下认了这门亲事，但声称张珙必须要考上状元之后才准成亲。在这种情况下，莺莺只得送张珙进京应试，在十里长亭与张珙饯别，最后张珙考中状元和莺莺结合。

《西厢记》在艺术上最突出的成就是对典型人物的刻画。在这折戏中，可以说集中地表现了该剧的这一特色。本折虽没有跌宕起伏的戏剧情节，但在描写莺莺复杂的离愁别恨和重爱情、轻功名、反封建的性格特点上别具匠心。这折戏以别宴为中心，以宴前、宴中、宴后为线索，集中表现了莺莺与张珙别离时的复杂心情。依据剧情发展，可分为三部分来看。第一部分从开头到"叨叨令"三支曲，运用了排比和叠字的表现手法，写莺莺赴长亭途中为离别将临而无限伤感。第二部分从"脱布衫"到"朝天子"八支曲，写莺莺在别宴上，忠于爱情、唾弃功名的性格特点。第三部分从"四边静"到"收尾"八支曲，写莺莺与张珙长亭话别，展现了莺莺留恋、怜爱、担忧等复杂的心理活动。三部分写完，莺莺性格跃然纸上。

除了上述特点外，本折借景抒情、融情入景的表现手法和既体现诗情画意又通俗流畅的语言也独具特色。《西厢记》的作者善于把古典诗词含蓄凝练的语言与通俗流畅的民间口语融为一体，从而形成优美典雅、生动活泼的语言风格，叙事与景物描写相结合，体现浓郁的诗情画意。如本折的开头部分："今日送张生上朝取应，早是离人伤感，况值那暮秋天气，好烦恼人也呵！""悲欢聚散一杯酒，南北东西万里程。"叙事抒情皆含诗意。接下来的三支曲"端正好""滚绣球""叨叨令"也分别以秋景渲染气氛，营造意境，由景入情，融情入景，写一对情人难舍难分。语言激越，读来犹如行云流水，酣畅淋漓。该折曲词朴实中含典雅，浅显中见深邃，音韵优美和谐，令人回味无穷。

【思考练习】

1. 作者在刻画莺莺的内心世界，抒写她的离愁别绪时，运用了哪些表现手法？
2. "收尾"和"一煞"的写景有什么作用？
3. 这折戏在语言上有何特色？

胭　脂

蒲松龄

【题解】

蒲松龄（1640—1715），字留仙，一字剑臣，别号柳泉居士，世称"聊斋先生"，山东淄川（今淄博）蒲家庄人，清代杰出的小说家。蒲松龄出身于半农半商的家庭，后来逐渐贫困，薄产不足自给。十九岁举童子试，此后屡试不中，失意于科场，只得以作幕宾、塾师为生，七十一岁才成为贡生。他工于诗文，善制俚曲。他生于明清易代的乱世，贫困和黑暗的社会现实造就了他"孤愤""狂痴"的人生态度。

蒲松龄所著《聊斋志异》是一部优秀的文言短篇小说集，共十六卷，近五百篇，综合六朝志怪与唐传奇之长，借谈狐说鬼讽喻当时社会现实，寄托自己的爱憎、希望、理想和愤懑之情，以深刻的思想和精湛的技巧铸就了我国文言短篇小说的高峰。除了《聊斋志异》，蒲松龄还著有《聊斋诗文集》《聊斋俚曲集》《农桑经》等。

【文献来源】

斯范. 聊斋志异: 注释本[M]. 武汉: 崇文书局 2015: 411-414.

东昌卞氏，业牛医者，有女小字胭脂，才姿慧丽。父宝爱之，欲占凤于清门，而世族鄙其寒贱，不屑缔盟，以故及笄未字[1]。对户龚姓之妻王氏，佻脱善谑，女闺中谈友也[2]。一日，送至门，见一少年过，白服裙帽，丰采甚都。女意以动，秋波萦转之。少年俯其首趋而去。去既远，女犹凝眺。王窥其意，戏之曰："以娘子才貌，得配若人，庶可无恨[3]。"女晕红上颊，脉脉不作一语。王问："识此郎否？"女曰："不识。"王曰："此南巷鄂秀才秋隼，故孝廉之子。妾向与同里，故识之。世间男子，无其温婉，今衣素，以妻服未阕也[4]。娘子如有意，当寄语委冰焉[5]。"女无言，王笑而去。

数日无耗，心疑王氏未暇即往，又疑宦裔不肯俯拾。邑邑徘徊，萦念颇苦，渐废饮食，寝疾惙顿。王氏适来省视，研诘病因。答曰："自亦不知。但尔日别后，即觉忽忽不快，延命假息，朝暮人也。"王小语曰："我家男子，负贩未归，尚无人致声鄂郎。芳体违和，非为此否？"女赪颜良久[6]。王戏之曰："果为此者，病已至是，尚何顾忌？先令其夜来一聚，彼岂不肯可？"女叹息曰："事至此，已不能收。但渠不嫌寒贱，即遣媒来，疾当愈[7]；若私约，则断断不可。"王颔之遂去。王幼时与邻生宿介通，既嫁，宿侦夫他出，辄寻旧好。是夜宿适来，因述女言为笑，戏嘱致意鄂生。宿久知女美，闻之窃喜，幸其有机可乘也。将与妇谋，又恐其妒，乃假无心之词，问女家闺闼甚悉[8]。次夜，逾垣入，直达女所，以指叩窗。内问："谁何？"答以"鄂生"。女曰："妾所以念君者，为百年，不为一夕。郎果爱妾，但宜速遣冰人；若言私合，不敢从命。"宿姑诺之，苦求一握纤腕为信。女不忍过拒，力疾启扉。宿遽入，即抱求欢。女无力撑拒，仆地上，气息不续。宿急曳之。女曰："何来恶少，必非鄂郎；果是鄂郎，其人温驯，知妾病由，当相怜恤，何遂狂暴若此！若复尔尔，便当鸣呼，品行亏损，两无所益！"宿恐假迹败露，不敢复强，但请后会。女以亲迎为期。宿以为远，又请之。女厌纠缠，约待病愈。宿求信物，女不许。宿捉足解绣履而去。女呼之返，曰："身已许君，复何吝惜？但恐画虎成犬，致贻污谤。今亵物已入君手，料不可反。君如负心，但有一死！"宿既出，又投宿王所。既卧，心不忘履，阴揣衣袂，竟已乌有。急起篝灯，振衣冥索。诘之，不应。疑妇藏匿，妇故笑以疑之。宿不能隐，实以情告。言已，遍烛门外，竟不可得。懊恨归寝，犹意深夜无人，遗落当犹在途也[9]。早起寻之，亦复杳然。

先是，巷中有毛大者，游手无籍。尝挑王氏不得，知宿与洽，思掩执以胁之。是夜，过其门，推之未扃，潜入[10]。方至窗外，踏一物，软若絮帛，拾视，则巾裹女舄[11]。伏听之，闻宿自述甚悉，喜极，抽息而出[12]。逾数夕，越墙入女家，门户不悉，误诣翁舍。翁窥窗，见男子，察其音迹，知为女来者。心忿怒，操刀直出[13]。毛大骇，反走。方欲攀垣，而卞追已近，急无所逃，反身夺刀；媪起大呼，毛不得脱，因而杀之。女稍痊，闻喧始起。共烛立，翁脑裂不能言，俄顷已绝。于墙下得绣履，媪视之，胭脂物也。逼问女，女哭而实告之；但不忍贻累王氏，言鄂生之自至而已。天明讼于邑。邑宰拘鄂讯。鄂为人谨讷，年十九岁，见客羞涩如童子。被执，骇绝。上堂不知置词，惟有战栗。宰益信其情真，横加梏械。生不堪痛楚，以是诬服。既解郡，敲扑如邑。生冤气填塞，每欲与女面质；及相遭，女辄诟詈，遂结舌不能自伸，由是论死。往来复讯经数官无异词。

后委济南府复案。时吴公南岱守济南，一见鄂生，疑其不类杀人者，阴使人从容私问之，俾得尽其词。公以是益知鄂生冤。筹思数日，始鞫之[14]。先问胭脂："订约后，有知者否？"答："无之。""遇鄂生时，别有人否？"亦答："无之。"乃唤生上，温语慰之。生自言："曾过其门，但见旧邻妇王氏与一少女出，某即趋避，过此并无一言。"吴公叱女曰："适言侧无他人，何以有邻妇也？"欲刑之。女惧曰："虽有王氏，与彼并无关涉。"公罢质，命拘王氏。数日已至，又禁不与女通，立刻出审，便问王："杀人者谁？"王对："不知。"公诈之曰："胭脂供言，杀卞某汝悉知之，胡得隐匿？"妇呼曰："冤哉！淫婢自思男子，我虽有媒合之言，特戏之耳。彼自引奸夫入院，我何知焉！"公细诘之，始述其前后相戏之词[15]。公呼女上，怒曰："汝言彼不知情，今何以自供撮合哉？"女流涕曰："自己不肖，致父惨死，讼结不知何年，又累他人，诚不忍耳。"公问王氏："既戏后，曾语何人？"王供："无之。"公怒曰："夫妻在床，应无不言者，何得云无？"王供："丈夫久客未归。"公曰："虽然，凡戏人者，皆笑人之愚，以炫己之慧，更不向一人言，将谁欺？"命梏十指。妇不得已，实供："曾与宿言。"公于是释鄂拘宿。宿至，自供："不知。"公曰："宿妓者必非良士！"严械之。宿供曰："赚女是真。自失履后，未敢复往，杀人实不知情。"公怒曰："逾墙者何所不至！"又械之。宿不任凌藉，遂以自承。招收报上，无不称吴公之神。铁案如山，宿遂延颈以待秋决矣。

然宿虽放纵无行，故东国名士。闻学使施公愚山贤能称最，又有怜才恤士之德，因以一词控其冤枉，语言怆恻。公讨其招供，反复凝思之，拍案曰："此生冤也！"遂请于院、司，移案再鞫。问宿生："鞋遗何所？"供曰："忘之。但叩妇门时，犹在袖中。"转诘王氏："宿介之外，奸夫有几？"供曰："无之。"公曰："淫乱之人岂得专私一人？"又供言："身与宿介，稚齿交合，故未能谢绝；后非无见挑者，身实未敢相从。"因使指其人以实之，供云："同里毛大，屡挑而屡拒之矣。"公曰："何忽贞白如此？"命榜之[16]。妇顿首出血，力辨无有，乃释之。又诘："汝夫远出，宁无有托故而来者？"曰："有之。某甲、某乙，皆以借贷馈赠，曾一二次入小人家。"盖甲、乙皆巷中游荡子，有心于妇而未发者也。公悉籍其名，并拘之。既集，公赴城隍庙，使尽伏案前。便谓："曩梦神人相告，杀人者不出汝等四五人中。今对神明，不得有妄言。如肯自首，尚可原宥；虚者，廉得无赦！"同声言无杀人之事。公以三木置地，将并加之；括发裸身，齐鸣冤苦。公命释之，谓曰："既不自招，当使鬼神指之。"使人以毡褥悉障殿窗，令无少隙；袒诸囚背，驱入暗中，始授盆水，一一命自盥讫；系诸壁下，戒令"面壁勿动，杀人者，当有神书其背"。少间，唤出验视，指毛曰："此真杀人贼也！"盖公先使人以灰涂壁，又以烟煤濯其手：杀人者恐神来书，故匿背于壁而有灰色；临出，以手护背，而有烟色也。公固疑是毛，至此益信。施以毒刑，尽吐其实。判曰："宿介：蹈盆成括杀身之道，成登徒子好色之名。只缘两小无猜，遂野鹜如家鸡之恋；为因一言有漏，致得陇兴望蜀之心。将仲子而逾园墙，便如鸟堕；冒刘郎而至洞口，竟赚门开。感悦惊龙，鼠有皮胡若此[17]？攀花折柳，士无行其谓何？幸而听病燕之娇啼，犹为玉惜；怜弱柳之憔悴，未似莺狂。而释幺凤于罗中，尚有文人之意；乃劫香盟于袜底，宁非无赖之尤！蝴蝶过墙，隔窗有耳；莲花瓣卸，堕地无踪。假中之假以生，冤外之冤谁信？天降祸起，酷械至于垂亡；自作孽盈，断头几于不续。彼逾墙钻隙，固有玷夫儒冠；而僵李代桃，诚难消其冤气。是宜稍宽笞扑，折其已受之惨；姑降青衣，开其自新之路。若毛大者：刁猾无籍，市井凶徒。被邻女之投梭，淫心不死；伺狂童之入巷，贼智忽生。开户迎风，喜得履张生之迹；求浆值酒，妄思偷韩掾之香。何意魄夺白天，魂摄于鬼。浪乘槎木，直入广寒之宫；径泛渔舟，错认桃源之路。遂使情火息陷，欲海生波。刀横直前，投鼠无他顾之意；寇穷安往，急兔起反噬之心。越壁入人家，止期张有冠而李借；夺兵遗绣履，遂教鱼脱网而鸿离。风流道乃生此恶魔，温柔乡何有此鬼蜮哉。即断首领，以快人心。胭脂：身犹未字，岁已及笄。以月殿之仙人，自应有郎似玉；原霓裳之旧队，何愁贮屋无金？而乃感关雎而念好逑，竟绕春婆之梦；怨摽梅而思吉士[18]，遂离倩女之魂。为因一线缠萦，致使群魔交至。争妇女之颜色，恐失'胭脂'；惹鸳鸯之纷飞，并托名人'秋隼'。莲钩摘去，难保一瓣之香；铁限敲来，几破连城之玉。嵌红豆于骰子，相思骨竟作厉阶；丧乔木于斧斤，可憎才真成祸水！葳蕤自守，幸白璧之无瑕；缧绁苦争，喜锦衾之可覆。嘉其入门之拒，犹洁白之情人；遂其掷果之心，亦风流之雅事。仰彼邑宰，作尔冰人。"

案既结，遐迩传颂焉。

自吴公鞫后，女始知鄂生冤。堂下相遇，靦然含涕，似有痛惜之词，而未可言也[19]。生感其眷恋之情，爱慕殊切；而又念其出身微贱，且日登公堂，为千人所窥指，恐娶之为人姗笑，日夜萦回，无以自主。判牒既下，意始安帖。邑宰为之委禽，送鼓吹焉。

异史氏曰："甚哉！听讼之不可以不慎也！纵能知李代为冤，谁复思桃僵亦屈？然事虽暗昧，必有其间，而非审思研察，不能得也。呜呼！人皆服哲人之折狱明，而不知良工之用心苦矣。世之居民上者，棋局消日，绸被放衙，下情民艰，更不肯一劳方寸。至鼓动衙开，巍然坐堂上，彼哓哓者直以桎梏静之，何怪覆盆之下多沉冤哉！"

愚山先生，吾师也。方见知时，余犹童子。窃见其奖进士子，拳拳如恐不尽。小有怨抑，必委曲呵护之，曾不肯作威学校，以媚权要。真宣圣之护法，不止一代宗匠衡文无屈士已也。而爱才如命，尤非后世学使虚应故事者所及。尝有名士入场，作"宝藏兴"文，误记"水下"；录毕而后悟之，料无不黜之理。作词曰："宝藏在山间，误认却在水边。山头盖起水晶殿。瑚长峰尖，珠结树巅。这一回崖中跌死撑船汉！告苍天：留点蒂儿，好与朋友看。"先生阅文至此而和之曰："宝藏将山夸，忽然见在水涯。樵夫漫说渔翁话。题目虽差，文字却佳，怎肯放在他人下。尝见他，登高怕险；那曾见，会水渰杀？"此亦风雅之一斑、怜才之一事也。

【注释】

[1] 及笄(jī)：古代女子十五岁而笄，许嫁则应年而笄。后世因谓许嫁之年曰"及笄"。如未许嫁，则二十而笄。笄礼，古时女子许嫁所行之礼，犹男子之冠礼。

[2] 佻(tiāo)：轻佻、轻薄。佻脱：轻浮、轻慢，不持仪节。

[3] 庶(shù)：差不多。

[4] 妻服未阕：为亡妻服丧，尚未期满。

[5] 委冰：派媒人。

[6] 赪(chēng)：红色。

[7] 渠：代词，他，此处指鄂秀才。

[8] 闼(tà)：门、小门，绣闼。

[9] 犹意深夜无人：有的版本为"窃幸深夜无人"。

[10] 扃(jiōng)：自外关闭门户的门闩、门环等。

[11] 舄(xì)：鞋。

[12] 抽息而出：有的版本为"抽身而出"。

[13] 心忿怒：有的版本为"大怒"。

[14] 鞫(jū)：审问、审查，鞫讯、鞫审。

[15] 诘(jié)：责问、追问、反诘、盘诘。

[16] 搒(péng)：用棍棒打。

[17] 帨(shuì)：古时的佩巾，略似现在的小手绢儿。尨(máng)：多毛的狗。

[18] 摽(piào)：捆绑或互相缠绕在一起。摽梅：梅子熟了落下来，比喻女子到了结婚的年龄，如"摽梅求其吉士"。

[19] 靦(miǎn)然：同"腼腆"。

【阅读提示】

本篇通过详细地讲述一桩人命案的破获经过，歌颂了贤明官吏，揭露了封建社会冤狱吞噬人民生命的危险性。

从故事情节来看，第一段、第二段为开端，叙述胭脂对鄂生的倾慕，引出王氏媒合的戏言和胭脂的卧病；第三段至第六段为发展，叙述宿介逾墙诱女、毛大杀女父、邑宰误判、济南府太守为鄂生辨冤，但又误判宿介等；第七段为高潮，叙述提学使智审奇案、找出真凶、为宿介洗冤；第八段至第十段为官府定罪的文书；第十一段为故事结局，叙述胭脂、鄂秋隼终成眷属；第十二段和第十三段为作者所发的议论，告诫官吏们要慎重地审案、断案，切不可视生命为儿戏。

本文善于剪裁，取舍恰当，虽牵涉的人物众多，但着力刻画的仍然是胭脂、鄂秋隼、宿介等人物，在文中作用不大的，则一笔带过。善于从激烈的矛盾冲突中刻画人物的性格也是本文的一大特点。例如，鄂生在堂上战栗说不出话来，显示其老实；胭脂始终不肯供出王氏，自认为王氏与案情无关，说明她的单纯无知；知府审案，由细致到武断，显示其性格的复杂性。人物性格从情节描述中体现出来，不仅推动了情节的发展，而且使情节曲折生动，人物性格更为生动形象。

【思考练习】
1. 作品是怎样刻画胭脂的性格特点的？
2. 怎样理解小说中的矛盾冲突与情节发展之间的关系？

抄检大观园（节选）

曹雪芹

【题解】

　　曹雪芹(约 1715—1764)，名霑，字芹圃，号芹溪、梦阮，祖籍襄平(今辽宁省)。曹家是赫赫有名的贵族世家。雍正五年，曹雪芹的父亲因事被罢官抄家，曹家从此衰落，次年举家从南京迁到北京。到曹雪芹时，全家过着"举家食粥酒常赊"的困顿生活。曹雪芹十年辛苦，写了《红楼梦》前八十回，后四十回是高鹗和程伟元在乾隆末年所补。《红楼梦》以贾宝玉和林黛玉的爱情故事为中心，描述了一个封建大家庭贾府的内外矛盾和衰败的过程，揭示了封建主义必然灭亡的历史趋势；塑造了两个要求个性解放的青年男女，以及一大批天真烂漫的女子的形象，表现了时代的希望、人性中的真善美以及作者进步的社会理想。《红楼梦》是中国古典小说中艺术成就最高的作品之一。首先，它以空前的独创精神，开拓了典型人物的新境界。其次，它的情节安排是主线，副线纵横交错，结构宏伟而严谨。最后，它的语言优美、成熟，有浓厚的生活气息，极富表现力。

【文献来源】

　　曹雪芹、高鹗. 红楼梦[M]. 长沙：岳麓书社，2001：531：592-597

　　至晚饭后，待贾母安寝了，宝钗等入园时，王善保家的请了凤姐一同入园，喝命将角门[1]皆上锁，便从上夜的婆子处来抄检起，不过抄检出些多余攒下蜡烛灯油等物。王善保家的道："这也是赃，不许动的，等明儿回过太太再动。"于是先就到怡红院中，喝命关门。当下宝玉正因晴雯不自在，忽见这一干人来，不知为何直扑了丫头们的房门去，因迎出凤姐来，问是何故。凤姐道："丢了一件要紧的东西，因大家混赖，恐怕有丫头们偷了，所以大家都查一查去疑。"一面说，一面坐下吃茶。王善保家的等搜了一回，又细问这几个箱子是谁的，都叫本人来亲自打开。袭人因见晴雯这样，知道必有异事，又见这番抄检，只得自己先出来打开了箱子并匣子，任其搜检一番，不过平常动用之物。随放下又搜别人的，挨次都一一搜过。到了晴雯的箱子，因问："是谁的？怎不打开叫搜？"袭人等方欲代晴雯开时，只见晴雯挽着头发闯进来，豁啷一声将箱子掀开，两手捉着底子，往地下尽情一倒，将所有之物尽都倒出来。王善保家的也觉没趣儿，便紫胀了脸，说道："姑娘，你别生气。我们并非私自就来的，原是奉太太的命来搜察；你们叫翻呢，我们就翻一翻，不叫翻，我们还许回太太去呢。那用急的这个样子！"晴雯听了这话，越发火上浇油，便指着他的脸说道："你说你是太太打发来的，我还是老太太打发来的呢！太太那边的人我也都见过，就是没见你这么个有头有脸大管事的奶奶！"凤姐见晴雯说话锋利尖酸，心中甚喜，却碍着邢夫人的脸，忙喝住晴雯。那王善保家的又羞又气，刚要还言，凤姐道："妈妈，你也不必和他们一般见识，你且细细搜你的；咱们还到各处走走呢。再迟了，走了风，我可担不起。"王善保家的只得咬咬牙，且忍了这口气，细细的看了一看，也无甚私弊之物，回了凤姐要往别处去。凤姐儿道："你可细细的查，若这一番查不出来，难回话的。"众人都道："都细翻看了，没什么差错东西。虽有几样男人物件，都是小孩子的东西，想是宝玉的旧物件，没甚关系的。"凤姐听了，笑道："既如此咱们就走，再瞧别处去。"

　　说着，一径出来，向王善保家的道："我有一句话，不知是不是。要抄检只抄检咱们家的人，薛大姑娘屋里，断乎抄检不得的。"王善保家的笑道："这个自然。岂有抄起亲戚家来。"凤姐点头道："我也这样说呢。"一头说，一头到了潇湘馆内。黛玉已睡了，忽报这些人来，也不知为甚事。才要起来，只见凤姐已走进来，忙按住他不许起来，只说："睡罢，我们就走。"这边且说些闲话。那个王善保家的带了众人到丫鬟房中，也一一开箱倒笼抄检了一番。因从紫鹃房中搜出两副宝玉往常换下来的寄名符儿[2]，一副束带上的披带，两个荷包并扇套，套内有扇子。打开看时皆是宝玉往日手内曾拿过的。王善保家的自为得了意，遂忙请凤姐过来验视，又说："这些东西从那里来的？"凤姐笑道："宝玉和他们从小儿在一处混了几年，这自然是宝玉的旧东西。况且这符子合扇子，都是老太太和太太常见的。妈妈不信，咱们只管拿了去。"王家的忙笑道："二奶奶既知道就是了。"凤姐道："这也不算什么罕事，撂下再往别处去是正经。"紫鹃笑道："直到如今，我们两下里的东西也算不清。要问这一个，连我也忘了是那年月日有的了。"

　　这里凤姐和王善保家的又到探春院内。谁知早有人报与探春了。探春也就猜着必有原故，以是引出这等丑态来。遂命众丫鬟秉烛开门而待。一时众人来了，探春故问何事。凤姐笑道："因丢了一件东西，连日访察不出人来，恐怕旁人赖这些女孩子们，所以索性大家搜一搜，使人去疑儿。倒是洗净他们的好法子。"探春冷笑道："我们的丫头自然都是些贼，我就是头一个窝主。既如此，先来搜我的箱柜，他们所有偷了来的都交给我藏着呢。"说着便命丫头们把箱柜一齐打开，将镜奁、妆盒、衾袱、衣包若大若小之物一齐打开，请凤姐去抄阅。凤姐陪笑道："我不过是奉太太的命来，妹妹别错怪我。"因命丫鬟们快快关上。平儿等先忙着替侍书等关的关，收的收。探春道："我的东西倒许你们搜阅；要想搜我的丫头，这可不能。我原比众人歹毒，凡丫头所有的东西我都知道，都在我这里间收着，一针一线他们也没得收藏，要搜只管来搜我。你们不依，只管去回太太，只说我违背了太太，该怎么处治，我去自领。你们别忙，自然连你们抄的日子有呢。你们今日早起不曾议论甄家，自己盼着好好的抄家，果然今日真抄了。咱们也渐渐的来了。可知这样大族人家，若从外头杀来，一时是杀不死的，这可是古人曾说的'百足之虫，死而不僵'，必须先从家里自杀自灭起来，才能一败涂地！"说着，不觉流下泪来。

凤姐只看着众媳妇们。周瑞家的便道："既是女孩子的东西全在这里，奶奶且请到别处去罢，也让姑娘好安寝。"凤姐便起身告辞。探春道："可细细的搜明白了？若明日再来，我就不依了。"凤姐笑道："既然丫头们的东西都在这里，就不必搜了。"探春冷笑道："你果然倒乖。连我的包袱都打开了，还说没翻。明日敢说我护着丫头们，不许你们翻了。你趁早说明，若还要翻，不妨再翻一遍。"凤姐知道探春素日与众不同的，只得陪笑道："我已经连你的东西都搜查明白了。"探春又问众人："你们也都搜明白了不曾？"周瑞家的等都陪笑说："都翻明白了。"

　　那王善保家的本是个心内没成算的人，素日虽闻探春的名，他想众人没眼力没胆量罢了，那里一个姑娘家就这样利害起来？况且又是庶出，他敢怎么着？他自侍是邢夫人陪房，连王夫人尚另眼相待，何况别人？只当是探春认真单恼凤姐，与他们无干。他便要趁势作脸，因越众向前拉起探春的衣襟，故意一掀，嘻嘻笑道："连姑娘身上我都翻了，果然没有什么。"凤姐见他这样，忙说："妈妈走罢，别疯疯癫癫的。"一语未了，只听"拍"的一声，王家的脸上早着了探春一巴掌。探春登时大怒，指着王家的问道："你是什么东西，敢来拉扯我的衣裳！我不过看着太太的面上，你又有几岁年纪，叫你一声妈妈，你就狗仗人势，天天作耗，在我们跟前逞脸。如今越发了不得了，你索性望我动手动脚的了。你打量我是同你们姑娘那样好性儿，由着你们欺负他，就错了主意！你来搜检东西我不恼，你不该拿我取笑。"说着，便亲自解衣卸裙，拉着凤姐儿细细的翻。又说："省得叫奴才来翻我身上。"凤姐平儿等都忙与探春束裙整袄，口内喝着王善保家的说："妈妈吃两口酒就疯疯癫癫起来，前儿把太太也冲撞了。快出去，别再讨没脸了。"又忙劝探春："好姑娘，别生气，他算什么，姑娘气着，倒值多了。"探春冷笑道："我但凡有气，早一头碰死了！不然岂许奴才来我身上翻贼赃了。明儿一早，我先回过老太太、太太，然后过去给大娘赔礼，该怎么着，我去领。"

　　那王善保家的讨了个没脸，赶忙躲出窗外，只说："罢了，罢了，这也是头一遭挨打。我明儿回了太太，仍回老娘家去罢。这个老命还要他做什么！"探春喝命丫鬟道："你们听他说的这话，还等我和他对嘴去不成！"侍书等听说，便出去说道："妈妈，你知点理儿，省一句儿罢。你果然回老娘家去，倒是我们的造化了。只怕舍不得去。"凤姐笑道："好丫头，真是有其主必有其仆。"探春冷笑道："我们作贼的人，嘴里都有三言两语的。这还算笨的，背地里就只不会调唆主子。"平儿忙也陪笑解劝，一面又拉了侍书进来。周瑞家的等人劝了一番，凤姐直待伏侍探春睡下，方带着人往对过暖香坞来。

　　彼时李纨犹病在床上，他与惜春是紧邻，又和探春相近，故顺路先到这两处。因李纨才吃了药睡着，不好惊动，只到丫头们的房中一一的搜了一遍，也没有什么东西，遂到惜春房中来。因惜春年少，尚未识事，吓的不知当有什么事故凤姐也少不得安慰他。谁知竟在入画箱中寻出一大包银锞子[3]来，约共三四十个。——为察奸情，反得贼赃。——又有一副玉带板子[4]并一包男人的靴袜等物。凤姐也黄了脸，因问是那里来的。入画只得跪下哭诉真情，说："这是珍大爷赏我哥哥的。因我们老子娘都在南方，如今只跟着叔叔过日子。我叔叔婶子只要吃酒耍钱，我哥哥怕交给他们又花了，所以每常得了，悄悄的烦了老妈妈带进来叫我收着的。"惜春胆小，见了这个也害怕，说："我竟不知道。这还了得！二嫂子，你要打他，好歹带他出去打罢，我听不惯的。"

凤姐笑道："这话若果真呢，也倒可恕，只是不该私自传送进来。这个可以传递得，什么不可以传递？这倒是传递人的不是了。若这话不真，倘是偷来的，你可就别想活了。"入画跪着哭道："我不敢扯谎。奶奶只管明日问我们奶奶和大爷去，若说不是赏的，就拿我和我哥哥一同打死无怨。"凤姐道："这个自然要问的，只是真赏的也有不是。谁许你私自传送东西的！你且说是谁作接的，我便饶你。下次万万不可。"惜春道："嫂子别饶他。这里人多，要不拿一个人作法，那些大的听见了，又不知怎么呢。嫂子要饶他，我也不依。"凤姐道："素日我看他还好。谁没一个错，只这一次。二次犯下，两罪俱罚。但不知传递是谁。"惜春道："若说传递，再无别个，必是后门上的老张妈。他常肯和这些丫头们鬼鬼祟祟的，这些丫头们也都肯照顾他。"凤姐听说，便命人记下，将东西且交给周瑞家的暂拿着，等明日对明再议。谁知那老张妈原和王善保家有亲，近因王善保家的在邢夫人跟前作了心腹人，便把亲戚和伴儿们都看不到眼里了。后来张家的气不平，斗了两次口，彼此都不说话了。如今王家的听见是他传递，碰在他心坎儿上；更兼刚才挨了探春的打，受了侍书的气，没处发泄，听见张家的这事，因撺掇凤姐道："这传东西的事关系更大。想来那些东西，自然也是传递进来的。奶奶倒不可不问。"凤姐儿道："我知道。不用你说。"于是别了惜春，方往迎春房内来。

迎春已经睡着了，丫鬟们也才要睡，众人叩门半日才开。凤姐吩咐："不必惊动姑娘。"遂往丫头们房里来。因司棋是王善保家的外孙女儿，凤姐倒要看看王家的可藏私不藏，遂留神看他搜检。先从别人箱子搜起，皆无别物。及到了司棋箱子中随意搜了一回，王善保家的说："也没有什么东西。"才要关箱时，周瑞家的道："这是什么话？有没有，总要一样看看，才公道。"说着，便伸手掣出一双男子的绵袜并一双缎鞋来。又有一个小包袱，打开看时，里面有一个同心如意[5]并一个字帖儿，一总递给凤姐。凤姐因理家久了，每每看帖看账，也颇识得几个字了。便看那帖子是大红双喜笺帖，上面写道："上月你来家后，父母已觉察了。但姑娘未出阁[6]，尚不能完你我心愿。若园内可以相见，你可托张妈给一信。若得在园内一见，倒比来家好说话。千万，千万！再所赐香袋二个，今已查收。外特寄香珠一串，略表我心。千万收好！表弟潘又安拜具。"凤姐看罢，不由的笑将起来。

别人并不识字。那王善保家的素日并不知道他姑表姊弟有这一节风流故事，见了这鞋袜，心内已是有些毛病，又见有一红帖，凤姐又看着笑，他便说道："必是他们胡写的账，不成个字，所以奶奶见笑。"凤姐笑道："正是这个账竟算不过来。你是司棋的老娘，他的表弟也该姓王，怎么又姓潘呢？"王善保家的见问的奇怪，只得勉强告道："司棋的姑妈给了潘家，所以他姑表弟兄姓潘。上次逃走了的潘又安就是他。"凤姐笑道："这就是了。"因道："我念给你听听。"说着从头念了一遍，大家都唬了一跳。这王家的一心只要拿人的错儿，不想反拿住了他外孙女儿，又气又躁。

周瑞家的四人听见凤姐儿念了，都吐舌头摇头儿。周瑞家的道："王大妈听见了？这是明明白白，再没得话说了。如今怎么样呢？"这王家的只恨没地缝儿可钻。凤姐只瞅着他嘻嘻的笑，向周瑞家的道："这倒也好。不用他老娘的操一点心儿，鸦雀不闻的就给他们弄了一个好女婿来了。"周瑞家的也笑着凑趣儿。王家的气无处泄，便自己回手打着自己的脸，骂道："老不死的娼妇，怎么造下孽了！说嘴打嘴，现世现报！"众人见他如此，要笑又不敢笑，也有趁愿的，也有心中感动报应不爽的。凤姐见司棋低头不语，也并无畏惧惭愧之意，倒觉可异。料此时夜深,且不必盘问,只怕他夜间自愧去寻短志[7],遂唤了两个婆子监守,带了人,拿了赃证,回来安歇,等待明日料理。

【注释】

[1] 角门:正门两侧的小门。富贵人家正门一般不打开,只有迎接尊贵客人或有婚丧大事才"大开正门",平常出入都走角门。

[2] 寄名符儿:旧时迷信习俗,恐小孩夭亡,给寺院或道观以一定财物,"寄名"于僧、道为弟子,再将锁形饰物或符箓挂在项间,以示受神灵保护,避灾受福,延长寿命。锁形饰物为寄名锁,符箓为寄名符。符、锁须定期更换。

[3] 银锞子:银铸成的小锭,一般用作赏赐之礼品。

[4] 玉带板子:男子腰带上的玉质扣头。

[5] 如意:一种象征吉祥的器物,柄端作芝形或云形,以骨、木、玉、石、金、银等制成,可供摆设或玩赏。

[6] 阁:闺房。出阁:出嫁。

[7] 寻短志:寻短见,自杀。

【阅读提示】

"抄检大观园"是《红楼梦》悲剧故事中的一件大事。大观园是贾府为迎元春省亲而兴建的一座园林,后贾宝玉和众女子入住,成为一个相对自由的"世外桃源"。抄检的起因本是小人物傻大姐在园中拾到绣春囊这样一个日常生活中的小事件,然而,于浑然无迹之中,诸多线索纷纷聚拢,贾府日积月累的恩恩怨怨顺势激化,引发了一场轩然大波。这次抄检,震动了大观园上上下下许多人,暴露了贾府内部日渐加深的矛盾,主子与主子之间、主子与奴仆之间、奴仆与奴仆之间的纠葛纷争已到了剑拔弩张的地步。如同探春所言:"可知这样大族人家,若从外头杀来,一时是杀不死的。这可是古人曾说的'百足之虫,死而不僵',必须先从家里自杀自灭起来,才能一败涂地!"抄检的结果是大观园众女子或死或亡、或遭或散,从此,大观园中"悲凉之雾,遍被华林"(鲁迅)。在《红楼梦》中,"抄检大观园"成为贾府被抄和颓败命运的缩影与写照。

"抄检大观园"的最大特点是以事件为中心来刻画人物各不相同的性格特征,既在场面差异中显现个性,也于群体对比中突出特征。同是开箱受查抄,晴雯反应不同于袭人;一样藏私遭逼诘,紫鹃应对有别于司棋,亦有别于入画;对待身边丫鬟,迎、探、惜三春态度迥异;随着抄检的变化,王善保家的前倨后恭不敌周瑞家的后发制人。另外,叙事详略得当,情节转换自然,也是本文一大特点。

【思考练习】

1. 在抄检大观园的过程中,凤姐和王善保家的对待同一件事情,表现了怎样不同的态度?她们的不同态度说明了什么?

2. 文中以抄检探春住所这个场面最为精彩。试详细分析这个场面,看通过这个场面的描写,表现了探春怎样的思想及个性。

3. 文中分别刻画了晴雯、入画、司棋三个丫鬟的形象,试分析作者是如何表现她们不同的性格特征的。

伤　逝
——涓生的手记

鲁　迅

【题解】

鲁迅(1881—1936)，原名周樟寿，后改名周树人，字豫才，浙江绍兴人。早年曾就学于清末的水师学堂、矿务铁路学堂。1902年赴日本留学，后因认识到改变国民精神是救国的当务之急，遂弃医从文，于1909年回国。1918年4月，用"鲁迅"这一笔名在《新青年》杂志上发表了他的第一篇白话小说《狂人日记》。1923年出版第一部小说集《呐喊》，1926年出版第二部小说集《彷徨》。鲁迅一生创作近400万字，翻译500多万字，整理古籍近60万字，对中国的文化事业做出了巨大的贡献，是中国现代文学的奠基人，有《鲁迅全集》。

【文献来源】

鲁迅. 鲁迅全集(二)[M]. 北京：人民文学出版社，1961：108-129.

如果我能够，我要写下我的悔恨和悲哀，为子君，为自己。

会馆[1]里的被遗忘在偏僻里的破屋是这样地寂静和空虚。时光过得真快，我爱子君，仗着她逃出这寂静和空虚，已经满一年了。事情又这么不凑巧，我重来时，偏偏空着的又只有这一间屋。依然是这样的破窗，这样的窗外的半枯的槐树和老紫藤，这样的窗前的方桌，这样的败壁，这样的靠壁的板床。深夜中独自躺在床上，就如我未曾和子君同居以前一般，过去一年中的时光全被消灭，全未有过，我并没有曾经从这破屋子搬出，在吉兆胡同创立了满怀希望的小小的家庭。

不但如此。在一年之前，这寂静和空虚是并不这样的，常常含着期待；期待子君的到来。在久待的焦躁中，一听到皮鞋的高底尖触着砖路的清响，是怎样地使我骤然生动起来呵！于是就看见带着笑涡的苍白的圆脸，苍白的瘦的臂膊，布的有条纹的衫子，玄色的裙。她又带了窗外的半枯的槐树的新叶来，使我看见，还有挂在铁似的老干上的一房一房的紫白的藤花。

然而现在呢，只有寂静和空虚依旧，子君却决不再来了，而且永远，永远地！……

子君不在我这破屋里时，我什么也看不见。在百无聊赖中，顺手抓过一本书来，科学也好，文学也好，横竖什么都一样；看下去，看下去，忽而自己觉得，已经翻了十多页了，但是毫不记得书上所说的事。只是耳朵却分外地灵，仿佛听到大门外一切往来的履声，从中便有子君的，而且橐橐地逐渐临近，——但是，往往又逐渐渺茫，终于消失在别的步声的杂沓中了。我憎恶那不像子君鞋声的穿布底鞋的长班[2]的儿子，我憎恶那太像子君鞋声的常常穿着新皮鞋的邻院的搽雪花膏的小东西！

莫非她翻了车么？莫非她被电车撞伤了么？……

我便要取了帽子去看她，然而她的胞叔就曾经当面骂过我。

蓦然，她的鞋声近来了，一步响于一步，迎出去时，却已经走过紫藤棚下，脸上带着微笑的酒涡。她在她叔子的家里大约并未受气；我的心宁帖了，默默地相视片时之后，破屋里便渐渐充满了我的语声,谈家庭专制,谈打破旧习惯,谈男女平等,谈伊孛生,谈泰戈尔,谈雪莱[3]……。她总是微笑点头,两眼里弥漫着稚气的好奇的光泽。壁上就钉着一张铜板的雪莱半身像,是从杂志上裁下来的,是他的最美的一张像。当我指给她看时,她却只草草一看,便低了头,似乎不好意思了。这些地方,子君就大概还未脱尽旧思想的束缚,——我后来也想,倒不如换一张雪莱淹死在海里的记念像或是伊孛生的罢;但也终于没有换,现在是连这一张也不知那里去了。

"我是我自己的,他们谁也没有干涉我的权利!"

这是我们交际了半年,又谈起她在这里的胞叔和在家的父亲时,她默想了一会之后,分明地,坚决地,沉静地说了出来的话。其时是我已经说尽了我的意见,我的身世,我的缺点,很少隐瞒;她也完全了解的了。这几句话很震动了我的灵魂,此后许多天还在耳中发响,而且说不出的狂喜,知道中国女性,并不如厌世家所说那样的无法可施,在不远的将来,便要看见辉煌的曙色的。

送她出门,照例是相离十多步远;照例是那鲇鱼须的老东西的脸又紧帖在脏的窗玻璃上了,连鼻尖都挤成一个小平面;到外院,照例又是明晃晃的玻璃窗里的那小东西的脸,加厚的雪花膏。她目不邪视地骄傲地走了,没有看见;我骄傲地回来。

"我是我自己的,他们谁也没有干涉我的权利!"这彻底的思想就在她脑里,比我还透澈,坚强得多。半瓶雪花膏和鼻尖的小平面,于她能算什么东西呢?

我已经记不清那时怎样地将我的纯真热烈的爱表示给她。岂但现在,那时的事后便已模糊,夜间回想,早只剩了一些断片了;同居以后一两月,便连这些断片也化作无可追踪的梦影。我只记得那时以前的十几天,曾经很仔细地研究过表示的态度,排列过措辞的先后,以及倘或遭了拒绝以后的情形。可是临时似乎都无用,在慌张中,身不由己地竟用了在电影上见过的方法了。后来一想到,就使我很愧恧,但在记忆上却偏只有这一点永远留遗,至今还如暗室的孤灯一般,照见我含泪握着她的手,一条腿跪了下去……

不但我自己的,便是子君的言语举动,我那时就没有看得分明;仅知道她已经允许我了。但也还仿佛记得她脸色变成青白,后来又渐渐转作绯红,——没有见过,也没有再见的绯红;孩子似的眼里射出悲喜,但是夹着惊疑的光,虽然力避我的视线,张皇地似乎要破窗飞去。然而我知道她已经允许我了,没有知道她怎样说或是没有说。

她却是什么都记得:我的言辞,竟至于读熟了的一般,能够滔滔背诵;我的举动,就如有一张我所看不见的影片挂在眼下,叙述得如生,很细微,自然连那使我不愿再想的浅薄的电影的一闪。夜阑人静,是相对温习的时候了,我常是被质问,被考验,并且被命复述当时的言语,然而常须由她补足,由她纠正,像一个丁等的学生。

这温习后来也渐渐稀疏起来。但我只要看见她两眼注视空中,出神似的凝想着,于是神色越加柔和,笑窝也深下去,便知道她又在自修旧课了,只是我很怕她看到我那可笑的电影的一闪。但我又知道,她一定要看见,而且也非看不可的。

然而她并不觉得可笑。即使我自己以为可笑,甚而至于可鄙的,她也毫不以为可笑。这事我知道得很清楚,因为她爱我,是这样地热烈,这样地纯真。

去年的暮春是最为幸福,也是最为忙碌的时光。我的心平静下去了,但又有别一部分和身体一同忙碌起来。我们这时才在路上同行,也到过几回公园,最多的是寻住所。我觉得在路上时时遇到探索,讥笑,猥亵和轻蔑的眼光,一不小心,便使我的全身有些瑟缩,只得即刻提起我的骄傲和反抗来支持。她却是大无畏的,对于这些全不关心,只是镇静地缓缓前行,坦然如入无人之境。

寻住所实在不是容易事,大半是被托辞拒绝,小半是我们以为不相宜。起先我们选择得很苛酷,——也非苛酷,因为看去大抵不像是我们的安身之所;后来,便只要他们能相容了。看了二十多处,这才得到可以暂且敷衍的处所,是吉兆胡同一所小屋里的两间南屋;主人是一个小官,然而倒是明白人,自住着正屋和厢房。他只有夫人和一个不到周岁的女孩子,雇一个乡下的女工,只要孩子不啼哭,是极其安闲幽静的。

我们的家具很简单,但已经用去了我的筹来的款子的大半;子君还卖掉了她唯一的金戒指和耳环。我拦阻她,还是定要卖,我也就不再坚持下去了;我知道不给她加入一点股分去,她是住不舒服的。

和她的叔子,她早经闹开,至于使他气愤到不再认她做侄女;我也陆续和几个自以为忠告,其实是替我胆怯,或者竟是嫉妒的朋友绝了交。然而这倒很清静。每日办公散后,虽然已近黄昏,车夫又一定走得这样慢,但究竟还有二人相对的时候。我们先是沉默的相视,接着是放怀而亲密的交谈,后来又是沉默。大家低头沉思着,却并未想着什么事。我也渐渐清醒地读遍了她的身体,她的灵魂,不过三星期,我似乎于她已经更加了解,揭去许多先前以为了解而现在看来却是隔膜,即所谓真的隔膜了。

子君也逐日活泼起来。但她并不爱花,我在庙会[4]时买来的两盆小草花,四天不浇,枯死在壁角了,我又没有照顾一切的闲暇。然而她爱动物,也许是从官太太那里传染的罢,不一月,我们的眷属便骤然加得很多,四只小油鸡,在小院子里和房主的十多只在一同走。但她们却认识鸡的相貌,各知道那一只是自家的。还有一只花白的叭儿狗,从庙会买来,记得似乎原有名字,子君却给它另起了一个,叫作阿随。我就叫它阿随,但我不喜欢这名字。

这是真的,爱情必须时时更新,生长,创造。我和子君说起这,她也领会地点点头。

唉唉,那是怎样的宁静而幸福的夜呵!

安宁和幸福是要凝固的,永久是这样的安宁和幸福。我们在会馆里时,还偶有议论的冲突和意思的误会,自从到吉兆胡同以来,连这一点也没有了;我们只在灯下对坐的怀旧谭中,回味那时冲突以后的和解的重生一般的乐趣。

子君竟胖了起来,脸色也红活了;可惜的是忙。管了家务便连谈天的工夫也没有,何况读书和散步。我们常说,我们总还得雇一个女工。

这就使我也一样地不快活,傍晚回来,常见她包藏着不快活的颜色,尤其使我不乐的是她要装作勉强的笑容。幸而探听出来了,也还是和那小官太太的暗斗,导火线便是两家的小油鸡。但又何必硬不告诉我呢?人总该有一个独立的家庭。这样的处所,是不能居住的。

我的路也铸定了,每星期中的六天,是由家到局,又由局到家。在局里便坐在办公桌前钞,钞,钞些公文和信件;在家里是和她相对或帮她生白炉子,煮饭,蒸馒头。我的学会了煮饭,就在这时候。

但我的食品却比在会馆里时好得多了。做菜虽不是子君的特长,然而她于此却倾注着全力;对于她的日夜的操心,使我也不能不一同操心,来算作分甘共苦。况且她又这样地终日汗流满面,短发都粘在脑额上;两只手又只是这样地粗糙起来。

况且还要饲阿随,饲油鸡,……都是非她不可的工作。

我曾经忠告她:我不吃,倒也罢了;却万不可这样地操劳。她只看了我一眼,不开口,神色却似乎有点凄然;我也只好不开口。然而她还是这样地操劳。

我所豫期的打击果然到来。双十节的前一晚,我呆坐着,她在洗碗。听到打门声,我去开门时,是局里的信差,交给我一张油印的纸条。我就有些料到了,到灯下去一看,果然,印着的就是——

```
  奉
局长谕史涓生着毋庸到局办事
         秘书处启    十月九号
```

这在会馆里时,我就早已料到了;那雪花膏便是局长的儿子的赌友,一定要去添些谣言,设法报告的。到现在才发生效验,已经要算是很晚的了。其实这在我不能算是一个打击,因为我早就决定,可以给别人去钞写,或者教读,或者虽然费力,也还可以译点书,况且《自由之友》的总编辑便是见过几次的熟人,两月前还通过信。但我的心却跳跃着。那么一个无畏的子君也变了色,尤其使我痛心;她近来似乎也较为怯弱了。

"那算什么。哼,我们干新的。我们……"她说。

她的话没有说完;不知怎地,那声音在我听去却只是浮浮的;灯光也觉得格外黯淡。人们真是可笑的动物,一点极微末的小事情,便会受着很深的影响。我们先是默默地相视,逐渐商量起来,终于决定将现有的钱竭力节省,一面登"小广告"去寻求钞写和教读,一面写信给《自由之友》的总编辑,说明我目下的遭遇,请他收用我的译本,给我帮一点艰辛时候的忙。

"说做,就做罢!来开一条新的路!"

我立刻转身向了书案,推开盛香油的瓶子和醋碟,子君便送过那黯淡的灯来。我先拟广告;其次是选定可译的书,迁移以来未曾翻阅过,每本的头上都满漫着灰尘了;最后才写信。

我很费踌蹰,不知道怎样措辞好,当停笔凝思的时候,转眼去一瞥她的脸,在昏暗的灯光下,又很见得凄然。我真不料这样微细的小事情,竟会给坚决的,无畏的子君以这么显著的变化。她近来实在变得很怯弱了,但也并不是今夜才开始的。我的心因此更缭乱,忽然有安宁的生活的影像——会馆里的破屋的寂静,在眼前一闪,刚刚想定睛凝视,却又看见了昏暗的灯光。

许久之后,信也写成了,是一封颇长的信;很觉得疲劳,仿佛近来自己也较为怯弱了。于是我们决定,广告和发信,就在明日一同实行。大家不约而同地伸直了腰肢,在无言中,似乎又都感到彼此的坚忍崛强的精神,还看见从新萌芽起来的将来的希望。

外来的打击其实倒是振作了我们的新精神。局里的生活，原如鸟贩子手里的禽鸟一般，仅有一点小米维系残生，决不会肥胖；日子一久，只落得麻痹了翅子，即使放出笼外，早已不能奋飞。现在总算脱出这牢笼了，我从此要在新的开阔的天空中翱翔，趁我还未忘却了我的翅子的扇动。

小广告是一时自然不会发生效力的；但译书也不是容易事，先前看过，以为已经懂得的，一动手，却疑难百出了，进行得很慢。然而我决计努力地做，一本半新的字典，不到半月，边上便有了一大片乌黑的指痕，这就证明着我的工作的切实。《自由之友》的总编辑曾经说过，他的刊物是决不会埋没好稿子的。

可惜的是我没有一间静室，子君又没有先前那么幽静，善于体帖了，屋子里总是散乱着碗碟，弥漫着煤烟，使人不能安心做事，但是这自然还只能怨我自己无力置一间书斋。然而又加以阿随，加以油鸡们。加以油鸡们又大起来了，更容易成为两家争吵的引线。

加以每日的"川流不息"的吃饭；子君的功业，仿佛就完全建立在这吃饭中。吃了筹钱，筹来吃饭，还要喂阿随，饲油鸡；她似乎将先前所知道的全都忘掉了，也不想到我的构思就常常为了这催促吃饭而打断。即使在坐中给看一点怒色，她总是不改变，仍然毫无感触似的大嚼起来。

使她明白了我的作工不能受规定的吃饭的束缚，就费去五星期。她明白之后，大约很不高兴罢，可是没有说。我的工作果然从此较为迅速地进行，不久就共译了五万言，只要润色一回，便可以和做好的两篇小品，一同寄给《自由之友》去。只是吃饭却依然给我苦恼。菜冷，是无妨的，然而竟不够；有时连饭也不够，虽然我因为终日坐在家里用脑，饭量已经比先前要减少得多。这是先去喂了阿随了，有时还并那近来连自己也轻易不吃的羊肉。她说，阿随实在瘦得太可怜，房东太太还因此嗤笑我们了，她受不住这样的奚落。

于是吃我残饭的便只有油鸡们。这是我积久才看出来的，但同时也如赫胥黎[5]的论定"人类在宇宙间的位置"一般，自觉了我在这里的位置：不过是叭儿狗和油鸡之间。

后来，经多次的抗争和催逼，油鸡们也逐渐成为肴馔，我们和阿随都享用了十多日的鲜肥；可是其实都很瘦，因为它们早已每日只能得到几粒高粱了。从此便清静得多。只有子君很颓唐，似乎常觉得凄苦和无聊，至于不大愿意开口。我想，人是多么容易改变呵！

但是阿随也将留不住了。我们已经不能再希望从什么地方会有来信，子君也早没有一点食物可以引它打拱或直立起来。冬季又逼近得这么快，火炉就要成为很大的问题；它的食量，在我们其实早是一个极易觉得的很重的负担。于是连它也留不住了。

倘使插了草标[6]到庙市去出卖，也许能得几文钱罢，然而我们都不能，也不愿这样做。终于是用包袱蒙着头，由我带到西郊去放掉了，还要追上来，便推在一个并不很深的土坑里。

我一回寓，觉得又清静得多多了；但子君的凄惨的神色，却使我很吃惊。那是没有见过的神色，自然是为阿随。但又何至于此呢？我还没有说起推在土坑里的事。

到夜间，在她的凄惨的神色中，加上冰冷的分子了。

"奇怪。——子君，你怎么今天这样儿了？"我忍不住问。

"什么？"她连看也不看我。

"你的脸色……"

"没有什么,——什么也没有。"

我终于从她言动上看出,她大概已经认定我是一个忍心的人。其实,我一个人,是容易生活的,虽然因为骄傲,向来不与世交来往,迁居以后,也疏远了所有旧识的人,然而只要能远走高飞,生路还宽广得很。现在忍受着这生活压迫的苦痛,大半倒是为她,便是放掉阿随,也何尝不如此。但子君的识见却似乎只是浅薄起来,竟至于连这一点也想不到了。

我拣了一个机会,将这些道理暗示她;她领会似的点头。然而看她后来的情形,她是没有懂,或者是并不相信的。

天气的冷和神情的冷,逼迫我不能在家庭中安身。但是往那里去呢?大道上,公园里,虽然没有冰冷的神情,冷风究竟也刺得人皮肤欲裂。我终于在通俗图书馆里觅得了我的天堂。

那里无须买票;阅书室里又装着两个铁火炉。纵使不过是烧着不死不活的煤的火炉,但单是看见装着它,精神上也就总觉得有些温暖。书却无可看:旧的陈腐,新的是几乎没有的。

好在我到那里去也并非为看书。另外时常还有几个人,多则十余人,都是单薄衣裳,正如我,各人看各人的书,作为取暖的口实。这于我尤为合式。道路上容易遇见熟人,得到轻蔑的一瞥,但此地却决无那样的横祸,因为他们是永远围在别的铁炉旁,或者靠在自家的白炉边的。

那里虽然没有书给我看,却还有安闲容得我想。待到孤身枯坐,回忆从前,这才觉得大半年来,只为了爱,——盲目的爱,——而将别的人生的要义全盘疏忽了。第一,便是生活。人必生活着,爱才有所附丽。世界上并非没有为了奋斗者而开的活路;我也还未忘却翅子的扇动,虽然比先前已经颓唐得多……

屋子和读者渐渐消失了,我看见怒涛中的渔夫,战壕中的兵士,摩托车[7]中的贵人,洋场上的投机家,深山密林中的豪杰,讲台上的教授,昏夜的运动者和深夜的偷儿……子君,——不在近旁。她的勇气都失掉了,只为着阿随悲愤,为着做饭出神;然而奇怪的是倒也并不怎样瘦损……

冷了起来,火炉里的不死不活的几片硬煤,也终于烧尽了,已是闭馆的时候。又须回到吉兆胡同,领略冰冷的颜色去了。近来也间或遇到温暖的神情,但这却反而增加我的苦痛。记得有一夜,子君的眼里忽而又发出久已不见的稚气的光来,笑着和我谈到还在会馆时候的情形,时时又很带些恐怖的神色。我知道我近来的超过她的冷漠,已经引起她的忧疑来,只得也勉力谈笑,想给她一点慰藉。然而我的笑貌一上脸,我的话一出口,却即刻变为空虚,这空虚又即刻发生反响,回向我的耳目里,给我一个难堪的恶毒的冷嘲。

子君似乎也觉得的,从此便失掉了她往常的麻木似的镇静,虽然竭力掩饰,总还是时时露出忧疑的神色来,但对我却温和得多了。

我要明告她,但我还没有敢,当决心要说的时候,看见她孩子一般的眼色,就使我只得暂且改作勉强的欢容。但是这又即刻来冷嘲我,并使我失却那冷漠的镇静。

她从此又开始了往事的温习和新的考验,逼我做出许多虚伪的温存的答案来,将温存示给她,虚伪的草稿便写在自己的心上。我的心渐被这些草稿填满了,常觉得难于呼吸。我在苦恼中常常想，说真实自然须有极大的勇气的；假如没有这勇气，而苟安于虚伪，那也便是不能开辟新的生路的人。不独不是这个，连这人也未尝有！

子君有怨色，在早晨，极冷的早晨，这是从未见过的，但也许是从我看来的怨色。我那时冷冷地气愤和暗笑了；她所磨练的思想和豁达无畏的言论，到底还是一个空虚，而对于这空虚却并未自觉。她早已什么书也不看，已不知道人的生活的第一着是求生，向着这求生的道路，是必须携手同行，或奋身孤往的了，倘使只知道捶着一个人的衣角，那便是虽战士也难于战斗，只得一同灭亡。

我觉得新的希望就只在我们的分离；她应该决然舍去，——我也突然想到她的死，然而立刻自责，忏悔了。幸而是早晨，时间正多，我可以说我的真实。我们的新的道路的开辟，便在这一遭。

我和她闲谈，故意地引起我们的往事，提到文艺，于是涉及外国的文人，文人的作品：《诺拉》，《海的女人》[8]。称扬诺拉的果决……也还是去年在会馆的破屋里讲过的那些话，但现在已经变成空虚，从我的嘴传入自己的耳中，时时疑心有一个隐形的坏孩子，在背后恶意地刻毒地学舌。

她还是点头答应着倾听，后来沉默了。我也就断续地说完了我的话，连余音都消失在虚空中了。

"是的。"她又沉默了一会，说，"但是，……涓生，我觉得你近来很两样了。可是的？你，——你老实告诉我。"

我觉得这似乎给了我当头一击，但也立即定了神，说出我的意见和主张来：新的路的开辟，新的生活的再造，为的是免得一同灭亡。

临末，我用了十分的决心，加上这几句话——

"……况且你已经可以无须顾虑，勇往直前了。你要我老实说；是的，人是不该虚伪的。我老实说罢：因为，因为我已经不爱你了！但这于你倒好得多，因为你更可以毫无挂念地做事……"

我同时豫期着大的变故的到来，然而只有沉默。她脸色陡然变成灰黄，死了似的；瞬间便又苏生，眼里也发了稚气的闪闪的光泽。这眼光射向四处，正如孩子在饥渴中寻求着慈爱的母亲，但只在空中寻求，恐怖地回避着我的眼。

我不能看下去了，幸而是早晨，我冒着寒风径奔通俗图书馆。

在那里看见《自由之友》，我的小品文都登出了。这使我一惊，仿佛得了一点生气。我想，生活的路还很多，——但是，现在这样也还是不行的。

我开始去访问久已不相闻问的熟人，但这也不过一两次；他们的屋子自然是暖和的，我在骨髓中却觉得寒冽。夜间，便蜷伏在比冰还冷的冷屋中。

冰的针刺着我的灵魂，使我永远苦于麻木的疼痛。生活的路还很多，我也还没有忘却翅子的扇动，我想。——我突然想到她的死，然而立刻自责，忏悔了。

在通俗图书馆里往往瞥见一闪的光明，新的生路横在前面。她勇猛地觉悟了，毅然走出这冰冷的家，而且，——毫无怨恨的神色。我便轻如行云，漂浮空际，上有蔚蓝的天，下是深山大海，广厦高楼，战场，摩托车，洋场，公馆，晴明的闹市，黑暗的夜……

而且，真的，我豫感得这新生面便要来到了。

我们总算度过了极难忍受的冬天，这北京的冬天；就如蜻蜓落在恶作剧的坏孩子的手里一般，被系着细线，尽情玩弄，虐待，虽然幸而没有送掉性命，结果也还是躺在地上，只争着一个迟早之间。

写给《自由之友》的总编辑已经有三封信，这才得到回信，信封里只有两张书券[9]：两角的和三角的。我却单是催，就用了九分的邮票，一天的饥饿，又都白挨给于己一无所得的空虚了。

然而觉得要来的事，却终于来到了。

这是冬春之交的事，风已没有这么冷，我也更久地在外面徘徊；待到回家，大概已经昏黑。就在这样一个昏黑的晚上，我照常没精打采地回来，一看见寓所的门，也照常更加丧气，使脚步放得更缓。但终于走进自己的屋子里了，没有灯火；摸火柴点起来时，是异样的寂寞和空虚！

正在错愕中，官太太便到窗外来叫我出去。

"今天子君的父亲来到这里，将她接回去了。"她很简单地说。

这似乎又不是意料中的事，我便如脑后受了一击，无言地站着。

"她去了么？"过了些时，我只问出这样一句话。

"她去了。"

"她，——她可说什么？"

"没说什么。单是托我见你回来时告诉你，说她去了。"

我不信；但是屋子里是异样的寂寞和空虚。我遍看各处，寻觅子君；只见几件破旧而黯淡的家具，都显得极其清疏，在证明着它们毫无隐匿一人一物的能力。我转念寻信或她留下的字迹，也没有；只是盐和干辣椒，面粉，半株白菜，却聚集在一处了，旁边还有几十枚铜元。这是我们两人生活材料的全副，现在她就郑重地将这留给我一个人，在不言中，教我借此去维持较久的生活。

我似乎被周围所排挤，奔到院子中间，有昏黑在我的周围；正屋的纸窗上映出明亮的灯光，他们正在逗着孩子玩笑。我的心也沉静下来，觉得在沉重的迫压中，渐渐隐约地现出脱走的路径：深山大泽，洋场，电灯下的盛筵，壕沟，最黑最黑的深夜，利刃的一击，毫无声响的脚步……

心地有些轻松，舒展了，想到旅费，并且嘘一口气。

躺着，在合着的眼前经过的豫想的前途，不到半夜已经现尽；暗中忽然仿佛看见一堆食物，这之后，便浮出一个子君的灰黄的脸来，睁了孩子气的眼睛，恳托似的看着我。我一定神，什么也没有了。

但我的心却又觉得沉重。我为什么偏不忍耐几天，要这样急急地告诉她真话的呢？现在她知道，她以后所有的只是她父亲——儿女的债主——的烈日一般的严威和旁人的赛过冰霜的冷眼。此外便是虚空。负着虚空的重担，在严威和冷眼中走着所谓人生的路，这是怎么可怕的事呵!而况这路的尽头,又不过是——连墓碑也没有的坟墓。

我不应该将真实说给子君,我们相爱过,我应该永久奉献她我的说谎。如果真实可以宝贵,这在子君就不该是一个沉重的空虚。谎语当然也是一个空虚,然而临末,至多也不过这样地沉重。

我以为将真实说给子君,她便可以毫无顾虑,坚决地毅然前行,一如我们将要同居时那样。但这恐怕是我错误了。她当时的勇敢和无畏是因为爱。

我没有负着虚伪的重担的勇气,却将真实的重担卸给她了。她爱我之后,就要负了这重担,在严威和冷眼中走着所谓人生的路。

我想到她的死……我看见我是一个卑怯者,应该被摈于强有力的人们,无论是真实者,虚伪者。然而她却自始至终,还希望我维持较久的生活……

我要离开吉兆胡同,在这里是异样的空虚和寂寞。我想,只要离开这里,子君便如还在我的身边;至少,也如还在城中,有一天,将要出乎意表地访我,像住在会馆时候似的。

然而一切请托和书信,都是一无反响;我不得已,只好访问一个久不问候的世交去了。他是我伯父的幼年的同窗,以正经出名的拔贡[10],寓京很久,交游也广阔的。

大概因为衣服的破旧罢,一登门便很遭门房的白眼。好容易才相见,也还相识,但是很冷落。我们的往事,他全都知道了。

"自然,你也不能在这里了,"他听了我托他在别处觅事之后,冷冷地说,"但那里去呢?很难。——你那,什么呢,你的朋友罢,子君,你可知道,她死了。"

我惊得没有话。

"真的?"我终于不自觉地问。

"哈哈。自然真的。我家的王升的家,就和她家同村。"

"但是,——不知道是怎么死的?"

"谁知道呢。总之是死了就是了。"

我已经忘却了怎样辞别他,回到自己的寓所。我知道他是不说谎话的;子君总不会再来的了,像去年那样。她虽是想在严威和冷眼中负着虚空的重担来走所谓人生的路,也已经不能。她的命运,已经决定她在我所给与的真实——无爱的人间死灭了。

自然,我不能在这里了;但是,"那里去呢?"

四围是广大的空虚,还有死的寂静。死于无爱的人们的眼前的黑暗,我仿佛一一看见,还听得一切苦闷和绝望的挣扎的声音。

我还期待着新的东西到来,无名的,意外的。但一天一天,无非是死的寂静。

我比先前已经不大出门,只坐卧在广大的空虚里,一任这死的寂静侵蚀着我的灵魂。死的寂静有时也自己战栗,自己退藏,于是在这绝续之交,便闪出无名的,意外的,新的期待。

一天是阴沉的上午,太阳还不能从云里面挣扎出来,连空气都疲乏着。耳中听到细碎的步声和咻咻的鼻息,使我睁开眼。大致一看,屋子里还是空虚;但偶然看到地面,却盘旋着一匹小小的动物,瘦弱的,半死的,满身灰土的……

我一细看,我的心就一停,接着便直跳起来。

那是阿随。它回来了。

我的离开吉兆胡同,也不单是为了房主人们和他家女工的冷眼,大半就为着这阿随。但是,"那里去呢?"新的生路自然还很多,我约略知道,也间或依稀看见,觉得就在我面前,然而我还没有知道跨进那里去的第一步的方法。

经过许多回的思量和比较,也还只有会馆是还能相容的地方。依然是这样的破屋,这样的板床,这样的半枯的槐树和紫藤,但那时使我希望,欢欣,爱,生活的,却全都逝去了,只有一个虚空,我用真实去换来的虚空存在。

新的生路还很多,我必须跨进去,因为我还活着。但我还不知道怎样跨出那第一步。有时,仿佛看见那生路就像一条灰白的长蛇,自己蜿蜒地向我奔来,我等着,等着,看看临近,但忽然便消失在黑暗里了。

初春的夜,还是那么长。长久的枯坐中记起上午在街头所见的葬式,前面是纸人纸马,后面是唱歌一般的哭声。我现在已经知道他们的聪明了,这是多么轻松简截的事。

然而子君的葬式却又在我的眼前,是独自负着虚空的重担,在灰白的长路上前行,而又即刻消失在周围的严威和冷眼里了。

我愿意真有所谓鬼魂,真有所谓地狱,那么,即使在孽风怒吼之中,我也将寻觅子君,当面说出我的悔恨和悲哀,祈求她的饶恕;否则,地狱的毒焰将围绕我,猛烈地烧尽我的悔恨和悲哀。

我将在孽风和毒焰中拥抱子君,乞她宽容,或者使她快意……

但是,这却更虚空于新的生路;现在所有的只是初春的夜,竟还是那么长。

我活着,我总得向着新的生路跨出去,那第一步,——却不过是写下我的悔恨和悲哀,为子君,为自己。

我仍然只有唱歌一般的哭声,给子君送葬,葬在遗忘中。

我要遗忘;我为自己,并且要不再想到这用了遗忘给子君送葬。

我要向着新的生路跨进第一步去,我要将真实深深地藏在心的创伤中,默默地前行,用遗忘和说谎做我的前导……

一九二五年十月二十一日毕。

【注释】

[1] 会馆:旧时都市中同乡会或同业公会设立的馆舍,供同乡或同业旅居、聚会之用。

[2] 长班:旧时官员的随身仆人,也用来称呼一般的"听差"。

[3] 伊孛生:通译易卜生,挪威剧作家。泰戈尔:印度诗人,1924年曾来过我国,当时他的诗作译成中文的有《新月集》《飞鸟集》等。雪莱:英国诗人,曾参加爱尔兰民族独立运动,因传播革命思想和争取婚姻自由屡遭迫害,后在海里覆舟淹死。他的《西风颂》《云雀颂》等著名短诗,"五四运动"后被介绍到我国。

[4] 庙会:又称"庙市",旧时在节日或规定的日子,设在寺庙或其附近的集市。

[5] 赫胥黎:英国生物学家,其《人类在宇宙间的位置》(今译《人类在自然界的位置》)是宣传达尔文的

进化论的重要著作。

[6] 草标：旧时在被卖的人身或物品上插置的草杆，作为出卖的标志。

[7] 摩托车：当时对小汽车的称呼。

[8] 《诺拉》：通译《娜拉》，又译作《玩偶之家》。《海的女人》：通译《海的夫人》。《诺拉》和《海的女人》都是易卜生的著名剧作。

[9] 书券：购书用的代价券，可按券面金额到指定书店选购，旧时有的报刊用它代替现金支付稿酬。

[10] 拔贡：清代科举考试制度，即在规定的年限(原定六年，后改为十二年)选拔"文行兼优"的秀才，保送到京师，贡入国子监，是贡生的一种。

【阅读提示】

《伤逝》是一篇反映五四时期社会现实的短篇小说，是鲁迅先生唯一一部以爱情为题材的作品。小说用诗的语言描述了一场让人心动的爱情悲剧。一对被"五四运动"唤醒的知识青年子君和涓生，对旧势力进行了坚决的反抗，自由结合了。但是没过多久，他们美妙的幻想就被无情的现实所粉碎。作品通过这对青年男女从初恋、同居到最后分离的真实描写，再现了他们纯真而热烈的爱情生活，控诉了黑暗社会和吃人的封建势力对他们的压迫，着重批判了小资产阶级知识分子个性解放、爱情至上的虚幻信条，形象地表达了"社会解放才是个人解放和婚姻自由的前提"这一思想。

小说用手记的形式，通过主人公涓生的回忆来展开抒写，分三个阶段进行描述。

第一个阶段，反对封建势力，取得自由恋爱的胜利。这是他们爱情生活最美好的阶段，也是悲剧的开端。作者借主人公的甜蜜回忆介绍了两个反抗封建势力的青年是怎样建立小家庭的，赞颂了子君这位知识女性可爱的品格。

第二个阶段，写小家庭建立后的情况。这一部分生动地从主观和客观两方面描写了子君和涓生与旧社会的矛盾，以及他们之间的冲突。爱情悲剧的发展，展现了旧社会的狰狞面目，揭示了个性解放思想的软弱和局限。

第三阶段，家破人亡，爱情以悲剧告终。小家庭解体后，回到封建牢笼中去的子君在专制家长"烈日一般的威严"和"赛过冰霜的冷眼"中走着所谓人生的路，最后走进"连墓碑也没有的坟墓"，涓生则发出要"向着新的生路跨进第一步去"的誓言，小说就在这一誓言中结束了。

鲁迅的每一篇小说都是艺术的创造。《伤逝》这篇杰作，与其他的小说相比，出手不凡，炉火纯青，更能展示鲁迅全方位的文学才能。本文的艺术特色在于：诗意的语言，体现了浓郁的感情色彩；形神兼备，人物性格鲜明突出；别具一格的手记形式，通过主人公的内心独白，把心灵深处的悲愤之情抒发得淋漓尽致，给人以亲切、逼真之感；细节的描写也具有不可忽视的作用，它使人们看到了两个知识分子山穷水尽的悲惨处境，看到了被封建势力摧残的纯洁的爱情，看到了子君对涓生真挚、深沉的爱，十分动人。

【思考练习】

1. 涓生和子君的爱情悲剧产生的原因是什么？
2. 试析《伤逝》的艺术特色。
3. 叭儿狗阿随在作品中几次出现，有什么作用？

今

李大钊

【题解】

李大钊(1889—1927)，字守常，河北乐亭县人，中国共产党主要创始人之一。青年时期即立志报效祖国，留学日本时接触马克思主义学说，回国后，从事新文化运动。1917—1919 年，李大钊连续发表了多篇热情宣传俄国革命和马克思主义的文章，并与资产阶级改良派展开"问题与主义"的论战。1918 年，发起组织马克思学说研究会和共产主义小组。1927 年，被奉系军阀张作霖杀害，其时尚不到 38 岁。

李大钊的著述结集出版的有《李大钊选集》《李大钊诗文选集》。《今》写于 1918 年，发表在《新青年》杂志上，后收入《李大钊文集》。

【文献来源】

辛尧. 铁肩担道义：李大钊励志文选[M]. 北京：中华工商联合出版社，2014：86-89.

我以为世间最可宝贵的就是"今"，最易丧失的也是"今"。因为他最容易丧失，所以更觉得他可以宝贵。

为什么"今"最可宝贵呢？最好借哲人耶曼孙所说的话答这个疑问："尔若爱千古，尔当爱现在。昨日不能唤回来，明天还不确实，尔能确有把握的就是今日。今日一天，当明日两天。"

为什么"今"最易丧失呢？因为宇宙大化[1]，刻刻流转，绝不停留。时间这个东西，也不因为吾人贵他爱他稍稍在人间留恋。试问吾人说"今"、说"现在"，茫茫百千万劫[2]，究竟哪一刹那是吾人的"今"，是吾人的"现在"呢？刚刚说他是"今"是"现在"，他早已风驰电掣的一般，已成"过去"了。吾人若要糊糊涂涂把他丢掉，岂不可惜！

有的哲学家说，时间但有"过去"与"未来"，并无"现在"。有的又说，"过去""未来"皆是"现在"。我以为"过去未来皆是现在"的话倒有些道理。因为"现在"就是所有"过去"流入的世界；换句话说，所有"过去"都埋没于"现在"的里边。故一时代的思潮，不是单纯在这个时代所能凭空成立的。不晓得有几多"过去"时代的思潮，差不多可以说是由所有"过去"时代的思潮一起凑合而成的。吾人投一石子于时代潮流里面，所激起的波澜声响，都向永远流动传播，不能消灭。屈原的《离骚》，永远使人感泣。打击林肯[3]头颅的枪声，呼应于永远的时间与空间。一时代的变动，绝不消失，仍遗留于次一时代，这样传演，至于无穷，在世界中有一贯相联的永远性。昨日的事件与今日的事件，合构成数个复杂事件。此数个复杂事件与明日的数个复杂事件，更合构成数个复杂事件。势力结合势力，问题牵起问题。无限的"过去"都以"现在"为归宿，无限的"未来"都以"现在"为渊源。

"过去""未来"的中间全仗有"现在"以成其连续，以成其永远，以成其无始无终的大实在。一掣现在的铃，无限的过去未来皆遥相呼应。这就是过去未来皆是现在的道理。这就是"今"最可宝贵的道理。

【注释】

[1] 宇宙大化：指大自然，客观世界。

[2] 劫：梵文"劫波"的简称，古印度传说世界经过若干万年毁灭一次，再重新开始，这样一个周期叫作一"劫"。

[3] 林肯：1861—1865年任美国总统，主张维护联邦统一，逐步废除奴隶制，后被奴隶主指使暴徒刺死。

【阅读提示】

文章开门见山提出中心论点："世间最可宝贵的就是'今'，最易丧失的也是'今'"。作者认为"今"最容易丧失，所以最可宝贵，因而告诫青年要珍惜今天，立足现实，把握现在，担负起改造社会，创造未来的历史使命。

观点鲜明，说理透彻，运用多种论据展开论证是本文的一大特点。在论证"今"最可宝贵时，引用了哲人耶曼孙的至理名言为理论依据；在论证"今"最易丧失时，又用宇宙世界刻刻流转、绝不停留的事实作为依据；在论证过去、现在、未来三者关系时，又以屈原的《离骚》和打击林肯头颅的枪声这些历史事实作例证。

作者还善于将高深的哲理与具体的知识融为一炉，深入浅出，使抽象的道理更具形象性，更有感染力。同时，在论证过程中，体现出逻辑的严密性。在最后一段文字中，作者先摆出两种看法，肯定后者的说法有道理，接着联系社会思潮，用形象的比喻和历史事实阐明了"过去"和"现在"有一贯相联的永远性，接着又指出这些问题互相联结，合构在一起，必然与"未来"相联，从而强调要面对现实，最后推论出：无限的"过去"都以"现在"为归宿，无限的"未来"都以"现在"为渊源，"过去""未来"的中间全仗有"现在"以成其连续，以成其永远，于是将"过去未来皆是现在"的道理揭示得十分深刻，再次照应全文的中心论点："今"最可宝贵。

【思考练习】

1. 本文的中心论点是什么？
2. 如何理解"过去未来皆是现在"这句话的含义？
3. 分析第四自然段，划分层次并概括大意。

炉 中 煤

——眷念祖国的情绪

郭沫若

【题解】

郭沫若（1892—1978），原名郭开贞，四川乐山人。中国现代杰出的作家、诗人、历史学家、剧作家。1914年赴日本留学，回国后从事文艺运动。1918年，开始新诗创作。1921年，出版第一部诗集《女神》，并与郁达夫、成仿吾等组织创造社。1924年以后，接受马克思主义思想，并倡导革命文学，创作了历史剧《屈原》《虎符》等和大量杂文、随笔、诗歌。新中国成立后，他从事政治和文化科学的组织与领导工作，主要作品有诗集《新华颂》《东风集》，历史剧《蔡文姬》《武则天》等。

本诗最初发表于1920年2月3日上海《时事新报·学灯》，后收入诗集《女神》。《女神》

摆脱了中国传统诗歌的束缚，开一代诗风，充分反映了五四时期的时代精神，堪称现代浪漫主义的经典诗作。

【文献来源】

黄曼君. 郭沫若作品欣赏[M]. 南宁：广西教育出版社，1990：50-51.

啊，我年青的女郎！ 我不辜负你的殷勤， 你也不要辜负了我的思量。 我为我心爱的人儿 燃到了这般模样！	啊，我年青的女郎！ 我想我的前身， 原本是有用的栋梁， 我活埋在地底多年， 到今朝总得重见天光[1]。
啊，我年青的女郎！ 你该知道了我的前身？ 你该不嫌我黑奴卤莽？ 要我这黑奴的胸中， 才有火一样的心肠。	啊，我年青的女郎！ 我自从重见天光， 我常常思念我的故乡， 我为我心爱的人儿 燃到了这般模样！

1920 年 1、2 月间作

【注释】

[1]总得：总算得到。天光：原指天色发亮，这里引申为"光明"。

【阅读提示】

《炉中煤》是《女神》中突出表现爱国主义思想的名篇。1920 年诗人在日本求学，遥念祖国，诉说自己眷念祖国的情绪，表达为祖国献身的决心。郭沫若说："五四以后的中国，在我的心目中，就像一个很葱俊的有进取气象的姑娘，她简直就和我的爱人一样。……'眷念祖国的情绪'的《炉中煤》，便是我对于她的恋歌。"

由此可见，是五四运动的怒潮激发了这位海外赤子炽烈的爱国热情，他对祖国的眷念正是献给觉醒的中国的。诗人心目中的祖国已不是沉睡的古老民族，而是一个青春焕发、充满希望、蓬勃向上、令人振奋的"年青的女郎"；不同于把祖国比作"母亲"，诗人将自己朝思暮想的祖国当成"心爱的人儿"，她是使"炉中煤"着火燃烧的直接原因，体现出诗人与祖国的平等、亲密。

诗歌以比喻的形象抒发感情。诗人以"煤"自比，用燃烧着的"煤"比喻自己胸中炽烈的爱国热情，"黑奴"的取喻有着浓郁的时代色彩，原本有用的栋梁之材在地底埋藏多年转化成为煤，才得以熊熊燃烧，"煤"的"重见天光"寓意着诗人素有救国救民的抱负，为了实现抱负经受了非比平常的挫折和磨练，诗人在经历了漫漫长夜之后从五四运动中看到了希望、自我意识觉醒，诗人为了祖国不惜燃烧自己、直至奉献生命！

【思考练习】

1. 诗人把祖国比作"年青的女郎"代表了什么样的时代精神？

2. 谈谈诗歌的抒情特色。
3. 背诵全诗。

念奴娇·昆仑

毛泽东

【题解】

毛泽东(1893—1976),字润之,湖南省湘潭市韶山冲人。中国伟大的政治家和思想家,也是举世公认的伟大诗人。他在一生的革命生涯中创作了大量的不朽诗篇,展现出一幅幅波澜壮阔的革命历史画卷。其诗词运用革命的现实主义和浪漫主义相结合的艺术手法,把文学艺术反映现实生活与抒发革命豪情完美地融为一体,为我国传统的诗词开辟了一条古为今用、推陈出新的广阔道路。

【文献来源】

罗炽. 毛泽东诗词鉴赏辞典[M]. 北京: 华夏出版社, 1993: 131.

横空出世,莽昆仑,阅尽人间春色[1]。飞起玉龙三百万,搅得周天寒彻[2]。夏日消溶,江河横溢,人或为鱼鳖[3]。千秋功罪,谁人曾与评说[4]?

而今我谓昆仑:不要这高,不要这多雪[5]。安得倚天抽宝剑,把汝裁为三截[6]?一截遗欧,一截赠美,一截还东国[7]。太平世界,环球同此凉热。

【注释】

[1] 横空:横亘空中。出世:超出人世。昆仑:山名,在新疆于阗河的上源,也指整个昆仑山脉,包括岷山山脉等。

[2] 玉龙:形容飞雪洁白如玉,如龙飞舞。三百万:极言其多。周天:整个天空。寒彻:冷透了。

[3] 或:有的人。为鱼鳖:指被洪水淹死。《左传·昭公元年》:"微禹,吾其鱼乎?"意思是说,如果不是夏禹治水,我们大概变成鱼了吧!后人因此称被水淹死为"化为鱼"。为:成为。

[4] 功罪:偏义复合词,此处主要是说它的罪孽。

[5] 我谓:我告诉,我对……说。

[6] 安得:怎么能够。倚天抽宝剑:倚靠长天抽出宝剑,一说倚天为宝剑名。相传宋玉作《大言赋》:"长剑耿介,倚天之外。"李白《临江五节士歌》:"安得倚天剑,跨海斩长鲸。"

[7] 遗(wèi):赠送。

【阅读提示】

1935年10月,红军长征胜利到达陕北。在翻越岷山,胜利即将到来之际,毛泽东以他那汹涌澎湃的革命豪情和英雄气概,写成了这首《念奴娇·昆仑》。这首词运用浪漫主义手法,以"昆仑"为题,展开雄奇瑰丽的想象,通过对昆仑的描述和评论,艺术地表现了作者改造世界的伟大气魄和无比力量,抒发了要在全球消灭帝国主义、实现共产主义的雄伟抱负和崇高理想。

词一开篇便以惊人的艺术笔力,形象而多方面地描写了昆仑山的特点。从空间的角度描写昆仑的雄伟高大、气势磅礴和未被开发的自然状态;从时间的角度写出了昆仑山历史的久远。词人采用拟人的手法,一个"阅"字写出了昆仑千秋万世俯视人间,历尽了人间的沧桑变化。接着运用比喻,以"玉龙三百万"来形容昆仑山蜿蜒浩大、雪飞龙舞的磅礴气势。然后引用"为鱼鳖"这个典故,说明昆仑山积雪过多和溶化后的水量之大,给人类带来了巨大灾害,为下阕对昆仑山的千秋功罪展开评说作铺垫。

词的下阕,作者以宏大的气魄,发挥奇特的想象,面对莽莽昆仑发号施令,不仅要倚靠长天,抽出宝剑,把昆仑山裁为三截,而且还提出了"环球同此凉热"的伟大构想,充分体现出毛泽东要改造旧中国和旧世界,建设太平世界的勃勃雄心和崇高理想。

这首词将写景、抒情、议论相结合,既有现实主义的真实描写,又有浪漫主义的极度夸张,还有象征意味的含蓄表现。作者巧妙地把自然与现实联系起来,以景寄情,托物言志,构思奇特,想象丰富,气势磅礴,成就了一首浪漫主义的雄奇瑰丽的词作。

【思考练习】

1. 这首词抒发了作者怎样的思想感情?
2. 词中运用了哪些修辞手法?对表达主题有何作用?
3. 背诵全词。

沙 扬 娜 拉
——赠日本女郎
徐志摩

【题解】

徐志摩(1897—1931),原名章垿,笔名南湖、云中鹤等,浙江海宁人,现代诗人、散文家。1915年,毕业于杭州一中,先后就读于上海沪江大学、天津北洋大学和北京大学。1918年,赴美国学习银行学。1921年,赴英国剑桥大学留学,深受西方教育的熏陶及欧美浪漫主义和唯美派诗人的影响,开始创作新诗。1923年,发起成立"新月社"。1926年,在北京主编《晨报》副刊《诗镌》,与闻一多、朱湘等人开展新诗格律化运动,影响了新诗艺术的发展。1931年初,与陈梦家、方玮德创办《诗刊》季刊,被推选为笔会中国分会理事。同年11月19日,空难身亡。

徐志摩的诗字句清新,韵律和谐,比喻新奇,想象丰富,意境优美,神思飘逸,富于变化,并追求艺术形式的整饬、华美,具有鲜明的艺术个性。著有诗集《志摩的诗》《翡冷翠的一夜》《猛虎集》《云游》,散文集《落叶》《巴黎的鳞爪》《自剖》《秋》,戏剧《卞昆冈》(与陆小曼合写),日记《爱眉小札》《志摩日记》,译著《曼殊斐尔小说集》等。

【文献来源】

徐志摩. 徐志摩诗选[M]. 南京:江苏凤凰文艺出版社,2018:5.

最是那一低头的温柔,
　　像一朵水莲花不胜凉风的娇羞,
道一声珍重,道一声珍重,
　　那一声珍重里有蜜甜的忧愁——
沙扬娜拉[1]!

【注释】

[1] 沙扬娜拉:日语"再见"的音译。

【阅读提示】

1924年5月,徐志摩和泰戈尔携手游历了东瀛岛国。这次扶桑之行的一个收获便是长诗《沙扬娜拉》。最初的规模是18个小节,再版时,诗人去掉了前面17个小节,只剩下题为"赠日本女郎"的最后一个小节,便是现在看到的这首玲珑之作了。那萍水相逢、执手相看的朦胧情意,被诗人淋漓尽致地表现出来。

诗歌构思精巧,开篇运用比喻,描摹了少女的娇羞之态。那"低头的温柔"与"水莲花不胜凉风的娇羞",两个并列的意象妥帖地重叠在一起,让读者感到一股朦胧的美感透彻肺腑。接下来,是阳关三叠式的互道珍重,情透纸背,浓得化不开。"蜜甜的忧愁"是全诗的诗眼,使用矛盾修辞法,不仅拉大了情感之间的张力,而且使情感更趋于饱满。

这诗是短小的,也是精致的。诗人仅以寥寥数语,便构建起一座审美的舞台,将司空见惯的人生戏剧搬演上去,让人们品味其中亘古不变的世道人情!"沙扬娜拉"是迄今为止对日语"再见"一词最美丽的音译,悠悠离愁,千种风情,尽在不言之中!

【思考练习】

1. 结合此诗谈谈徐志摩诗歌创作的艺术特色。
2. 反复诵读本诗,理解其中包含的意蕴。

七子之歌

闻一多

【题解】

闻一多(1899—1946),名亦多,字友三,又名家骅。著名诗人、学者、爱国民主战士。1912年考入北京清华学校,1922年赴美国芝加哥美术学院学习,后来研究文学。1925年回国,先后任教于武汉大学、青岛大学、清华大学。1923年出版第一部诗集《红烛》,1928年出版第二部诗集《死水》,此后致力于古典文学的研究。1937年抗战开始,他在昆明西南联大任教。1946年7月15日,在悼念李公朴先生大会上,闻一多愤怒斥责国民党暗杀李公朴的罪行,发表了著名的《最后一次的讲演》,下午即被国民党特务杀害。遗著由朱自清编成《闻一多全集》四卷。

【文献来源】

吴义勤. 闻一多经典必读：七子之歌[M]. 北京：文化艺术出版社，2012：188-191.

邶有七子之母不安其室[1]。七子自怨自艾，冀以回其母心。诗人作《凯风》以愍之[2]。吾国自《尼布楚条约》迄旅大之租让，先后丧失之土地，失养于祖国，受虐于异类，臆其悲哀之情，盖有甚于《凯风》之七子。因择其与中华关系最亲切者七地，为作歌各一章，以抒其孤苦亡告，眷怀祖国之哀忱，亦以励国人之奋兴云尔。国疆崩丧，积日既久，国人视之漠然。不见夫法兰西之 Alsace-Lorraine 耶[3]？"精诚所至，金石能开。"诚如斯，中华"七子"之归来其在旦夕乎？

澳　门

你可知"妈港"不是我的真名姓？……
我离开你的襁褓太久了，母亲！
但是他们掳去的是我的肉体，
你依然保管着我内心的灵魂。
三百年来梦寐不忘的生母啊！
请叫儿的乳名，叫我一声"澳门"！
母亲！我要回来，母亲！[4]

香　港

我好比凤阙阶前守夜的黄豹，
母亲啊！我身份虽微，地位险要。
如今狞恶的海狮扑在我身上，
啖着我的骨肉，咽着我的脂膏；
母亲啊！我哭泣号啕，呼你不应。
母亲啊！快让我躲入你的怀抱！
母亲！我要回来，母亲！[5]

台　湾

我们是东海捧出的珍珠一串，
琉球是我的群弟，我就是台湾。
我胸中还氤氲着郑氏的英魂，
精忠的赤血点染了我的家传。
母亲，酷炎的夏日要晒死我了；
赐我个号令，我还能背城一战。
母亲！我要回来，母亲！[6]

威海卫

再让我看守着中华最古的海,
这边岸上原有圣人的丘陵在。
母亲,莫忘了我是防海的健将,
我有一座刘公岛作我的盾牌。
快救我回来呀,时期已经到了。
我背后葬的尽是圣人的遗骸!
母亲!我要回来,母亲![7]

广州湾

东海和硇州是我的一双管钥,
我是神州后门上的一把铁锁。
你为什么把我借给一个盗贼?
母亲呀,你千万不该抛弃了我!
母亲,让我快回到你的膝前来,
我要紧紧地拥抱着你的脚髁。
母亲!我要回来,母亲![8]

九 龙

我的胞兄香港在诉他的苦痛,
母亲呀,可记得你的幼女九龙?
自从我下嫁给那镇海的魔王,
我何曾有一天不在泪涛汹涌!
母亲,我天天数着归宁的吉日,
我只怕希望要变作一场空梦。
母亲!我要回来,母亲![9]

旅顺,大连

我们是旅顺,大连,孪生的兄弟,
我们的命运应该如何的比拟?——
两个强邻将我们来回的蹴蹋,
我们是暴徒脚下的两团烂泥。
母亲,归期到了,快领我们回来。
你不知道儿们如何的想念你!
母亲!我们要回来,母亲![10]

【注释】

[1] 邶(bèi):是周灭商后分封的小国,在商都朝歌以北,在今河南汤阴县。邶国民歌称"邶风",是《诗经》十五国风之一。

[2] 愍(mǐn):同"悯",忧愁。《凯风》:《邶风》第七篇,首句"凯风自南"的开头二字,即用作诗

的篇名，全诗共四章十六句六十四字，写一个母亲欲弃其七个孩子离家而去，七子向母自责哀告，以回母之心。闻一多有感失地同胞失怙于祖国，受异族之压迫，遂仿此诗用拟人手法将先后割让租借出去的澳门、香港、台湾、威海卫、广州湾、九龙和旅顺、大连七地，各为一章，写成《七子之歌》。

[3] Alsace—Lorraine（阿尔萨斯—洛林）：位于法国东北部，1871年普法战争中法国战败，将此地区割让给德国，历时47年，终于在1918年第一次世界大战后收回。

[4] 澳门：位于广东省珠江口西岸的一个半岛。据文献记载，早在明嘉靖三十六年(1557年)，葡商人在明朝政府官员同意下，开始租住这个半岛的一隅。那时"澳门"这个名字尚未出现，半岛南端古称濠镜澳，其名已著于《明史》。以"澳南环有二湾，规圆若镜也"，故称"濠镜澳"。后来称为澳门，则是因澳有南台、北台二山，相对如门，故名。其地在明成化年间(1465—1487年)闽粤两地人民即在此修建妈祖神庙，所以初来的葡人即以"妈港(MACAO)"名之。随着西方殖民主义的发展，葡人在澳门占用的范围不断扩大。清光绪十三年(1887年)中葡签订《和好通商条约》，允准葡人"永居管理"。一百年后的1987年，中葡签订《关于澳门问题的联合声明》，明确规定于1999年12月20日由中国收回主权，澳门回归祖国怀抱。

[5] 香港：1842年第一次鸦片战争失败，中英签订《南京条约》割让给英国，直至1997年7月1日收复。啖(dàn)：吃或给人吃。

[6] 台湾：根据1895年中日《马关条约》割让给日本，已于1945年第二次世界大战后收复。解放战争后，蒋介石带领国民党余部逃往台湾。琉球：琉球群岛，从日本南部的九州向西南延伸至台湾北部。氤氲(yūn yīn)：烟云弥漫。

[7] 威海卫：1889年被德国强行租占，1930年收复。

[8] 广州湾：湛江港之旧称。1898年，中法签订《租借广州湾条约》，广州湾被法国侵占。1943年，转为日本占领。1945年，签订《中法交收广州湾租借地专约》，广州湾归还中国，现建为湛江市。硇(náo)州：岛名，在广东省湛江附近海中。

[9] 九龙：1860年英国侵占九龙尖沙咀，1898年又强行租借深圳河以南地区及附近岛屿。九龙于1997年7月1日与香港一同收复。

[10] 旅顺，大连：1898年，签订《中俄会订条约》，被俄租借，日俄战争后曾被日本侵占。1950年起由中苏共管，1955年由中国收回。

【阅读提示】

《七子之歌》作于1925年3月，当时诗人还在美国留学，在美国已经生活了将近三年的他，多次亲身体会到种族歧视的屈辱，加上背井离乡的经历，使他更对祖国和家乡产生了深深的眷恋，也使他更加深了对民族传统文化的理解和热爱。在这段时间里，他创作了大量的爱国主义诗篇。《七子之歌》就是在这种背景下写的。

《七子之歌》以拟人的手法将七处"失地"比作远离母亲怀抱的七个孩子，用小孩子的口吻哭诉他们被迫离开母亲的襁褓，受尽异族的欺凌，渴望重回母亲怀抱的强烈情感，表达了诗人浓郁、深沉的爱国主义情感。

诗人把自己的爱国情、报国志移入对象，使这"七子"有了人的思想。诗人赋予了他们中华民族的优秀道德情操："澳门"虽然已被掳去三百年，但他"依然保管着内心的灵魂"，保持着对祖国的忠贞；"香港"在帝国主义的摧残中呼号，但他的呼号是向着祖国母亲；"台湾"虽然在严酷的夏日(暗指日本)的笼罩下，但"胸中还氤氲着郑氏的英魂"，"还能背城一战"以挣脱枷锁回归祖国；"威海卫"被掳去后担忧的不是自己，而是身后所防护的"圣人的遗骸"，他的身后正是华夏文明的中心地带;"广州湾""九龙""旅顺,大连"都在向祖国母亲呼唤:"母亲!我要回来,母亲!"在"他们"身上,我们可以看见苏武、岳飞、文天祥等民族精魂的影子,在这些中华民族的脊梁身上集中体现的爱国、爱民、忠贞不屈的传统美德正是我们这个伟大民族的凝聚力所在。因此"七子之歌"既唱出了国土沦丧的切肤之痛,又张扬了中华民族不屈不挠的优秀品质,意在唤起民众,咀嚼这痛苦,抗外侮,兴中华。在"五卅运动"正在兴起的当时,无疑有着不可忽视的现实意义。

完成《七子之歌》后不到两个月,闻一多就踏上了归国的旅程,投身报效祖国的行列中,为理想的实现付出了自己的青春乃至生命。诗人未曾预见的是,《七子之歌·澳门》在七十四年后被谱成歌曲,作为迎接澳门回归的主题歌到处传唱。

这首诗整体构架是均齐的,各节匀称,基本一致,体现了闻一多所追求的建筑美。运用叠韵手法,每节诗都用同样的韵来闭合,且节奏感很强,从而体现了诗的韵律美。每一节七句,前六句都是整齐的长句,最后则以短句收尾,使前六句蕴集的力量冲击到最后,产生一个小小的情绪高潮,"母亲,我要回来,母亲",这样一声呼唤,使得语调铿锵有力。尤其是全诗七节的卒句相同,形成了一个大的复沓,这种反复手法的运用,使诗的韵律回旋起伏,变化和交替中又见精严和齐整,真是一唱三叹,饶有深致。

【思考练习】

1. 反复诵读这首诗,领悟作者在诗中传达的思想情感。
2. 分析本诗的建筑美和音乐美。
3. 此诗有何现实意义?请结合当前时事予以分析。

寻 梦 者

戴望舒

【题解】

戴望舒(1905—1950),浙江杭县人。1923年秋进入上海大学中文系,1925年转入震旦大学法文系,并开始新诗创作。1932年赴法国留学,1935年回国。抗日战争爆发后,自上海迁往香港。1941年,日寇占领香港,戴望舒被捕入狱仍坚持民族气节。1946年回到上海。1950年2月28日病逝。

戴望舒是20世纪30年代"现代派"的代表诗人。早期诗歌受欧洲象征派的影响,意象朦胧,情致哀婉,韵调优美,内容多抒发个人孤独、忧伤、愁苦的情怀。大革命失败后,他的诗歌创作突破个人的小天地,题材有所开拓,风格渐趋明朗、健康。抗日战争开始后,诗风有重大变化,直面现实,将个人的命运与祖国前途融为一体,表现了热爱祖国和人民、仇视侵略者的强烈情感,更表现了对光明未来的热切向往和必胜的信念。有《我的记忆》《望舒草》《望舒诗稿》和《灾难的岁月》四本诗集。

【文献来源】

戴望舒. 戴望舒诗选. 南京: 江苏凤凰文艺出版社, 2018: 91-92.

梦会开出花来的,
梦会开出娇妍的花来的;
去求无价的珍宝吧。

在青色的大海里,
在青色的大海的底里,
深藏着金色的贝一枚。

你去攀九年的冰山吧,
你去航九年的旱海吧,
然后你逢到那金色的贝。

它有天上的云雨声,
它有海上的风涛声,
它会使你的心沉醉。

把它在海水里养九年,
把它在天水里养九年,
然后,它在一个暗夜里开绽了。

当你鬓发斑斑了的时候,
当你眼睛朦胧了的时候,
金色的贝吐出桃色的珠。

把桃色的珠放在你怀里,
把桃色的珠放在你枕边,
于是一个梦静静地升上来了。

你的梦开出花来了。
你的梦开出娇妍的花来了,
在你已衰老了的时候。

【阅读提示】

《寻梦者》是戴望舒于 1932 年创作的一首代表诗作。诗人以"寻梦者"自喻,抒发了寻求理想、憧憬光明、历经磨难、上下求索的心路历程。诗人将现代人的"寻梦"思绪巧妙地寄寓在一个寻找"金色的贝"的故事里,虚实交织,"金色的贝"象征着美丽、珍贵的梦想,象征着一切美好的对象,值得每个"寻梦者"穷其一生去追寻。我们和诗人一样,都是"追梦人"。

每个人都有梦想,梦想是发自内心深处的渴望,它与生俱来,永不熄灭。有梦想的人是幸福的,实现梦想的过程是艰辛的,当"鬓发斑斑""眼睛朦胧"时,梦想终于实现,给人一种无福消受的幻灭之感,但任何美好理想的实现,都必须付出人的毕生追求的艰苦代价,努力寻梦的过程也是一生难忘的,和那些终其一生也不能实现自己梦想的人相比,那个衰老的自己最应该感谢的,是那个曾经努力耕耘的自己。

《寻梦者》全诗共八个小节,每小节都为三行,内容或排比或重复,使读者读来能感受到和谐、宁静和淡淡的迷惘、感伤,全诗体现出朦胧含蓄之美。

【思考练习】

1. "金色的贝"的象征意义是什么?
2. 你的梦想是什么?为了实现梦想,你有什么人生规划?

菉竹山房

吴组缃

【题解】

吴组缃(1908—1994),安徽泾县人,中国现代著名作家、学者。毕业于清华大学,后历任清华大学、北京大学教授。

吴组缃文学创作始于20世纪30年代初，早年以短篇小说《一千八百担》和《樊家铺》走红文坛，抗日战争时完成长篇小说《山洪》。他的著名散文有《黄昏》《柴》《船差》《泰山风光》等，主要著作有《西柳集》《饭余集》。

吴组缃的小说多以抨击摧残人性的旧社会和当时农村破落凋敝的现实生活为内容，具有强烈的批判意识，文笔细腻委婉，风格沉郁苍凉。其散文善于冷静、细腻地勾勒生活场景，刻画人物性格，而很少直接流露自己的思想和情感，往往在诗情画意中表达生活的情趣。

【文献来源】

吴组缃. 一千八百担[M]. 珠海：珠海出版社，1997: 50-57.

阴历五月初十日和阿圆到家，正是南方的"火梅"[1]天气：太阳和淫雨交替迫人，其苦况非身受者不能想象。母亲说，前些日子二姑姑托人传了口信来，问我们到家没有？说"我做姑姑的命不好，连侄儿侄媳也冷淡我。"意思之间，自然是要我和阿圆到她老人家那里去住些时候。

二姑姑家我只于年小时去过一次，至今十多年了。我连年羁留外乡，过的是电影电灯洋装书籍柏油马路的现代生活。每常想起家乡，就如记忆一个年远的传说一样。我脑中的二姑姑家，到现在更是模糊得如云如烟。那座阴森敞大的三进大屋[2]，那间摊乱着雨蚀虫蛀的晦色古书的学房，以及后园中池塘竹木，想起来都如依稀的梦境。

二姑姑的故事似一个旧传奇的仿本[3]。她的红颜时代我自然没有见过，但从后来我所见到的她的风度上看来：修长的身材，清癯白皙[4]的脸庞，尖狭而多睫毛的凄清的眼睛，如李笠翁所夸赞的那双尖瘦美丽的小足，以及沉默少言笑的阴暗调子，都和她的故事十分相称。

故事在这里不必说得太多。其实，我所知道的也就有限：因为家人长者都讳谈它。我所知道的一点点，都是日长月远，家人谈话中偶然流露出来，由零碎摭拾[5]起来的。

多年以前，叔祖的学塾[6]中有个聪明年少的门生，是个三代孤子。因为看见叔祖房里的幛幔[7]，笔套，与一幅大云锦[8]上的刺绣，绣的都是各种姿态的美丽蝴蝶，心里对这绣蝴蝶的人起了羡慕之情；而这绣蝴蝶的姑娘因为听叔祖常常夸说这人，心里自然也早就有了这人。这故事中的主人以后是乘一个怎样的机缘相见相识，我不知道，长辈们恐怕也少知道。在我所摭拾的零碎资料中，这以后便是这悲惨故事的顶峰：一个三春天气的午间，冷清的后园底太湖石洞中，祖母因看牡丹花，拿住了一对仓惶失措的系裤带的顽皮孩子。

这幕才子佳人的喜剧闹了出来，人人夸说的绣蝴蝶的小姐一时连丫头也要加以鄙夷。放佚[9]风流的叔祖虽从中尽力撮合周旋，但当时究未成功。若干年后，扬子江中八月大潮，风浪陡作，少年赴南京应考，船翻身亡。绣蝴蝶的小姐那时是十九岁，闻耗后，在桂花树下自缢，为园丁所见，救活了，没死。少年家觉得这小姐尚有稍些可风[10]之处，商得了女家同意，大吹大擂接小姐过去迎了灵柩，麻衣红绣鞋[11]，抱着灵牌参拜家堂祖庙[12]，做了新娘。

这故事要不是二姑姑的，并不多么有趣；二姑姑要没这故事，我们这次也就不致急于要去。

母亲自然是怂恿我们去。说我们是新结婚，也难得回家一次。二姑姑家孤寂了一辈子，如今如此想念我们，这点子人情是不能不尽的。但是阿圆却有点怕我家乡的老太太。这些老太太——举个例，就如我的大伯娘，她老人家就喜欢搂阿圆在膝上喊宝宝，亲她的脸，咬她的肉，摩挲她的臂膊；又要我和她接吻给她老人家看。一得闲空，就托支水烟袋坐到我们房里来，盯着眼看守着我们作迷迷笑脸，满口反复地说些叫人红脸不好意思的夸羡话。这种种罗唣[13]，我倒不大在意；可是阿圆就老被窘得脸红耳赤，不知该往那里躲。——因此，阿圆不愿去。

我知道弊病之所在，告诉阿圆二姑姑不是这种善于表现的快乐天真的老太太。而且我会投年轻姑娘之所好，照二姑姑原来的故事又编上了许多的动人的穿插，说得阿圆感动得红了眼睛叹长气。听说二姑姑决不会给她那种罗唣，她的不愿去的心就完全消除，再听了二姑姑的故事，有趣得如从线装书中看下来的一样；又想到借此可以暂时躲避家乡的老太太；而且又知道金燕村中风景好，菉竹山房的屋舍阴凉宽畅。于是阿圆不愿去的心，变成急于要去了。

我说金燕村，就是二姑姑的村；菉竹山房就是二姑姑的家宅。沿着荆溪的石堤走，走了七八里地，回环合抱的山峦渐渐拥挤，两岸葱翠古老的槐柳渐密，溪中黯赭色的大石渐多，哗哗的水激石块声越听越近。这段溪，渐不叫荆溪，而是叫响潭，响潭两岸，槐树柳树榆树更多更老更葱茏，两面缝合，荫罩着乱喷白色水沫的河面，一缕太阳光也晒不下来。沿着响潭两岸的树林中，疏疏落落点缀着二十多座白垩[14]瓦屋。西岸上，紧临着响潭，那座白屋分外大；梅花窗的围墙上面探露着一丛竹子：竹子一半是绿色的；一半已开了花，变成槁色。——这座村子便是金燕村，这座大屋便是二姑姑的家宅菉竹山房。

阿圆是都市中生长的小姐，从前只在中国山水画上见过的景子，一朝忽然身历其境，欣跃之情自然难言。我一时回想起平日见惯的西式房子，柏油马路，烟囱，工厂，……等等，也觉得是重入梦境。作了许多缥渺之想。

二姑姑多年不见，显见得老迈了。

"昨天夜里结了三颗大灯花，今朝喜鹊在屋脊上叫了三四次，我知道要来人[15]。"

那只苍白皱折的脸没多少表情。说话的语气，走路的步法，和她老人家的脸庞同一调子：阴暗，凄淡，迟钝。她引我们进到内屋里，自己跚跚颤颤地到房里去张罗果盘，咐吩丫头为我们打脸水。——这丫头叫兰花，本是我家的丫头，三十多岁了。二姑姑陪嫁丫头死去后，祖父便拨了身边的这丫头来服侍姑姑，和姑姑作伴。她陪姑姑住守这所大屋子已二十多年，跟姑姑念诗念经，学姑姑绣蝴蝶，她自己说不要成家的。

二姑姑说没指望我们来得如此快，房子都没打扫。领我们参观全宅，顺便叫我们自己拣一间合意的住。四个人分作三排走，姑姑在前，我俩在次，兰花在最后。阿圆蹈着姑姑的步子走，显见得拘束不自在，不时昂头顾我，作有趣的会意之笑。我们都无话说。

屋子高大，阴森，也是和姑姑的人相谐调的。石阶，地砖，柱础，甚至板壁上，都染涂着一层深深浅浅的黯绿，是苔尘[16]。一种与陈腐的土木之气混合的霉气扑满鼻官。每一进屋的梁上都吊有淡黄色的燕子窝：有的已剥落，只留着痕迹；有的正孵着雏儿，叫得分外响。

我们每走到一进房子，由兰花先上前开锁；因为除姑姑住的一头两间的正屋而外，其余每一间房每一道门都是上了锁的。看完了正屋，由侧门一条巷子走到花园中。邻着花园有座雅致的房，门额上写着"邀月"两个八分字[17]。百叶窗，古瓶式的门，门上也有明瓦纸的册叶小窗。我爱这地方近花园较别处明朗清新得多，和姑姑说，我们就住这间房。姑姑叫兰花开了锁，两扇门一推开，就噗噗落下两三只东西来：两只是壁虎，一只是蝙蝠。我们都怔了一怔。壁虎是悠悠地爬走了；兰花拾起那只大蝙蝠，轻轻放到墙隅里，呓语着似的念了一套怪话：

"福公公，你让让房，有贵客要在这里住。"

阿圆惊惶不安的样子，牵一牵我的衣角，意思大约是对着这些情景，不敢在这间屋里住。二姑姑年老还不失其敏感，不知怎样她老人家就窥知了阿圆的心事：

"不要紧。——这些房子，每年你姑爹回家[18]时都打扫一次。停会，叫兰花再好好来收拾，福公公虎爷爷都会让出去的。"

又说：

"这间避月庐是你姑爹最喜欢的地方；去年你姑爹回来，叫我把它修葺[19]一下。你看看，里面全是新崭崭的。"

我探身进去张看，兜了一脸蜘蛛网。里面果然是新崭崭的。墙上字画，桌上陈设，都很整齐。只是蒙上一层薄薄的灰尘罢了。

我们看兰花扎了竹叶把，拿了扫帚来打扫。二姑姑自回前进去了。阿圆用一个小孩子的神秘惊奇的表情问我说：

"怎么说姑爹……？"

兰花放下竹叶把，瞪着两只阴沉的眼睛低幽地告诉阿圆说：

"爷爷灵验得很啦！三朝两天来给奶奶托梦。我也常看见的，公子帽，宝蓝衫，常在这园里走。"

阿圆扭着我的袖口，只是向着兰花的两只眼睛瞪看。兰花打扫好屋子，又忙着抱被褥毯子席子为我们安排床铺。里墙边原有一张檀木榻，榻几上面摆着一套围棋子，一盘瓷制的大蟠桃。把棋子蟠桃连同榻儿拿去，铺上被席，便是我们的床了。二姑姑蹒蹒颤颤地走来，拿着一顶蚊帐给我们看，说这是姑爹用的帐，用玻璃纱制的；问我们怕不怕招凉。我自然愿意要这顶凉快帐子；但是阿圆却望我瞪着眼，好像连这顶美丽的帐子也有可怕之处。

这屋子的陈设是非常美致的，只看墙上的点缀就知道。东墙挂着四幅大锦屏[20]，上面绣着《箓竹山房唱和诗[21]》，边沿上密密齐齐地绣着各色的小蝴蝶，一眼看上去就觉得很灿烂。西墙上挂着一幅彩色的钟馗捉鬼图[22]，两边有洪北江[23]的"梅雪松风清几榻，天光云影护琴书"的对子。床榻对面的南墙上有百叶窗子可以看花园，窗下一书桌，桌上一个朱砂古瓶[24]，瓶里插着马尾云拂[25]。

我觉得这地方好。陈设既古色古香；而窗外一丛半绿半黄的修竹，和墙外隐约可听的响潭之水，越衬托得闲适恬静。

不久吃晚饭，我们都默然无话。我和阿圆是不知在姑姑面前该说些什么好；姑姑自己呢，是不肯多说话的。偌大屋子如一座大古墓，没一丝人声；只有堂厅里的燕子啾啾地叫。兰花向天井檐上张一张，自言自语的说：

"青姑娘还不回来呢！"

二姑姑也不答话，点点头。阿圆偷眼看看我。——其实我自己也正在纳罕[26]着的。吃了饭，正洗脸，一只燕子由天井飞来，在屋里绕了一道，就钻进檐下的窝里去了。兰花停了碗，把筷子放在口沿上，低低的说：

"青姑娘，你到这时才回来——。"悠悠的长叹一口气。

我释然，向阿圆笑笑；阿圆却不曾笑，只瞪着眼看兰花。

我说邀月庐清新明朗，那是指日间而言。谁知这天晚上，大雨复作；一盏三支灯草的豆油檠[27]摇晃不定；远远正屋里二姑姑兰花低幽地念着晚经，听来简直是"秋坟鬼唱鲍家诗[28]"；加以外面雨声虫声风弄竹声合奏起一支凄戾的交响曲，显得这周遭的确鬼趣殊多。也不知是循着怎样的一个线索，很自然地便和阿圆谈起《聊斋》的故事来。谈一回，她越靠紧我一些，两眼只瞪着西墙上的钟馗捉鬼图，额上鼻上渐渐全渍着汗珠。钟馗手下按着的那个鬼，披着发，撕开血盆口，露出两支大獠牙，栩栩欲活。我偶然瞥一眼，也不由得一惊。这时觉得那钟馗，那恶鬼，姑姑和兰花，连同我们自己俩，都成了鬼故事中的人物了。

阿圆瑟缩地说："我想睡。"

她紧紧靠住我，我走一步，她走一步。——睡到床上，自然很难睡着。不知辗转了多少时候，雨声渐止，月亮透过百叶窗，映照得满屋凄幽。一阵飒飒的风摇竹声后，忽然听得窗外有脚步之声。声音虽然轻微，但是入耳十分清楚。

"你……听见了……没有？"阿圆把头钻在我的腋下，喘息地低声问。

"……"我也不禁毛骨悚然。

那声音渐听渐近，没有了；换上的是低沉的戚戚声，如鬼低诉。阿圆已浑身汗濡[29]。我咳了一声，声音突然寂止；听见这突然寂止，想起兰花日间所说的话，我也不由得不怕了。

半晌没有声息，紧张的心绪稍稍平缓，但是两人的神经都过分兴奋，要想到梦乡去躲身，究竟不能办到。为要解除阿圆的恐怖，我找了些快乐高兴的话和她谈说。阿圆也就渐渐敢由我的腋下伸出头来了。我说：

"你想不想你的家？"

"想——。"

"怕不怕了？"

"还有点怕——。"

正答着话，她突然尖起嗓子大叫一声，搂住我，嚎啕，震抖，迫不成声：

"你……看……门上……！"

我看门上——门上那个册叶小窗露着一个鬼脸，向我们张望；月光斜映，隔着玻璃纱帐看得分外明晰。说时迟，那时快。那个鬼脸一晃，就沉下去不见了。我不知从那里涌上一股勇气，推开阿圆，三步跳去，拉开门。

门外是两个女鬼！

一个由通正屋的小巷窜远了；一个则因逃避不及，正在我的面前蹲着——

"是姑姑吗？"

"唔——"幽沉的一口气。

我抹着额上的冷汗，不禁轻松地笑了。我说：

"阿圆，别怕了，是姑姑。"

1932.11.26

【注释】

[1] 火梅：即梅雨，亦称黄梅天或黄梅雨。春末夏初，长江中下游一带连续下雨，空气潮湿，衣物等容易发霉，此时正是黄梅成熟时节，故称。

[2] 三进大屋：旧式建筑，在一个宅院内房屋分成几重，一重分为一进，三进大屋即有三重房子的大宅。

[3] 旧传奇的仿本：仿照古老传奇编撰的故事。传奇，本为唐代出现的新小说体裁，后泛指情节曲折离奇，人物具有传奇色彩的故事。

[4] 清癯(qú)白皙(xī)：消瘦白净。

[5] 摭(zhí)拾：拾取，摘取。

[6] 学塾：即私塾。

[7] 幛幔：上有题字或缀字的帐幕。

[8] 云锦：一种传统丝织品。

[9] 放佚：放浪不羁，豪放洒脱。

[10] 可风：值得赞扬，有教育意义。

[11] 麻衣红绣鞋：麻衣为丧服，红绣鞋为新娘子穿的。这里指丧事婚事同办。

[12] 家堂祖庙：供奉祖宗牌位的祠堂。

[13] 罗唣(luó zào)：即啰嗦。

[14] 白垩(è)：即石灰，色白，可用作粉刷房屋。

[15] 民间俗习认为，油芯上结灯花或喜鹊在自家房屋上、树上鸣叫是客人将来的预兆。

[16] 苔尘：绿苔及蒙在上面的灰尘。

[17] 八分字：即隶书。

[18] 姑爹回家：指姑丈的灵魂回来打扫房子。

[19] 修葺(qì)：修缮，修理。

[20] 四幅大锦屏：用锦缎制成的条屏，条幅。四幅一组为四条屏，亦有八条屏。

[21] 唱和(hè)诗：按别人的诗作体裁和题材(一般按其原韵)所作的诗，也称"酬和诗"。

[22] 钟馗(kuí)捉鬼图：钟馗是古代传说中能捉鬼的人。唐宋以来，不少画家作钟馗捉鬼图。

[23] 洪北江：清代经学家、文学家洪亮吉(1746—1809)，号北江，江苏阳湖(今武进县)人。

[24] 朱砂古瓶：用含有朱砂成分制成的釉彩涂在表面的古式插瓶。

[25] 马尾云拂：用马尾做成的一种除灰尘的掸(dǎn)帚。

[26] 纳罕：惊奇，诧异。

[27] 檠(qíng)：灯座。豆油檠：豆油灯。

[28] 鲍家诗：南朝宋代文学家鲍照的诗。秋坟鬼唱鲍家诗：语出唐李贺《秋来》。

[29] 汗濡(rú)：被汗沾湿。

【阅读提示】

《菉竹山房》以"我"和新婚妻子阿圆去看望二姑姑为中心线索展开情节。在眼前所见和二姑姑的传奇性故事的交织中，展示了二姑姑的爱情悲剧和无爱的凄苦人生，使人们看到了封建思想、封建礼教是如何幽灵不散并残酷地戕害和摧残女性的青春、生命和人性的。

小说对二姑姑的爱情悲剧着墨不多，更没有细致地刻画她的性格(其实，一个旧式女子连人性都被戕害了，又哪里谈得上性格和个性)，而是以细致入微的侧面烘托的艺术手法来营造气氛。菉竹山房鬼气阴森恐怖，这是地地道道的人间地狱，生活于其中而一生守寡的二姑姑过的是一种非人的生活！由此使人感悟到无爱的人生虽生犹死，甚至生不如死。一个曾经热烈地追求过爱情的青春少女，就这样如同凋零的鲜花和枯萎的绿叶，无声地飘落在这一潭无澜的死水之中，由此追问这戕害女性的凶手和造成二姑姑悲凉人生的社会根源。

小说的叙事人是"我"。通过"我"和阿圆的眼去洞悉二姑姑的悲惨人生，这不仅具有视角上的优越，显得冷静客观，令人信服，而且使人感触到城市与乡村、现代与传统的巨大落差，由此反映封建传统文化腐朽僵死，令人窒息，摧残人性的本质。此外，小说结尾处的细节描写，那张在惨淡月光下小窗上露着的鬼脸，将阴气逼人的气氛推向极致，揭示了两个女性畸变的心理状态和对人性复归的迷茫憧憬，确为点睛之笔。

【思考练习】

1. 造成二姑姑凄惨人生的社会根源是什么？
2. 试析小说的氛围营造对表达主题的作用。
3. 小说结尾处的细节描写有何意义？

日　　出(节选)

曹　禺

【题解】

曹禺(1910—1996)，原名万家宝。原籍湖北潜江，生于天津。1929年升入南开大学，次年转入清华大学西洋文学系。1934年，发表话剧《雷雨》，上演后轰动一时，此后他又创作了《日出》《原野》等多部影响巨大的剧本，确立了他在中国现代话剧中的大师地位。抗日战争期间参加文化界抗日活动，完成《蜕变》《北京人》等作品，并改编巴金的《家》，都获得了广泛好评。新中国成立后，创作了反映知识分子改造的话剧《明朗的天》和历史剧《胆剑篇》(与梅阡、于是之合作)。1978年完成历史剧《王昭君》。

曹禺的早期戏剧创作成就突出，是中国现代话剧成熟的标志。他吸收了传统戏剧和西洋戏剧的双重营养，擅长对戏剧冲突的把握和人物性格心理的刻画，以及戏剧氛围的烘托。他的剧作因对人性和命运的深度探索而具有永恒的艺术价值，他的多部作品被翻译成多种文字。20世纪50年代以后，曹禺的创作因受某些方面的限制，没有取得前期作品所达到的成就。

【文献来源】

曹禺. 曹禺全集：1[M]. 田本相，刘一军，主编. 石家庄：花山文艺出版社，1996：202-205.

第　四　幕

时间和地点

早春，某日黎明时分。

在××旅馆的一间华丽的休息室内。

陈白露——在××旅馆住着的一个女人，二十三岁。

张乔治——留洋学生，三十一岁。

方达生——陈白露从前的"朋友"，二十五岁。

王福升——××旅馆的茶房。

潘月亭——潘四爷，大丰银行经理，五十四岁。陈白露的包养者。

陈白露一个人走到窗前，打开窗户，静默中望见对面房屋的轮廓逐渐由黑暗中爬出来，外面很幽静又很凄凉,老远隐隐听见工厂哀悼似的的汽笛声,夹杂着自由市场传来一两声辽远的鸡鸣,是太阳还未升出的黎明时光。中门敲门声。

陈白露　（未回头）进来吧。

　　　　　王福升由中门进,微微打了一个呵欠。

陈白露　（没有转身）月亭,怎么样?有点办法没有?
王福升　小姐。
陈白露　（回转身）哦,是你。
王福升　四爷叫我过来说,他不来了。
陈白露　哦。
王福升　他说怕这一两天都不能来了。
陈白露　是,我知道。
王福升　他叫我跟您说,叫您好好保重,多多养自己的病,叫您以后凡事要小心点,爱护自己。他说……
陈白露　哦,我明白,他说不能再来看我了。
王福升　嗯,嗯,是的。不过,小姐,您为什么偏要得罪潘四爷这么有钱的人呢?……您得罪一个金八[1]还不够,您还要——
陈白露　（摇头）你不明白,我没有得罪他。
王福升　那么,我刚才把您欠的账条顺手交给他老人家,四爷只是摇头,叹口气,一句话也没有说就走了。
陈白露　唉,你为什么又把账单给他看呢?
王福升　可是,小姐,今天的账是非还不可的,他们说闹到天亮也得还!一共两千五百元,少一个铜子也不行!您自己又好个面子,不愿跟人家吵啊闹啊地打官司上堂。您说这钱现在不从四爷身上想法子,难道会从天上掉下来?
陈白露　（冥想）也许会从天上掉下来的。
王福升　那就看您这几个钟头的本事吧。我福升实在不能再替您挡这门账了。
陈白露　（拿起安眠药瓶,紧紧地握着）好,你去吧。福升正由中门下,右门有人乱敲门,嚷着:"开门,快开门。"王福升跑到右门,推开门,张乔治满脸的汗跑出来。
张乔治　（心神恍惚地）怎么,你们把门锁上做什么?
王福升　（笑）没有锁,谁锁了?
张乔治　（摸着心）白露,我做了一个梦。I dreamed a dream。哦,可怕,可怕极了,啊,Terrible! Terrible!啊,我梦见这一楼满是鬼,乱跳乱蹦,楼梯,饭厅,床,沙发底下,桌子上面,一个个啃着活人的脑袋,活人的胳臂,活人的大腿,又笑又闹,拿着人的脑袋丢过来,扔过去,嘎嘎地乱叫。忽然轰地一声,地下起了一个雷,这个大楼塌了,你压在底下,我压在底下,许多许多人都压在底下。……

　　　　　王福升由中门下。

陈白露　Georgy,你方才干什么去啦?
张乔治　我睡觉啦。
陈白露　你没有走?
张乔治　咦,我走了,你现在还看得见我?我在那屋墙犄角一个沙发上睡着了。你们就没有瞧见我,我就做了这么一个梦。Oh, Terrible! Terrible!简直地可怕极了。

陈白露　方才你喝了不少的酒。
张乔治　对了，一点也不错，我喝得太多，神经乱了，我才做这么一个噩梦。(打了一个呵欠)我累了，我要回去了。哦，(忽然提起精神来)我告诉你一件事……
陈白露　不，我现在求求……求你一件事。
张乔治　你说吧。你说的话没有不成的。
陈白露　有一个人，……要……要跟我借三千块钱。
张乔治　哦，哦。
陈白露　我现在手下没有这些钱借给他。
张乔治　哦，哦。
陈白露　Georgy，你能不能设法代我弄三千块钱借给这个人？
张乔治　那……那……就当要……另作别论了。我这个人向来是大方的。不过也要看谁？你的朋友我不能借，因为……因为我心理忌妒他。不过要像你这样聪明的人要借这么有限几个钱花花，那自然是不成问题的。
陈白露　(勉强地)好！好！你就当做我亲自向你借的吧。
张乔治　你？露露要跟我借钱？跟张乔治借钱？
陈白露　嗯，为什么不呢？
张乔治　得了，这我绝对不相信的。露露会要我这么几个钱用，No，No，I can never believe it！这我绝不相信的。你这是故意跟我开玩笑了。(大笑)你真会开玩笑，露露会跟我借钱，而且跟我借这么一点点的钱。啊，露露，你真聪明，真会说笑话，世界上没有再像你这么聪明的人。好了，再见了。(拿起帽子)
陈白露　好，再见。(微笑)你倒是非常聪明的。
张乔治　谢谢！谢谢！(走到门口)哦，对了，我想起来了。我告诉你，到了后来，我实在缠不过她，我还是答应她了。我想，我们想明天就去结婚。不过，我说过，我是一定要你当伴娘的。
陈白露　要我当伴娘？
张乔治　自然是你，除了你找不着第二个合适的人。
陈白露　是的，我知道。好，再见。
张乔治　好，再见。就这么办。Good night！哦！Good morning！我的小露露。(乔治挥挥手由中门走出)

　　晨光渐渐由窗户透进来。日影先只射在屋檐上。陈白露把门关好，走到中间的桌旁坐下，愣一下，她立起走了两步，怜惜地望望屋内的陈设。她又走到沙发的小几旁，拿起酒瓶，倒酒。尽量地喝了几口。她立在沙发前发愣。
　　中门呀地开了，王福升进。

陈白露　(低哑的声音)你来干什么？
王福升　天亮了，太阳都出来了，您还不睡觉？
陈白露　是，我知道。
王福升　您不要打点豆浆喝了再睡么？
陈白露　不，我不要，你去吧。
王福升　(由身上取出一卷账条)小姐！这……这是今天要还的那些账条，我……我搁在这里，您先合计合计。(把账条放在中间的桌子上)

陈白露　好！你搁在那儿吧。
王福升　您不要什么东西啦？
　　　　陈白露摇摇头。
　　　　王福升背着陈白露很疲倦地打了一个呵欠，由中门走出。
　　　　陈白露把酒喝尽，放下酒杯。走到中桌前慢慢翻着账条，看完了一张就扔在地下，桌前满铺着是乱账条。
陈白露　（嘘出一口气）嗯。
　　　　她由桌上拿起安眠药瓶，走到窗前的沙发，拔开塞，一片两片地倒出来。她不自主地停住了，她颓然跌在沙发上，愣愣地坐着。她抬头。在沙发左边一个立柜的穿衣镜里发现了自己，立起来，走到镜子前。
陈白露　（左右前后看了看里面一个美丽的妇人，又慢慢正对着镜子，摇摇头，叹气，凄然地）生得不算太难看吧。（停一下）人不算太老吧。可是……（很悠长地嘘出一口气，她不忍再看了，她慢慢又踱到中桌前，一片一片由药瓶数出来，脸上带着微笑，极甜蜜地而又极凄楚地怜惜着自己）一片，两片，三片，四片，五片，六片，七片，八片，九片，十片。（她紧紧地握着那十片东西，剩下的空瓶当啷一声丢在痰盂里。她把胳膊平放在桌面，长长伸出去，望着前面，微微点着头，哀伤地）这——么——年——青，这——么——美，这——么——（眼泪悄然流下来。她振起精神，立起来，拿起茶杯，背过脸，一口，两口，把药很爽快地咽下去）这时阳光渐渐射过来，照在什物狼藉的地板上。天空非常明亮，外面打地基的小工们早聚集在一起，迎着阳光由远处"哼哼唷，哼哼唷"地又以整齐严肃的步伐迈到楼前。木夯一排一排地砸在土里，沉重的石碌落下，发出闷塞的回声，随着深沉的"哼哼唷，哼哼唷"的呼声是做工的人们战士似的那样整齐的脚步。他们还没有开始"叫号"。
陈白露　（扔下杯子，凝听外边的木夯声，她挺起胸走到窗前，拉开帘幕，阳光照着她的脸。她望着外面，低声地）"太阳升起来了，黑暗留在后面。（她吸进一口凉气，打了个寒战，她回转头来）但是太阳不是我们的。我们要睡了。"（她忽然关上灯，又把窗帘都拉拢，室内陡然暗下来，只帘幕缝隙间透出一两道阳光颤动着。她捶着胸，仿佛胸际有些痛苦窒塞。她拿起沙发上的那一本《日出》[2]，躺在沙发上，正要安静地读下去——）
　　　　很远，很远小工们隐约唱起了夯歌——唱的是《轴号》。但听不清楚歌词。
　　　　外面方达生的声音：竹均！竹均！（声音走到门前）
　　　　陈白露慌忙放下书本，立起来，走到门前，知道是方达生。四面望望，立刻把桌上的账条拾起，团在手里，又拿起那本《日出》，急促地走进左面卧室，她的脚步已经显得一点迟钝，进了门就锁好。
　　　　外边方达生的声音（低声）：竹均！竹均！你屋里没有人吧。竹均！竹均！我要走啦！（没有人应）竹均，那我进来啦。
　　　　外边有一两声麻雀。
　　　　方达生推门进。
方达生　（左右望）竹均！我告诉你——（忽察觉屋里很黑，走到窗前把幕帷又拉开，阳光射满了一屋子。雀声吱吱吱地唱着）真奇怪，你为什么不让太阳进来。（他走到左面卧室门前)竹均,你听我一句,你这么下去,一定是一条死路,你听我一句,你还是跟我走,不要再跟他们混,好不好?你看,(指窗外)外面是太阳,是春天。

这时小工们渐唱渐进,他们用下面的腔调在唱着:

"日出啊东来呀,满天(地)的大红(来吧)……"

方达生　(敲门)你听!你听(狂喜地)太阳就在外面,太阳就在他们身上。你跟我来,我们要一起做点事,跟金八拼一拼,我们还可以——(觉得里面不肯理他)竹均,你为什么不理我?(低低敲着门)你为什么不说话?你——(他回转身,叹一口气)你太聪明,你不肯做我这样的傻事。(陡然振作起来)好了,我只好先走了,竹均,我们再见。

里面还是不答应,方达生转过头去听窗外的夯歌,迎着阳光由中门昂首走出去。由外面射进来满屋的太阳,窗外一切都亮得耀眼。

砸夯的工人们高亢而洪壮地合唱着《轴歌》:

"日出东来,满天大红!要想得吃饭,可得做工!"

沉重的石碌一下一下落在土里,那声音传到观众的耳里,是一个大生命浩浩荡荡地向前推,向前进,洋洋溢溢地充满了宇宙。

屋内渐渐暗淡,窗外更光明起来。

——幕徐落

1935年

【注释】

[1] 金八:一个无恶不作的黑社会流氓恶霸,在本剧中一直只闻其声不见其人,虽一直未出场,但淫威逼人。

[2] 《日出》:这里是指和陈白露有过短暂婚姻生活的一个诗人写的一本小说的名字。小说中一个快死的老人说:"太阳升起来了,黑暗留在后面;但是太阳不是我们的,我们要睡了。"

【阅读提示】

《日出》是曹禺的早期代表作之一。在这部戏剧中,曹禺为我们塑造了一个美丽而脆弱、孤傲而虚荣的交际花陈白露的形象。《日出》的悲剧意义在于揭露了金钱物欲世界对人性的扭曲和异化,使一个美丽聪明的年轻女性走上了自我毁灭之路,激起人们对金钱社会的憎恶。

陈白露是半殖民地大都市中的交际花,一方面她追求奢华的物质生活,另一方面她在精神上又厌恶这种生活。她怀着单纯的梦想来到城市,渴望在城市中找到自己的位置,虚荣心却使她误入了魑魅魍魉的世界,活跃在她身边的是狡诈的银行经理、卑劣的银行秘书、无恶不作的流氓、庸俗肉麻的富孀、矫揉造作的面首、自作多情的留洋博士等形形色色的人。他们如同苍蝇一样聚集在她的周围,给她带来虚荣的精神满足和奢华的物质享受,却更多地带来了恶俗而无聊、喧哗而空虚的困扰。当年那个"喜欢太阳、喜欢春天、喜欢年青"、怀着想飞的梦想的竹均,现在却只能靠有钱人的施舍和包养来生活,她习惯了灯红酒绿的生活,无法也不愿意完全抛弃奢华的生活,重新找回原来的自我,只好在不甘沉沦又无法摆脱沉沦、鄙视她周围的鬼魅又不得不和魔鬼们打交道中耗费自己的精力和热情。虽然她还心存一些善良的想法和美好的愿望,但她连自己都救不了,更救不了被卖到妓院的"小东西"。初恋情人方达生的出现给她醉生梦死的生活带来了一丝希望之光和重新开始塑造自我的机会,但陷入太深的陈白露习惯了束缚自己的桎梏以及花天酒地的生活，当她所依赖的经济来源被切断，她又不愿意继续沉沦的时候，她选择了死亡。

本文节选的是《日出》最后一幕的最后一个片段——白露之死。陈白露依仗的靠山银行经理潘月亭因为公债生意被暗算而破产，逃到了乡下，不想再供养陈白露，陈白露所欠的各种花销账目已经日积月累，无法偿还，她已经到了穷途末路之日，要么她去依附那个无恶不作的恶霸金八，要么跟着她的初恋情人方达生重新开始一种崭新的生活，完全脱离这个肮脏的世界，但陈白露既不愿再被包养，又不愿意重新追寻理想的生活，厌倦了"飞翔"，陈白露选择了结束自己的生命。

值得注意的是，这部戏与曹禺的成名作《雷雨》风格迥异，不太强调剧烈的戏剧冲突，而是把重心放在平缓的日常生活中去表现人物的性格和内心状况，戏剧结构松弛，使作品显得更生活化、散文化，也更贴近生活的本相。

《日出》具有浓郁的象征色彩。与陈白露们晨昏颠倒的糜烂的生活相对照的是阳光下劳工们健康充实的生活。作者通过两个阶层的生活方式的对比，一方面批判了那种"损不足以奉有余"的黑暗的社会，另一方面可以看出作者在劳动者身上寄予了自己的社会理想。

【思考练习】
1. 分析陈白露这个人物形象的特点。
2. 通读全剧，谈谈"日出"的象征意义。

论 快 乐

钱钟书

【题解】

钱钟书（1910—1998），字默存，号槐聚，曾用笔名中书君，江苏无锡人，中国现代著名学者、作家。自幼受传统经史教育，国学根基深厚，长期从事哲学、文艺学、心理学、中国古代文学研究，学识渊博，中西贯通，见解独到。主要著作有《谈艺录》《管锥编》《旧文四篇》《宋诗选注》《也是集》等，另有散文集《写在人生边上》、短篇小说集《人·兽·鬼》、长篇小说《围城》等。其文学作品均以独特的艺术风格见长，其著作在海内外享有很高声誉。

【文献来源】

钱钟书. 钱钟书作品集[M]. 兰州：甘肃人民出版社，1997：430-432.

在旧书铺里买回来维尼（Vigny）的《诗人日记》，信手翻开，就看见有趣的一条。他说，在法语里，喜乐（bonheur）一个名词是"好"和"钟点"两字拼成，可见好事多磨，只是个把钟头的玩意儿。我们联想到我们本国话的说法，也同样的意味深永，譬如快活或快乐的快字，就把人生一切乐事的飘瞥难留，极清楚地指示出来。所以我们又慨叹说："欢娱嫌夜短！"因为人在高兴的时候，活得太快，一到困苦无聊，愈觉得日脚像跛了似的，走得特别慢。德语的沉闷（Langeweile）一字，据字面上直译，就是"长时间"的意思。《西游记》里小猴子对孙行者说："天上一日，下界一年。"这种神话，确反映着人类的心理。天上比人间舒服欢乐，所以神仙活得快，人间一年在天上只当一日过。以此类推，地狱里比人世间更痛苦，日子一定愈加难度。段成式《酉阳杂俎》[1]就说："鬼言三年，人间三日。"嫌人生短促的人，真是最"快活"的人；反过来说，真快活的人，不管活到多少岁死，只能算是短命夭折。所以，做神仙也并不值得，在凡间已经历三十年做了一世的人，在天上还是个初满月的小孩。但是这种"天算"，也有占便宜的地方：譬如戴君孚《广异记》载崔参军捉狐妖，"以桃枝决五下"，长孙无忌谓罚讨得太轻，崔答："五下是人间五百下，殊非小刑。"可见卖老祝寿等等，在地上最为相宜，而刑罚呢，应该到天上去受。

"永远快乐"这句话，不但渺茫得不能实现，并且荒谬得不能成立。快过的决不会永久；我们说永远快乐，正好像说四方的圆形、静止的动作同样地自相矛盾。在高兴的时候，我们生命加添了迅速，增进了油滑。像浮士德那样，我们空对瞬息即逝的时间喊着说："逗留一会儿罢！你太美了！"那有什么用？你要永久，你该向痛苦里去找。不讲别的，只要一个失眠的晚上，或者有约不来的下午，或者一课沉闷的听讲——这许多，比一切宗教信仰更有效力，能使你尝到什么叫做"永生"的滋味。人生的刺，就在这里，留恋着不肯快走的，偏是你所不留恋的东西。

快乐在人生里，好比引诱小孩子吃药的方糖，更像跑狗场里引诱狗赛跑的电兔子。几分钟或者几天的快乐赚我们活了一世，忍受着许多痛苦。我们希望它来，希望它留，希望它再来——这三句概括了整个人类努力的历史。在我们追求和等候的时候，生命又不知不觉地偷度过去。也许我们只是时间消费的筹码，活了一世不过是为那一世的岁月充当殉葬品，根本不会享到快乐。但是——我们到死也不明白是上了当，我们还理想死后有个天堂，在那里——谢上帝，也有这一天！我们终于享受到永远的快乐。你看，快乐的引诱，不仅像电兔子和方糖，使我们忍受了人生，而且仿佛钓钩上的鱼饵，竟使我们甘心去死。这样说来，人虽然痛苦，却并不悲观，因为它终抱着快乐的希望；现在的账，我们预支了将来去付。为了快活，我们甚至于愿意慢死。

穆勒[2]曾把"痛苦的苏格拉底"和"快乐的猪"比较。假使猪真知道快乐，那么猪和苏格拉底[3]也相去无几了。猪是否能快乐得像人，我们不知道；但是人会容易满足得像猪，我们是常看见的。把快乐分肉体的和精神的两种，这是最糊涂的分析。一切快乐的享受都属于精神的，尽管快乐的原因是肉体上的物质刺激。小孩子初生下来，吃饱了奶就乖乖地睡，并不知道什么是快活，虽然它身体感觉舒服，缘故是小孩子的精神和肉体还没有分化，只是混沌的星云状态。洗一个澡，看一朵花，吃一顿饭，假使你觉得快活，并非全因为澡洗得干净，花开得好，或者菜合你口味，主要因为你心上没有挂碍，轻松的灵魂可以专注肉体的感觉，来欣赏，来审定。要是你精神不痛快，像将离别时的筵席，随它怎样烹调得好，吃来只是土气息、泥滋味。那时刻的灵魂，仿佛害病的眼怕见阳光，撕去皮的伤口接触空气，虽然空气和阳光都是好东西。快乐时的你，一定心无愧怍。假如你犯罪而真觉快乐，你那时候一定和有道德、有修养的人同样心安理得。有最洁白的良心，跟全没有良心或有最漆黑的良心，效果是相等的。

发现了快乐由精神来决定，人类文化又进一步。发现这个道理，和发现是非善恶取决于公理而不取决于暴力，一样重要。公理发现以后，从此世界上没有可被武力完全屈服的人。发现了精神是一切快乐的根据，从此痛苦失掉它们的可怕，肉体减少了专制。精神的炼金术能使肉体痛苦都变成快乐的资料。于是，烧了房子，有庆贺的人；一箪食，一瓢饮，有不改其乐的人；

千灾百毒，有谈笑自若的人。……对于这种人，人生还有什么威胁？这种快乐把忍受变为享受，是精神对于物质的大胜利。灵魂可以自主——同时也许是自欺。能一贯抱这种态度的人，当然是大哲学家，但是谁知道他不也是个大傻子？

是的，这有点矛盾。矛盾是智慧的代价。这是人生对于人生观开的玩笑。

【注释】

[1] 《酉阳杂俎》：笔记，唐代段成式撰，所记有仙佛、鬼怪、人事、动物等，包罗甚广，多有寓意。

[2] 穆勒：英国经济学家、哲学家、逻辑学家。

[3] 苏格拉底：古希腊哲学家，好谈论而无著述，其言行主要见于柏拉图的对话集和色诺芬的《苏格拉底言行回忆录》中。

【阅读提示】

《论快乐》是一篇哲理意味浓厚、政论性也很强的随笔，作者主要论说了中西方对于快乐的理解，阐述了快乐是人类努力追求的一个人生目标和希望。通过对于快乐的特点和本质的论说，阐明了"一切快乐的享受都是属于精神的"和"快乐由精神来决定"的人生哲理。

作者时而旁征博引，时而巧用比喻，从不同角度、不同层面上反复阐述了对快乐的种种理解，真是妙思联翩，令人目不暇接。随笔是散文的一种，形式多样，短小活泼，不拘一格，此文真不愧是一篇随笔佳作。无论行文如何跳荡，作者都能在谈笑风生中左右逢源、妙趣横生，不离题旨，始终将笔力凝集在对"快乐"的分析上，而且一步步将和"快乐"相关的人生哲理阐释得精深透辟。

灵活、恰当的比喻的运用，使深奥、抽象的道理变得简明具体、形象生动，是本文在写作上的第二大特点。作者使用比喻，顺手拈来，即成妙语，如描述人在快乐和悲伤时的不同心情和感受时写道："人在高兴的时候，活得太快，一到困苦无聊，愈觉得日脚像跛了似的，走得特别慢。"这样比喻机智、贴切、有趣。他还把人生的快乐比作"引诱小孩吃药的方糖"和"像跑狗场里引诱狗赛跑的电兔子"以及"钓钩上的鱼饵""满足得像猪"。在驳斥穆勒有关"快乐"的见解时，也引用了"痛苦的苏格拉底"和"快乐的猪"两个比喻。前者主要喻指精神上的快乐，后者喻指肉体上的快乐。在论证"一切快乐都是精神上的"这一论题时，作者举例说明："要是你精神不愉快，像将离别的筵席，随它怎样烹调得好，吃来只是土气息，泥滋味。那时刻的灵魂，仿佛害病的眼怕见阳光，撕去皮的伤口怕接触空气，虽然空气和阳光都是好东西。"

语言幽默风趣，哲理意味浓郁是此文的第三大特点。例如，用"飘瞥难留"形象地诠释了一个"快"字，用"日脚像跛了似的"比喻来突出一个"慢"字，既把人生对快和慢的感受形象地表达了出来，又显得俏皮、贴切，耐人寻味。又如，"永远快乐"，"不但渺茫得不能实现，并且荒谬得不能成立"，"我们说永远快乐，正好像说四方的圆形、静止的动作同样地自相矛盾"，"人生虽然痛苦，却并不悲观"，"为了快活，我们甚至于愿意慢死"，"灵魂可以自主——同时也许是自欺"，"矛盾是智慧的代价"，这一系列妙趣横生的警策句的运用，既浅显易懂，又透着灵性，寓意深刻。的确，读钱老的文章是一种"快乐"的享受。

【思考练习】
1. 结合课文内容，谈谈你对"随笔"文体特点的理解。
2. 作者认为快乐的本质是什么？表现了怎样的人生哲理？
3. 你认为此文在语言上有哪些特色。

生命的三分之一

马南邨

【题解】

马南邨，即邓拓(1912—1966)，原名邓子建、邓云，笔名马南邨、于遂安、卜无忌等，福建人。1929 年考入上海光华大学政法系，后改学经济，1930 年加入中国共产党从事地下活动。1934 年插班到河南大学历史系学习并从事历史研究。1937 年出版《中国救荒史》，引起史学界注意。曾任《晋察冀日报》社长兼总编辑。1949 年以后，历任中共北京市委宣传部长、《人民日报》社长兼总编辑、中华全国新闻联合会主席、中共北京市委文教书记等职。1961 年在《北京晚报》副刊上开辟"燕山夜话"杂文专栏，以笔名马南邨发表杂文。又与吴晗、廖沫沙以笔名"吴南星"在《前线》杂志合写"三家村札记"。邓拓的作品针砭时弊，涉猎很广，并将知识性、趣味性熔于一炉，具有学者杂文的独特魅力。

【文献来源】

马南邨. 燕山夜话[M]. 北京：北京出版社，1979：5-7.

一个人的生命究竟有多大意义，这有什么标准可以衡量吗？提出一个绝对的标准当然很困难；但是，大体上看一个人对待生命的态度是否严肃认真，看他对待劳动、工作等等的态度如何，也就不难对这个人的存在意义做出适当的估计了。

古来一切有成就的人，都很严肃地对待自己的生命，当他活着一天，总要尽量多劳动、多工作、多学习，不肯虚度年华，不让时间白白地浪费掉。我国历代的劳动人民以及大政治家、大思想家等等都莫不如此。

班固写的《汉书》《食货志》上有下面的记载："冬，民既入；妇人同巷，相从夜绩，女工一月得四十五日。"

这几句读起来很奇怪，怎么一月能有四十五天呢？再看原文底下颜师古做了注解，他说："一月之中，又得夜半为十五日，共四十五日。"

这就很清楚了。原来我国的古人不但比西方各国的人更早地懂得科学地、合理地计算劳动日；而且我们的古人老早就知道对于日班和夜班的计算方法。

一个月本来只有三十天，古人把每个夜晚的时间算做半日，就多了十五天。从这个意义上说来，夜晚的时间实际上不就等于生命的三分之一吗？

对于这三分之一的生命，不但历代的劳动人民如此重视，而且有许多大政治家也十分重视。班固在《汉书》《刑法志》里还写道：

"秦始皇躬操文墨，昼断狱，夜理书。"

有的人一听说秦始皇就不喜欢他，其实秦始皇毕竟是中国历史上的一个伟大人物，班固对他也还有一些公平的评价。这里写的是秦始皇在夜间看书学习的情形。

据刘向的《说苑》所载，春秋战国时有许多国君都很注意学习。如：

"晋平公问于师旷[1]曰：吾年七十，欲学恐已暮矣。师旷曰：何不炳[2]烛乎？"

在这里，师旷劝七十岁的晋平公点灯夜读，拼命抢时间，争取这三分之一的生命不至于继续浪费，这种精神多么可贵啊！

《北史·吕思礼传》记述这个北周大政治家生平勤学的情形是：

"虽务兼军国，而手不释卷。昼理政事，夜即读书，令苍头[3]执烛，烛烬夜有数升。"

光是烛灰一夜就有几升之多，可见他夜读何等勤奋了。像这样的例子还有很多。

为什么古人对于夜晚的时间都这样重视，不肯轻轻放过呢？我认为这就是他们对待自己生命的三分之一的严肃认真态度，这正是我们所应该学习的。

我之所以想利用夜晚的时间，向读者同志们做这样的谈话，目的也不过是要引起大家注意珍惜这三分之一的生命，使大家在整天的劳动、工作以后，以轻松的心情，领略一些古今有用的知识而已。

【注释】

[1] 师旷：春秋时代晋国的乐师。

[2] 炳：点燃。

[3] 苍头：奴仆。

【阅读提示】

邓拓是一个具有高度社会责任感的政论家，他的杂感能把严肃的思想、渊博的知识和轻松的文风融于一体，常常针对一些敏感的社会问题和不良倾向，提出严肃而不失机警的批评，在当时引起了很大的社会反响。他的杂文擅长从小处下笔，旁征博引，娓娓道来，以理服人，在朋友间促膝谈心般的氛围中阐明一些深刻的道理，给人启发和教益。

《生命的三分之一》这篇杂文提出了一个值得人们深思的问题：如何衡量人生的意义和价值，引发对爱惜时间和珍惜生命的思考。作者具有渊博的史学知识，引证的材料别出心裁，生动有趣的历史故事把深刻的道理阐发得深入浅出，妙趣横生，使人获得知识上的满足和阅读上的兴味。这篇杂文不过千余字，却短小精悍，知识丰富，寓意深刻，非大手笔不能写出。

【思考练习】

1. 你从这篇杂文中获得了哪些启示？
2. 分析这篇文章的脉络结构。
3. 体味文中历史故事运用的妙处。

受　戒

汪曾祺

【题解】

汪曾祺(1920—1997)，江苏高邮人，当代作家。自幼家境殷实，青少年时期就表现出了文学、绘画方面的才能。1939 年进入昆明西南联大中文系，师从沈从文等名家学习写作。1940年开始发表小说、诗歌、散文。新中国成立后曾在《北京文艺》《说说唱唱》《民间文学》等文艺刊物担任编辑。1958 年，下放到张家口的一个农业科学研究所劳动，1962 年初调回北京，任北京京剧团编剧。

汪曾祺作为一个独具特色的小说家，他的作品是作者情感、情绪的自然流露，也包括对自然风光、民俗风情的生动描绘，淡化了小说的故事情节，使小说呈现散文化、诗化的审美倾向。汪曾祺有意舍弃了宏大叙事，站在人生边缘去发掘世俗生活中的人性。他的小说语言，一方面追求生活语言的色、香、鲜、活，另一方面讲究文学语言的妙、精、洁、雅。读来让人既感到清新自然，又觉得韵味悠长。代表作品有《异秉》《受戒》《岁寒三友》《大淖纪事》《鉴赏家》《八千岁》等。有江苏文艺出版社出版的四卷本《汪曾祺文集》。

【文献来源】

汪曾祺. 昆明的雨[M]. 成都：四川人民出版社，2021.07.183-203.

明海出家已经四年了。

他是十三岁来的。

这个地方的地名有点怪，叫庵赵庄。赵，是因为庄上大都姓赵。叫作庄，可是人家住得很分散，这里两三家，那里两三家。一出门，远远可以看到，走起来得走一会儿，因为没有大路，都是弯弯曲曲的田埂。庵，是因为有一个庵。庵叫菩提庵，可是大家叫讹了，叫成荸荠庵。连庵里的和尚也这样叫。"宝刹何处？"——"荸荠庵。"庵本来是住尼姑的。"和尚庙""尼姑庵"嘛。可是荸荠庵住的是和尚。也许因为荸荠庵不大，大者为庙，小者为庵。

明海在家叫小明子。他是从小就确定要出家的。他的家乡不叫"出家"，叫"当和尚"。他的家乡出和尚。就像有的地方出劁[1]猪的，有的地方出织席子的，有的地方出箍桶的，有的地方出弹棉花的，有的地方出画匠，有的地方出婊子，他的家乡出和尚。人家弟兄多，就派一个出去当和尚。当和尚也要通过关系，也有帮。这地方的和尚有的走得很远。有到杭州灵隐寺的、上海静安寺的、镇江金山寺的、扬州天宁寺的。一般的就在本县的寺庙。明海家田少，老大、老二、老三，就足够种的了。他是老四。他七岁那年，他当和尚的舅舅回家，他爹、他娘就和舅舅商议，决定叫他当和尚。他当时在旁边，觉得这实在是在情在理，没有理由反对。当和尚有很多好处。一是可以吃现成饭。哪个庙里都是管饭的。二是可以攒钱。只要学会了放瑜伽焰口，拜梁皇忏，可以按例分到辛苦钱。积攒起来，将来还俗娶亲也可以；不想还俗，买几亩田也可以。当和尚也不容易，一要面如朗月，二要声如钟磬，三要聪明记性好。他舅舅给他相了相面，叫他前走几步，后走几步，又叫他喊了一声赶牛打场的号子："格当嘚——"，说是"明子准能当个好和尚，我包了"！要当和尚，得下点本，——念几年书。哪有不认字的和尚呢！于是明子就开蒙入学，读了《三字经》《百家姓》《四言杂字》《幼学琼林》，"上论、下论""上孟、下孟"，每天还写一张仿。村里都夸他字写得好，很黑。

舅舅按照约定的日期又回了家，带了一件他自己穿的和尚领的短衫，叫明子娘改小一点，给明子穿上。明子穿了这件和尚短衫，下身还是在家穿的紫花裤子，赤脚穿了一双新布鞋，跟他爹、他娘磕了一个头，就随舅舅走了。

他上学时起了个学名，叫明海。舅舅说，不用改了。于是"明海"就从学名变成了法名。

过了一个湖。好大一个湖！穿过一个县城。县城真热闹：官盐店，税务局，肉铺里挂着成边的猪，一个驴子在磨芝麻，满街都是小磨香油的香味，布店，卖茉莉粉、梳头油的什么斋，卖绒花的，卖丝线的，打把式卖膏药的，吹糖人的，耍蛇的……他什么都想看看。舅舅一劲地推他："快走！快走！"

到了一个河边，有一只船在等着他们。船上有一个五十来岁的瘦长瘦长的大伯，船头蹲着一个跟明子差不多大的女孩子，在剥一个莲蓬吃。明子和舅舅坐到舱里，船就开了。

明子听见有人跟他说话，是那个女孩子。

"是你要到荸荠庵当和尚吗？"

明子点点头。

"当和尚要烧戒疤嗷！你不怕？"

明子不知道怎么回答，就含含糊糊地摇了摇头。

"你叫什么？"

"明海。"

"在家的时候？"

"叫明子。"

"明子！我叫小英子！我们是邻居。我家挨着荸荠庵。——给你！"

小英子把吃剩的半个莲蓬扔给明海，小明子就剥开莲蓬壳，一颗一颗吃起来。

大伯一桨一桨地划着，只听见船桨拨水的声音：

"哗——许！哗——许！"

……

荸荠庵的地势很好，在一片高地上。这一带就数这片地势高，当初建庵的人很会选地方。门前是一条河。门外是一片很大的打谷场。三面都是高大的柳树。山门里是一个穿堂。迎门供着弥勒佛。不知是哪一位名士撰写了一副对联：

大肚能容容天下难容之事
开颜一笑笑世间可笑之人

弥勒佛背后，是韦驮。过穿堂，是一个不小的天井，种着两棵白果树。天井两边各有三间厢房。走过天井，便是大殿，供着三世佛。佛像连龛[2]才四尺来高。大殿东边是方丈，西边是库房。大殿东侧，有一个小小的六角门，白门绿字，刻着一副对联：

一花一世界
　　三藐三菩提

　　进门有一个狭长的天井，几块假山石，几盆花，有三间小房。

　　小和尚的日子清闲得很。一早起来，开山门，扫地。庵里的地铺的都是籥底方砖，好扫得很。给弥勒佛、韦驮烧一炷香，正殿的三世佛面前也烧一炷香，磕三个头，念三声"南无阿弥陀佛"，敲三声磬。这庵里的和尚不兴做什么早课、晚课，明子这三声磬就全都代替了。然后，挑水，喂猪。然后，等当家和尚，即明子的舅舅起来，教他念经。

　　教念经也跟教书一样，师父面前一本经，徒弟面前一本经，师父唱一句，徒弟跟着唱一句。是唱哎。舅舅一边唱，一边还用手在桌上拍板。一板一眼，拍得很响，就跟教唱戏一样。是跟教唱戏一样，完全一样哎。连用的名词都一样。舅舅说，念经：一要板眼准，二要合工尺。说：当一个好和尚，得有条好嗓子。说：民国二十年闹大水，运河倒了堤，最后在清水潭合龙，因为大水淹死的人很多，放了一台大焰口，十三大师——十三个正座和尚，各大庙的方丈都来了，下面的和尚上百。谁当这个首座？推来推去，还是石桥——善因寺的方丈！他往上一坐。就跟地藏王菩萨一样，这就不用说了；那一声"开香赞"，围看的上千人立时鸦雀无声。说：嗓子要练，夏练三伏，冬练三九，要练丹田气！说：要吃得苦中苦，方为人上人！说：和尚里也有状元、榜眼、探花！要用心，不要贪玩！舅舅这一番大法要说得明海和尚实在是五体投地，于是就一板一眼地跟着舅舅唱起来：

"炉香乍爇[3]——"
"炉香乍爇——"
"法界蒙薰——"
"法界蒙薰——"
"诸佛现金身……"
"诸佛现金身……"
……

　　等明海学完了早经，——他晚上临睡前还要学一段，叫作晚经，——荸荠庵的师父们就都陆续起床了。

　　这庵里人口简单，一共六个人。连明海在内，五个和尚。

　　有一个老和尚，六十几了，是舅舅的师叔，法名普照，但是知道的人很少，因为很少人叫他法名，都称之为老和尚或老师父，明海叫他师爷爷。这是个很枯寂的人，一天关在房里，就是那"一花一世界"里。也看不见他念佛，只是那么一声不响地坐着。他是吃斋的，过年时除外。

　　下面就是师兄弟三个，仁字排行：仁山、仁海、仁渡。庵里庵外，有的称他们为大师父、二师父；有的称之为山师父、海师父。只有仁渡，没有叫他"渡师父"的，因为听起来不像话，大都直呼之为仁渡。他也只配如此，因为他还年轻，才二十多岁。

　　仁山，即明子的舅舅，是当家的。不叫"方丈"，也不叫"住持"，却叫"当家的"，是很有道理的，因为他确确实实干的是当家的职务。他屋里摆的是一张账桌，桌子上放的是账簿和算盘。账簿共有三本。一本是经账，一本是租账，一本是债账。和尚要做法事，做法事要收钱，——要不，当和尚干什么？常作的法事是放焰口。正规的焰口是十个人。一个正座，一个敲鼓的，两边一边四个。人少了，八个，一边三个，也凑合了。荸荠庵只有四个和尚，要放整焰口就得和别的庙里合伙。这样的时候也有过。通常只是放半台焰口。一个正座，一个敲鼓，另外一边一个。一来找别的庙里合伙费事；二来这一带放得起整焰口的人家也不多。有的时候，谁家死了人，就只请两个，甚至一个和尚咕噜咕噜念一通经，敲打几声法器就算完事。很多人家的经钱不是当时就给，往往要等秋后才还。这就得记账。另外，和尚放焰口的辛苦钱不是一样的。就像唱戏一样，有份子。正座第一份。因为他要领唱，而且还要独唱。当中有一大段"叹骷髅"，别的和尚都放下法器休息，只有首座一个人有板有眼地曼声吟唱。第二份是敲鼓的。你以为这容易呀？哼，单是一开头的"发擂"，手上没功夫就敲不出迟疾顿挫！其余的，就一样了。这也得记上：某月某日、谁家焰口半台，谁正座，谁敲鼓……省得到年底结账时赌咒骂娘。……这庵里有几十亩庙产，租给人种，到时候要收租。庵里还放债。租、债一向倒很少亏欠，因为租佃借钱的人怕菩萨不高兴。这三本账就够仁山忙的了。另外香烛灯火、油盐"福食"，这也得随时记记账呀。除了账簿之外，山师父的方丈的墙上还挂着一块水牌，上漆四个红字"勤笔免思"。

　　仁山所说当一个好和尚的三个条件，他自己其实一条也不具备。他的相貌只要用两个字就说清楚了：黄，胖。声音也不像钟磬，倒像母猪。聪明么？难说，打牌老输。他在庵里从不穿袈裟，连海青直裰也免了。经常是披着件短僧衣，袒露着一个黄色的肚子。下面是光脚趿拉[4]着一双僧鞋，——新鞋他也是趿拉着。他一天就是这样不衫不履地这里走走，那里走走，发出母猪一样的声音："呣——呣——"

　　二师父仁海。他是有老婆的。他老婆每年夏秋之间来住几个月，因为庵里凉快。庵里有六个人，其中之一，就是这位和尚的家眷。仁山、仁渡叫她嫂子，明海叫她师娘。这两口子都很爱干净，整天的洗涮。傍晚的时候，坐在天井里乘凉。白天，闷在屋里不出来。

　　三师父是个很聪明精干的人。有时一笔账大师兄扒了半天算盘也算不清，他眼珠子转两转，早算得一清二楚。他打牌赢的时候多，二三十张牌落地，上下家手里有些什么牌，他就差不多都知道了。他打牌时，总有人爱在他后面看歪头胡。谁家约他打牌，就说"想送两个钱给你"。他不但经忏俱通（小庙的和尚能够拜忏的不多），而且身怀绝技，会"飞铙"。七月间有些地方做盂兰会，在旷地上放大焰口，几十个和尚，穿绣花袈裟，飞铙。飞铙就是把十多斤重的大铙钹飞起来。到了一定的时候，全部法器皆停，只几十副大铙紧张急促地敲起来。忽然起手，大铙向半空中飞去，一面飞，一面旋转。然后，又落下来，接住。接住不是平平常常地接住，有各种架势，"犀牛望月""苏秦背剑"……这哪是念经，这是耍杂技。也许是地藏王菩萨爱看这个，但真正因此快乐起来的是人，尤其是妇女和孩子。这是年轻漂亮的和尚出风头的机会。一场大焰口过后，也像一个好戏班子过后一样，会有一个两个大姑娘、小媳妇失踪，——跟和尚跑了。他还会放"花焰口"。有的人家，亲戚中多风流子弟，在不是很哀伤的佛事——如做冥寿时，就会提出放花焰口。所谓"花焰口"就是在正焰口之后，叫和尚唱小调，拉丝弦，吹管笛，敲鼓板，而且可以点唱。仁渡一个人可以唱一夜不重头。仁渡前几年一直在外面，近二年才常住在庵里。据说他有相好的，而且不止一个。他平常可是很规矩，看到姑娘媳妇总是老老实实的，连一句玩笑话都不说，一句小调山歌都不唱。有一回，在打谷场上乘凉的时候，一伙人把他围起来，非叫他唱两个不可。他却情不过，说："好，唱一个。不唱家乡的。家乡的你们都熟,唱个安徽的。"

　　姐和小郎打大麦,
　　一转子讲得听不得。
　　听不得就听不得,
　　打完了大麦打小麦。

　　唱完了,大家还嫌不够,他就又唱了一个:

　　姐儿生得漂漂的,
　　两个奶子翘翘的。
　　有心上去摸一把,
　　心里有点跳跳的。
　　……

　　这个庵里无所谓清规,连这两个字也没人提起。

　　仁山吃水烟,连出门做法事也带着他的水烟袋。

　　他们经常打牌。这是个打牌的好地方。把大殿上吃饭的方桌往门口一搭,斜放着,就是牌桌。桌子一放好,仁山就从他的方丈里把筹码拿出来,哗啦一声倒在桌上。斗纸牌的时候多,搓麻将的时候少。牌客除了师兄弟三人,常来的是一个收鸭毛的,一个打兔子兼偷鸡的,都是正经人。收鸭毛的担一副竹筐,串乡串镇,拉长了沙哑的声音喊叫:

　　"鸭毛卖钱——!"

　　偷鸡的有一件家什——铜蜻蜓。看准了一只老母鸡,把铜蜻蜓一丢,鸡婆子上去就是一口。这一啄,铜蜻蜓的硬簧绷开,鸡嘴撑住了,叫不出来了。正在这鸡十分纳闷的时候,上去一把薅[5]住。

　　明子曾经跟这位正经人要过铜蜻蜓看看。他拿到小英子家门前试了一试,果然!小英子的娘知道了,骂明子:

　　"要死了!儿子!你怎么到我家来玩铜蜻蜓了!"

　　小英子跑过来:

　　"给我!给我!"

　　她也试了试,真灵,一个黑母鸡一下子就把嘴撑住,傻了眼了!

　　下雨阴天,这二位就光临荸荠庵,消磨一天。

　　有时没有外客,就把老师叔也拉出来,打牌的结局,大都是当家和尚气得鼓鼓的:"×妈妈的!又输了!下回不来了!"

　　他们吃肉不瞒人。年下也杀猪。杀猪就在大殿上。一切都和在家人一样,开水、木桶、尖刀。捆猪的时候,猪也是没命地叫。跟在家人不同的,是多一道仪式,要给即将升天的猪念一道"往生咒",并且总是老师叔念,神情很庄重:

　　"……一切胎生、卵生、息生,来从虚空来,还归虚空去。往生再世,皆当欢喜。南无阿弥陀佛!"

三师父仁渡一刀子下去，鲜红的猪血就带着很多沫子喷出来。
……

明子老往小英子家里跑。

小英子的家像一个小岛，三面都是河，西面有一条小路通到荸荠庵。独门独户，岛上只有这一家。岛上有六棵大桑树，夏天都结大桑椹，三棵结白的，三棵结紫的；一个菜园子，瓜豆蔬菜，四时不缺。院墙下半截是砖砌的，上半截是泥夯的。大门是桐油油过的，贴着一副万年红的春联：

向阳门第春常在
积善人家庆有余

门里是一个很宽的院子。院子里一边是牛屋、碓棚；一边是猪圈、鸡窠，还有个关鸭子的栅栏。露天地放着一具石磨。正北面是住房，也是砖基土筑，上面盖的一半是瓦，一半是草。房子翻修了才三年，木料还露着白茬。正中是堂屋，家神菩萨的画像上贴的金还没有发黑。两边是卧房。隔扇窗上各嵌了一块一尺见方的玻璃，明亮亮的，——这在乡下是不多见的。房檐下一边种着一棵石榴树，一边种着一棵栀子花，都齐房檐高了。夏天开了花，一红一白，好看得很。栀子花香得冲鼻子。顺风的时候，在荸荠庵都闻得见。

这家人口不多，他家当然是姓赵。一共四口人：赵大伯、赵大妈，两个女儿，大英子、小英子。老两口没得儿子。因为这些年人不得病，牛不生灾，也没有大旱大水闹蝗虫，日子过得很兴旺。他们家自己有田，本来够吃的了，又租种了庵上的十亩田。自己的田里，一亩种了荸荠，——这一半是小英子的主意，她爱吃荸荠，一亩种了茨菰。家里喂了一大群鸡鸭，单是鸡蛋鸭毛就够一年的油盐了。赵大伯是个能干人。他是一个"全把式"，不但田里场上样样精通，还会罾鱼、洗磨、凿砻[6]、修水车、修船、砌墙、烧砖、箍桶、劈篾、绞麻绳。他不咳嗽，不腰疼，结结实实，像一棵榆树。人很和气，一天不声不响。赵大伯是一棵摇钱树，赵大娘就是个聚宝盆。大娘精神得出奇。五十岁了，两个眼睛还是清亮亮的。不论什么时候，头都是梳得滑滴滴的，身上衣服都是格挣挣的。像老头子一样，她一天不闲着。煮猪食，喂猪，腌咸菜，——她腌的咸萝卜干非常好吃，舂粉子，磨小豆腐，编蓑衣，织芦箔。她还会剪花样子。这里嫁闺女，陪嫁妆，瓷坛子、锡罐子，都要用梅红纸剪出吉祥花样，贴在上面，讨个吉利，也才好看："丹凤朝阳"呀、"白头到老"呀、"子孙万代"呀、"福寿绵长"呀。二三十里的人家都来请她："大娘，好日子是十六，你哪天去呀？"——"十五，我一大清早就来！"

"一定呀！"——"一定！一定！"

两个女儿，长得跟她娘像一个模子里脱出来的。眼睛长得尤其像，白眼珠鸭蛋青，黑眼珠棋子黑，定神时如清水，闪动时像星星。浑身上下，头是头，脚是脚。头发滑滴滴的，衣服格挣挣的。——这里的风俗，十五六岁的姑娘就都梳上头了。这两个丫头，这一头的好头发！通红的发根，雪白的簪子！娘女三个去赶集，一集的人都朝她们望。

姐妹俩长得很像，性格不同。大姑娘很文静，话很少，像父亲。小英子比她娘还会说，一天咭咭呱呱[7]地不停。大姐说：

"你一天到晚咭咭呱呱——"

"像个喜鹊！"

"你自己说的！——吵得人心乱！"

"心乱？"

"心乱！"

"你心乱怪我呀！"

二姑娘话里有话。大英子已经有了人家。小人她偷偷地看过，人很敦厚，也不难看，家道也殷实，她满意。已经下过小定，日子还没有定下来。她这二年，很少出房门，整天赶她的嫁妆。大裁大剪，她都会。挑花绣花，不如娘。可她又嫌娘出的样子太老了。她到城里看过新娘子，说人家现在绣的都是活花活草。这可把娘难住了。最后是喜鹊忽然一拍屁股："我给你保举一个人！"

这人是谁？是明子。明子念"上孟下孟"的时候，不知怎么得了半套《芥子园》，他喜欢得很。到了荸荠庵，他还常翻出来看，有时还把旧账簿子翻过来，照着描。小英子说："他会画！画得跟活的一样！"

小英子把明海请到家里来，给他磨墨铺纸，小和尚画了几张，大英子喜欢得了不得："就是这样！就是这样！这就可以乱孱！"——所谓"乱孱"是绣花的一种针法：绣了第一层，第二层的针脚插进第一层的针缝，这样颜色就可由深到淡，不露痕迹，不像娘那一代绣的花是平针，深浅之间，界限分明，一道一道的。小英子就像个书童，又像个参谋：

"画一朵石榴花！"

"画一朵栀子花！"

她把花掐来，明海就照着画。

到后来，凤仙花、石竹子、水蓼、淡竹叶、天竺果子、腊梅花，他都能画。

大娘看着也喜欢，搂住明海的和尚头：

"你真聪明！你给我当一个干儿子吧！"

小英子捺[8]住他的肩膀，说：

"快叫！快叫！"

小明子跪在地下磕了一个头，从此就叫小英子的娘做干娘。

大英子绣的三双鞋，三十里方圆都传遍了。很多姑娘都走路坐船来看。看完了，就说："啧啧啧，真好看！这哪是绣的，这是一朵鲜花！"她们就拿了纸来央大娘求了小和尚来画。有求画帐檐的，有求画门帘飘带的，有求画鞋头花的。每回明子来画花，小英子就给他做点好吃的，煮两个鸡蛋，蒸一碗芋头，煎几个藕团子。

因为照顾姐姐赶嫁妆，田里的零碎生活小英子就全包了。她的帮手，是明子。

这地方的忙活是栽秧、车高田水、薅头遍草，再就是割稻子、打场了。这几茬重活，自己一家是忙不过来的。这地方兴换工。排好了日期，几家顾一家，轮流转。不收工钱，但是吃好的。一天吃六顿，两头见肉，顿顿有酒。干活时，敲着锣鼓，唱着歌，热闹得很。其余的时候，各顾各，不显得紧张。

薅三遍草的时候，秧已经很高了，低下头看不见人。一听见非常脆亮的嗓子在一片浓绿里唱：

栀子哎开花哎六瓣头哎……
　　姐家哎门前哎一道桥哎……

　　明海就知道小英子在哪里，三步两步就赶到，赶到就低头薅起草来。傍晚牵牛"打汪"，是明子的事。——水牛怕蚊子。这里的习惯，牛卸了轭，饮了水，就牵到一口和好泥水的"汪"里，由它自己打滚扑腾，弄得全身都是泥浆，这样蚊子就咬不透了。低田上水，只要一挂十四轧的水车，两个人车半天就够了。明子和小英子就伏在车杠上，不紧不慢地踩着车轴上的拐子，轻轻地唱着明海向三师父学来的各处山歌。打场的时候，明子能替赵大伯一会，让他回家吃饭。——赵家自己没有场，每年都在荸荠庵外面的场上打谷子。他一扬鞭子，喊起了打场号子：
　　"格当嘚——"
　　这打场号子有音无字，可是九转十三弯，比什么山歌号子都好听。赵大娘在家，听见明子的号子，就侧起耳朵：
　　"这孩子这条嗓子！"
　　连大英子也停下针线：
　　"真好听！"
　　小英子非常骄傲地说：
　　"一十三省数第一！"
　　晚上，他们一起看场。——荸荠庵收来的租稻也晒在场上。他们并肩坐在一个石磙子上，听青蛙打鼓，听寒蛇唱歌，——这个地方以为蝼蛄[9]叫是蚯蚓叫，而且叫蚯蚓叫"寒蛇"，听纺纱婆子不停地纺纱，"唦——"，看萤火虫飞来飞去，看天上的流星。
　　"呀！我忘了在裤带上打一个结！"小英子说。
　　这里的人相信，在流星掉下来的时候在裤带上打一个结，心里想什么好事，就能如愿。
　　……
　　"捋"荸荠，这是小英子最爱干的生活。秋天过去了，地净场光，荸荠的叶子枯了，——荸荠的笔直的小葱一样的圆叶子里是一格一格的，用手一捋，哔哔地响，小英子最爱捋着玩，——荸荠藏在烂泥里。赤了脚，在凉浸浸滑溜溜的泥里踩着，——哎，一个硬疙瘩！伸手下去，一个红紫红紫的荸荠。她自己爱干这生活，还拉了明子一起去。她老是故意用自己的光脚去踩明子的脚。
　　她挎着一篮子荸荠回去了，在柔软的田埂上留了一串脚印。明海看着她的脚印，傻了。五个小小的趾头，脚掌平平的，脚跟细细的，脚弓部分缺了一块。明海身上有一种从来没有过的感觉，他觉得心里痒痒的。这一串美丽的脚印把小和尚的心搞乱了。
　　……
　　明子常搭赵家的船进城，给庵里买香烛，买油盐。闲时是赵大伯划船；忙时是小英子去，划船的是明子。
　　从庵赵庄到县城，当中要经过一片很大的芦花荡子。芦苇长得密密的，当中一条水路，四边不见人。划到这里，明子总是无端端地觉得心里很紧张，他就使劲地划桨。
　　小英子喊起来：
　　"明子！明子！你怎么啦？你发疯啦？为什么划得这么快？"

……

明海到善因寺去受戒。

"你真的要去烧戒疤呀？"

"真的。"

"好好的头皮上烧十二个洞，那不疼死啦？"

"咬咬牙。舅舅说这是当和尚的一大关，总要过的。"

"不受戒不行吗？"

"不受戒的是野和尚。"

"受了戒有啥好处？"

"受了戒就可以到处云游，逢寺挂褡。"

"什么叫'挂褡'？"

"就是在庙里住。有斋就吃。"

"不把钱？"

"不把钱。有法事，还得先尽外来的师父。"

"怪不得都说'远来的和尚会念经'。就凭头上这几个戒疤？"

"还要有一份戒牒。"

"闹半天，受戒就是领一张和尚的合格文凭呀！"

"就是！"

"我划船送你去。"

"好。"

小英子早早就把船划到荸荠庵门前。不知是什么道理，她兴奋得很。她充满了好奇心，想去看看善因寺这座大庙，看看受戒是个啥样子。

善因寺是全县第一大庙，在东门外，面临一条水很深的护城河，三面都是大树，寺在树林子里，远处只能隐隐约约看到一点金碧辉煌的屋顶，不知道有多大。树上到处挂着"谨防恶犬"的牌子。这寺里的狗出名的厉害。平常不大有人进去。放戒期间，任人游看，恶狗都锁起来了。

好大一座庙！庙门的门坎比小英子的胳膝都高。迎门矗着两块大牌，一边一块，一块写着斗大两个大字"放戒"，一块是"禁止喧哗"。这庙里果然是气象庄严，到了这里谁也不敢大声咳嗽。明海自去报名办事，小英子就到处看看。好家伙，这哼哈二将、四大天王，有三丈多高，都是簇新的，才装修了不久。天井有二亩地大，铺着青石，种着苍松翠柏。"大雄宝殿"，这才真是个"大殿"！一进去，凉飕飕的。到处都是金光耀眼。释迦牟尼佛坐在一个莲花座上，单是莲座，就比小英子还高。抬起头来也看不全他的脸，只看到一个微微闭着的嘴唇和胖墩墩的下巴。两边的两根大红蜡烛，一搂多粗。佛像前的大供桌上供着鲜花、绒花、绢花，还有珊瑚树、玉如意、整颗的大象牙。香炉里烧着檀香。小英子出了庙，闻着自己的衣服都是香的。挂了好些幡。这些幡不知是什么缎子的，那么厚重，绣的花真细。这么大一口磬，里头能装五担水！这么大一个木鱼，有一头牛大，漆得通红的。她又去转了转罗汉堂，爬到千佛楼上看了看。真有一千个小佛！她还跟着一些人去看了看藏经楼，藏经楼没有什么看头，都是经书！妈吔！逛了这么一圈，腿都酸了。小英子想起还要给家里打油，替姐姐配丝线，给娘买鞋面布，给自己买两个坠围裙飘带的银蝴蝶,给爹买旱烟,就出庙了。

等把事情办齐,晌午了。她又到庙里看了看,和尚正在吃粥。好大一个"膳堂",坐得下八百个和尚。吃粥也有这样多讲究:正面法座上摆着两个锡胆瓶,里面插着红绒花,后面盘膝坐着一个穿了大红满金绣袈裟的和尚,手里拿了戒尺。这戒尺是要打人的。哪个和尚吃粥吃出了声音,他下来就是一戒尺。不过他并不真的打人,只是做个样子。真稀奇,那么多的和尚吃粥,竟然不出一点声音!他看见明子也坐在里面,想跟他打个招呼又不好打。想了想,管他禁止不禁止喧哗,就大声喊了一句:"我走啦!"她看见明子目不斜视地微微点了点头,就不管很多人都朝自己看,大摇大摆地走了。

第四天一大清早小英子就去看明子。她知道明子受戒是第三天半夜,——烧戒疤是不许人看的。她知道要请老剃头师傅剃头,要剃得横摸顺摸都摸不出头发茬子,要不然一烧,就会"走"了戒,烧成了一片。她知道是用枣泥子先点在头皮上,然后用香头子点着。她知道烧了戒疤就喝一碗蘑菇汤,让它"发",还不能躺下,要不停地走动,叫作"散戒"。这些都是明子告诉她的。明子是听舅舅说的。

她一看,和尚真在那里"散戒",在城墙根底下的荒地里。一个一个,穿了新海青,光光的头皮上都有十二个黑点子。——这黑疤掉了,才会露出白白的、圆圆的"戒疤"。和尚都笑嘻嘻的,好像很高兴。她一眼就看见了明子。隔着一条护城河,就喊他:

"明子!"

"小英子!"

"你受了戒啦?"

"受了。"

"疼吗?"

"疼。"

"现在还疼吗?"

"现在疼过去了。"

"你哪天回去?"

"后天。"

"上午?下午?"

"下午。"

"我来接你!"

"好!"

......

小英子把明海接上船。

小英子这天穿了一件细白夏布上衣,下边是黑洋纱的裤子,赤脚穿了一双龙须草的细草鞋,头上一边插着一朵栀子花,一边插着一朵石榴花。她看见明子穿了新海青,里面露出短褂子的白领子,就说:"把你那外面的一件脱了,你不热呀!"

他们一人一把桨。小英子在中舱,明子扳艄,在船尾。

她一路问了明子很多话，好像一年没有看见了。

她问，烧戒疤的时候，有人哭吗？喊吗？

明子说，没有人哭，只是不住地念佛。有个山东和尚骂人：

"俺日你奶奶！俺不烧了！"

她问善因寺的方丈石桥是相貌和声音都很出众吗？

"是的。"

"说他的方丈比小姐的绣房还讲究？"

"讲究。什么东西都是绣花的。"

"他屋里很香？"

"很香。他烧的是伽楠香，贵得很。"

"听说他会做诗，会画画，会写字？"

"会。庙里走廊两头的砖额上，都刻着他写的大字。"

"他是有个小老婆吗？"

"有一个。"

"才十九岁？"

"听说。"

"好看吗？"

"都说好看。"

"你没看见？"

"我怎么会看见？我关在庙里。"

明子告诉她，善因寺一个老和尚告诉他，寺里有意选他当沙弥尾，不过还没有定，要等主事的和尚商议。

"什么叫'沙弥尾'？"

"放一堂戒，要选出一个沙弥头，一个沙弥尾。沙弥头要老成，要会念很多经。沙弥尾要年轻，聪明，相貌好。"

"当了沙弥尾跟别的和尚有什么不同？"

"沙弥头，沙弥尾，将来都能当方丈。现在的方丈退居了，就当。石桥原来就是沙弥尾。"

"你当沙弥尾吗？"

"还不一定哪。"

"你当方丈，管善因寺？管这么大一个庙？！"

"还早呐！"

划了一气，小英子说："你不要当方丈！"

"好，不当。"

"你也不要当沙弥尾！"

"好，不当。"

又划了一气，看见那一片芦花荡子了。

小英子忽然把桨放下，走到船尾，趴在明子的耳朵旁边，小声地说：

"我给你当老婆,你要不要?"

明子眼睛鼓得大大的。

"你说话呀!"

明子说:"嗯。"

"什么叫'嗯'呀!要不要,要不要?"

明子大声地说:"要!"

"你喊什么!"

明子小小声说:"要——!"

"快点划!"

英子跳到中舱,两只桨飞快地划起来,划进了芦花荡。

芦花才吐新穗。紫灰色的芦穗,发着银光,软软的,滑溜溜的,像一串丝线。有的地方结了蒲棒,通红的,像一枝一枝小蜡烛。青浮萍,紫浮萍。长脚蚊子,水蜘蛛。野菱角开着四瓣的小白花。惊起一只青桩(一种水鸟),擦着芦穗,扑鲁鲁鲁飞远了。

……

一九八〇年八月十二日,写四十三年前的一个梦。

【注释】

[1] 劁(qiāo):阉割。

[2] 龛(kān):供奉神佛的小阁子。

[3] 爇(ruò):点燃;焚烧。

[4] 趿(tā)拉:把鞋后帮踩在脚后跟下。

[5] 薅(hāo):揪。

[6] 砻(lóng):去掉稻壳的工具,形状略像磨,多用木料制成。

[7] 咭(jī)咭呱呱:指小声说话。咭:同"叽"。

[8] 捺(nà):按,摁。

[9] 蝼蛄(lóu gū):昆虫,背部茶褐色,腹面灰黄色。前足发达,呈铲状,适于掘土,有尾须。生活在泥土里,昼伏夜出,吃农作物嫩茎。

【阅读提示】

《受戒》通过描写小和尚明子与小英子的爱情过程,在淡然的叙述中以深情优美的笔调表达了作者对纯朴、健康人性之美的追求与向往。

故事情节简单明晰,人物形象鲜明生动。明子面如朗月,声如宏磬,记性好,善于绘画,聪明能干。小英子漂亮、率真、质朴。在共同的生活和劳动中,两人相知。在叙事上,作者有意延宕故事的发展进程,在其间大量插入荸荠庵和尚生活的描写和庵赵庄的风土人情,一个是饶有趣味,一个是如诗如画。在作者看来,佛门净土和世俗的生活是相通的,其基础便是合乎人性的自然生成与发展。环境的美与人性的美相映成辉,显然这是一个源于作者童年记忆的世外桃源,是作者摈弃现实世界、对理想的追求与向往。

散文化笔调是这篇作品艺术上最突出的特点。作者并没在意故事情节的编织和人物性格的典型化。在文章随意穿插的风土人情、人物掌故中,男女主人公最终结合水到渠成。作品语言自然、素朴、雅洁，具有浓郁的生活气息。此外，叙事虚实结合，使作品弥漫着诗意的情愫。

【思考练习】

1. 小说中风俗人情、人物掌故的描写对作品主人公的刻画有什么作用？
2. 举例分析这篇小说语言运用上的特点。
3. 理解小说散文化特点。

天堂与地狱

刘以鬯

【题解】

刘以鬯（1918—2018），原名刘同绎，字昌年。原籍浙江镇海，生于上海。1941年上海圣约翰大学毕业后，在重庆任《国民公报》《扫荡报》副刊编辑。抗日战争胜利后，先后任《和平日报》总编，《香港时报》和《西点》杂志主编。1957年定居香港，创办月刊《香港文学》并担任总编。刘以鬯一生都在从事写作、编辑、翻译、文学研究等工作，是香港文学界的重要作家之一，2001年，获香港特别行政区政府颁发的荣誉勋章，2014年，获香港艺术发展终身成就奖。

刘以鬯始终致力于严肃文学的创作，主张文学创作要有试验和实践，主要作品有短篇小说《天堂与地狱》《打错了》，长篇小说《酒徒》《对倒》《陶瓷》《岛与半岛》《他有一把锋利的小刀》，中篇小说《寺内》《春雨》《蟑螂》，散文集《见虾集》，文学评论集《端木蕻良论》《看书看林》。其中，《对倒》和《酒徒》（被誉为中国第一部意识流小说）分别被香港导演王家卫拍成电影《花样年华》和《2046》。

【文献来源】

刘以鬯. 刘以鬯小说自选集[M]. 天津：百花文艺出版社，2001.05：121-124

我是一只苍蝇。

我在一个月以前出生。就苍蝇来说，应该算是"青年苍蝇"了。

在这一个月中，我生活在一个龌龊而又腥臭的世界里：在垃圾桶里睡觉，在臭沟里冲凉；吃西瓜皮和垢脚，呼吸尘埃和暑气。

这个世界，实在一无可取之处，不仅觅食不易，而且随时有被"人"击毙的可能。这样的日子简直不是苍蝇过的，我怨透了。

但是大头苍蝇对我说："这个世界并不如你想象那么坏，你没有到过好的地方，所以会将它视作地狱，这是你见识不广的缘故。"

大头苍蝇比我早出世两个月，论辈分，应该叫它一声"爷叔"。我问："爷叔，这世界难道还有干净的地方吗？"

"岂止干净？"爷叔答，"那地方才是真正的天堂哩，除了好的吃、好的看，还有冷气。冷气这个名字你听过吗？冷气是人造的春天，十分凉爽，一碰到就叫你舒适得只想找东西吃。"

"我可以去见识见识吗？"

"当然可以。"

爷叔领我从垃圾桶里飞出，飞过皇后道，拐弯，飞进一座高楼大厦，在一扇玻璃大门前面打旋。爷叔说："这个地方叫咖啡馆。"

咖啡馆的大门开了，散出一股冷气。一个梳着飞机头的年轻人摇摇摆摆走了进去，我们"乘机"而入。

飞到里面，爷叔问我："怎么样？这个地方不错吧？"

这地方真好，香喷喷的，不知道哪里来的这样好闻的气息。男"人"们个个西装笔挺，女"人"们个个打扮得像花蝴蝶。每张桌子上摆满蛋糕、饮料和方糖，干干净净，只是太干净了，使我有点害怕。

爷叔不知道到什么地方去了。我只好独自飞到"调味器"底下去躲避。

这张桌子，坐着一个徐娘半老的女"人"和一个二十岁左右的小白脸男"人"。

女人说："这几天你死在什么地方？"

小白脸说："炒金蚀去一笔钱，我在别头寸。"

女人说："我给你吃，给你穿，给你住，天天给你零钱花，你还要炒什么金？"

小白脸说："钱已蚀去。"

女人说："蚀去多少？"

小白脸说："三千。"

女人打开手袋，从手袋里掏出六张五百元的大钞："拿去！以后不许再去炒金！现在我要去皇后道买点东西，今晚九点在云华大厦等你——你这个死冤家。"说罢，半老的徐娘将钞票交给小白脸，笑笑，站起身，婀婀娜娜走了出去。

徐娘走后，小白脸立刻转换位子。那张桌子边坐着一个单身女"人"，年纪很轻，打扮得花枝招展，很美，很迷人。她的头发上插着一朵丝绒花。

我立即飞到那朵丝绒花里去偷听。

小白脸说："媚媚，现在你总可以相信了，事情一点问题也没有。"

媚媚说："拿来。"

小白脸："你得答应我一件事？"

媚媚说："什么事？"

小白脸把钞票塞在她手里，嘴巴凑近她的耳边，叽哩咕噜说了些什么，我一句也听不清，只见媚媚娇声嗔气说了一句："死鬼！"

小白脸问："好不好？"

媚媚说："你说的还有什么不好？你先去，我还要在这里等一个人。我在一个钟点内赶到。"

小白脸说："不要失约。"

媚媚说："我几时失过你的约？"

小白脸走了。

小白脸走后，媚媚走去账柜打电话。我乘此飞到糖盅里去吃方糖，然后飞到她的咖啡杯上，吃杯子边缘的唇膏。

正吃得津津有味，媚媚回座，一再用手赶我，我只好飞起来躲在墙上。

十分钟后，来了一个大胖子，五十岁左右，穿着一套拷绸唐装，胸前挂着半月形的金表链。

大胖子一屁股坐在皮椅上，对媚媚说："拿来！"

媚媚把六张五百元大票交给大胖子，大胖子把钞票往腰间一塞："对付这种小伙子，太容易了。"

媚媚说："他的钱也是向别的女人骗来的。"

大胖子说："做人本来就是你骗我，我骗你，唯有这种钱，才赚得不作孽！"

这时候，那个半老的徐娘忽然挟了大包小包，从门外走进来了，看样子，好像在找小白脸，可能她有一句话忘记告诉他了。但是，小白脸已走。她见到了大胖子。

走到大胖子面前，两只手往腰眼上一插，板着脸，两眼瞪大如铜铃，一声不响。

大胖子一见徐娘，慌忙站起，将女"人"一把拉到门边，我就飞到大胖子的肩膀上，听到了这样的对话：

徐娘问："这个贱货是谁？"

大胖子堆了一脸笑容："别生气，你听我讲，她是侨光洋行的经理太太，我有一笔买卖要请她帮忙，走内线，你懂不懂？这是三千块钱，你先拿去随便买点什么东西。关于这件事，晚上回到家里，再详细解释给你听。——我的好太太！"

徐娘接过钞票，往手袋里一塞，厉声说："早点回去！家里没有人，我要到萧家去打麻将，今晚说不定迟些回来。"

说罢，婀婀娜娜走了。

我立即跟了出去。我觉得这"天堂"里的"人"，外表干净，心里比垃圾还龌龊。我宁愿回到垃圾桶去过"地狱"里的日子，这个"天堂"，实在龌龊得连苍蝇都不愿意多留一刻的！

1950年作
1981年3月20日改

【阅读提示】

《天堂与地狱》写于1950年的香港，是作家刘以鬯一篇视角独特的讽世寓言，小说以"苍蝇"的视角来审视上世纪英国殖民统治时期的香港社会，采用拟人、寓言化的艺术手法来揭示社会繁华帷幕下透射出的人性的龌龊和卑鄙。

一只不谙世事的"青年苍蝇"整日生活在肮脏、腥臭、地狱般的垃圾桶里，哀叹命运不济。终于有一天，"爷叔"大头苍蝇带它开阔眼界，体验"天堂般"的人类世界。然而，在一个高档、豪华咖啡馆里，"青年苍蝇"目睹了人间丑恶的一幕："小白脸"从老情人（"徐娘半老的女人"）那里骗取了三千元后，"小白脸"为了讨小情人"媚媚"欢心，转手将钱给了她，"媚媚"却将钱上交给了做诈骗生意的合作伙伴"大胖子"（"徐娘半老的女人"的丈夫）。在"徐娘半老的女人"无意撞见"媚媚"和"大胖子"在一起后，"大胖子"为讨好老婆，又将骗来的三千元钱给了她。"青年苍蝇"最终得出了富含哲理的结论："我觉得这'天堂'里的'人'，外表干净，心里比垃圾还龌龊。我宁愿回到垃圾桶里去过'地狱'里的日子，这个'天堂'，龌龊得连苍蝇都不愿意多留一刻！"这句话将英国移民统治时期的香港社会赤裸裸的金钱关系和尔虞我诈的人性揭露得淋漓尽致。小小一幕折射出外表美好、物质充裕的"天堂"社会实质上是丑恶肮脏、虚伪矫饰、龌龊不堪的，深刻揭示出在物欲横流的环境中成长起来的"无根"

的香港人精神世界的空虚和人性的扭曲。

这篇寓言小说采用了环式结构。小说情节紧密关联，环环相扣，有机融为一体。小说中的三千元钱依次转手，"徐娘半老的女人"—"小白脸"—"媚媚"—"大胖子"—"徐娘半老的女人"，由起点到终点，又回到起点，形成了一个闭合的圆圈，圈中的每个人都怀着不可告人的鬼胎。相反，在肮脏不堪的"地狱"中生活的"青年苍蝇"内心反而是纯洁的。小说运用了意象化、诗化的语言，没有烦琐冗赘的描写，而是依据人物内心活动来设置语言，将日常化语言加以细细打磨、锤炼，言近而意远，耐人寻味。

【思考练习】
1. 分析小说在情节结构上的特点。
2. 结合现实社会，谈谈你对小说主旨的理解。
3. 试比较小说和卡夫卡《变形记》的异同，品味现代派小说的创作特征。

神 雕 重 剑

金 庸

【题解】

金庸（1924—2018），原名查良镛，浙江海宁人。在杭州上中学，后考入重庆中央政治大学外交系，东吴大学法学院毕业，曾在上海《大公报》任记者。1948年到香港，先编《大公报》，后创办《明报》，1955年开始创作武侠小说，处女作为《书剑恩仇录》，以后接连创作了《射雕英雄传》《神雕侠侣》《天龙八部》《笑傲江湖》等作品，直到1972年写完《鹿鼎记》后封笔。此后，他花了10年时间对他的作品进行修改。他一生共创作了15部38册武侠长篇小说，将其作品第一字抽出，组合成一副对联为："飞雪连天射白鹿，笑书神侠倚碧鸳。"

金庸阅历丰富，知识渊博，文思敏捷，眼光独到。他继承古典武侠小说之精华，开创了形式独特、情节曲折、描写细腻且深具人性和豪情侠义的新派武侠小说先河。金庸的武侠小说在两岸三地及海外华人中产生了广泛的影响，成为香港、台湾新武侠小说的杰出代表，其作品屡次被搬上荧幕，深受欢迎。

【文献来源】

金庸. 神雕侠侣: 3 [M]. 上海: 三联书店, 1994: 997-1006.

如此过了多日，伤口渐渐愈合，身子也日就康复，每当念及小龙女，胸口虽仍疼痛，但已远不如先前那么难熬难忍。他本性好动，长日在荒谷中与神雕为伴，不禁寂寞无聊起来。

这一日见洞后树木苍翠，山气清佳，便信步过去观赏风景，行了里许，来到一座峭壁之前，那峭壁便如一座极大的屏风，冲天而起，峭壁中部离地约二十余丈外，生着一块三四丈见方的大石，便似一个平台，石上隐隐刻得有字。极目上望，瞧清楚是"剑冢"[1]两个大字，他好奇心起："何以剑亦有冢？难道是独孤前辈折断了爱剑，埋葬在这里？"走近峭壁，但见石壁草木不生，光秃秃的实无可容手足之处，不知当年那人如何攀援上去。

瞧了半天，越看越是神往，心想他亦是人，怎能爬到这般的高处。想来必定另有妙法，倘若真的凭借武功硬爬上去，那直是匪夷所思[2]了。凝神瞧了一阵，突见峭壁上每隔数尺便生着一丛青苔，数十丛笔直排列而上。他心念一动，纵身跃起，探手到最底一丛青苔中摸去，抓出一把黑泥，果然是个小小洞穴，料来是独孤求败当年以利器所挖凿，年深日久，洞中积泥，因此生了青苔。

心想左右无事，便上去探探那剑冢，只是剩下独臂，攀挟大是不便，但想："爬不上便爬不上，难道还有旁人来笑话不成？"于是紧一紧腰带，提一口气，窜高数尺，左足踏在第一个小洞之中，跟着窜起，右足对准第二丛青苔踢了进去，软泥迸出，石壁上果然又有一个小穴可以容足。

第一次爬了十来丈，已然力气不加，当即轻轻溜了下来，心想："已有二十多个踏足处寻准，第二次便容易得多。"于是在石壁下运功调息，养足力气，终于一口气蹿上了平台。见自己手臂虽折，轻功却毫不减弱，也自欣慰，只见大石上"剑冢"两个大字之旁，尚有两行字体较小的石刻：

"剑魔独孤求败既无敌于天下，乃埋剑于斯。

呜呼！群雄束手，长剑空利，不亦悲夫！"

杨过又惊又羡，只觉这位前辈傲视当世，独往独来，与自己性子实有许多相似之处，但说到打遍天下无敌手，自己如何可及。现今只余独臂，就算一时不死，此事也终身无望。瞧着两行石刻出了一会神，低下头来，只见许多石块堆着一个大坟。这坟背向山谷，俯仰空阔，别说剑魔本人如何英雄，单是这座剑冢便已占尽形势，想见此人文武全才，抱负非常，但恨生得晚了，无缘得见这位前辈英雄。

杨过在剑冢之旁仰天长啸，片刻间四下里回音不绝，想起黄药师曾说过"振衣千仞冈，濯足万里流"之乐，此际亦复有此豪情胜慨，他满心虽想瞧瞧冢中利器到底是何等模样，但总是不敢冒犯前辈，于是抱膝而坐，迎风呼吸，只觉胸腹间清气充塞，竟似欲乘风飞去。

忽听得山壁下咕咕咕的叫了数声，俯首望去，只见那神雕伸爪抓住峭壁上的洞穴，正自纵跃上来。它身躯虽重，但腿劲爪力俱是十分厉害，顷刻间便上了平台。

那神雕稍作顾盼，便向杨过点了点头，叫了几声，声音甚是特异。杨过笑道："雕兄，只可惜我没公冶长的本事，不懂你言语，否则你大可将这位独孤前辈的生平说给我听了。"神雕又低叫几声，伸出钢爪，抓起剑冢上的石头，移在一旁。杨过心中一动："独孤前辈身具绝世武功，说不定留下甚么剑经剑谱之类。"但见神雕双爪起落不停，不多时便搬开冢上石块，露出并列着的三柄长剑，在第一、第二两把剑之间，另有一块长条石片。三柄剑和石片并列于一块大青石之上。

杨过提起右首第一柄剑，只见剑下的石上刻有两行小字：

"凌厉刚猛，无坚不摧，弱冠前以之与河朔群雄争锋。"

再看那剑时，见长约四尺，青光闪闪，确是利器。他将剑放回原处，拿起长条石片，见石片下的青石上也刻有两行小字：

"紫薇软剑，三十岁前所用，误伤义士不祥，悔恨不已，乃弃之深谷。"

杨过心想："这里少了一把剑，原来是给他抛弃了，不知如何误伤义士，这故事多半永远无人知晓了。"出了一会神，再伸手去拿第二柄剑，只提起数尺，呛啷一声，竟然脱手掉下，在石上一碰，火花四溅，不禁吓了一跳。

原来那剑黑黝黝的毫无异状，却是沉重之极，三尺多长的一把剑，重量竟自不下七八十斤，比之战阵上最沉重的金刀大戟尤重数倍。杨过提起时如何想得到，出乎不意的手上一沉，便拿捏不住。于是再俯身拿起，这次有了防备，拿起七八十斤的重物自是不当一回事。见那剑两边剑锋都是钝口，剑尖更圆圆的似是个半球，心想："此剑如此沉重，又怎能使得灵便？何况剑尖剑锋都不开口，也算得奇了。"看剑下的石刻时，见两行小字道：

"重剑无锋，大巧不工。四十岁前恃之横行天下。"

杨过喃喃念着"重剑无锋，大巧不工"八字，心中似有所悟，但想世间剑术，不论哪一门哪一派的变化如何不同，总以轻灵迅疾为尚，这柄重剑不知怎生使法，想怀昔贤，不禁神驰久之。

过了良久，才放下重剑，去取第三柄剑，这一次又上了个当。他只道这剑定然犹重前剑，因此提剑时力运左臂。哪知拿在手里却轻飘飘的浑似无物，凝神一看，原来是柄木剑，年深日久，剑身剑柄均已腐朽，但见剑下的石刻道：

"四十岁后，不滞于物，草木竹石均可为剑。自此精修，渐进于无剑胜有剑之境。"

他将木剑恭恭敬敬的放于原处，浩然长叹，说道："前辈神技，令人难以想象。"心想青石板之下不知是否留有剑谱之类遗物，于是伸手抓住石板，向上掀起，见石板下已是山壁的坚岩，别无他物，不由得微感失望。

那神雕咕的一声叫，低头衔起重剑，放在杨过手里，跟着又是咕的一声叫，突然左翅势挟劲风，向他当头扑击而下。倾刻间杨过只觉气也喘不过来，一怔之下，神雕的翅膀离他头顶约有一尺，便即凝住不动，咕咕叫了两声。

杨过笑道："雕兄，你要试试我的武功么？左右无事，我便跟你玩玩。"但那七八十斤的重剑怎能施展得动，于是放下重剑，拾起第一柄利剑。神雕忽然收拢双翼，转过了头不再睬他，神情之间颇示不屑。

杨过立时会意，笑道："你要我使重剑？但我武功平常，在这绝壁之上跟你过招，决非雕兄敌手，可得容情一二。"说着换过了重剑，气运丹田，力贯左臂，缓缓挺剑刺出。神雕并不转身，左翅后掠，与那重剑一碰。杨过只觉一股极沉猛的大力从剑上传来，压得他无法透气，急忙运力相抗，"嘿"的一声，剑身晃了几下，但觉眼前一黑，登时晕了过去。

也不知过了多少时候，这才悠悠醒转，只觉口中奇苦难当，同时更有不少苦汁正流入咽喉，睁开眼来，只见神雕衔着一枚深紫色的圆球，正喂入他口中。杨过闻到此物甚是腥臭，但想神雕通灵，所喂之物定然大有益处，于是张口吃了。只轻轻咬得一下，圆球外皮便即破裂，登时满口苦汁。

这汁液腥极苦极，难吃无比。杨过只想喷了出去，总觉不忍拂逆神雕美意，勉强吞入腹中。过了一会，略行运气，但觉呼吸顺畅，站起身来，抬手伸足之际非但不觉困乏，反而精神大旺，尤胜平时。他暗暗奇怪，按理被人强力击倒，闭气晕去，纵然不受重伤，也必全身酸痛，难道这深紫色的圆囊竟是疗伤的灵药么？

他俯身提起重剑，竟似轻了几分。便在此时，那神雕咕的一声，又是展翅击了过来。杨过不敢硬接,侧身避开,神雕跟着踏上一步,双翅齐至,势道极是威猛。杨过知它对己并无恶意,但想它虽然灵异,总是畜生,它身具神力,展翅扑击之时,发力轻重岂能控纵自如?若给翅膀扫上了,自空堕下,哪里还有命在?眼见双翅扫到,急忙退后两步,左足已踏到了平台的边缘。

那神雕竟是毫不容情,秃头疾缩迅伸,弯弯的尖喙竟自向他胸口直啄。杨过退无可退,只得横剑封架,它一嘴便啄在剑上。杨过只觉手臂剧震,重剑欲脱手,眼见神雕跟着右翅着地横扫,往自己足胫上掠来。杨过吃了一惊,纵身跃起,从神雕头顶飞跃而过,抢到了内侧,生怕它顺势跟击,反手出剑,噗的一响,又与它尖嘴相交。杨过这一下死里逃生,吓出了一身冷汗,叫道:"雕兄,你不能当我是独孤大侠啊!"只觉双足酸软,坐倒在地。神雕咕咕低叫两声,不再进击。

杨过无意中叫了那句"你不能当我是独孤大侠",转念一想,此雕长期伴随独孤前辈,瞧它扑啄趋退间,隐隐然有武学家数,多半独孤前辈寂居荒谷,无聊之时便当它是过招的对手。独孤前辈尸骨已朽,绝世武功便此湮没,但从此雕身上,或能寻到这位前辈大师的一些遗风典型,想到此处,心中转喜,站起身来,叫道:"雕兄,剑招又来啦!"重剑疾刺,指向神雕胸间。神雕左翅横展挡住,右翅猛击过来。

神雕力气实在太强,展翅扫来,疾风劲力,便似数位高手的掌风并力齐施一般,杨过手中之剑又太过沉重,生平所学的甚么全真剑法、玉女剑法等没一招施用得上,只有守则巧妙趋避,攻则呆呆板板的挺剑刺击。

斗得一会,杨过疲累了,便坐倒休息。他只一坐倒,神雕便走开两步。如此玩了一个多时辰,一人一雕才溜下平台,回入山洞。

次晨醒转,神雕已衔了三枚深紫色腥臭圆球放在他身边,杨过细加审视,原来是禽兽的胆囊,想到初遇到神雕时它曾大食毒蛇,又与巨蟒相斗,想来必是蛇胆。又想毒蛇之胆不知是否也具剧毒,但昨日食后精神爽利,力气大增,反正自己体内就有情花和冰魄银针的剧毒,也不用多加理会,于是一口一个吃了,静坐调息,突然之间,平时气息不易走到的各处关脉穴道竟尔畅通无阻。杨过大喜,高声叫好。本来静坐修习内功,最忌心有旁骛,至于大哀大乐,更是凶险,但此时他喜极而呼,周身内息仍是绵绵流转,绝无阻滞。

他跃起身来,提起重剑,出洞又和神雕练剑,此时已去了几分畏惧之心,虽然仍是避多挡少,但在神雕凌厉无伦的翅力之间,偶然已能乘隙还招。

如此练剑数日,杨过提着重剑时手上已不如先前沉重,击刺挥掠,渐感得心应手。同时越来越觉以前所学剑术变化太繁,花巧太多,想到独孤求败在青石上所留"重剑无锋,大巧不工"八字,其中境界,远胜世上诸般最巧妙的剑招。他一面和神雕搏击,一面凝思剑招的去势回路,但觉越是平平无奇的剑招,对方越难抗御。比如挺剑直刺,只要劲力强猛,威力远比玉女剑法等变幻奇妙的剑招更大。他这时虽然只剩左手,但每日服食神雕不知从何处采来的蛇胆,不知不觉间膂力[3]激增。

这日外出闲步,在山谷间见有三条大毒蛇死在地下,肚腹洞开,蛇身上被利爪抓得鲜血淋漓,知道自己所食果是蛇胆。只是这些毒蛇遍身隐隐发出金光,生平从所未见,自是不知其名,心想:神雕力气这样大,想必也是多食这些怪蛇的蛇胆之故。

过得月余,竟勉强已可与神雕惊人的巨力相抗,发剑击刺,呼呼风响,不自禁的大感欣慰。

武功到此地步，便似登泰山而小天下，回想昔日所学，颇有渺不足道之感。转念又想，若无先前根底，今日纵有奇遇，也决不能达此境地，神雕总是不会言语的畜生，诱发导引则可，指教点拨却万万不能，何况神雕也不能说会甚么武功，只不过天生神力，又跟随独孤求败日久，经常和他动手过招，记得了一些进退扑击的方法而已。

这一日清晨起身，满天乌云，大雨倾盆而下。杨过向神雕道："雕兄，这般大雨，咱们还练武不练？"神雕咬着他衣襟，拉着他向东北方行了几步，随即迈开大步，纵跃而行。杨过心想："难道东北方又有甚么奇怪事物？"提了重剑，冒雨跟去。

行了数里，隐隐听到轰轰之声，不绝于耳，越走声音越响，显是极大的水声。杨过心道："下了这场大雨，山洪暴发，可得小心些！"转过一个山峡，水声震耳欲聋，只见山峰间一条大白龙似的瀑布奔泻而下，冲入一条溪流，奔腾雷鸣，湍急异常，水中挟着树枝石块，转眼便流得不知去向。

这时雨下得更大了，杨过衣履尽湿，四顾水气蒙蒙，蔚为奇观，但见那山洪势道太猛，心中微有惧意。

神雕伸嘴拉着他衣襟，走向溪边，似乎要他下去。杨过奇道："下去干么？水势劲急，只怕站不住脚。"神雕放开他衣襟，咕的一声，昂首长啼，跃入溪中，稳稳站在溪心的一块巨石之上，左翅前扇，将上流冲下来的一块岩石打了回去，待那岩石再次顺水冲下，又是挥翅击回，如是击了五六次，那岩石始终流不过它身边。到第七次顺水冲下时，神雕奋力摇翅一击，崖石飞出溪水，掉在石岸，神雕随即跃回杨过身旁。

杨过会意，知道剑魔独孤求败昔日每遇大雨，便到这山洪中练剑，自己却无此功力，不敢便试，正自犹豫，神雕大翅突出，刷的一下，拂在杨过臀上。它站得甚近，杨过出其不意，身子直往溪中落去，忙使个"千斤坠"身法，落在神雕站过的那块巨石之上。双足一入水中，山洪便冲得他左摇右晃，难于站稳。杨过心想："独孤前辈是人，我也是人，他既能站稳，我如何便不能？"当即屏气凝息，奋力与激流相抗，但想伸剑挑动山洪中挟带而至的岩石，却是力所不及了。

耗了一炷香时分，他力气渐尽，于是伸剑在石上一撑，跃到了岸上。他没喘息得几下，神雕又是挥翅拂来。这一次他有了提防，没给拂中，自行跃入溪中。心想："这位雕兄当真是严师诤友，逼我练功，竟没半点松懈。它既有此美意，我难道反无上进之心？"于是气沉下盘，牢牢站住，时刻稍久，渐渐悟到了凝气用力的法门。山洪虽然越来越大，直浸到了腰间，他反而不如先前的难以支持。又过片刻，山洪浸到胸口，逐步涨到口边，杨过心道："虽然我已站立得稳，总不成给水淹死啊！"只得纵跃回岸。

哪知神雕守在岸旁，见他从空跃至，不待他双足落地，已是展翅扑出。杨过伸剑挡架，却被它这一扑之力推回溪心，扑通一声，跃入了山洪。

他双足站上溪底巨石，水已没顶，一大股水冲进了口中。若是运气将大口水逼出，那么内息上升，足底必虚，当下凝气守中，双足稳稳站定，不再呼吸。过了一会，双足一撑，跃起半空，口中一条水箭激射而出，随即又沉下溪心，让山洪从头顶轰隆轰隆的冲过，身子便如中流砥柱般在水中屹立不动。心中渐渐宁定，暗想："雕兄叫我在山洪中站立，若不使剑挑石，仍是叫它小觑[4]了。"他生来要强好胜，便在一只扁毛畜生之前也不肯失了面子，见到溪流中带下树枝山石，便举剑挑刺，向上流反推上去。岩石在水中轻了许多，那重剑受水力一托，也已大不如平时沉重，出手反感灵便，他挑刺掠击，直练到筋疲力尽，足步虚晃，这才跃回岸上。

他生怕神雕又要赶他下水，这时脚底无力，若不小休片时，已难与山洪的冲力抗拒，果然神雕不让他在岸上立足，一见他从水中跃出，登时举翅搏击。

杨过叫道："雕兄，你这不要了我命么？"跃回溪中站立一会，实在支持不住，终又纵回岸上，眼见神雕举翅拂来，却又不愿便此坐倒认输，只得挺剑回刺，三个回合过去，神雕竟然被他逼得退了一步。杨过叫道："得罪！"又挺剑刺去，只听得剑刃刺出时嗤嗤声响，与往时已颇不相同。神雕见他的剑尖刺近，也已不敢硬接，迫得闪跃退避。

杨过知道在山洪中练了半日，劲力已颇有进境，不由得又惊又喜，自忖劲力增长，本来决非十天半月之功。何以在水中击刺半日，剑力竟会大进？想是那怪蛇的蛇胆定有强筋健骨的奇效，以致在不知不觉之间早已内力大增，此时于危急之际生发出来，自己这才察知。

他在溪旁静坐片刻，力气即复，这时不须神雕催逼，自行跃入溪中练剑。二次跃上时只见神雕已不在溪边，不知到了何处。眼见雨势渐小，心想山洪倏来倏去，明日再来，水力必弱，乘着此时并不觉得如何疲累，不如多练一会，当下又跃入溪心。

练到第四次跃上，便见岸旁放着两枚怪蛇的蛇胆，心中好生感激神雕爱护之德，便即吃了，又入溪心练剑。练到深夜，山洪却渐渐小了。

当晚他竟不安睡，在水中悟得了许多顺刺、逆击、横削、倒劈的剑理，到这时方始大悟，以此使剑，真是无坚不摧，剑上何必有锋？但若非这一柄比平常长剑重了数十倍的重剑，这门剑法也施展不出，寻常利剑只须拿在手里轻轻一抖，劲力未发，剑刃便早断了。

其时大雨初歇，晴空一碧，新月的银光洒在林木溪水之上。杨过瞧着山洪奔腾而下，心通其理，手精其术，知道重剑的剑法已尽于此，不必再练，便是剑魔复生，所能传授的剑术也不过如此而已。将来内力日长，所用之剑便可日轻，终于使木剑如使重剑，那只是功力自浅而深，全仗自己修为，至于剑术，却至此而达止境。

他在溪边来回闲步，仰望明月，心想若非独孤前辈留下这柄重剑，又若非神雕从旁诱导，自己因服怪蛇蛇胆而内力大增，那么这套剑术世间已不可再而得见。又想到独孤求败全无凭借，居然能自行悟到这剑中的神境妙诣，聪明才智实是胜己百倍。

【注释】

[1] 冢(zhǒng)：坟墓。剑冢：剑的坟墓。
[2] 匪夷所思：不是根据常理所能想到的。匪：同"非"。夷：平常。
[3] 膂(lǚ)力：指体力、筋力。
[4] 觑(qù)：把眼睛合成一条缝，注意地看。

【阅读提示】

《神雕侠侣》是金庸的经典武侠长篇之一，描绘了杨过与小龙女至纯至真的旷世爱情，展示了作者对纯美爱情的礼赞，对"侠之大者，为国为民"的讴歌，对正与邪、情与礼、侠与义的深沉思索。

本篇节选的是小说主角杨过练剑的精彩片段。杨过与所爱之人小龙女离别，又失去一只手臂。正在此时，幸遇神雕之助，得前辈独孤剑魔之剑法。在神雕指引下，杨过在洪水中苦练剑法，也练了气功、内力，磨炼了意志，他的剑术步步长进，终于练就一身绝技，剑法超群，进入一种新境界。

小说中主人公的练剑之"道"隐含着深刻的哲理，"技进乎艺"，"艺进乎道"。不仅练剑如此，人类其他领域的活动，如学业、学术、文艺、体育、军事等都如此。将武功哲理化，将武功学术化。

杨过练剑及领悟的过程蕴含哲理，耐人寻味正是金庸武侠小说的一个境界，这也是金庸武侠小说魅力长盛不衰的主要原因之一。

本篇把人物置于树林苍翠、峭壁幽谷的大自然中，用特定的自然环境烘托人物，并运用多种手法，如对话、行为和心理活动刻画人物。作品中将雕拟人化，将其描绘成极具灵性的神鸟，使小说充满了浪漫主义色彩。

【思考练习】
1. 这篇小说是从哪些方面刻画杨过这个人物的？
2. 杨过练剑给了我们怎样的启示？

陈奂生上城

高晓声

【题解】

高晓声(1928—1999)，江苏武进人，1950年开始创作诗(诗集《王善人》)、小说(以《解约》在文坛知名)、戏剧(歌剧《走上新路》获华东会演一等奖而名噪一时)。1958年被划为"右派"，1979年平反后重新开始创作，以小说《李顺大造屋》《陈奂生上城》名重当代，被视为农村题材反思、改革小说的代表人物。出版小说、散文、诗歌、戏剧、创作谈等专集和选集30部，部分作品被译成多国文字，其中英、日、德、荷四种文字有专集。高晓声擅长描写农村生活，善于在普通农民的日常生活中发现并揭示具有重大意义的社会问题，探索我国农民坎坷曲折的命运与心路历程的变化。文笔简练幽默，风格寓庄于谐，在新时期文苑独树一帜。

【文献来源】

张清华，翟文铖. 百年文学主流小说大系 阵痛[M]. 济南：济南出版有限责任公司，2022.03，51-65.

一

"漏斗户主"[1]陈奂生，今日悠悠上城来。

一次寒潮刚过，天气已经好转，轻风微微吹，太阳暖烘烘，陈奂生肚里吃得饱，身上穿得新，手里提着一个装满东西的干干净净的旅行包，也许是气力大，也许是包儿轻，简直像拎了束灯草，晃荡晃荡，全不放在心上。他个儿又高、腿儿又长，上城三十里，经不起他几晃荡；往常挑了重担都不乘车，今天等于是空身，自更不用说，何况太阳还高，到城嫌早，他尽量放慢脚步，一路如游春看风光。

　　他到城里去干啥？他到城里去做买卖。稻子收好了，麦垅种完了，公粮余粮卖掉了，口粮柴草分到了，乘这个空当，出门活动活动，赚几个活钱买零碎。自由市场开放了，他又不投机倒把，卖一点农副产品，冠冕堂皇。

　　他去卖什么？卖油绳[2]。自家的面粉，自家的油，自己动手做成的。今天做好今天卖，格啦嘣脆，又香又酥，比店里的新鲜，比店里的好吃，这旅行包里装的尽是它；还用小塑料袋包装好，有五根一袋的，有十根一袋的，又好看，又干净。一共六斤，卖完了，稳赚三元钱。

　　赚了钱打算干什么？打算买一顶簇新的、刮刮叫的帽子。说真话，从三岁以后，四十五年来，没买过帽子。解放前是穷，买不起；解放后是正当青年，用不着；"文化大革命"以来，肚子吃不饱，顾不上穿戴，虽说年纪到把，也怕脑后风了。正在无可奈何，幸亏有人送了他一顶"漏斗户主"帽，也就只得戴上，横竖不要钱。七八年决分[3]以后，帽子不翼而飞，当时只觉得头上轻松，竟不曾想到冷。今年好像变娇了，上两趟寒流来，就缩头缩颈，伤风打喷嚏，日子不好过，非买一顶帽子不行。好在这也不是大事情，现在活路大，这几个钱，上一趟城就赚到了。

　　陈奂生真是无忧无虑，他的精神面貌和去年大不相同了。他是过惯苦日子的，现在开始好起来，又相信会越来越好，他还不满意么？他满意透了。他身上有了肉，脸上有了笑；有时候半夜里醒过来，想到囤里有米、橱里有衣，总算像人家人家了，就兴致勃勃睡不着，禁不住要把老婆推醒了陪他聊天讲闲话。

　　提到讲话，就触到了陈奂生的短处，对着老婆，他还常能说说，对着别人，往往默默无言。他并非不想说，实在是无可说。别人能说东道西，扯三拉四，他非常羡慕。他不知道别人怎么会碰到那么多新鲜事儿，怎么会想得出那么多特别的主意，怎么会具备那么多离奇的经历，怎么会记牢那么多怪异的故事，又怎么会讲得那么动听。他毫无办法，简直犯了死症毛病，他从来不会打听什么，上一趟街，回来只会说"今天街上人多"或"人少"、"猪行里有猪"、"青菜贱得卖不掉"……之类的话。他的经历又和村上大多数人一样，既不特别，又是别人一目了然的，讲起来无非是"小时候娘常打我的屁股，爹倒不凶"，"也算上了四年学，早忘光了"，"三九年大旱，断了河底，大家捉鱼吃"，"四九年改朝换代，共产党打败了国民党"，"成亲以后，养了一个儿子、一个小女"……索然无味，等于不说。他又看不懂书；看戏听故事，又记不牢。看了《三打白骨精》，老婆要他讲，他也只会说："孙行者最凶，都是他打死的。"老婆不满足，又问白骨精是谁，他就说："是妖怪变的。"还是儿子巧，声明"白骨精不是妖怪变的，是白骨精变成的妖怪。"才算没有错到底。他又想不出新鲜花样来，比如种田，只会讲"种麦要用锄头抨碎泥块"，"莳秧一蔸莳[4]六棵"……谁也不要听。再如这卖油绳的行当，也根本不是他发明的，好些人已经做过一阵了，怎样用料？怎样加工？怎样包装？什么价钱？多少利润？什么地方、什么时间买客多、销路好？都是向大家学来的经验。如果他再向大家夸耀，岂不成了笑话！甚至刻薄些的人还会吊他的背筋："嗳！连'漏斗户主'也有油、粮卖油绳了，还当新闻哩！"还是不开口也罢。

　　如今，为了这点，他总觉得比别人矮一头。黄昏空闲时，人们聚拢来聊天，他总只听不说，别人讲话也总不朝他看，因为知道他不会答话，所以就像等于没有他这个人。他只好自卑，他只有羡慕。他不知道世界上有"精神生活"这一个名词，但是生活好转以后，他渴望过精神生活。哪里有听的，他爱去听，哪里有演的，他爱去看，没听没看，他就觉得没趣。有一次大家闲谈，一个问题专家出了个题目："在本大队你最佩服哪一个？"他忍不住也答了腔，说："陆龙飞最狠。"人家问："一个说书的，狠什么？"他说："就为他能说书，我佩服他一张嘴。"引得众人哈哈大笑。

于是，他又惭愧了，觉得自己总是不会说，又被人家笑，还是不说为好。他总想，要是能碰到一件大家都不曾经过的事情，讲给大家听听就好了，就神气了。

二

当然，陈奂生的这个念头，无关大局，往往蹲在离脑门三四寸的地方，不大跳出来，只是在尴尬时冒一冒尖，让自己存个希望罢了。比如现在上城卖油绳，想着的就只是新帽子。

尽管放慢脚步，走到县城的时候，还只下午六点不到。他不忙做生意，先就着茶摊，出一分钱买了杯热茶，啃了随身带着当晚餐的几块僵饼，填饱了肚子，然后向火车站走去。一路游街看店，遇上百货公司，就弯进去侦察有没有他想买的帽子，要多少价钱。三爿店查下来，他找到了满意的一种。这时候突然一拍屁股，想到没有带钱。原先只想卖了油绳赚了利润再买帽子，没想到油绳未卖之前商店就要打烊；那么，等到赚了钱，这帽子就得明天才能买了。可自己根本不会在城里住夜，一无亲，二无眷，从来是连夜回去的，这一趟分明就买不成，还得光着头冻几天。

受了这点挫折，心情不挺愉快，一路走来，便觉得头上凉嗖嗖，更加懊恼起来。到火车站时，已过八点了。时间还早，但既然来了，也就选了一块地方，敞开包裹，亮出商品，摆出摊子来。这时车站上人数不少，但陈奂生知道难得会有顾客，因为这些都是吃饱了晚饭来候车的，不会买他的油绳，除非小孩嘴馋吵不过，大人才会买。只有火车上下车的旅客到了，生意才会忙起来。他知道九点四十分、十点半，各有一班车到站，这油绳到那时候才能卖掉，因为时近半夜，店摊收歇，能买到吃的地方不多，旅客又饿了，自然争着买。如果十点半卖不掉，十一点二十分还有一班车，不过太晏[5]了，陈奂生宁可剩点回去也不想等，免得一夜不得睡，须知跑回去也是三十里啊。

果然不错，这些经验很灵，十点半以后，陈奂生的油绳就已经卖光了。下车的旅客一拥而上，七手八脚，伸手来拿，把陈奂生搞得昏头昏脑，卖完一算账，竟少了三角钱，因为头昏，怕算错了，再认真算了一遍，还是缺三角，看来是哪个贪小利拿了油绳未付款。他叹了一口气，自认晦气。本来他也晓得，人家买他的油绳，是不能向公家报销的，那要吃而不肯私人掏腰包的，就会耍一点魔术，所以他总是特别当心，可还是丢失了，真是双拳不敌四手，两眼难顾八方。只好认了吧，横竖三块钱赚头，还是有的。

他又叹了口气，想动身凯旋回府。谁知一站起来，双腿发软，两膝打颤，竟是浑身无力。他不觉大吃一惊，莫非生病了吗？刚才做生意，精神紧张，不曾觉得，现在心定下来，才感浑身不适，原先喉咙嘶哑，以为是讨价还价喊哑的，现在连口腔上爿都像冒烟，鼻气火热；一摸额头，果然滚烫，一阵阵冷风吹得头皮好不难受。他毫无办法，只想先找杯热茶解渴。那时茶摊已无，想起车站上有个茶水供应地方，便硬撑着移步过去。到了那里，打开龙头，热水倒有，只是找不到茶杯。原来现在讲究卫生，旅客大都自带茶缸，车站上落得省劲，就把杯子节约掉了。陈奂生也顾不得卫生不卫生，双手捧起龙头里流下的水就喝。那水倒也有点烫，但陈奂生此时手上的热度也高，还忍得住，喝了几口，算是好过一点。但想到回家，竟是千难万难；平常时候，那三十里路，好像经不起脚板一颠，现在看来，真如隔了十万八千里，实难登程。他只得找个位置坐下，耐性受痛，觉得此番遭遇，完全错在忘记了带钱先买帽子，才受凉发病。一着走错，满盘皆输；弄得上不上下不下，进不得退不得，卡在这儿，真叫尴尬。万一严重起来，此地举目无亲，耽误就医吃药，岂不要送掉老命！可又一想，他陈奂生是个堂堂男子汉，一生干净，问心无愧，死了也口眼不闭；活在世上多种几年田，有益无害，完全应该提供宽裕的时间，没有任何匆忙的必要。想到这里，陈奂生高兴起来，他嘴巴干燥，笑不出声，只是两个嘴角，向左右同时嘻开，露出一个微笑。那扶在椅上的右手，轻轻提了起来，像听到了美妙的乐曲似的，在右腿上赏心地拍了一拍，松松地吐出口气，便一头横躺在椅子上卧倒了。

三

　　一觉醒来，天光已经大亮，陈奂生肢体瘫软，头脑不清，眼皮发沉，喉咙痒痒地咳了几声；他懒得睁眼，翻了一个身便又想睡。谁知此身一翻，竟浑身颤了几颤，一颗心像被线穿着吊了几吊，牵肚挂肠。他用手一摸，身下贼软；连忙一个翻身，低头望去，证实自己猜得一点不错，是睡在一张棕绷大床上。陈奂生吃了一惊，连忙平躺端正，闭起眼睛，要弄清楚怎么会到这里来的。他好像有点印象，一时又糊涂难记，只得细细琢磨，好不容易才想出了县委吴书记和他的汽车，一下子理出头绪，把一串细关节脉都拉了出来。

　　原来陈奂生这一年真交了好运，逢到急难，总有救星。他发高烧昏睡不久，候车室门口就开来一部吉普车，载来了县委书记吴楚。他是要乘十二点一刻那班车到省里去参加明天的会议。到火车站时，刚只十一点四十分，吴楚也就不忙，在候车室徒步起来，那司机一向要等吴楚进了站台才走，免得他临时有事找不到人，这次也照例陪着。因为是半夜，候车室旅客不多，吴楚转过半圈，就发现了睡着的陈奂生。吴楚不禁笑了起来，他今秋在陈奂生的生产队里蹲了两个月，一眼就认出他来，心想这老实肯干的忠厚人，怎么在这儿睡着了？若要乘车，岂不误事。便走去推醒他；推了一推，又发现那屁股底下，垫着个瘪包，心想坏了，莫非东西被偷了？就着紧推他，竟也不醒。这吴楚原和农民玩惯了的，一时调皮起来，就去捏他的鼻子；一摸到皮肤热辣辣，才晓得他病倒了，连忙把他扶起，总算把他弄醒了。

　　这些事情，陈奂生当然不晓得。现在能想起来的，是自己看到吴书记之后，就一把抓牢，听到吴书记问他："你生病了吗？"他点点头。吴书记问他："你怎么到这里来的？"他就去摸了摸旅行包。吴书记问他："包里的东西呢？"他就笑了一笑。当时他说了什么？究竟有没有说？他都不记得了；只记得吴书记好像已经完全明白了他的意思，便和驾驶员一同扶他上了车，车子开了一段路，叫开了一家门（机关门诊室），扶他下车进去，见到了一个穿白衣服的人，晓得是医生了。那医生替他诊断片刻，向吴书记笑着说了几句话（重感冒，不要紧），倒过半杯水，让他吃了几片药，又包了一点放在他口袋里，也不曾索钱，便代替吴书记把他扶上了车，还关照说："我这儿没有床，住招待所吧，安排清静一点的地方睡一夜就好了。"车子又开动，又听吴书记说："还有十三分钟了，先送我上车站，再送他上招待所，给他一个单独房间，就说是我的朋友……"

　　陈奂生想到这里，听见自己的心扑扑跳得比打钟还响，合上的眼皮，流出晶莹的泪珠，在眼角膛里停留片刻，便一条线挂下来了。这个吴书记真是大好人，竟看得起他陈奂生，把他当朋友，一旦有难，能挺身而出，拔刀相助，救了他一条性命，实在难得。

陈奂生想，他和吴楚之间，其实也谈不上交情，不过认识罢了。要说有什么私人交往，平生只有一次。记得秋天吴楚在大队蹲点，有一天突然闯到他家来吃了一顿便饭，听那话音，像是特地来体验体验"漏斗户"的生活改善到什么程度的。还带来了一斤块块糖，给孩子们吃。细算起来，等于两顿半饭钱。那还算什么交情呢！说来说去，是吴书记做了官不曾忘记老百姓。

陈奂生想罢，心头暖烘烘，眼泪热辣辣，在被口上拭了拭，便睁开来细细打量这住的地方，却又吃了一惊。原来这房里的一切，都新堂堂、亮澄澄，平顶(天花板)白得耀眼，四周的墙，用青漆漆了一人高，再往上就刷刷白，地板暗红闪光，照出人影子来；紫檀色五斗橱，嫩黄色写字台，更有两张出奇的矮凳，比太师椅还大，里外包着皮，也叫不出它的名字来。再看床上，垫的是花床单，盖的是新被子，雪白的被底，崭新的绸面，呱呱叫三层新。陈奂生不由自主地立刻在被窝里缩成一团，他知道自己身上(特别是脚)不大干净，生怕弄脏了被子……随即悄悄起身，悄悄穿好了衣服，不敢弄出一点声音来，好像做了偷儿，被人发现就会抓住似的。他下了床，把鞋子拎在手里，光着脚跑出去；又眷顾着那两张大皮椅，走近去摸一摸，轻轻捺了捺，知道里边有弹簧，却不敢坐，怕压瘪了弹不饱。然后才真的悄悄开门，走出去了。

到了走廊里，脚底已冻得冰冷，一瞧别人是穿了鞋走路的，知道不碍，也套上了鞋。心想吴书记照顾得太好了，这哪儿是我该住的地方！一向听说招待所的住宿费贵，我又没处报销，这样好的房间，不知要多少钱，闹不好，一夜天把顶帽子钱住掉了，才算不来呢。

他心里不安，赶忙要弄清楚。横竖他要走了，去付了钱吧。

他走到门口柜台处，朝里面正在看报的大姑娘说："同志，算账。"

"几号房间？"那大姑娘恋着报纸说，并未看他。

"几号不知道。我住在最东那一间。"

那姑娘连忙丢了报纸，朝他看看，甜甜地笑着说："是吴书记汽车送来的？你身体好了吗？"

"不要紧，我要回去了。"

"何必急，你和吴书记是老战友吗？你现在在哪里工作？……"大姑娘一面软款款地寻话说，一面就把开好的发票交给他。笑得甜极了。陈奂生看看她，真是绝色！

但是，接到发票，低头一看，陈奂生便像给火钳烫着了手。他认识那几个字，却不肯相信。"多少？"他忍不住问，浑身燥热起来。

"五元。"

"一夜天？"他冒汗了。

"是一夜五元。"

陈奂生的心，忐忑忐忑大跳。"我的天！"他想，"我还怕困掉一顶帽子，谁知竟要两顶！"

"你的病还没有好，还正在出汗呢！"大姑娘惊怪地说。

千不该，万不该，陈奂生竟说了一句这样的外行语："我是半夜里来的呀！"

大姑娘立刻看出他不是一个人物，她不笑了，话也不甜了，像菜刀剁着砧板似的笃笃响着说："不管你什么时候来，横竖到今午十二点为止，都收一天钱。"这还是客气的，没有嘲笑他，是看了吴书记的面子。

陈奂生看着那冷若冰霜的脸，知道自己说错了话，得罪了人，哪里还敢再开口，只得抖着手伸进袋里去摸钞票，然后细细数了三遍，数定了五元；交给大姑娘时，那外面一张人民币，已经半湿了，尽是汗。

这时大姑娘已在看报，见递来的钞票太零碎，更皱了眉头。但她还有点涵养，并不曾说什么，收进去了。

陈奂生出了大价钱，不曾讨得大姑娘欢喜，心里也有点忿忿然。本想一走了之，想到旅行包还丢在房间里，就又回过来。

推开房间，看看照出人影的地板，又站住犹豫："脱不脱鞋？"一转念，忿忿想道："出了五块钱呢！"再也不怕弄脏，大摇大摆走了进去，往弹簧太师椅上一坐："管它，坐瘪了不关我事，出了五元钱呢。"

他饿了，摸摸袋里还剩一块僵饼，拿出来啃了一口，看见了热水瓶，便去倒一杯开水和着饼吃。回头看刚才坐的皮凳，竟没有瘪，便故意立直身子，扑通坐下去……试了三次，也没有坏，才相信果然是好家伙。便安心坐着啃饼，觉得很舒服。头脑清爽，热度退尽了，分明是刚才出了一身大汗的功劳。他是个看得穿的人，这时就有了兴头，想道："这等于出晦气钱——譬如买药吃掉！"

啃完饼，想想又肉痛起来，究竟是五元钱哪！他昨晚上在百货店看中的帽子，实实在在是二元五一顶，为什么睡一夜要出两顶帽钱呢？连沈万山[6]都要住穷的；他一个农业社员，去年工分单价七角，困一夜做七天还要倒贴一角，这不是开了大玩笑！从昨半夜到现在，总共不过七八个钟头，几乎一个钟头要做一天工，贵死人！真是阴错阳差，他这副骨头能在那种床上躺尸吗！现在别的便宜拾不着，大姑娘说可以住到十二点，那就再困吧，困到足十二点走，这也是捞着多少算多少。对，就是这个主意。

这陈奂生确是个向前看的人，认准了自然就干，但刚才出了汗，吃了东西，脸上嘴上，都不惬意，想找块毛巾洗脸，却没有。心一横，便把提花枕巾捞起来干擦了一阵，然后衣服也不脱，就盖上被头困了，这一次再也不怕弄脏了什么，他出了五元钱呢。——即使房间弄成了猪圈，也不值！

可是他睡不着，他想起了吴书记。这个好人，大概只想到关心他，不曾想到他这个人经不起这样高级的关心。不过人家忙着赶火车，哪能想得周全！千怪万怪，只怪自己不曾先买帽子，才伤了风，才走不动，才碰着吴书记，才住招待所，才把油绳的利润用光，连本钱也蚀掉一块多……那么，帽子还买不买呢？他一狠心：买，不买还要倒霉的！

想到油绳，又觉得肚皮饿了。那一块僵饼，本来就填不饱，可惜昨夜生意太好，油绳全卖光了，能剩几袋倒好；现在懊悔已晚，再在这床上困下去，会越来越饿，身上没有粮票，中饭到哪里去吃！到时候饿得走不动，难道再在这儿住一夜吗？他慌了，两脚一踹，把被头踢开，拎了旅行包。开门就走。此地虽好，不是久恋之所，虽然还剩得有二三个钟点，又带不走，忍痛放弃算了。

他出得门来，再无别的念头，直奔百货公司，把剩下来的油绳本钱，买了一顶帽子，立即戴在头上，飘然而去。

一路上看看野景，倒也容易走过；眼看离家不远，忽然想到这次出门，连本搭利，几乎全部搞光,马上要见老婆,交不出账,少不得又要受气,得想个主意对付她。怎么说呢?就说输掉了;不对,自己从不赌。就说吃掉了;不对,自己从不死吃。就说被扒掉了;不对,自己不当心,照样挨骂。就说做好事救济了别人;不对,自己都要别人救济。就说送给一个大姑娘了,不对,老婆要犯疑……那怎么办?

陈奂生自问自答,左思右想,总是不妥。忽然心里一亮,拍着大腿,高兴地叫道:"有了。"他想到此趟上城,有此一番动人的经历,这五块钱化得值透。他总算有点自豪的东西可以讲讲了。试问,全大队的干部、社员,有谁坐过吴书记的汽车?有谁住过五元钱一夜的高级房间?他可要讲给大家听听,看谁还能说他没有什么讲的!看谁还能说他没见过世面了,看谁还能瞧不起他,唔!……他精神陡增,顿时好像高大了许多。老婆已不在他眼里了;他有办法对付,只要一提到吴书记,说这五块钱还是吴书记看得起他,才让他用掉的,老婆保证服帖。哈,人总有得意的时候,他仅仅花了五块钱就买到了精神的满足,真是拾到了非常的便宜货,他愉快地划着快步,像一阵清风荡到了家门。

果然,从此以后,陈奂生的身份显著提高了,不但村上的人要听他讲,连大队干部对他的态度也友好得多,而且,上街的时候,背后也常有人指点着他告诉别人说:"他坐过吴书记的汽车。"或者"他住过五元钱一天的高级房间。"……公社农机厂的采购员有一次碰着他,也拍拍他的肩胛说:"我就没有那个运气,三天两头住招待所,也住不进那样的房间。"

从此,陈奂生一直很神气,做起事来,更比以前有劲得多了。

1980.1

【注释】

[1] "漏斗户主":系作者写的另一篇小说《漏斗户主》(发表于《钟山》1979 年第 2 期)中主人公陈奂生的外号。漏斗户:意指常年负债的穷苦人家。

[2] 油绳:一种油炸的面食。

[3] 决分:指生产队年终决算、分红。

[4] 蔸(dōu):量词,相当于"棵"或"丛"。莳(shí):方言,移植(秧苗)。

[5] 晏(yàn):(时间)迟、晚。

[6] 沈万山:明初江南首富,关于他的故事,明代文献记载多为传闻,较荒诞。

【阅读提示】

陈奂生系列小说(包括《漏斗户主》《陈奂生上城》《陈奂生转业》《陈奂生包产》《陈奂生战术》《种田大户》《陈奂生出国》等)反映农民陈奂生的人生历程。"上城"为其生活带来转机,"包产"使他找到归宿,"出国"则标志着他走向成熟。从这个人物的"人生三部曲"中,我们不难看出我国农村在经济体制改革中所发生的深刻变化和广大农民艰难行进的身影。

《陈奂生上城》通过主人公上城的一段奇遇,生动地刻画出处于社会变革时期的农民,虽然背负着历史因袭的重负而步履维艰,却终于迈出了走向新生活的第一步,从而形象地概括了农村现实生活发生的可喜变化,农村经济政策的调整给广大农民带来的实实在在的好处。作品中的陈奂生已经摘掉"漏斗户主"的帽子,"囤里有米,橱里有衣",抽空还可以进城卖农副产品。随着物质生活的改善,他开始渴望过精神生活,希望提高自己在人们心目中的地位,于是总想能"碰到一件大家都不曾经过的事情"。这事终于在他上城时"碰"上了:因偶感风寒而坐了县委书记的汽车，住上了招待所五元钱一夜的高级房间。在心痛和"报复"之余，"忽然心里一亮"，觉得今后"总算有点自豪的东西可以讲讲了"，于是"精神陡增，顿时好像高大了许多"。这种陈奂生式的精神满足与鲁迅笔下的阿Q似乎有着血缘关系，我们只能带着"含泪的微笑"来看待这一人物的这段奇遇。正如作者本人所说："我写《陈奂生上城》，我的情绪轻快而又沉重，高兴而又慨叹。我轻快、我高兴的是，我们的情况改善了，我们终于前进了；我沉重、我慨叹的是，无论是陈奂生们或我自己，都还没有从因袭的重负中解脱出来。这篇小说，解剖了陈奂生，也解剖了我自己，希望借此来提高陈奂生和我的认识水平、觉悟程度，求得长进。"这段肺腑之言，正是作品题旨之所在，反映了作者对陈奂生们的精神世界的严肃探索和对我国农民命运的深沉思考。

《陈奂生上城》不仅在思想内容上有所开拓，而且在艺术形式和表现手法上"土洋结合，寓洋于土"，富于创新。小说在塑造人物时基本采用传统的艺术手法，即通过人物个性化的动作、语言来表现人物的思想性格，与此同时，也借鉴、吸收外国小说的某些长处。例如，细致入微地刻画人物的心理活动，有意识地将叙述、描写与人物心理分析结合起来，以更深一层地揭示人物的精神世界。小说情节基本按照时空顺序展开，但也有跳跃和切入，且在叙述、描写过程中表现人物的意识流动。作品语言朴实凝练，幽默风趣，具有浓郁的乡土气息和轻松的喜剧色彩。藏庄严于诙谐之内，寓绚丽于素朴之中，构成其独特的艺术风格。

【思考练习】

1. 分析小说中人物的性格特点，掌握其描写方法。
2. 陈奂生的精神世界给我们什么启示？
3. 分析文中心理描写的特点。

听听那冷雨

余光中

【题解】

余光中（1928—2017），原籍福建永春，生于江苏南京。1949年到台湾，1952年毕业于台大外文系。1958年到美国进修，参加爱荷华大学"作家工作室"，翌年获得该校艺术硕士学位后，回台湾教书，先后任教于师范大学、政治大学；其间曾两度赴美国的多所大学任客座教授。1974年任香港中文大学教授；1985年回台湾，任高雄市中山大学教授及文学院院长。2017年于台湾逝世。

余光中是当代诗文兼具的作家，早年戏称"右手写诗，左手写文"，有《舟子的悲歌》《五行无阻》等17部诗集，《左手的缪思》《日不落家》等12部散文集。他的散文别具风格，尤其是青壮年时期的作品，如《逍遥游》《望乡的牧神》等篇章，气魄雄奇，色彩绚丽，号称"余体"。除此之外，余光中在文学评论、编辑和翻译方面也有所建树，享有"璀璨的五彩笔"的美誉。

【文献来源】

余光中. 散文精读·余光中[M]. 杭州：浙江人民出版社，2018：11-18.

  惊蛰[1]一过，春寒加剧。先是料料峭峭，继而雨季开始，时而淋淋漓漓，时而淅淅沥沥，天潮潮地湿湿，即连在梦里，也似乎把伞撑着。而就凭一把伞，躲过一阵潇潇的冷雨，也躲不过整个雨季。连思想也都是潮润润的。每天回家，曲折穿过金门街到厦门街迷宫式的长巷短巷，雨里风里，走入霏霏令人更想入非非。想这样子的台北凄凄切切完全是黑白片的味道，想整个中国整部中国的历史无非是一张黑白片子，片头到片尾，一直是这样下着雨的。这种感觉，不知道是不是从安东尼奥尼那里来的。不过那一块土地是久违了，二十五年，四分之一的世纪，即使有雨，也隔着千山万山，千伞万伞。二十五年，一切都断了，只有气候，只有气象报告还牵连在一起。大寒流从那块土地上弥天卷来，这种酷冷吾与古大陆分担。不能扑进她怀里。被她的裙边扫一扫也算是安慰孺慕之情。

  这样想时，严寒里竟有一点温暖的感觉了。这样想时，他希望这些狭长的巷子永远延伸下去，他的思路也可以延伸下去，不是金门街到厦门街，而是金门到厦门。他是厦门人，至少是广义的厦门人，二十年来，不住在厦门，住在厦门街，算是嘲弄吧，也算是安慰，不过说到广义，他同样也是广义的江南人，常州人，南京人，川娃儿，五陵少年。杏花春雨江南，那是他的少年时代了。再过半个月就是清明。安东尼奥尼的镜头摇过去，摇过去又摇过来。残山剩水犹如是。皇天后土犹如是。纭纭黔首纷纷黎民从北到南犹如是。那里面是中国吗？那里面当然还是中国永远是中国。只是杏花春雨已不再，牧童遥指已不再，剑门细雨渭城轻尘也都已不再。然则他日思夜梦的那片土地，究竟在哪里呢？

  在报纸的头条标题里吗？还是香港的谣言里还是傅聪的黑键白键马思聪的跳弓拨弦？还是安东尼奥尼的镜底勒马洲的望中？还是呢，故宫博物院的壁头和玻璃柜内，京戏的锣鼓声中太白和东坡的韵里？

  杏花。春雨。江南。六个方块字，或许那片土就在那里面。而无论赤县也好神州也好中国也好，变来变去，只要仓颉[2]的灵感不灭美丽的中文不老，那形象，那磁石一般的向心力当必然长在。因为一个方块字是一个天地。太初有字，于是汉族的心灵，祖先的回忆和希望便有了寄托。譬如凭空写一个"雨"字，点点滴滴，滂滂沱沱，淅淅沥沥，一切云情雨意，就宛然其中了。视觉上的这种美感，岂是什么 rain 也好 pluie 也好所能满足？翻开一部《辞源》或《辞海》，金木水火土，各成世界，而一入"雨"部，古神州的天颜千变万化，便悉在望中，美丽的霜雪云霞，骇人的雷电霹雹，展露的无非是神的好脾气与坏脾气，气象台百读不厌门外汉百思不解的百科全书。

  听听，那冷雨。看看，那冷雨。嗅嗅闻闻，那冷雨。舔舔吧，那冷雨。雨在他的伞上这城市百万人的伞上雨衣上屋上天线上，雨下在基隆港在防波堤在海峡的船上，清明这季雨。雨是女性，应该最富于感性。雨气空蒙而迷幻，细细嗅嗅，清清爽爽新新，有一点点薄荷的香味，浓的时候，竟发出草和树沐发后特有的淡淡土腥气，也许那竟是蚯蚓蜗牛的腥气吧，毕竟是惊蛰了啊。也许地上的地下的生命，也许古中国层层叠叠的记忆皆蠢蠢而蠕，也许是植物的潜意识和梦吧，那腥气。

  第三次去美国，在高高的丹佛他山居住了两年。美国的西部，多山多沙漠，千里干旱，天，蓝似安格罗·萨克逊人的眼睛；地，红如印第安人的肌肤；云，却是罕见的白鸟。落基山簇簇耀目的雪峰上，很少飘云牵雾。一来高，二来干，三来森林线以上，杉柏也止步，中国诗词里"荡胸生层云"，或是"商略黄昏雨"的意趣，是落基山上难睹的景象。落基山岭之胜，在石，在雪。那些奇岩怪石，相叠互倚，砌一场惊心动魄的雕塑展览，给太阳和千里的风看。那雪，白得虚虚幻幻，冷得清清醒醒，那股皑皑不绝一仰难尽的气势，压得人呼吸困难，心寒眸酸。不过要领略"白云回望合，青霭入看无"的境界，仍须回中国。台湾湿度很高，最饶云气氤氲[3]雨意迷离的情调。两度夜宿溪头，树香沁鼻，宵寒袭肘，枕着润碧湿翠苍苍交叠的山影和万籁都歇的岑寂，仙人一样睡去。山中一夜饱雨，次晨醒来，在旭日未升的原始幽静中，冲着隔夜的寒气，踏着满地的断柯折枝和仍在流泻的细股雨水，一径探入森林的秘密，曲曲弯弯，步上山去。溪头的山，树密雾浓，蓊郁的水气从谷底冉冉升起，时稠时稀，蒸腾多姿，幻化无定，只能从雾破云开的空处，窥见乍现即隐的一峰半壑，要纵览全貌，几乎是不可能的。至少入山两次，只能在白茫茫里和溪头诸峰玩玩捉迷藏的游戏。回到台北，世人问起，除了笑而不答心自闲，故作神秘之外，实际的印象，也无非山在虚无之间罢了。云缭烟绕，山隐水迢的中国风景，由来予人宋画的韵味。那天下也许是赵家的天下，那山水却是米家的山水。而究竟，是米氏父子下笔像中国的山水，还是中国的山水上纸像宋画，恐怕是谁也说不清楚了吧？

　　雨不但可嗅，可观，更可以听。听听那冷雨。听雨，只要不是石破天惊的台风暴雨，在听觉上总是一种美感。大陆上的秋天，无论是疏雨滴梧桐，或是骤雨打荷叶，听去总有一点凄凉，凄清，凄楚，于今在岛上回味，则在凄楚之外，更笼上一层凄迷了。饶你多少豪情侠气，怕也经不起三番五次的风吹雨打。一打少年听雨，红烛昏沉。二打中年听雨，客舟中，江阔云低。三打白头听雨在僧庐下，这便是亡宋之痛。一颗敏感心灵的一生：楼上，江上，庙里，用冷冷的雨珠子串成。十年前，他曾在一场摧心折骨的鬼雨中迷失了自己。雨，该是一滴湿漓漓的灵魂，在窗外喊谁。

　　雨打在树上和瓦上，韵律都清脆可听。尤其是铿铿敲在屋瓦上，那古老的音乐，属于中国。王禹偁在黄冈，破如椽的大竹为屋瓦。据说住在竹楼上面，急雨声如瀑布，密雪声比碎玉，而无论鼓琴，咏诗，下棋，投壶，共鸣的效果都特别好。这样岂不像住在竹筒里面，任何细脆的声响，怕都会加倍夸大，反而令人耳朵过敏吧。

　　雨天的屋瓦，浮漾湿湿的流光，灰而温柔，迎光则微明，背光则幽黯，对于视觉，是一种低沉的安慰。至于雨敲在鳞鳞千瓣的瓦上，由远而近，轻轻重重轻轻，夹着一股股的细流沿瓦槽与屋檐潺潺泻下，各种敲击音与滑音密织成网，谁的千指百指在按摩耳轮。"下雨了"，温柔的灰美人来了，她冰冰的纤手在屋顶拂弄着无数的黑键啊灰键，把晌午一下子奏成了黄昏。

　　在古老的大陆上，千屋万户是如此。二十多年前，初来这岛上，日式的瓦屋亦是如此。先是天黯了下来，城市像罩在一块巨幅的毛玻璃里，阴影在户内延长复加深。然后凉凉的水意弥漫在空间，风自每一个角落里旋起，感觉得到，每一个屋顶上呼吸沉重都覆着灰云。雨来了，最轻的敲打乐敲打这城市。苍茫的屋顶，远远近近，一张张敲过去，古老的琴，那细细密密的节奏，单调里自有一种柔婉与亲切，滴滴点点滴滴，似幻似真，若孩时在摇篮里，一曲耳熟的童谣摇摇欲睡，母亲吟哦鼻音与喉音。或是在江南的泽国水乡，一大筐绿油油的桑叶被啮于千百头蚕，细细琐琐屑屑，口器与口器咀咀嚼嚼。雨来了，雨来的时候瓦这么说，一片瓦说千亿片瓦说，说轻轻地奏吧沉沉地弹，徐徐地叩吧挞挞地打，间间歇歇敲一个雨季，即兴演奏从惊蛰到清明，在零落的坟上冷冷奏挽歌，一片瓦吟千亿片瓦吟。

在日式的古屋里听雨，听四月霏霏不绝的黄梅雨，朝夕不断，旬月绵延，湿黏黏的苔藓从石阶下一直侵到他舌底，心底。到七月，听台风台雨在古屋顶上一夜盲奏，千寻海底的热浪沸沸被狂风挟来，掀翻整个太平洋只为向他的矮屋檐重重压下，整个海在他的蜗壳上哗哗泻过。不然便是雷雨夜，白烟一般的纱帐里听羯鼓[4]一通又一通，滔天的暴雨滂滂沛沛扑来，强劲的电琵琶忐忐忑忑忐忐忑忑，弹动屋瓦的惊悸腾腾欲掀起。不然便是斜斜的西北雨斜斜，刷在窗玻璃上，鞭在墙上打在阔大的芭蕉叶上，一阵寒濑泻过，秋意便弥漫日式的庭院了。

在日式的古屋里听雨，春雨绵绵听到秋雨潇潇，从少年听到中年，听听那冷雨。雨是一种单调而耐听的音乐，是室内乐是室外乐，户内听听，户外听听，冷冷，那音乐。雨是一种回忆的音乐，听听那冷雨，回忆江南的雨下得满地是江湖下在桥上和船上，也下在四川和秧田和蛙塘，下肥了嘉陵江下湿布谷咕咕的啼声。雨是潮潮润润的音乐下在渴望的唇上，舔舔那冷雨。

因为雨是最最原始的敲打乐从记忆的彼端敲起。瓦是最最低沉的乐器灰蒙蒙的温柔覆盖着听雨的人，瓦是音乐的雨伞撑起。但不久公寓的时代来临，台北你怎么一下子长高了，瓦的音乐竟成了绝响。千片万片的瓦翩翩。美丽的灰蝴蝶纷纷飞走，飞入历史的记忆。现在雨下下来下在水泥的屋顶和墙上，没有音韵的雨季。树也砍光了，那月桂，那枫树，柳树和擎天的巨椰，雨来的时候不再有丛叶嘈嘈切切，闪动湿湿的绿光迎接。鸟声减了啾啾，蛙声沉了咯咯，秋天的虫吟也减了唧唧。七十年代的台北不需要这些，一个乐队接一个乐队便遣散尽了。要听鸡叫，只有去《诗经》的韵里寻找。现在只剩下一张黑白片，黑白的默片。

正如马车的时代去后，三轮车的时代也去了。曾经在雨夜，三轮车的油布篷挂起，送她回家的途中，篷里的世界小得多可爱，而且躲在警察的辖区以外。雨衣的口袋越大越好，盛得下他的一只手里握一只纤纤的手。台湾的雨季这么长，该有人发明一种宽宽的双人雨衣，一人分穿一只袖子，此外的部分就不必分得太苛。而无论工业如何发达，一时似乎还废不了雨伞。只要雨不倾盆，风不横吹，撑一把伞在雨中仍不失古典的韵味。任雨点敲在黑布伞或是透明的塑胶伞上，将骨柄一旋，雨珠向四方喷溅，伞缘便旋成了一圈飞檐。跟女友共一把雨伞，该是一种美丽的合作吧。最好是初恋，有点兴奋，更有点不好意思，若即若离之间，雨不妨下大一点。真正初恋，恐怕是兴奋得不需要伞的，手牵手在雨中狂奔而去，把年轻的长发和肌肤交给漫天的淋淋漓漓，然后向对方的唇上颊上尝凉凉甜甜的雨水。不过那要非常年轻且激情，同时，也只能发生在法国的新潮片里吧。

大多数的雨伞想不会为约会张开。上班下班，上学放学，菜市来回的途中，现实的伞，灰色的星期三。握着雨伞，他听那冷雨打在伞上。索性更冷一些就好了，他想。索性把湿湿的灰雨冻成干干爽爽的白雨，六角形的结晶体在无风的空中回回旋旋地降下来，等须眉和肩头白尽时，伸手一拂就落了。二十五年，没有受故乡白雨的祝福，或许发上下一点白霜是一种变相的自我补偿吧。一位英雄，经得起多少次雨季？他的额头是水成岩削成还是火成岩？他的心底究竟有多厚的苔藓？厦门街的雨巷走了二十年与记忆等长，一座无瓦的公寓在巷底等他，一盏灯在楼上的雨窗子里，等他回去，向晚餐后的沉思冥想去整理青苔深深的记忆。前尘隔海。古屋不再。听听那冷雨。

一九七四年春分之夜

【注释】

[1] 惊蛰(zhé)：二十四节气之一，在3月5、6或7日。
[2] 仓颉(jié)：传说中国古代文字的发明者。
[3] 氤氲：形容烟或云气浓郁。
[4] 羯(jié)鼓：我国古代的一种鼓，两面蒙皮，腰部细，据说来源于羯族。

【阅读提示】

乡愁意识是余光中的生命情结，是他永远挥之不去的情愫。在诗歌《乡愁》中，我们见识过了这种清新委婉而又深沉雄浑的"乡愁"。

所谓"愁"者皆因距离而产生，因空阔而凄惶，因无望而动人。循着这一缕愁情，我们走入诗人更为博大的情感空间——文化乡愁、历史乡愁。在《听听那冷雨》中，他的乡愁变得远了，也变得深沉了。作者借"冷雨"这个意象，把读者带进了一个冷寂、凄迷的氛围之中，抒发了身在海岛、异域的游子对故国故土无尽的乡愁。在文中，乡愁已变成了血液，在他全身流淌，中国意识在他思想的每一个地方涌动，驱动着他，左右着他。对中国，对中国文化的热爱与眷恋，使他的乡愁烙上了深厚的历史文化烙印。"中国"二字如坚果硬核，久含不溶，如鲠在喉，俨然成了一个特殊的抒情密码。

余光中是雨中的作家，他在风雨中行走，在人生的旅途上跋涉，所以他爱雨，他写雨：《鬼雨》《听听那冷雨》《雨城古寺》《苦雨就要下降》……这些直接提到雨的作品，既是他的人生印记，也是他的心路历程。所以人们评价说，"在古典文学史上，写雨写得最出色的词是蒋捷的《虞美人》；在现代散文史上，写雨写得最出色的散文大概要数余光中的《鬼雨》和《听听那冷雨》了"。

在写景的时候，作者全方位出击，同时诉诸读者的视、听、嗅、味、触等多种感官。读完这篇文章，读者的视觉、听觉、嗅觉、味觉、触觉都会得到高度的满足。区区一滴雨，无色、无嗅、无味，可到了作家的笔下，竟能由平淡化为神奇，"不但可嗅，可观，更可以听"，还可舔。

余光中是一个知雨者，他善于创造一种独特的语句表达自己对雨的感受，他说："在《逍遥游》《鬼雨》一类作品里，我倒当真想在中国文字的风火炉中，炼出一颗丹来。在这一类作品里，我尝试把中国的文字压缩、锤扁、拉长、磨利，把它拆开又拼拢，拆来又叠去，为了试验它的速度、密度和弹性。我的理性是要让中国的文字，在变化各殊的句法中，交响成一个大乐队，而作家的笔应该一挥百应，如交响乐的指挥。"像"雨在他的伞上这城市百万人的伞上雨衣上屋上天线上雨下在基隆港在防波堤在海峡的船上"这样的句子，是典型的余氏语言。

【思考练习】

1. 如何理解余光中在这篇文章中所表现出的乡愁意识？
2. 作者对雨的独特感受是从哪几个方面展开描写的？
3. 分析本文的语言风格和修辞手法。

错　误

郑愁予

【题解】

郑愁予，1933年生于山东济南，原籍河北宁河。本名郑文韬，后改名郑愁予，名字是从辛弃疾的诗"江晚正愁余，山深闻鹧鸪"中而来，也可以说从《九歌》"帝子降兮北渚，目眇眇兮愁予"中而来。童年随做军人的父亲走遍大江南北，长城内外，饱览祖国各地的风土人情，山水风光。1949年随家人去台湾后，一面学习，一面写作，其作品受到纪弦赏识，1963年成为现代诗社中的主要成员。20世纪60年代末赴美，获爱荷华大学艺术硕士学位，后任教于耶鲁大学。诗人思维敏捷，感慨殊深，融合古今体悟，汲取国内外经验，创作力充沛。其诗作优美、潇洒、富有抒情韵味，早期诗集包括《梦土上》《窗外的女奴》《衣钵》（三集合称《郑愁予诗集》），后又有《燕人行》《雪的可能》。

【文献来源】

郑愁予. 郑愁予诗的自选：I [M]. 北京：三联书店，2000：11.

  我打江南走过
  那等在季节里的容颜如莲花的开落

  东风不来，三月的柳絮不飞
  你的心如小小的寂寞的城
  恰若青石的街道向晚
  跫音不响，三月的春帷不揭
  你的心是小小的窗扉紧掩

  我达达的马蹄是美丽的错误
  我不是归人，是个过客……

【阅读提示】

《错误》可以说是郑愁予最经典的诗歌之一，其中"美丽的错误"传达的美丽的忧伤赢得了千万读者的喜爱。这首小诗，含蓄、典雅、幽深的风格及美好的情感为诗人奠定了他在台湾诗坛上不可忽视的地位。

这首诗体现了古典意象美与现代诗歌技巧的完美融合。这首诗的意象是很传统的、中国的。读诗的首句"我打江南走过"，人们的脑海中应该会出现江南这一古典意象。烟柳画桥，流水幽幽，灵秀的江南总是令非江南人神往，令江南人陶醉于其中。而下一句中的莲花意象更是在中国古典诗歌中频频出现。这里，作者用莲花象征江南的女子，莲花的开落表现红颜的易逝。东风、柳絮都是令人联想到明媚春光的意象，在这里，春风没有吹来，柳絮也没有飞舞。黄昏的青石街道也给人一种昏暗的感觉。为什么美丽灵动的江南却如此的沉寂？原来是那颗孤独的心灵使得女子感到的春天与小城也同样寂寞。那位江南的女子在等待的无数次失望之后依然听不到归人的脚步声,她的心也如同窗扉紧闭着,她的春帷不忍再揭开接受又一次的失望。突然,一阵马蹄声渐渐传入了女子的耳朵,她终于忍不住还是揭开了帘幕期待着心上人的归来,可是,这只是一个给人美丽希望的错误,"我"不是归人,是个过客。

在诗歌的形式上,长短相间的句式增强了表现主题的效果。这种形式和结构又非刻意雕琢而成,而是自然的表达,增强了诗歌的艺术感染力。"我打江南走过",是一个短句,形式上的短表现了"走过"的主题,暗含"我"只是走过、路过这里,只是个过客,停留的短暂暗暗呼应末尾"我不是归人,是个过客……",同时也象征着一种流浪意识。"那等在季节里的容颜如莲花的开落"是一个长句,花开花落,表现等待的漫长。"东风不来,三月的柳絮不飞"两个短句,"你的心如小小寂寞的城"又是一个长句,表现寂寞的蔓延和绵长。另外,诗中也运用了倒装,使诗句更加悠长。"青石的街道向晚""小小的窗扉紧掩"而非"向晚的青石街道""小小的紧掩的窗扉",显然在意境和语气上都有更加深远的韵味。

【思考练习】

1. 这首诗中为什么说"错误"是"美丽"的?

2. 从描写思妇这一主题和表现的意境来比较《错误》与温庭筠的《望江南·梳洗罢》,分析新诗与古典诗词的某种内在联系。

附:温庭筠《望江南·梳洗罢》

梳洗罢,独倚望江楼。过尽千帆皆不是,斜晖脉脉水悠悠。肠断白蘋洲。

永远的尹雪艳

白先勇

【题解】

白先勇,1937年生于广西桂林,祖籍江苏南京,国民党高级将领白崇禧之子。童年在重庆生活,后随父母辗转于南京、香港、台湾等地。1956年入台南成功大学,一年后进台湾大学外文系。1958年发表第一篇小说《金大奶奶》。1960年,与同学陈若曦、欧阳子等人创办《现代文学》杂志,发表了《月梦》《玉卿嫂》《毕业》等多篇小说。1961年大学毕业,1963年赴美国留学,1965年获硕士学位后旅居美国,任教于加州大学,讲授中国文学课程。出版有短篇小说集《寂寞的十七岁》《谪仙记》《台北人》《纽约客》,散文集《蓦然回首》,长篇小说《孽子》等。

白先勇是台湾现代派的代表作家,擅于吸收西洋现代文学的写作技巧,融合中国传统的表现方式,其作品多描写新旧交替时代人物的故事和生活,富于历史沧桑感,他的小说在港台及海外华人中享有很高的声誉。

【文献来源】

王晋民. 白先勇小说选[M]. 南宁:广西人民出版社,1980: 99-112.

一

  尹雪艳总也不老。十几年前那一班在上海百乐门舞厅替她捧场的五陵年少，有些天平开了顶，有些两鬓添了霜，有些来台湾降成了铁厂、水泥厂、人造纤维厂的闲顾问，但也有少数却升成了银行的董事长、机关里的大主管。不管人事怎么变迁，尹雪艳永远是尹雪艳，在台北仍旧穿着她那一身蝉翼纱的素白旗袍，一径那么浅浅地笑着，连眼角儿也不肯皱一下。

  尹雪艳着实迷人。但谁也没能道出她真正迷人的地方。尹雪艳从来不爱擦胭抹粉，有时最多在嘴唇上点着些似有似无的蜜丝佛陀；尹雪艳也不爱穿红戴绿，天时炎热，一个夏天，她都浑身银白，净扮的了不得。不错，尹雪艳是有一身雪白的肌肤，细挑的身材，容长的脸蛋儿配着一副俏丽恬净的眉眼子，但是这些都不是尹雪艳出奇的地方。见过尹雪艳的人都这么说，也不知是何道理，无论尹雪艳一举手、一投足，总有一份世人不及的风情。别人伸个腰、蹙一下眉，难看，但是尹雪艳做起来，却又别有一番妩媚了。尹雪艳也不多言、不多语，紧要的场合插上几句苏州腔的上海话，又中听、又熨贴。有些荷包不足的舞客，攀不上叫尹雪艳的台子，但是他们却去百乐门坐坐，观观尹雪艳的风采，听她讲几句吴侬软话，心里也是舒服的。尹雪艳在舞池子里，微仰着头，轻摆着腰，一径是那么不慌不忙地起舞着；即使跳着快狐步，尹雪艳从来也没有失过分寸，仍旧显得那么从容，那么轻盈，像一球随风飘荡的柳絮，脚下没有扎根似的。尹雪艳有她自己的旋律。尹雪艳有她自己的拍子，绝不因外界的迁异，影响到她的均衡。

  尹雪艳迷人的地方实在讲不清，数不尽，但是有一点却大大增加了她的神秘。尹雪艳名气大了，难免招忌，她同行的姐妹淘醋心重的就到处吵起说：尹雪艳的八字带着重煞，犯了白虎，沾上的人，轻者家败，重者人亡。谁知道就是为着尹雪艳享了重煞的令誉，上海洋场的男士们都对她增加了十分的兴味。生活悠闲了，家当丰沃了，就不免想冒险，去闯闯这颗红遍了黄浦滩的煞星儿。上海棉纱财阀王家的少老板王贵生就是其中探险者之一。天天开着崭新的开德拉克，在百乐门门口候着尹雪艳转完台子，两人一同上国际饭店二十四楼的屋顶花园去共进华美的宵夜。望着天上的月亮及灿烂的星斗，王贵生说，如果用他家的金条儿能够搭成一道天梯，他愿意爬上天空去把那弯月牙儿掐下来，插在尹雪艳的云鬓上。尹雪艳吟吟地笑着，总也不出声，伸出她那兰花般细巧的手，慢条斯理地将一枚枚涂着俄国乌鱼子的小月牙儿饼拈到嘴里去。

  王贵生拼命地投资，不择手段地赚钱，想把原来的财富堆成三倍四倍，将尹雪艳身边那批富有的逐鹿者一一击倒，然后用钻石玛瑙串成一根链子，套在尹雪艳的脖子上，把她牵回家去。当王贵生犯上官商勾结的重罪，下狱枪毙的那一天，尹雪艳在百乐门停了一宵，算是对王贵生致了哀。

  最后赢得尹雪艳的却是上海金融界一位热可炙手的洪处长。洪处长休掉了前妻，抛弃了三个儿女，答应了尹雪艳十条条件，于是尹雪艳变成了洪夫人，住在上海法租界一幢从日本人接收过来华贵的花园洋房里。两三个月的工夫，尹雪艳便像一株晚开的玉梨花，在上海上流社会的场合中以压倒群芳的姿态绽放起来。

  尹雪艳着实有压场的本领。每当盛宴华筵，无论在场的贵人名媛，穿着紫貂，围着火狸，当尹雪艳披着她那件翻领束腰的银狐大氅，像一阵三月的微风，轻盈盈地闪进来时，全场的人都好像给这阵风熏中了一般，总是情不自禁地向她迎过来。尹雪艳在人堆子里，像个冰雪化成的精灵，冷艳逼人，踏着风一般的步子，看得那些绅士以及仕女们的眼睛都一齐冒出火来。这就是尹雪艳：在兆丰夜总会的舞厅里，在兰心剧院的过道上，以及在霞飞路上一幢幢侯门官府的客堂中，一身银白，歪靠在沙发椅上，嘴角一径挂着那流吟吟浅笑，把场合中许多银行界的经理、协理、纱厂的老板及小开，以及一些新贵和他们的夫人们都拘到眼前来。

可是洪处长的八字到底软了些，没能抵得住尹雪艳的重煞。一年丢官，两年破产，到了台北连个闲职也没捞上。尹雪艳离开洪处长时还算有良心，除了自己的家当外，只带走一个从上海跟来的名厨师及两个苏州娘姨。

二

尹雪艳的新公馆坐落在仁爱路四段的高级住宅区里，是一幢崭新的西式洋房，有个十分宽敞的客厅，容得下两三桌酒席。尹雪艳对她的新公馆倒是刻意经营过一番。客厅的家具是一色桃花心红木桌椅。几张老式大靠背的沙发，塞满了黑丝面子鸳鸯戏水的湘绣靠枕，人一坐下去就陷进了一半，倚在柔软的丝枕上，十分舒适。到过尹公馆的人，都称赞尹雪艳的客厅布置妥贴，叫人坐着不肯动身。打麻将有特别设备的麻将间，麻将桌、麻将灯都设计得十分精巧。有些客人喜欢挖花，尹雪艳还特别腾出一间有隔音设备的房间，挖花的客人可以关在里面恣意唱和。冬天有暖炉，夏天有冷气，坐在尹公馆里，很容易忘记外面台北市的阴寒及溽暑。客厅案头的古玩花瓶，四时都供着鲜花。尹雪艳对于花道十分讲究，中山北路的玫瑰花店常年都送来上选的鲜货，整个夏天，尹雪艳的客厅中都细细地透着一股又甜又腻的晚香玉。

尹雪艳的新公馆很快地便成为她旧遇新知的聚会所。老朋友来到时，谈谈老话，大家都有一腔怀古的幽情，想一会儿当年，在尹雪艳面前发发牢骚，好像尹雪艳便是上海百乐门时代永恒的象征，京沪繁华的佐证一般。

"阿媛，看看干爹的头发都白光喽！侬还像枝万年青一样，愈来愈年轻！"

吴经理在上海当过银行的总经理，是百乐门的座上常客，来到台北赋闲，在一家铁工厂挂个顾问的名义。见到尹雪艳，他总爱拉着她半开玩笑而又不免带点自怜的口吻这样说。吴经理的头发确实全白了，而且患着严重的风湿，走起路来，十分蹒跚，眼睛又害沙眼，眼毛倒插，常年淌着眼泪，眼圈已经开始溃烂，露出粉红的肉来，冬天时候，尹雪艳总把客厅里那架电暖炉移到吴经理的脚跟前，亲自奉一盅铁观音，笑吟吟地说道："哪里的话，干爹才是老当益壮呢！"

吴经理心中熨贴了，恢复了不少自信，眨着他那烂掉了睫毛的老花眼，在尹公馆里，当众票了一出"坐宫"，以苍凉沙哑的嗓子唱出：

"我好比浅水龙，被困在沙滩。"

尹雪艳有迷男人的功夫，也有迷女人的功夫。跟尹雪艳结交的那班太太们，打从上海起，就背地数落她，当尹雪艳平步青云时，这起太太们气不忿，说道：凭你怎么爬，左不过是个货腰娘。当尹雪艳的靠山相好遭到厄运的时候，她们就叹气道：命是逃不过的，煞气重的娘儿们到底沾惹不得。可是十几年来这起太太们一个也舍不得离开尹雪艳，到台北都一窝蜂似的聚到尹雪艳的公馆里，她们不得不承认尹雪艳实在有她惊动人的地方。尹雪艳在台北的鸿祥绸缎庄打得出七五折，在小花园里挑得出最登样的绣花鞋儿，红楼的绍兴戏码，尹雪艳最在行，吴燕丽唱《孟丽君》的时候，尹雪艳可以拿得到免费的前座戏票，论起西门町的京沪小吃，尹雪艳又是无一不精了。于是这起太太们，由尹雪艳领队，逛西门町、看绍兴戏、坐在三六九里吃桂花汤团，往往把十几年来不如意的事儿一古脑儿抛掉，好像尹雪艳周身都透着上海大千世界荣华的麝香一般，熏得这起往事沧桑的中年妇人都进入半醉的状态，而不由自主都津津乐道起上海五香斋的蟹黄面来。这起太太们常常容易闹情绪。尹雪艳对于她们都一一施以广泛的同情，她总耐心地聆听她们的怨艾及委曲，必要时说几句安抚的话，把她们焦躁的脾气一一熨平。

"输呀，输得精光才好呢！反正家里有老牛马垫背，我不输，也有旁人替我输！"

每逢宋太太搓麻将输了钱时就向尹雪艳带着酸意地抱怨道。宋太太在台湾得了妇女更年期的痴肥症，体重暴增到一百八十多磅，形态十分臃肿，走多了路，会犯气喘。宋太太的心酸话较多，因为她先生宋协理有了外遇，对她颇为冷落，而且对方又是一个身段苗条的小酒女。十几年前宋太太在上海的社交场合出过一阵风头，因此她对以往的日子特别向往。尹雪艳自然是宋太太倾诉衷肠的适当人选，因为只有她才能体会宋太太那种今昔之感。有时讲到伤心处，宋太太会禁不住掩面而泣。

"宋家阿姐，'人无千日好，花无百日红'，谁又能保得住一辈子享荣华，受富贵呢？"

于是尹雪艳便递过热毛巾给宋太太揩面，怜悯地劝说道。宋太太不肯认命，总要抽抽搭搭地怨怼一番：

"我就不信我的命又要比别人差些！像侬吧，尹家妹妹，侬一辈子是不必发愁的，自然有人会来帮衬侬。"

三

尹雪艳确实不必发愁，尹公馆门前的车马从来也未曾断过。老朋友固然把尹公馆当做世外桃源，一般新知也在尹公馆找到别处稀有的吸引力。尹雪艳公馆一向维持它的气派。尹雪艳从来不肯把它降低于上海霞飞路的排场。出入的人士，纵然有些是过了时的，但是他们有他们的身份，有他们的派头，因此一进到尹公馆，大家都觉得自己重要，即使是十几年前作废了的头衔，经过尹雪艳娇声亲切地称呼起来，也如同受过诰封一般，心理上恢复了不少的优越感。至于一般新知，尹公馆更是建立社交的好所在了。

当然，最吸引人的，还是尹雪艳本身。尹雪艳是一个最称职的主人。每一位客人，不分尊卑老幼，她都招呼得妥妥贴贴。一进到尹公馆，坐在客厅中那些铺满黑丝面椅垫的沙发上，大家都有一种宾至如归，乐不思蜀的亲切之感，因此，做会总在尹公馆开标，请生日酒总在尹公馆开席，即使没有名堂的日子，大家也立一个名目，凑到尹公馆成一个牌局。一年里，倒有大半的日子，尹公馆里总是高朋满座。

尹雪艳本人极少下场，逢到这些日期，她总预先替客人们安排好牌局；有时两桌，有时三桌，她对每位客人的牌品及癖性都摸得清清楚楚，因此牌搭子总配得十分理想，从来没有伤过和气。尹雪艳本人督导着两个头干脸净的苏州娘姨在旁边招呼着。午点是宁波年糕或者湖州粽子。晚饭是尹公馆上海名厨的京沪小菜：金银腿、贵妃鸡、炝虾、醉蟹——尹雪艳亲自设计了一个转动的菜牌，天天转出一桌桌精致的筵席来。到了下半夜，两个娘姨便捧上雪白喷了明星花露水的冰面巾，让大战方酣的客人们揩面醒脑，然后便是一碗鸡汤银丝面作了宵夜。客人们掷下的桌面十分慷慨，每次总上两三千。赢了钱的客人固然值得兴奋，即使输了钱的客人也是心甘情愿，在尹公馆里吃了玩了，末了还由尹雪艳差人叫好计程车，一一送回家去。

当牌局进展激烈的当儿，尹雪艳便换上轻装，周旋在几个牌桌之间，踏着她那风一般的步子，轻盈盈地来回巡视着，象个通身银白的女祭司，替那些作战的人们祈祷和祭祀。

"阿媛，干爹又快输脱底喽！"

每到败北阶段，吴经理就眨着他那烂掉了睫毛的眼睛，向尹雪艳发出讨救的哀号。

"还早呢，干爹，下四圈就该你摸清一色了。"

尹雪艳把个黑丝椅垫枕到吴经理害了风湿症的背脊上，怜恤地安慰着这个命运乖谬的老人。

"尹小姐，你是看到的。今晚我可没打错一张牌，手气就那么背！"

女客人那边也经常向尹雪艳发出乞怜的呼吁，有时宋太太输急了，也顾不得身份，就抓起两颗骰子啐道：

"呸！呸！呸！勿要面孔的东西，看你霉到甚么辰光！"

尹雪艳也照例过去，用着充满同情的语调，安抚她们一番。这个时候，尹雪艳的话就如同神谕一般令人敬畏。在麻将桌上，一个人的命运往往不受控制，客人们都讨尹雪艳的口采来恢复信心及加强斗志。尹雪艳站在一旁，叼着金嘴子的三个九，徐徐地喷着烟圈，以悲天悯人的眼光看着她这一群得意的、失意的、老年的、壮年的、曾经叱咤风云的、曾经风华绝代的客人们，狂热地互相厮杀，互相宰割。

四

新来的客人中，有一位叫徐壮图的中年男士，是上海交通大学的毕业生；生得品貌堂堂，高高的个儿，结实的身体，穿着剪裁合度的西装，显得分外英挺。徐壮图是个台北市新兴的实业巨子，随着台北市的工业化，许多大企业应运而生，徐壮图头脑灵活，具有丰富的现代化工商管理的知识，才是四十出头，便出任一家大水泥公司的经理。徐壮图有位贤慧的太太及两个可爱的孩子。家庭美满，事业充满前途，徐壮图成为一个雄心勃勃的企业家。

徐壮图第一次进入尹公馆是在一个庆生酒会上。尹雪艳替吴经理做六十大寿，徐壮图是吴经理的外甥，也就随着吴经理来到尹雪艳的公馆。

那天尹雪艳着实装饰了一番，穿着一袭月白短袖的织锦旗袍，襟上一排香妃色的大盘扣，脚上也是月白缎子的软底绣花鞋，鞋尖却点着两瓣肉色的海棠叶儿。为了讨喜气，尹雪艳破例地在右鬓簪上一朵酒杯大血红的郁金香，而耳朵上却吊着一对寸把长的银坠子。客厅里的寿堂也布置得喜气洋洋。案上全换上才铰下的晚香玉，徐壮图一踏进去，就嗅中一阵沁入脑肺的甜香。

"阿媛，干爹替侬带来顶顶体面的一位人客。"吴经理穿着一身崭新的纺绸长衫，佝着背，笑呵呵地把徐壮图介绍给尹雪艳道，然后指着尹雪艳说：

"我这位干小姐呀，实在孝顺不过。我这个老朽三灾五难的还要赶着替我做生。我忖忖：我现在又不在职，又不问世，这把老骨头天天还要给触霉头的风湿症来折磨。管他折福也罢，今朝我且大模大样地生受了干小姐这场寿酒再讲。我这位外甥，年轻有为，难得放纵一回，今朝也来跟我们这群老朽一道开心开心。阿媛是个最妥当的主人家，我把壮图交给侬，侬好好地招待招待他吧。"

"徐先生是稀客，又是干爹的令戚，自然要跟别人不同一点。"尹雪艳笑吟吟地答道，发上那朵血红的郁金香颤巍巍地抖动着。

徐壮图果然受到尹雪艳特别的款待。在席上，尹雪艳坐在徐壮图旁边一径殷勤地向他劝酒让菜，然后歪向他低声说道：

"徐先生，这道是我们大师傅的拿手，你尝尝，比外面馆子做的如何？"

用完席后，尹雪艳亲自盛上一碗冰冻杏仁豆腐捧给徐壮图，上面却放着两颗鲜红的樱桃。用完席成上牌局的时候，尹雪艳经常走到徐壮图背后看他打牌。徐壮图的牌张不熟，时常发错张子。才到八圈，徐壮图已经输掉一半筹码。有一轮，徐壮图正当发出一张梅花五筒的时候，突然尹雪艳从后面欠过身伸出她那细巧的手把徐壮图的手背按住说道：

"徐先生，这张牌是打不得的。"

那一盘徐壮图便和了一副"满园花"，一下子就把输出去的筹码赢回了大半。客人中有一个开玩笑抗议道：

"尹小姐，你怎么不来替我也点点张子，瞧瞧我也输完啦。"

"人家徐先生头一趟到我们家，当然不好意思让他吃了亏回去的喽。"徐壮图回头看到尹雪艳朝着他满面堆着笑容，一对银耳坠子吊在她乌黑的发脚下来回地浪荡着。

客厅中的晚香玉到了半夜，吐出一蓬蓬的浓香来。席间徐壮图喝了不少热花雕，加上牌桌上和了那盘"满园花"的亢奋，临走时他已经有些微醺的感觉了。

"尹小姐，全得你的指教，要不然今晚的麻将一定全盘败北了。"

尹雪艳送徐壮图出大门时，徐壮图感激地对尹雪艳说道。尹雪艳站在门框里，一身白色的衣衫，双手合抱在胸前，像一尊观世音，朝着徐壮图笑吟吟地答道：

"哪里的话，隔日徐先生来白相，我们再一道研究研究麻将经。"

隔了两日，果然徐壮图又来到了尹公馆，向尹雪艳讨教麻将的诀窍。

五

徐壮图太太坐在家中的藤椅上，呆望着大门，两腮一天天削瘦，眼睛凹成了两个深坑。

当徐太太的干妈吴家阿婆来探望她的时候，她牵着徐太太的手失惊叫道：

"嗳呀，我的干小姐，才是个把月没见着，怎么你就瘦脱了形？"

吴家阿婆是一个六十来岁的妇人，硕壮的身材，没有半根白发，一双放大的小脚，仍旧行走如飞。吴家阿婆曾经上四川青城山去听过道，拜了上面白云观里一位道行高深的法师做师父。这位老法师因为看上吴家阿婆天资禀异，飞升时便把衣钵传了给她。吴家阿婆在台北家中设了一个法堂，中央供着她老师父的神像。神像下面悬着八尺见方黄绫一幅。据吴家阿婆说，她老师父常在这幅黄绫上显灵，向她授予机宜，因此吴家阿婆可预卜凶吉，消灾除祸。吴家阿婆的信徒颇众，大多是中年妇女，有些颇有社会地位。经济环境不虞匮乏，这些太太们的心灵难免感到空虚。于是每月初一十五，她们便停止一天麻将，或者标会的聚会，成群结队来到吴家阿婆的法堂上，虔诚地念经叩拜，布施散财，救济贫困，以求自身或家人的安宁。有些有疑难大症，有些有家庭纠纷，吴家阿婆一律慷慨施以许诺，答应在老法师灵前替她们祈求神助。

"我的太太，我看你的气色竟是不好呢！"吴家阿婆仔细端详了徐太太一番，摇头叹息。徐太太低首俯面忍不住伤心哭泣，向吴家阿婆道出了许多衷肠话来。

"亲妈，你老人家是看到的，"徐太太流着眼泪断断续续地诉说着，"我们徐先生和我结婚这么久，别说破脸，连句重话都向来没有过。我们徐先生是个争强好胜的人。他一向都这么说：'男人的心五分倒有三分应该放在事业上。'来台湾熬了这十来年，好不容易盼着他们水泥公司发达起来，他才出了头，我看他每天为公事在外面忙着应酬，我心里只有暗暗着急。事业不事业倒在其次，求祈他身体康宁，我们母子再苦些也是情愿的。谁知道打上月起，我们徐先生竟好像变了一个人似的。经常两晚三晚不回家。我问一声，他就摔碗砸筷，脾气暴得了不得。前天连两个孩子都挨了一顿狠打。有人传话给我，听说是我们徐先生在外面有了人，而且人家还是个有头有脸的人物。亲妈，我这个本本份份的人哪里经过这些事情？人还撑得住不走样？"

"干小姐，"吴家阿婆拍了一下巴掌说道，"你不提呢，我也就不说了。你知道我是最怕兜揽是非的人。你叫了我声亲妈，我当然也就向着你些。你知道那个胖婆儿宋太太呀，她先生宋协理搞上个甚么'五月花'的小酒女。她跑到我那里一把鼻涕一把眼泪要我替她求求老师父。我拿她先生的八字来一算，果然冲犯了东西。宋太太在老师父灵前许了重愿，我替她念了十二本经。现在她男人不是乖乖地回去了？后来我就劝宋太太：'整天少和那些狐狸精似的女人穷混，念经做善事要紧！'宋太太就一五一十地把你们徐先生的事情原原本本数了给我听。那个尹雪艳呀，你以为她是个甚么好东西？她没有两下，就能拢得住这些人？连你们徐先生那么个正人君子她都有本事抓得牢。这种事情历史上是有的：褒姒、妲己、飞燕、太真——这起祸水！你以为都是真人吗？妖孽！凡是到了乱世，这些妖孽都纷纷下凡，扰乱人间。那个尹雪艳还不知道是个甚么东西变的呢！我看你呀，总得变个法儿替你们徐先生消了这场灾难才好。"

"亲妈，"徐太太忍不住又哭了起来，"你晓得我们徐先生不是那种没有良心的男人。每次他在外面逗留了回来，他嘴里虽然不说，我晓得他心里是过意不去的。有时他一个人闷坐着猛抽烟，头筋叠暴起来，样子真唬人。我又不敢去劝解他，只有干着急。这几天他更是着了魔一般，回来嚷着说公司里人人都寻他晦气。他和那些工人也使脾气，昨天还把人家开除了几个。我劝他说犯不着和那些粗人计较，他连我也喝斥了一顿。他的行径反常得很，看着不像，真不由得不叫人担心哪！"

"就是说啊！"吴家阿婆点头说道，"怕是你们徐先生也犯着了什么吧？你且把他的八字递给我，回去我替他测一测。"

徐太太把徐壮图的八字抄给了吴家阿婆说道：

"亲妈，全托你老人家的福了。"

"放心，"吴家阿婆临走时说道，"我们老师父最是法力无边，能够替人排难解厄的。"

然而老师父的法力并没有能够拯救徐壮图。有一天，正当徐壮图向一个工人拍起桌子喝骂的时候，那个工人突然发了狂，一把扁钻从徐壮图前胸刺穿到后胸。

六

徐壮图的治丧委员会吴经理当了总干事。因为连日奔忙，风湿又弄翻了，他在极乐殡仪馆穿出穿进的时候，一径挂着拐杖，十分蹒跚。开吊的那一天灵堂就设在殡仪馆里。一时亲戚好友的花圈丧帐白簇簇地一直排到殡仪馆的门口来。水泥公司同仁挽的却是"痛失英才"四个大字。来祭吊的人从早上九点钟起开始络绎不绝。徐太太早已哭成了痴人，一身麻衣丧服带着两个孩子，跪在灵前答谢。吴家阿婆却率领了十二个道士，身着法衣，手执拂尘，在灵堂后面的法坛打解冤洗业醮。此外并有僧尼十数人在念经超度，拜大悲忏。

正午的时候，来祭吊的人早挤满了一堂，正当众人熙攘之际，突然人群里起了一阵骚动，接着全堂静寂下来，一片肃穆。原来尹雪艳不知什么时候却像一阵风一般地闪了进来。尹雪艳仍旧一身素白打扮，脸上未施脂粉，轻盈盈地走到管事台前，不慌不忙地提起毛笔，在签名簿上一挥而就地签上了名，然后款款地走到灵堂中央，客人们都倏地分开两边，让尹雪艳走到灵台跟前，尹雪艳凝着神，敛着容，朝着徐壮图的遗像深深地鞠了三鞠躬。这时在场的亲友大家都呆若木鸡。有些显得惊讶，有些却是忿愤，也有些满脸惶惑，可是大家都好似被一股潜力镇住了，未敢轻举妄动。这次徐壮图的惨死，徐太太那一边有些亲戚迁怒于尹雪艳，他们都没有料到尹雪艳居然有这个胆识闯进徐家的灵堂来。场合过分紧张突兀，一时大家都有点手足无措。尹雪艳行完礼后，却走到徐家太太面前，伸出手抚摸了一下两个孩子的头，然后庄重地和徐太太握了一握手。正当众人面面相觑的当儿，尹雪艳却踏着她那风一般的步子走出了极乐殡仪馆。一时灵堂里一阵大乱，徐太太突然跪倒在地，昏厥了过去，吴家阿婆赶紧丢掉拂尘，抢身过去，将徐太太抱到后堂去。

当晚，尹雪艳的公馆里又成上了牌局，有些牌搭子是白天在徐壮图祭悼会后约好的。吴经理又带了两位新客人来。一位是南国纺织厂新上任的余经理；另一位是大华企业公司的周董事长。这晚吴经理的手气却出了奇迹，一连串地在和满贯。吴经理不停地笑着叫着，眼泪从他烂掉了睫毛的血红眼圈一滴滴淌下来。到了第十二圈，有一盘吴经理突然双手乱舞大叫起来。

"阿媛，快来！快来！'四喜临门'！这真是百年难见的怪牌。东、南、西、北——全齐了，外带自摸双！人家说和了大四喜，兆头不祥。我倒霉了一辈子，和了这副怪牌，从此否极泰来。阿媛，阿媛，侬看看这副牌可爱不可爱？有趣不有趣？"

吴经理喊着笑着把麻将撒满了一桌子。尹雪艳站到吴经理身边，轻轻地按着吴经理的肩膀，笑吟吟地说道：

"干爹，快打起精神多和两盘。回头赢了余经理及周董事长他们的钱，我来吃你的红！"

【阅读提示】

《永远的尹雪艳》是白先勇的代表作之一，也是最能体现他艺术风格的作品。小说通过对交际花尹雪艳形象的刻画，以及对围绕在她身边的形形色色的达官显贵的描写，反映了台湾上流社会纸醉金迷的腐朽生活，对他们日益颓败没落的精神状态给予了辛辣的讽刺，表达了作者对风云变幻的历史人物命运的思考。

尹雪艳原是上海百乐门一个光彩照人的舞女，她玲珑剔透，风情万种，周旋于各色男女之间，浑身散发着令男人着迷令女人嫉妒的魅力，是上海十里洋场新贵们的追逐目标。来到台湾后，尹公馆很快成为上流社会"旧侣新知"的寻欢乐土和怀旧场所，"好像尹雪艳便是上海百乐门时代永恒的象征，京沪繁华的佐证一般"。那些失去官衔的遗老遗少，十几年前作废了的头衔，经过尹雪艳娇声软语称呼起来，心理上恢复了许多优越感。在尹公馆，患着风湿症和烂眼圈的吴经理，落魄之中不忘重温昔日的黄金梦；沉湎于牌桌的贵妇人，以激烈的厮杀填充精神的空虚。但尹雪艳没给他们带来任何希望。她表面上冰清玉洁，骨子里却冷艳逼人，牌桌上客人们狂热地互相厮杀，自己却"笑吟吟"如同看戏般旁观着这一切。她像一颗"白煞星"，"沾上的人，轻者家败，重者人亡"。当年，上海棉纱财阀王贵生为之遭了枪杀，金融界洪处长因为她倾家荡产；如今，迷恋上她的台湾新暴发户徐壮图也遇刺身亡。台湾糜烂腐朽的上流社会，成为尹雪艳这类人寄生的社会基础。作品具有强烈的象征意味，尹雪艳的美丽可以征服所有和她接触过的男人，却不时地给他们带来巨大的痛苦和灾难，她是一个既美丽又令人恐怖的不老的幽灵，被上流社会的奢靡和浮华所寄养，仅仅能为他们提供可望而不可即的重温旧梦的幻想。

小说通篇采用对比的手法。国民党旧官僚及其附庸在大陆与台湾的生活和精神状态的对比、尹雪艳的"永远不老"和周围人们的老朽没落的对比、尹雪艳的妖冶外表与冷酷内心的对比，有力地深化了作品主题。语言的运用炉火纯青，将现代白话、古典语言以及欧化的语言融为一体，显示出作家深厚的文学功底和高超的艺术技巧，读来令人回味无穷。

【思考练习】

1. 分析尹雪艳的性格特点。
2. 谈谈作品的语言特色。
3. 分析小说中对比手法的运用及其作用。

神女峰

舒 婷

【题解】

舒婷，原名龚佩瑜，原籍福建厦门，1952年出生于泉州。1969年到闽西山区插队。1971年开始写诗。1972年回厦门参加工作，此后当过炉前工、宣传员、统计员和灯泡厂的焊锡工。1977年开始，她的诗作陆续在报刊发表，引起诗坛关注。1980年进入福建文联创作室，后任中国作家协会理事、作协福建分会副主席。

舒婷是20世纪80年代"朦胧诗"的代表诗人，出版有诗集《双桅船》《会唱歌的鸢尾花》《始祖鸟》，散文集《心烟》等，另外还有代表作《致橡树》《四月的黄昏》等。诗歌《祖国啊，我亲爱的祖国》获1979—1980年全国中青年诗人优秀诗歌奖，诗集《双桅船》获中国作协第一届全国优秀新诗集奖。她的诗具有细腻、柔婉、浪漫的风格，忧伤而不绝望，沉郁而不悲观，充满对爱情的渴望、对理想的追寻、对传统的反思背叛和对人的自我价值的思考，具有强烈的主观色彩和理想主义色彩，深受当代青年的喜爱。

【文献来源】

舒婷. 舒婷诗选[M]. 北京：人民文学出版社，2001.01，202-203.

在向你挥舞的各色花帕中
是谁的手突然收回
紧紧捂住自己的眼睛
当人们四散离去，谁
还站在船尾
衣裙漫飞，如翻涌不息的云
江涛
　　高一声
　　低一声

美丽的梦留下美丽的忧伤
人间天上，代代相传
但是，心
真能变成石头吗
为眺望远天的杳鹤
而错过无数次春江月明

沿着江岸
金光菊和女贞子的洪流
正煽动新的背叛
　　与其在悬崖上展览千年
　　不如在爱人肩头痛哭一晚

1981年6月于长江

【阅读提示】

屹立在长江边上的神女峰，位于重庆巫山县以东，是巫山十二峰之一，有着古老而动人的传说，在历代文人骚客的笔下，巫山神女象征着女性的纯洁、忠贞、执著。诗人面对这一神秘的石峰，对传统的爱情观提出了质疑，体现了当代女性对封建伦理道德的反叛，对纯真爱情的追求和思考，对人性复归的呼唤。

《神女峰》构思新颖独特，作者对传统道德观念大胆质疑和挑战。她以一个封建传统意识叛逆者的眼光，没有盲目地崇拜神女风采，而是陷入激情冷却之后的沉思，发出"与其在悬崖上展览千年，不如在爱人肩头痛哭一晚"的时代呼唤，呼吁女性们大胆地去追求俗世的幸福，为爱而哭、为爱而笑，而不要为了"贞女节妇"的虚名牺牲自己的幸福，鲜明地展示了一位现代女诗人的独特和新颖的女性立场，渗透着一种全新的女性意识，体现了对女性深切地关怀和理解。

舒婷是一位善于将哲理的思考化作形象的画面传达给读者的人。诗中描述的画面形象生动，其中，"挥舞花帕""突然收回""捂住眼睛"这些细微的传情动作，表明了抒情主人公是一位感情细腻、善于思考的女性，展示了人物心理变奏的过程。"江涛，高一声，低一声"，"金光菊和女贞子的洪流"，使诗歌富有浓厚的象征意味。

【思考练习】

1. 此诗构思新颖，新在何处？
2. 分析这首诗在艺术方面的特点。
3. 谈谈你对"与其在悬崖上展览千年，不如在爱人肩头痛哭一晚"这句话的理解。

十八岁出门远行

余 华

【题解】

余华，1960年生于浙江杭州，当代先锋派小说的代表作家。1977年中学毕业后，曾当过牙医，五年后弃医从文，1984年开始发表小说，其作品被翻译成英文、法文、德文、俄文、意大利文、荷兰文、挪威文、韩文、日文等在国外出版。长篇小说《活着》和《许三观卖血记》同时入选百位批评家和文学编辑评选的20世纪90年代最具有影响的十部作品。《十八岁出门远行》是余华的成名作，最初发表在《北京文学》1987年第1期。

【文献来源】

张学昕. 百年百部短篇正典：4[M]. 沈阳：春风文艺出版社，2021.04，196-203.

柏油马路起伏不止，马路像是贴在海浪上。我走在这条山区公路上，我像一条船。这年我十八岁，我下巴上那几根黄色的胡须迎风飘飘，那是第一批来这里定居的胡须，所以我格外珍重它们。我在这条路上走了整整一天，已经看了很多山和很多云。所有的山所有的云，都让我联想起了熟悉的人。我就朝着它们呼唤他们的绰号。所以尽管走了一天，可我一点也不累。我就这样从早晨里穿过，现在走进了下午的尾声，而且还看到了黄昏的头发。但是我还没走进一家旅店。

我在路上遇到不少人，可他们都不知道前面是何处，前面是否有旅店。他们都这样告诉我："你走过去看吧。"我觉得他们说得太好了，我确实是在走过去看。可是我还没走进一家旅店。我觉得自己应该为旅店操心。

我奇怪自己走了一天竟只遇到一次汽车。那时是中午，那时我刚刚想搭车，但那时仅仅只是想搭车，那时我还没为旅店操心，那时我只是觉得搭一下车非常了不起。我站在路旁朝那辆汽车挥手，我努力挥得很潇洒。可那个司机看也没看我，汽车和司机一样，也是看也没看，在我眼前一闪就他妈的过去了。我就在汽车后面拚命地追了一阵，我这样做只是为了高兴，因为那时我还没有为旅店操心。我一直追到汽车消失之后，然后我对着自己哈哈大笑，但是我马上发现笑得太厉害会影响呼吸，于是我立刻不笑。接着我就兴致勃勃地继续走路，但心里却开始后悔起来，后悔刚才没在潇洒地挥着的手里放一块大石子。

现在我真想搭车，因为黄昏就要来了，可旅店还在它妈肚子里。但是整个下午竟没再看到一辆汽车。要是现在再拦车，我想我准能拦住。我会躺到公路中央去，我敢肯定所有的汽车都会在我耳边来个急刹车。然而现在连汽车的马达声都听不到。现在我只能走过去看了。这话不错，走过去看。

公路高低起伏，那高处总在诱惑我，诱惑我没命奔上去看旅店，可每次都只看到另一个高处，中间是一个叫人沮丧的弧度。尽管这样我还是一次一次地往高处奔，次次都是没命地奔。眼下我又往高处奔去。这一次我看到了，看到的不是旅店而是汽车。汽车是朝我这个方向停着的，停在公路的低处。我看到那个司机高高翘起的屁股，屁股上有晚霞。司机的脑袋我看不见，他的脑袋正塞在车头里。那车头的盖子斜斜翘起，像是翻起的嘴唇。车箱里高高堆着箩筐，我想着箩筐里装的肯定是水果。当然最好是香蕉。我想他的驾驶室里应该也有，那么我一坐进去就可以拿起来吃了。虽然汽车将要朝我走来的方面开去，但我已经不在乎方向。我现在需要旅店，旅店没有就需要汽车，汽车就在眼前。

我兴致勃勃地跑了过去，向司机打招呼："老乡，你好。"

司机好像没有听到，仍在拨弄着什么。

"老乡，抽烟。"

这时他才使了使劲，将头从里面拔出来，并伸过来一只黑乎乎的手，夹住我递过去的烟。我赶紧给他点火，他将烟叼在嘴上吸了几口后，又把头塞了进去。

于是我心安理得了，他只要接过我的烟，他就得让我坐他的车。我就绕着汽车转悠起来，转悠是为了侦察箩筐的内容。可是我看不清，便去使用鼻子闻，闻到了苹果味。苹果也不错，我这样想。

不一会他修好了车，就盖上车盖跳了下来。我赶紧走上去说："老乡，我想搭车。"不料他用黑乎乎的手推了我一把，粗暴地说："滚开。"

我气得无话可说，他却慢慢悠悠打开车门钻了进去，然后发动机响了起来。我知道要是错过这次机会，将不再有机会。我知道现在应该豁出去了。于是我跑到另一侧，也拉开车门钻了进去。我准备与他在驾驶室里大打一场。我进去时首先是冲着他吼了一声："你嘴里还叼着我的烟。"这时汽车已经活动了。

然而他却笑嘻嘻地十分友好地看起我来，这让我大惑不解。他问："你上哪？"

我说："随便上哪。"

他又亲切地问："想吃苹果吗？"他仍然看着我。

"那还用问。"

"到后面去拿吧。"

他把汽车开得那么快，我敢爬出驾驶室爬到后面去吗？于是我就说："算了吧。"

他说："去拿吧。"他的眼睛还在看着我。

我说："别看了，我脸上没公路。"

他这才扭过头去看公路了。

汽车朝我来时的方向驰着，我舒服地坐在座椅上，看着窗外，和司机聊着天。现在我和他已经成为朋友了。我已经知道他是搞个体贩运。这汽车是他自己的，苹果也是他的。我还听到了他口袋里面钱儿叮当响。我问他："你到什么地方去？"

他说："开过去看吧。"

这话简直像是我兄弟说的，这话可真亲切。我觉得自己与他更亲近了。车窗外的一切应该是我熟悉的，那些山那些云都让我联想起来了另一帮熟悉的人来了，于是我又叫唤起另一批绰号来了。

现在我根本不在乎什么旅店，这汽车这司机这座椅让我心安而理得。我不知道汽车要到什么地方去，他也不知道。反正前面是什么地方对我们来说无关紧要，我们只要汽车在驰着，那就驰过去看吧。

可是这汽车抛锚了。那个时候我们已经是好得不能再好的朋友了。我把手搭在他肩上,他把手搭在我肩上。他正在把他的恋爱说给我听,正要说第一次拥抱女性的感觉时,这汽车抛锚了。汽车是在上坡时抛锚的,那个时候汽车突然不叫唤了,像死猪那样突然不动了。于是他又爬到车头上去了,又把那上嘴唇翻了起来,脑袋又塞了进去。我坐在驾驶室里,我知道他的屁股此刻肯定又高高翘起,但上嘴唇挡住了我的视线,我看不到他的屁股。可我听得到他修车的声音。

过了一会他把脑袋拔了出来,把车盖盖上。他那时的手更黑了,他的脏手在衣服上擦了又擦,然后跳到地上走了过来。

"修好了?"我问。

"完了,没法修了。"他说。

我想完了,"那怎么办呢?"我问。

"等着瞧吧。"他漫不经心地说。

我仍在汽车里坐着,不知该怎么办。眼下我又想起什么旅店来了。那个时候太阳要落山了,晚霞则像蒸汽似地在升腾。旅店就这样重又来到了我脑中,并且逐渐膨胀,不一会便把我的脑袋塞满了。那时我的脑袋没有了,脑袋的地方长出了一个旅店。

司机这时在公路中央做起了广播操,他从第一节做到最后一节,做得很认真。做完又绕着汽车小跑起来。司机也许是在驾驶室里呆得太久,现在他需要锻炼身体了。看着他在外面活动,我在里面也坐不住,于是打开车门也跳了下去。但我没做广播操也没小跑。我在想着旅店和旅店。

这个时候我看到坡上有五个人骑着自行车下来,每辆自行车后座上都用一根扁担绑着两只很大的箩筐,我想他们大概是附近的农民,大概是卖菜回来。看到有人下来,我心里十分高兴,便迎上去喊道:"老乡,你们好。"

那五个人骑到我跟前时跳下了车,我很高兴地迎了上去,问:"附近有旅店吗?"

他们没有回答,而是问我:"车上装的是什么?"

我说:"是苹果。"

他们五人推着自行车走到汽车旁,有两个人爬到了汽车上,接着就翻下来十筐苹果,下面三个人把筐盖掀开往他们自己的筐里倒。我一时间还不知道发生了什么,那情景让我目瞪口呆。我明白过来就冲了上去,责问:"你们要干什么?"

他们谁也没理睬我,继续倒苹果。我上去抓住其中一个人的手喊道:"有人抢苹果啦!"这时有一只拳头朝我鼻子下狠狠地揍来了,我被打出几米远。爬起来用手一摸,鼻子软塌塌地不是贴着而是挂在脸上,鲜血像是伤心的眼泪一样流。可当我看清打我的那个身强力壮的大汉时,他们五人已经跨上自行车骑走了。

司机此刻正在慢慢地散步,嘴唇翻着大口大口喘气,他刚才大概跑累了。他好像一点也不知道刚才的事。我朝他喊:"你的苹果被抢走了!"可他根本没注意我在喊什么,仍在慢慢地散步。我真想上去揍他一拳,也让他的鼻子挂起来。我跑过去对着他的耳朵大喊:"你的苹果被抢走了。"他这才转身看了我起来,我发现他的表情越来越高兴,我发现他是在看我的鼻子。

这时候,坡上又有很多人骑着自行车下来了,每辆车后面都有两只大筐,骑车的人里面有一些孩子。他们蜂拥而来，又立刻将汽车包围。好些人跳到汽车上面，于是装苹果的箩筐纷纷而下，苹果从一些摔破的筐中像我的鼻血一样流了出来。他们都发疯般往自己筐中装苹果。才一瞬间工夫，车上的苹果全到了地下。那时有几辆手扶拖拉机从坡上隆隆而下，拖拉机也停在汽车旁，跳下一帮大汉开始往拖拉机上装苹果，那些空了的箩筐一只一只被扔了出去。那时的苹果已经满地滚了，所有人都像蛤蟆似地蹲着捡苹果。

我是在这个时候奋不顾身扑上去的，我大声骂着："强盗！"扑了上去。于是有无数拳脚前来迎接，我全身每个地方几乎同时挨了揍。我支撑着从地上爬起来时，几个孩子朝我击来苹果，苹果撞在脑袋上碎了，但脑袋没碎。我正要扑过去揍那些孩子，有一只脚狠狠地踢在我腰部。我想叫唤一声，可嘴巴一张却没有声音。我跌坐在地上，我再也爬不起来了，只能看着他们乱抢苹果。我开始用眼睛去寻找那司机，这家伙此时正站在远处朝我哈哈大笑，我便知道现在自己的模样一定比刚才的鼻子更精彩了。

那个时候我连愤怒的力气都没有了。我只能用眼睛看着这些使我愤怒至极的一切。我最愤怒的是那个司机。

坡上又下来了一些手扶拖拉机和自行车，他们也投入到这场浩劫中去。我看到地上的苹果越来越少，看着一些人离去和一些人来到。来迟的人开始在汽车上动手，我看着他们将车窗玻璃卸了下来，将轮胎卸了下来，又将木板撬了下来。轮胎被卸去后的汽车显得特别垂头丧气，它趴在地上。一些孩子则去捡那些刚才被扔出去的箩筐。我看着地上越来越干净，人也越来越少。可我那时只能看着了，因为我连愤怒的力气都没有了。我坐在地上爬不起来，我只能让目光走来走去。

现在四周空荡荡了，只有一辆手扶拖拉机还停在趴着的汽车旁。有个人在汽车旁东瞧西望，是在看看还有什么东西可以拿走。看了一阵后才一个一个爬到拖拉机上，于是拖拉机开动了。

这时我看到那个司机也跳到拖拉机上去了，他在车斗里坐下来后还在朝我哈哈大笑。我看到他手里抱着的是我那个红色的背包。他把我的背包抢走了。背包里有我的衣服和我的钱，还有食品和书。可他把我的背包抢走了。

我看着拖拉机爬上了坡，然后就消失了，但仍能听到它的声音，可不一会连声音都没有了。四周一下子寂静下来，天也开始黑下来。我仍在地上坐着，我这时又饥又冷，可我现在什么都没有了。

我在那里坐了很久，然后才慢慢爬起来。我爬起来时很艰难，因为每动一下全身就剧烈地疼痛，但我还是爬了起来。我一拐一拐地走到汽车旁边。那汽车的模样真是惨极了，它遍体鳞伤地趴在那里，我知道自己也是遍体鳞伤了。

天色完全黑了，四周什么都没有，只有遍体鳞伤的汽车和遍体鳞伤的我。我无限悲伤地看着汽车，汽车也无限悲伤地看着我。我伸出手去抚摸了它。它浑身冰凉。那时候开始起风了，风很大，山上树叶摇动时的声音像是海涛的声音，这声音使我恐惧，使我也像汽车一样浑身冰凉。

我打开车门钻了进去，座椅没被他们撬去，这让我心里稍稍有了安慰。我就在驾驶室里躺了下来。我闻到了一股漏出来的汽油味，那气味像是我身内流出的血液的气味。外面风越来越大，但我躺在座椅上开始感到暖和一点了。我感到这汽车虽然遍体鳞伤，可它心窝还是健全的，还是暖和的。我知道自己的心窝也是暖和的。我一直在寻找旅店，没想到旅店你竟在这里。

我躺在汽车的心窝里，想起了那么一个晴朗温和的中午，那时的阳光非常美丽。我记得自己在外面高高兴兴地玩了半天，然后我回家了，在窗外看到父亲正在屋内整理一个红色的背包，我扑在窗口问："爸爸，你要出门？"

父亲转过身来温和地说："不，是让你出门。"

"让我出门？"

"是的，你已经十八了，你应该去认识一下外面的世界了。"

后来我就背起了那个漂亮的红背包，父亲在我脑后拍了一下，就像在马屁股上拍了一下。于是我欢快地冲出了家门，像一匹兴高采烈的马一样欢快地奔跑了起来。

一九八六年十一月十六日，北京

【阅读提示】

小说通过刚刚年满十八岁的"我"第一次出门远行的经历，讲述了"我"在一天中的荒诞经历，表达了"我"对外部世界的认识和感觉，从而表现出作家超人的叙事才能。

这篇小说的情节十分荒诞，体现出反传统的"先锋文学"特质。"我"出门远行，走了一天，才想起搭车，却一直没有车经过；为了搭便车，"我"向司机敬烟，司机接受了"我"的烟，却粗暴地拒绝"我"乘车；"我"凶狠地呵斥他，他却"笑嘻嘻地十分友好地看起我来"，而且还要"我"在车正开着时去车厢取苹果；汽车抛锚了，司机不但不着急，反而在旁边认真地做起了广播体操；有人抢劫车上的苹果，他竟然无动于衷，只对"我"被打破的鼻子感兴趣；抢劫又一次发生，"我"奋不顾身地反抗，被打得"跌坐在地上"，"再也爬不起来"，司机不但不同情和帮助"我"，却"站在远处朝我哈哈大笑"；最后司机也参加到抢劫者行列里去，把"我"的背包也抢走了。从表面来看，这一切都是十八岁初涉世事的"我"所不理解的；从艺术的角度来看，却给读者一种荒诞离奇的感觉。这篇小说正是通过"我"第一次出门远行的经历，表达对生活的感受。这里的故事本身仅仅是一种媒介或者象征，作者的指向是现实生活的荒诞与虚伪，想要凸显的是人世之险、人性之恶，这也是余华对现实冷峻思考的结果，是现实世界的真实反映。

客观、冷静的语言有很强的张力，也是余华小说的特点之一。在经历了"遍体鳞伤"之后，我的"心窝"依旧暖和，同样遍体鳞伤的汽车的"心窝"，成了我心灵的"旅店"。"我"的初始人生境遇，在作者沉着客观的叙述中，呈现出一种不饰雕琢的真实，还有着深长的象征意味。

【思考练习】

1. 按叙事顺序梳理"我"第一次出门旅行有哪些荒诞的经历。
2. 谈谈作品的语言特色。
3. 分析小说中"旅店"和"红书包"的隐含意义。

亚 洲 铜

海 子

【题解】

海子(1964—1989),原名查海生,我国著名的"后朦胧诗人"。出生于安徽省怀宁县,在农村长大。1979年考入北京大学法律系,1982年开始诗歌创作,1983年毕业后在中国政法大学哲学教研室工作。1989年3月26日在山海关附近卧轨自杀。

海子单纯、敏感,有创造性而又迷恋故土,在短暂的生命里,试图通过文学创作来追寻精神故乡,探索生命本质,全力冲击文学与生命的极限。其抒情诗不仅简短精悍,语言简约流畅,表现力强,而且意象独特,往往具有一定的象征意义,超越时空,主观色彩浓厚,充满了激情与幻想。史诗性的长诗视角独特,寓意深远,时常透露出对永恒、真理及死亡等问题的哲理性思考。

有诗集《土地》《海子、骆一禾作品集》《海子的诗》《海子诗全编》。

【文献来源】

荣光启. 面朝大海:海子经典抒情短诗选:手稿珍藏版[M]. 长沙:湖南文艺出版社,2021.05,38-39.

亚洲铜,亚洲铜
祖父死在这里,父亲死在这里,我也会死在这里
你是唯一的一块埋人的地方

亚洲铜,亚洲铜
爱怀疑和爱飞翔的是鸟,淹没一切的是海水
你的主人却是青草,住在自己细小的腰上
守住野花的手掌和秘密

亚洲铜,亚洲铜
看见了吗?那两只白鸽子,它是屈原遗落在沙滩上的白鞋子
让我们——我们和河流一起,穿上它吧

亚洲铜,亚洲铜
击鼓之后,我们把在黑暗中跳舞的心脏叫做月亮
这月亮主要由你构成

1984.10

【阅读提示】

这首诗写于1984年10月,是海子前期的重要作品。作者用独到的眼光选择了一个特殊的意象——"亚洲铜"来统领全文,蕴含深邃丰富的历史文化及生命情感内涵。"亚洲铜"本身就具有多重含义。自西周以来,我国青铜文化发达,铜逐渐成了民族文化的有力象征,具有浓

厚的民族特色。在视觉效果上，"亚洲铜"的斑驳厚重与我国北方苍茫广袤的黄土地又有几分类似。实际上，"亚洲铜"是立体化的黄土地，是古老祖国的形象性命名，带有对民族苦难生存境况进行文化反思的意味。

全诗围绕中心意象"亚洲铜"，表达了诗人对生命这一重大主题的感悟。

作者先从世世代代的子孙，包括祖父、父亲和我写起，尽管有着各不相同的人生旅程，但都会回归曾经生长过的黄土地，它是"唯一的一块埋人的地方"。这体现了作者对黄土地广博的胸襟和惊人的容量的赞美，更抒发了对人类命运的苦难、屈辱与辛酸的伤感。

接着，诗中描述了一些自然景象，如鸟、海水、青草和野花，在这里它们少了一份清新亮丽，多了一些生命的动感。大自然成了自由生命的载体，有着强大的冲击力，传达了对民族苦难命运的深刻思考以及隐形的反抗意识。

第三节，作者发出了响亮的号召，要拾起被人遗落的爱国情怀和传统文化，要坚持批判性地继承传统文化，毕竟传统文化的精华是一个民族思想之魂。诗中还流露出对以屈原为代表的崇高人格的由衷敬慕，因为个体的生命价值只有在国家这个整体中才能得到最充分的实现。

最后，作者从文化立场转向了生命立场，借助"击鼓"来激活黄土地沉睡的生命力，让天的心脏——月亮舞蹈，强大的生命暗流在这里涌动。"月亮"由"亚洲铜"构成，又是天的心脏，连接着天地，因而天、地、人融为一体，并且相互贯通，具有特定的质感，更进一步地传达对生命和生存的虔诚祈祷与美好憧憬。

此诗在语言上最大的特点是以重复呼唤和祈祷的语气引领每一节诗行，不仅形式整齐，音韵协调，而且在反复的咏叹中表达作者的感怀、无奈和抗争。

总之，作者以充满激情的想象、幻化的心绪、跳跃的思维、隐秘的意象，达到一种陌生化的效果，使诗歌包含丰厚的含义，表达了作者对终极性问题的思考，具有较强的启发性。

【思考练习】
1. 理解"亚洲铜"这一意象的深刻含义。
2. 分析此诗在表情达意上的特点。

棋　王

郑时培

【题解】

郑时培，1965年出生，浙江省衢州人，浙江省作家协会会员。创作"相思湾系列"小小说300余篇，作品曾入选《读者》《小小说选刊》《微型小说选刊》等20余种刊物，并多次获奖。《棋王》是他的小小说代表作。

【文献来源】

杨晓敏，郭昕，寇云峰. 99中国年度最佳小小说[M]. 桂林：漓江出版社. 2000.1，64.

相思湾的傍晚，残阳如血。郑氏祠堂门口，少年郑寿直望着面前的棋盘焦躁不安，不时提起衣袖抹额上的汗珠。许久，郑寿直手里那枚已经被捏出汗的黑子才犹犹豫豫落下。坐在他对面的叶知春不慌不忙挽起袖子，轻轻拈起枚白子往棋盘中一摆，站起来狂笑道："寿直，你输了！哈哈哈……"

郑寿直也站起来，一脸肃穆，呆呆地看着棋盘。这盘棋他们是下赌注的，郑寿直事先发誓，要是输了就自己剁掉右手。一边看热闹的乡亲都替郑寿直担心，叶知春这人可不是个好人啊。

叶知春笑够了，轻蔑地说："寿直，你要是肯跪下来称我为棋王，发誓以后再不下棋，我便饶了你。"

乡亲们知道郑寿直的师傅是苇河流域闻名的棋师，人们都敬称为棋王，叶知春曾是他手下败将。眼下棋王刚谢世，乡亲们都知道郑寿直未必肯按叶知春说的那样去做。几个上了年纪的都劝郑寿直依了叶知春，留得青山在，还怕没柴烧？郑寿直回头朝郑氏祠堂上的门匾看了一眼后，一把夺过叶知春手上的砍刀，右手往棋盘上一放，手起刀落，乡亲们还没有明白过来，郑寿直那只细嫩的右手已经断在棋盘上。一瞬间，鲜血染红了整个棋盘。郑寿直望着目瞪口呆的叶知春和乡亲们淡淡一笑，说："以德以艺，你配称王？你等着，我一定会赢你的。"

说完，郑寿直也不等叶知春回答，扯下一条布带将自己的手腕扎紧，沿苇河边大步走去，不一会儿便消失在连天的芦苇丛中。

几年后，相思湾差不多已经忘记了这件事，都忙于为生计奔波，很少有人再去挑战叶知春。即使有几个富家子弟去和叶知春较量，也大多尊叶知春为棋王，有向他讨教的意思。

民国三十一年端午节，郑寿直突然回到相思湾。这时候，叶知春已经做了日本鬼子的保安，专陪鬼子头头下棋，屡下屡败。郑寿直找到叶知春说："听说你已经称棋王，你可晓得棋界规矩？"

当时叶知春刚和鬼子头头下完一盘棋，见郑寿直来挑战，笑笑说："手下败将还谈什么规矩，是不是还有一只手也不想要了？"

鬼子是半个中国通，见郑寿直与叶知春叽里咕噜地要较量棋艺，便在一边怂恿他们下赌，说输了的砍头大大的好。叶知春不敢驳鬼子的面子，冷笑一声应承下来，心里想对付鬼子不敢用真本事，对付你郑寿直真是小菜一碟，便激郑寿直说："皇军说以头相赌，你还是算了吧，我本不想伤你。"

郑寿直扬眉一笑，抖出一张棋盘往桌上一摊，稳稳坐下说："下吧。"

叶知春一看，认出是当年的那一张，心里不由一愣，碍于鬼子的面子还是缓缓地坐了下来。棋下得相当艰难，从早上下到傍晚，两人不断拼杀。掌灯时分，叶知春站起来将棋子一抛，拱手认输。鬼子的小头头骂了声什么话，郑寿直没听懂，只见叶知春脸色一变，转身逃出门去了。鬼子顺手一枪，击中了叶知春的头，叶知春当即倒下。

郑寿直收起棋盘想走，鬼子转过身来按住说："我们下一盘，赌头。"

桌上摇曳的灯照着鬼子，屋子里阴森森的。郑寿直重新坐下来，感到肚子有点饿，这才想起已经一天没吃饭了。棋下得更加缓慢，郑寿直的心里平静如水，只几手便看出鬼子的棋艺远在叶知春之下。

天亮时分，疲惫至极的郑寿直终于以绝对的优势赢了。鬼子望着输定的棋，忽将棋掀下桌，掏出枪来朝郑寿直喊："八格牙路。"

郑寿直看着鬼子那熊样，不由仰起头来狂笑。笑毕，他以迅雷不及掩耳之势抽出鬼子腰间的佩刀，就势抹向鬼子的脖子。鬼子没防着郑寿直会来这一手，待扣动手枪扳机时，头已落地。

听见枪响，鬼子从睡梦中惊醒，立即把郑寿直围在屋里举枪乱射。许久，鬼子见屋里没了动静才走进来，只见郑寿直以刀做杖，至死不倒。

这以后不断有鬼子失踪，没多久终于惶惶地都逃出相思湾。郑氏乡亲拾掇了郑寿直的遗骨厚葬，树碑曰：棋王之墓。自此以后，相思湾人再也不碰棋，更无人敢称棋王。

【阅读提示】

作者将这篇小说《棋王》的背景置于抗日战争时期，塑造了一个信守诺言、嫉恶如仇、正气凛然的棋王形象，歌颂了棋王郑寿直德艺双全的高贵品质，赞扬了中华民族的民族气节。

小说采用对比手法刻画人物，郑寿直既与反面形象叶知春作横向对比，又与自身在不同场景中不同心态作纵向对比。少年郑寿直与叶知春交手失利，仍信守诺言，自断右手，消失在芦苇丛中。多年后，郑寿直为了雪耻回到相思湾，向自称"棋王"且已做了日本人保安的汉奸叶知春挑战，并以头相赌，结果叶知春丢掉了性命。在与鬼子交手时大败鬼子，被鬼子抽枪威胁时，他机警地抽出鬼子佩刀砍下鬼子头，遭到鬼子乱枪，至死不倒，表现了高尚的民族气节。

结构精巧，语言简练是这篇小说的又一特点。作者采用纵向对比，让读者在欣赏之余有更多的思考空间。郑寿直输了棋，觉得人格遭到侮辱，"回头朝郑氏祠堂上的门匾看了一眼后，一把夺过叶知春手上的砍刀，手起刀落"，表现在他心目中，没有愧对列祖列宗，也履行了比棋前的承诺。离开相思湾丢下一句"我一定会赢你"的誓言，"消失在连天的芦苇丛中"，暗示他会寻师访友，苦练棋技以雪耻。遭鬼子枪击时却"以刀做杖，至死不倒"，从而展现了一个威武不屈真正的棋王形象。而此后"不断有鬼子失踪，没多久终于惶惶地逃出相思湾"，暗示了相思湾的人们在郑寿直爱国壮举的感召下，纷纷觉醒，采取巧妙的方式与鬼子斗争。预示日本鬼子的灭亡是早晚的事，这是历史的必然。相思湾的人厚葬了棋王后，"再也不碰棋，更无人敢称棋王"，因为人们知道：只有德艺双全才能配称棋王。

小说中的细节描写也很突出。例如写郑寿直的"三笑"：与叶知春交手失败后，信守诺言自断右手，"望着目瞪口呆的叶知春和乡亲们淡淡一笑"；当他再次回相思湾来挑战叶知春时，"扬眉一笑"；与鬼子交手而鬼子输了后掏枪威胁他，他"看着鬼子那熊样，不由仰起头来狂笑"。这三"笑"不仅把三个情节串接在一起，而且展现出人物丰富的内心世界和鲜明的个性特征。

【思考练习】

1. 小说从哪些方面表现出郑寿直的德艺双全？
2. 分析文中对比手法的运用对刻画人物性格的作用。
3. 为什么郑寿直保留着当年输棋的那张棋盘？
4. 郑寿直死后，相思湾的人们为何再也无人敢称棋王？

论 美

[英]培根

【题解】

培根(1561—1626)，英国文艺复兴时期著名哲学家和作家，出身于贵族家庭，少年时期就已才华出众，12 岁入剑桥大学读书，15 岁时作为英国大使的随员到法国工作。1618 年，任上议院议长，并被授予子爵。1621 年，因受贿被弹劾去职，专心从事学术研究。1626 年，在做一次冷冻防腐的科学实验(把雪塞入鸡肚)时受寒致病，不治而逝。

培根的主要成就在哲学方面。"知识就是力量"，是他的名言。他的主要思想和见解集中在《学术的推进》和《新工具》等著作中。马克思、恩格斯称他为"英国唯物主义和整个现代实验科学的真正始祖"。培根又是散文家，《论说文集》是其主要的散文著作，共收入短文 58 篇，内容涉及哲学、宗教、政治、修身、养性、处世等多个领域，其中也不乏关于艺术和大自然的鉴赏之作。黑格尔在《哲学史讲演录》里提到培根，说他拥有丰富的阅历、高度的想象、有力的机智、透彻的智慧。

【文献来源】

培根. 培根论人生[M]. 何新，译. 天津：天津人民出版社，2007：175-176.

美德好比宝石，它在朴素背景的衬托下反而更美丽。同样，一个打扮并不华贵却端庄严肃而有美德的人是会令人肃然起敬的。

美貌的人，未必也具有内在的美。因为造物似乎是吝啬的，他给了此就不再予彼。所以许多美男子徒有其表却不是真正的男子汉，他们过于追求形体之美而忽略了内心的修养。但这不可绝对而论，因为奥古斯都、韦斯帕芗、菲利普王、爱德华四世、阿尔西巴底斯、伊斯梅尔等[1]，都既是大丈夫，又是美男子。就形貌而言，自然之美要胜于服饰之美，而优雅行为之美又胜于单纯仪容之美。最高的美是画家所无法表现的，因为它并非人力所能创造。这是一种奇妙的美。曾经有两位画家——阿皮雷斯和丢勒滑稽地认为[2]，可以按照几何比例，或者通过摄取不同人身上最美的特点，用画合成一张最完美的人像。其实像这样画出来的美人，恐怕只表现了画家本人的某种偏爱。美是很难制定规范的（正如同音乐一样），创造它的常常是机遇，而不是公式。有许多脸型，就它的部分看并不优美，但作为整体却非常动人。

有些老人也会显得很可爱，因为他们的作风优雅而练达。有一句拉丁谚语说："四季之美尽在晚秋。"而尽管有的年轻人少年俊秀，却由于缺乏优美的举止和修养而不配得到赞美。

美犹如盛夏的水果，是容易腐烂而难保持的。世上有许多美人，他们有过放荡的青春，却迎受着愧悔的晚年。因此，应该把美的形貌与美的德行结合起来。这样，美才会放射出灿烂的光辉。

【注释】

[1] 奥古斯都、韦斯帕芗：都是古罗马皇帝。菲利普王：法国国王。爱德华四世：英格兰国王。阿尔西巴底斯：古希腊美男子。伊斯梅尔：波斯国王。

[2] 阿皮雷斯：古希腊画家。丢勒：德国画家、雕刻家。

【阅读提示】

培根这篇《论美》虽然所论的是形貌上的美,而不是哲学意义上的美,但能抓住日常生活中人们普遍关注的美的问题,从多个角度来阐述,不乏真知灼见,给人们以启迪。

文章既论述了美与打扮、才能的关系,又论述了自然之美与服饰之美、仪容之美与行为之美的关系,最后还论及美与年龄的关系,提出形貌美要与德行美结合起来,告诉人们真正的美具有整体的、永恒的价值。

在艺术表现上,作者运用比喻的修辞手法和例证法,使抽象的议论显得具体形象。全文简短,看似随意写来,却处处表现出作者对生活和美的敏锐观察和精确判断。文章布局谋篇采用阐述—论断—阐述—论断的结构,既有小品文的随意,又有论说文的严谨。拜伦说:"心灵为自己所遐想的美而憔悴。"培根为美而做的分析是那么从容,那么随意,不愧为大手笔。

【思考练习】

1. 怎样理解"美是很难制定规范的,创造它的常常是机遇,而不是公式"这句话?
2. 谈谈你对"美"的看法。

给 克 恩

[俄]普希金

【题解】

普希金(1799—1837),俄国著名诗人、小说家、戏剧家。浪漫主义文学的杰出代表,现实主义文学的奠基者,有"俄罗斯文学之父"之称。在诗歌、散文、小说、戏剧、童话等各个领域都给后世树立了卓越的典范,被尊称为"俄罗斯诗歌的太阳"。由于歌颂自由,1820年被沙皇流放到南俄。1824年又被幽禁在他父母的领地米海洛夫村。十二月党人起义失败后,1826年沙皇"赦免"了普希金,将他召回莫斯科,从此生活在沙皇及其宪兵的监视之下。1837年由于沙皇的策划和陷害,与丹特斯决斗身亡。

【文献来源】

普希金. 普希金抒情诗:一集[M]. 查良铮,译. 上海:新文艺出版社,1958:153-154.

我忆起了那美妙的一瞬:
我初次看见你的倩影,
有如倏忽的昙花之一现,
有如纯净的美底精灵。

烦嚣的日子重压着我,
我沉郁的心充满了忧患,
但你的玉容和温柔的声音
却久久萦系在我的心间。

岁月流逝着。骤然的风暴
摧残了以往的种种梦幻,
我忘了你的温柔的声音,
也忘了你天庭似的容颜。

我挨过了一天又一天,
在乡野里,在死寂的幽居中,
没有神性的启示,没有灵感,
没有生命和眼泪,没有爱情。

而突然，灵魂开始苏醒：
我又看见了你的倩影，
有如倏忽的昙花之一现，
有如纯净的美底精灵。

我的心在欢乐地激荡，
因为在那里面，重又甦生。
不只是神性的启示和灵感，
还有生命，眼泪和爱情。

【阅读提示】

　　普希金一生写了800多首抒情诗。在这些诗中，爱情诗占有重要的地位。《给克恩》是大家最熟悉的爱情诗之一，它是写给安娜·彼得罗夫娜·克恩的。

　　1819年，普希金与克恩在彼得堡克恩的姑父奥列宁家中第一次见面，当时克恩19岁。这次的相遇给双方都留下了深刻的印象。几年过去后，普希金的诗成了众人谈论的话题，爱好诗歌的克恩一直想再次见到他。1825年6月，她客居三山村奥西波娃姑姑家时，与普希金重逢。从那天起，那年夏天整整一个月的时间，他们几乎天天见面。这次聚会勾起诗人许多回忆和对纯洁之美的向往。分手时，普希金赠给克恩一本《叶甫盖尼·奥涅金》，书中夹着一张纸，纸上就是诗人亲手写的富有激情的《给克恩》。

　　这首诗虽然只记叙了诗人生活中的一段经历，但它的意境远远超越了个人的感受。它以迷人的艺术感染力使之升华为对美的心灵的赞歌。作者写的这首诗，是他创作高峰时期的代表作，是爱情诗中最迷人的一朵鲜花，后来很多作曲家为它谱了曲。国内有多个翻译版本，本文所选的是现代诗人穆旦（即查良铮）的译本。

　　综观普希金的爱情诗，很难说哪一首是最好的，但整体上来看，每一首诗不乏其独到之处。他的爱情诗的第一个特点是感情真挚。他所抒写的内容与现实生活联系紧密，大多反映自己真实的爱情经历。他的每一首诗几乎都是在一定条件下产生并献给特定的爱情对象的。第二个特点是感情深沉，有着强烈的人情色泽和艺术魅力。在《给克恩》一诗中，就表现了诗人像水晶一样晶莹、纯洁的爱情。这种神圣、美好的感情能使灵魂觉醒，精神净化。这些感情都是真实的而不是虚构的。普希金的爱情诗的第三个特点是弥漫着一种浓重的浪漫主义色调，总是蒙着一层美丽的薄纱，延续着他一贯的浪漫主义传统，笼罩在华筵、美酒、爱神之中。在诗人的笔下，河流、花朵、树木和人物都显得诗意葱茏，令人神往，使人陶醉。

【思考练习】

1. 分析《给克恩》中所蕴含的情感。
2. 谈谈普希金爱情诗的特点。

半　张　纸

[瑞典]斯特林堡

【题解】

　　奥古斯特·斯特林堡(1849—1912)，瑞典作家，出生于斯德哥尔摩的一个破产商人家庭。斯特林堡一生贫困，为了糊口，当过小学教师、演员、新闻记者、图书馆职员、化学试验员等。由于深受统治阶级的歧视和压迫，斯特林堡早期写过不少反映社会问题的作品，如长篇小说《红房子》和《新国家》，较深刻地揭露了瑞典上层社会的保守、欺诈和冷酷无情。后来他受当时流行的叔本华、尼采和弗洛伊德学说的影响，用反理性的哲学观点观察世界，许多作品有神秘主义倾向。他的剧本《父亲》《朱丽小姐》等，描写变态的社会关系，充分反映了作者的自然主义主张。1902年，完成作品《梦的戏剧》，表现作者要求摆脱痛苦的愿望，但又充满由于痛苦而失去常态的绝望情绪，成为欧洲表现主义文学的先驱。

斯特林堡的创作道路是一条由批判现实主义转向悲观主义和变态心理的歧路，在他一生的创作中，在世界文学之林留下了一件难得的珍品——短篇小说《半张纸》。

【文献来源】

那耘. 20世纪外国中短篇小说精品鉴赏大辞典[M].北京：中央民族大学出版社，1994：614-615.

最后一辆搬运车离去了；那位帽子上戴着黑纱的年轻房客还在空房子里徘徊，看看是否有什么东西遗漏了。没有，没有什么东西遗漏，没有什么了。他走到走廊上，决定再也不去回想他在这寓所中所遭遇的一切。但是在墙上，在电话机旁，有一张涂满字迹的小纸头。上面所记的字是好多种笔迹写的；有些很容易辨认，是用黑黑的墨水写的，有些是用黑、红和蓝铅笔草草写成的。这里记录了短短两年间全部美丽的罗曼史。他决心要忘却的一切都记录在这张纸上——半张小纸上的一段人生事迹。

他取下这张小纸。这是一张淡黄色有光泽的便条纸。他将它铺平在起居室的壁炉架上，俯下身去，开始读起来。

首先是她的名字：艾丽丝——他所知道的名字中最美丽的一个，因为这是他爱人的名字。旁边是一个电话号码，15，11——看起来像是教堂唱诗牌上圣诗的号码。

下面潦草地写着：银行，这里是他工作的所在，对他说来这神圣的工作意味着面包、住所和家庭——也就是生活的基础。有条粗粗的黑线划去了那电话号码，因为银行倒闭了，他在短时期的焦虑之后又找到了另一个工作。

接着是出租马车行和鲜花店，那时他们已订婚了，而且他手头很宽裕。

家具行，室内装饰商——这些人布置了他们这寓所。搬运车行——他们搬进来了。歌剧院售票处，50，50——他们新婚，星期日夜晚常去看歌剧。在那里度过的时光是最愉快的。他们静静地坐着，心灵沉醉在舞台上神话境域的美及和谐里。

接着是一个男子的名字（已经被划掉了），一个曾经飞黄腾达的朋友，但是由于事业兴隆冲昏了头脑，以致又潦倒到无可救药的地步，不得不远走他乡。荣华富贵不过是过眼烟云罢了。

现在这对新婚夫妇的生活中出现了一个新东西。一个女子的铅笔笔迹写的"修女"。什么修女？哦，那个穿着灰色长袍、有着亲切和蔼的面貌的人，她总是那么温柔地到来，不经过起居室，而直接从走廊进入卧室。她的名字下面是"L医生"。

名单上第一次出现了一位亲戚——母亲。这是他的岳母。她一直小心地躲开，不来打扰这新婚的一对，但现在她受到他们的邀请，很快乐地来了，因为他们需要她。

以后是红蓝铅笔写的项目。佣工介绍所，女仆走了，必须再找一个。药房——哼，情况开始不妙了。牛奶厂——订牛奶了，消毒牛奶。杂货铺、肉铺等等，家务事都得用电话办理了。是这家女主人不在了吗？不，她生产了。

下面的项目他已无法辨认,因为他眼前一切都模糊了,就像溺死的人透过海水看到的那样。这里用清楚的黑体字记载着:承办人。

在后面的括号里写着"埋葬事"。这已足以说明一切!——一个大的和一个小的棺材。

埋葬了,再也没有什么了。一切都归于泥土,这是一切肉体的归宿。

他拿起这淡黄色的小纸,吻了吻,仔细地将它折好,放进胸前的衣袋里。

在这两分钟里他重又度过了他一生中的两年。

但是他走出去时并不是垂头丧气的。相反地,他高高地抬起了头,像是个骄傲的快乐的人。因为他知道他已经尝到一些生活所能赐予人的最大的幸福。有很多人,可惜,连这一点也没有得到过。

【阅读提示】

《半张纸》以一千多字的简短篇幅,用十来个电话号码展示了一幅幅生活画面,表现主人公一生中充满悲欢离合的两年,说明在资本主义社会里小人物无法掌握自己的命运。

"帽子上戴着黑纱的年轻房客"在这屋子里度过了两年,临走的时候在墙上发现了半张纸头,上面记载这十几个电话号码,也记录着他这两年来的生活历程。从纸头上的电话,我们可以看出:他在银行工作,有一个美丽的爱人艾丽丝,过着幸福的生活。不久,银行倒闭了,他又找到另外一份工作,并且在手头宽裕的时候和艾丽丝订婚了。他们请来室内装饰商装修房子,在家具行买好了家具,然后就搬进来住了。新婚的日子里,他们常常一起去看歌剧。很快,艾丽丝怀孕了,他们找了一个女佣,订了牛奶,买了很多补身体的药,还把艾丽丝的母亲接来照顾她。但是,很不幸的,女主人在生产中和孩子双双死去。这意味着他的生活告一段落,又要有一个新的开始了。

本文描写的是资本主义社会中一个小人物的一段生活经历,表现的是平常人的平凡生活。写人生,写悲欢离合、生死离别的人生,很少有像作者这样在千字篇幅的小说里写得如此有声有色、波澜迭起、扣人心弦。小说开头给读者造成悬念,结尾又给读者留下想象的空间和回味的余地,真可谓结构严谨、和谐统一、形式完美。尤其是最后写道,他并没有消沉,他"高高地抬起了头",因为他明白自己"已经尝到一些生活所能赐予人的最大的幸福",那就是经历和经验,哪怕是惨痛的,却是能支撑他活下去面对更多困难和痛苦的资本。生活在风雨飘摇的社会中,什么都得不到保障,幸福只能是短暂的,谁也不知道前面的路上会有多少挫折,只有打起精神来勇敢面对吧。

总之,小说选材非常别致,构思十分新颖。从生活中很小的一点着笔,反映整个社会生活的全景,用半张小纸片上记载的十几个电话号码片段式地反映一个小职员两年的生活经历,进而折射出整个社会的普遍情况,可谓以小见大,平中见奇。

【思考练习】

1. 谈谈《半张纸》的艺术特色。
2. 如何理解"他已经尝到一些生活所能赐予人的最大的幸福"这句话?

米 龙 老 爹

[法]莫泊桑

【题解】

莫泊桑(1850—1893)，法国19世纪优秀的批判现实主义作家之一。出身于没落贵族家庭，1869年到巴黎攻读法学，适逢普法战争爆发，应征入伍。退伍后，先后在海军部和教育部任职，同时拜著名作家福楼拜为师，刻苦学习写作。他的小说对资本主义制度的黑暗和弊端以及资产阶级的虚伪堕落进行了不遗余力的暴露和针砭，他还善于发现小人物身上的健康品质，并形诸笔端。他以笔触细腻、章法多变、舒展自如、自成一体而享誉世界。莫泊桑的文学成就以短篇小说最为突出，他一生中共创作三百多部短篇小说，有"短篇小说之王"之称，其中最著名的有《羊脂球》《我的叔叔于勒》《项链》等，还有长篇小说《一生》《漂亮朋友》等。

【文献来源】

张兴. 莫泊桑作品选：2[M]. 乌鲁木齐：新疆青少年出版社，2006：35-44.

一个月以来，烈日在田地上展开了炙人的火焰。喜笑颜开的生活都在这种火雨下面出现了，绿油油的田野一望无际，蔚蓝的天色一直和地平线相接。那些在平原上四处散布的诺曼底省的田庄，在远处看来像是一些围在细而长的山毛榉树的圈子里的小树林子。然而走到跟前，等到有人打开了天井边的那扇被虫蛀坏的栅栏门，却自信是看见了一个广阔无边的花园，因为所有那些像农夫的躯体一样骨干嶙峋的古老苹果树正都开着花。乌黑钩曲的老树干在天井里排列成行，在天空之下展开它们那些雪白而且粉红的光彩照人的圆顶。花的香气和敞开的马房里的浓厚气味以及正在发酵的兽肥的蒸汽混在一块儿——兽肥的上面歇满了成群的母鸡。

已经是日中了。那一家人正在门前的梨树的阴影下面吃午饭：男女家长，四个孩子，两个女长工和三个男长工。他们几乎没有说话，他们吃着菜羹，随后他们揭开了那盘做荤菜的马铃薯煨咸肉。

一个女长工不时立起身来，走到储藏饮食物品的房里，去斟满那只盛苹果酒的大罐子。

男人，年约40的强健汉子，端详他房屋边的一枝赤裸裸的没有结实的葡萄藤，它曲折得像一条蛇，在屋檐下面沿着墙伸展。

末了他说："老爹这枝葡萄，今年发芽的时候并不迟，也许可以结果子了。"

妇人也回过头来端详，却一个字也不说。

那枝葡萄，正种在老爹从前被人枪杀的地方。

那是1870年打仗时候的事。普鲁士人占领了整个地方。法国的裴兑尔白将军正领着北军和他们抵抗。

普军的参谋处正驻扎在这个田庄上。庄主是个年老的农人，名叫彼德的米龙老爹，竭力款待他们，安置他们。

一个月以来，普军的先头部队留在这个村落里做侦察工作。法军却在相距十法里内外一带地方静伏不动。然而每天夜晚，普兵总有好些骑兵失踪。

凡是那些分途到附近各处去巡逻的人，若是他们只是两三个成为一组出发的，都从没有回来过。

到早上，有人在一块地里，一个天井旁边，一条壕沟里，寻着了他们的尸首。他们的马也伸着腿倒在大路上，项颈被人一刀割开了。

这类的暗杀举动，仿佛是被一些同样的人干的，然而普兵没有法子破案。

地方上感到恐怖了。许多乡下人，每每因为一个简单的告发就被普兵枪决了，妇女们也被他们拘禁起来了，他们原来想用恐吓手段使儿童们有所透露，结果却什么也没有发现。但是某一天早上，他们瞧见了米龙老爹躺在自己马房里，脸上有一道刀伤。

两个刺穿了肚子的普国骑兵在一个和这庄子相距三公里远的地方被人寻着了。其中的一个，手里还握着他那把血迹模糊的马刀。可见他曾经格斗过的，自卫过的。

一场军事审判立刻在这庄子前面的露天里开庭了，那老头子被人带过来了。

他的年龄是 68 岁。身材矮瘦，脊梁是略带弯曲的，两只大手简直像一对蟹螯。一头稀疏得像是乳鸭羽绒样的乱发，头皮随处可见。项颈上的枯黄而起皱的皮肤显出好些粗的静脉管，一直延到腮骨边失踪却又在鬓脚边出现。在本地，他是一个以难于妥协和吝啬出名的人。

他们让他站在一张由厨房搬到外面的小桌子跟前，前后左右有四个普兵看守。五个军官和团长坐在他的对面。

团长用法国话发言了：

"米龙老爹，自从到了这里以后，我们对于您，除了夸奖以外真没有一句闲话。在我们看来，您对于我们始终是殷勤的，并且甚至可以说是很关心的。但是您今日却有一件很可怕的事被人告发了，自然非问个明白不成。您脸上带的那道伤是怎样来的呢？"

那个乡下人一个字也不回答。

团长接着又说：

"您现在不说话，这就定了您的罪，米龙老爹，但是我要您回答我，您听见没有？您知道今天早上在伽尔卫尔附近寻着的那两个骑兵是谁杀的吗？"

那老翁干脆地答道：

"是我。"

团长吃了一惊，缄默了一会，双眼盯着这个被逮捕的人了。米龙老爹用他那种乡下人发呆的神气安闲自在地待着，双眼如同向他那个教区的神父说话似的低着没有抬起来。唯一可以看出他心里慌张的，就是他如同喉管完全被人扼住了一般，显而易见地在那儿不断地咽口水。

这老翁的一家人：儿子约翰，儿媳妇和两个孙子，都惊惶失措地立在他后面十步内外的地方。

团长接着又说：

"您可也知道这一月以来，每天早上，我们部队里那些被人在田里寻着的侦察兵是被谁杀了的吗？"

老翁用同样的乡愚式的安闲自在态度回答：

"是我。"

"全都是您杀的吗？"

"全都是，对呀，都是我。"

"您一个人？"

"我一个人。"

"您是怎样动手干的，告诉我吧。"

这一回，那汉子现出了心焦的样子，因为事情非得多说话不可，这显然使他为难。他吃着嘴说：

"我现在哪儿还知道？我该怎么干就怎么干。"

团长接着说：

"我通知您，您非全盘告诉我们不可。您很可以立刻就打定主意。您从前怎样开始的呢？"

那汉子向着他那些立在后面注意的家属不放心地瞧了一眼，又迟疑了一会儿，后来突然打定了主意：

"我记得那是某一天夜晚，你们到这里来的第二天夜晚，也许在10点钟光景。您和您的弟兄们，用过我250多个金法郎的草料和一条牛、两只羊。我当时想：他们就是接连再来拿我一百个，我一样要向他们讨回来。并且那时候我心上还有别样的盘算，等会儿我再对您说。我望见了你们有一个骑兵坐在我的仓后面的壕沟边抽烟斗。我取下了我的镰刀，蹑着脚从后面掩过去，使他听不见一点声音。蓦地一下，只有一下，我就如同割下一把小麦似的割下了他的脑袋，他当时连说一下'喔'的工夫都没有。您只需在水荡里去寻，您就会发现他和一块顶住栅栏门的石头一齐装在一只装煤的口袋里。

"我那时就有了我的打算。我剥下了他全身的服装，从靴子剥到帽子，后来一齐送到了那个名叫马丁的树林子里的石灰窑的地道后面藏好。"

那老翁不做声了。那些感到惊惶的军官面面相觑了。后来讯问又开始了，下文就是他们所得的口供：

那汉子干了这次谋杀敌兵的勾当，心里就存着这个观念："杀些普鲁士人吧！"他像一个热忱爱国而又智勇兼备的农人一样憎恨他们。正如他说的一样，他是有他的打算的。他等了几天。普军听凭他自由来去，随意出入，因为他对于战胜者的退让是用很多的服从和殷勤态度表示的，他并且由于和普兵常有往来学会了几句必要的德国话。现在，他每天傍晚总看见有些传令兵出发，他听明白那些骑兵要去的村落名称以后，就在某一个夜晚出门了。

他由他的天井里走出来，溜到了树林里，进了石灰窑，再钻到了窑里那条长地道的末端，最后在地上寻着了那个死兵的服装，就把自己穿戴停当。

后来他在田里徘徊一阵，为了免得被人发觉，他沿着那些土坎子爬着走，他听见极小的声响，就像一个偷着打猎的人一样放心不下。

到他认为钟点已经到了的时候，便向着大路前进，后来就躲在矮树丛里。他依然等着。末了，在夜半光景，一阵马蹄的"大走"声音在路面的硬土上响起来了。为了判度前面来的是否只有一个单独的骑兵，这汉子先把耳朵贴在地上，随后他就准备起来。

骑兵带着一些紧要文件用"大走"步儿走过来了，那汉子睁眼张耳地走过去。等到相隔不过十来步，米龙老爹就横在大路上像受了伤似的爬着走，一面用德国话喊着："救命呀！救命呀！"骑兵勒住了马，认明白那是一个失了坐骑的德国兵，以为他是受了伤的，于是滚鞍下马，毫不疑虑地走近前来，他刚刚俯着身躯去看这个素不认识的人，肚皮当中却吃了米龙老爹的马刀的弯弯儿的长刃。他倒下来了，立刻死了，最后仅仅颤抖着挣扎了几下。

于是这个诺曼底人感到一种老农式的无声快乐因而心花怒发了，自己站起来了，并且为了闹着玩儿又割断了那尸首的头颈。随后他把尸首拖到壕沟边就扔在那里面。

那匹安静的马等候他的主人。米龙老爹骑了上去。教它用"大颠"的步儿穿过平原走开了。

一小时以后，他又看见两个归营的骑兵并辔而来。他一直对准他们赶过去，又用德国话喊着："救人！救人！"那两个普兵认明了军服，让他走近前来，绝没有一点疑忌。于是他，老翁，像弹丸一般在他们两人之间溜过去，一马刀一手枪，同时干翻了他们两个人。

随后他又宰了那两匹马，那都是德国马！然后从容地回到了石灰窑，把自己骑过的那匹马藏在那阴暗的地道中间。他在那里脱掉军服，重新披上了他自己那套破衣裳，末了回家爬到床上，一直睡到第二天早晨。

他有四天没有出门，等候那场业已开始侦查的公案的结束，但是，第五天，他又出去了，并且又用相同的计略杀了两个普兵。从此他不再住手了，每天夜晚，他总逛到外面去找机会，骑着马在月光下面驰过荒废无人的田地，时而在这里，时而在那里，如同一个迷路的德国骑兵，一个专门猎取人头的猎人似的，杀过了一些普鲁士人。每次，工作完了以后，这个年老的骑士任凭那些尸首横在大路上，自己却回到了石灰窑，藏起了自己的坐骑和军服。

第二天日中光景，他安闲地带些清水和草料去喂那匹藏在地道中间的马，为了要它担负重大的工作，他是不惜工本的。

但是，被审的前一天，那两个被他袭击的人，其中有一个有了戒备，并且在乡下老翁的脸上割了一刀。

然而他把那两个一齐杀死了！他依然又转来藏好了那匹马，换好了他的破衣裳，但是回家的时候，他衰弱得精疲力竭了，只能勉强拖着脚步走到了马房跟前，再也不能回到房子里。

有人在马房里发现了他浑身是血，躺在那些麦秸上面⋯⋯

口供完了之后，他突然抬起头自负地瞧着那些普鲁士军官。

那团长抚弄着自己的髭须，向他问：

"您再没有旁的话要说吗？"

"没有。再也没有，账算清了：我一共杀了16个，一个不多，一个不少。"

"您可知道自己快要死吗？"

"我没有向您要求赦免。"

"您当过兵吗？"

"当过，我从前打过仗。并且从前也就是你们杀了我的爹，他老人家是一世皇帝[1]的部下。我还应该算到上一个月，你们又在艾弗勒附近杀了我的小儿子法朗索阿。从前你们欠了我的账，现在我讨清楚了。我们现在是收支两讫。"

军官们彼此面面相觑了。

"八个算是替我的爹讨还了账。八个算是替我儿子讨还的。我们是收支两讫了。我本不要找你们惹事,我!我不认识你们!我也不知道你们是从哪儿来的。现在你们已经在我家里,并且要这样,要那样,像在你们自己家里一般。我如今在那些人身上复了仇。我一点也不后悔。"老翁接着又说。

老翁挺起了关节不良的脊梁,并且用一种谦逊的英雄姿态在胸前叉起了两只胳膊。

那几个普鲁士人低声谈了好半天。其中有一个上尉,他也在上一个月有一个儿子阵亡,这时,他替这个志气高尚的穷汉辩护。

于是团长站起来走到米龙老爹身边,并且低声向他说:"听明白,老头儿,也许有个法子救您性命,就是要……"

但是那老翁绝不细听,向着战胜的军官竖直了两只眼睛,这时候,一阵微风搅动了他头颅上的那些稀少的头发,他那副带着刀伤的瘦脸儿突然大起收缩显出一副怕人的难看样子,他终于鼓起了他的胸膛,向那普鲁士人劈面唾了一些唾沫。

团长呆了,扬起一只手,而那汉子又向他脸上唾了第二次。

所有的军官都站起了,并且同时喊出了好些道命令。

不到一分钟,那个始终安闲自在的老翁被人推到了墙边,那时候他才向着他的长子约翰,他的儿媳妇和他的两个孙子微笑了一阵,他们都惶惑万分地望着他,他终于立刻被人枪决了。

【注释】

[1] 一世皇帝:指拿破仑一世。

【阅读提示】

这篇小说讲述的是普法战争中一个普通法国农民孤胆杀敌的故事,成功地塑造了一个机智勇敢、大义凛然的农民英雄形象,表现出法国人民抗击侵略者的英雄主义气概和爱国主义精神。

作品无论在叙事方式、人物描写,还是在情节结构方面都颇具特色。

第一,结构上采用倒叙的方式。先描绘一幅丰收在望、充满喜悦之情的田园风光,然后抚今思昔,顺理成章地引出往日艰苦斗争的故事。这个开头,不仅暗喻幸存者和后代对壮烈牺牲的米龙老爹的怀念之情,而且在感情和意念上为后文的故事做了衬托性铺垫。

第二,人称的交互使用。先用第三人称叙述故事,后让米龙老爹用第一人称回答普军团长的审问,中间米龙老爹的口供交代他杀死16名普军的经过本当用第一人称的,却改用第三人称,这不仅可以避免叙述上的呆板、单调,而且这种全方位的叙述,较之单纯用第一人称更容易将事情说得清楚些。

第三,小说的肖像描写和细节描写也很出色。肖像描写多着眼于米龙老爹貌不惊人的农民本色,与他"难于妥协"的坚毅性格和巧妙机警的杀敌行为相互映衬。米龙老爹两次向普军团长吐唾沫等细节描写,辅之以干脆的个性化语言,淋漓尽致地刻画出一个农民爱国者刚强勇武的性格和视死如归的凛然正气。

【思考练习】

1. 这篇小说在叙事方式上有什么特点?其作用如何?
2. 分析米龙老爹的性格和心理活动。
3. 莫泊桑的作品具有笔触细腻、章法多变的特点,在本篇中是如何体现的?

一个官员之死

[俄]契诃夫

【题解】

安东·巴甫洛维奇·契诃夫（1860—1904），俄国小说家、戏剧家，小商人家庭出身。1879年考入莫斯科大学医学系学习，同年以安托沙·契洪特的笔名发表小说，从此开始了他的文学生涯。大学毕业后，契诃夫一边行医，一边从事小说创作，先后发表了《一个文官的死》《变色龙》和《苦恼》等重要作品。1890年，契诃夫只身到流放犯人的集中地库页岛，进行了三个多月的实地考察，写成了《库页岛旅行记》。此后思想转变，作品中的批判因素增强，创作了《第六病室》《带阁楼的房子》《套中人》《新娘》等一批优秀小说和《海鸥》《万尼亚舅舅》《三姐妹》《樱桃园》等剧作，深刻揭示了19世纪末20世纪初俄国社会剧烈变革过程中各个阶层人物的状况，预示了新生活必然来临。

契诃夫在短暂的24年的创作生涯中，完成了400多部中短篇小说和10多部剧本，被誉为"短篇小说的巨匠"。

【文献来源】

契诃夫. 契诃夫短篇小说选[M]. 李辉凡，李丝雨，译. 北京：中国青年出版社，2021：5-8.

在一个美好的晚上，有一位同样美好的庶务官伊万·德米特里奇·切尔维亚科夫，他坐在第二排的椅子上，用望远镜在看《柯涅维勒的钟》[1]。他看着戏，感到无上幸福。可是忽然间……故事里常常会碰到这个"可是忽然"。作者们没有错：生活中充满许多意外的事！可是忽然他的脸皱了起来，两只眼睛翻转着，呼吸停住……他摘下望远镜，低下头，便……啊嚏！诸位看见，他打了个喷嚏。不管是谁，也不管是在什么地方，打喷嚏是没法禁止的。农夫打喷嚏，警察局长也打喷嚏，就连三品文官有时也打喷嚏。大家都打喷嚏。切尔维亚科夫丝毫不感到难为情，拿手绢擦了擦脸，像有礼貌的人那样，向周围瞧了一眼，看看自己的喷嚏是否打扰了别人。可就在此时，他不安起来了。他看见坐在他前面第一排的一个小老头正用手套使劲地擦拭自己的秃头和脖子，并小声嘟哝着。切尔维亚科夫认出这个小老头是在交通部任职的文职将军[2]勃里兹扎洛夫。

"我打喷嚏溅到他身上了！"切尔维亚科夫想，"他虽不是我的上司，而是别的部门的人，但终究使人尴尬，应该去赔个不是才对。"

"对不起，大人，我打喷嚏溅到您身上了……我不是有意的……"

"没关系，没关系……"

"看到上帝面上，请您原谅。我本来……我是无意的！"

"哎呀，请您坐下吧！让我听戏！"

切尔维亚科夫感到很难为情，傻笑着，开始看着舞台。他虽然在看，但已索然无味了。惶恐不安的心情开始折磨他。等到休息时，他便跑到勃里兹扎洛夫跟前，挨近他，克制着胆怯，低声地说：

"我打喷嚏溅到您身上了，大人……请您原谅，……我本来……不是要……"

"哎呀，够了……这事我已经忘记了，而您还没完没了！"将军说道，下嘴唇不耐烦地抖动了一下。

"忘记了，可他的眼睛里却有一道凶兆。"切尔维亚科夫想道，狐疑地看着将军。"他连话都不想说。需要向他解释清楚，我完全是无意的……这是自然规律。否则他会以为我是有意啐他。他现在不这么想，过后也会这么想的！……"

回到家里，切尔维亚科夫把自己不礼貌的举止告诉了妻子。他觉得妻子对所发生的这件事过于轻率：她先是大吃一惊，后来得知勃里兹扎洛夫是"别的部门的人"，就放心了。

"好歹你还是去道个歉吧！"她说，"他会以为你在公共场合不善于控制自己！"

"说的是啊！我道歉了，可他不知为什么有点儿怪……连一句中听的话也没有说，不过当时也没有功夫交谈。"

第二天，切尔维亚科夫穿上新的文官制服，理了发，到勃里兹扎洛夫家里去解释……走进将军的客厅里，看见那儿有许多求将军办事的人，将军本人就在他们中间，他已经开始接受他们的呈文了。将军询问了几个请求人之后，便抬起眼睛看着切尔维亚科夫。

"大人，要是您还记得起来的话，昨天在'快乐之邦'戏院，"庶务官开始报告说，"我打了个喷嚏，于是……无意中溅到了您……对不起……"

"多么肤浅的思想……上帝知道是怎么一回事！您有什么事？"将军对下一个请求办事的人说。

"他话都不愿意跟我说！"切尔维亚科夫想道，脸色苍白。"这是说，他生气了……不行，这事不能就此丢下……我得去向他解释……"

当将军同最后一个求他办事的人谈完话，正朝室内走去时，切尔维亚科夫迈一步跟在他的后面，低声地说：

"大人，假使我斗胆地打搅了您，那我也可以说完全是出于悔过的心情……不是有意的，您要了解才好！"

将军做出哭丧的脸，一挥手说：

"您简直就是在开玩笑，先生！"他说完便走到门后面去了。

"这怎么是开玩笑呢？"切尔维亚科夫想了想，"这里毫无开玩笑的意思！一位将军，却不能理解！既然是这样，我就再也不向这个爱夸口的人赔不是了！去他的吧！我给他写封信，再也不来了！真的，再也不来了！"

切尔维亚科夫这样想着走回家去。他给将军的信没有写成。他想啊，想啊，无论如何也想不好这封信要怎么写，只好第二天亲自去解释。

"我昨天才打搅了大人，"当将军抬起探询的眼睛看着他时，他低声说道，"并不是像您说的那样为了开玩笑，我是来赔不是的，因为我打喷嚏时，溅到您身上……至于开玩笑嘛，我连想都没想过。我敢开玩笑吗？如果我们开玩笑，那就意味着我对要人……没有一点敬意了……"

"滚出去！"将军突然大喊一声，脸色发紫，全身颤抖起来。

"什么？"切尔维亚科夫低声问道，吓得发呆了。

"滚出去！"将军跺起脚来，重复一遍。

切尔维亚科夫肚子里似乎什么东西掉了下来。他什么也看不见，什么也听不见，倒退到门口，走到街上，步履蹒跚……机械地回到家里，没有脱去制服，躺在沙发上，就……死了。

【注释】

[1]《柯涅维勒的钟》：歌剧名。

[2] 文职将军：沙俄时代三四级文官与少将武职相当，故也称将军。

【阅读提示】

契诃夫的作品一方面反映下层劳动人民的悲惨遭遇和命运，另一方面又揭露和批判黑暗的社会现实，具有强烈的批判现实主义色彩和人文主义精神。这篇小说通过一个"喷嚏事件"，揭示了一个普通小人物的悲惨命运。主人公切尔维亚科夫是一个地位低下的庶务官，在看戏时不慎打了一个喷嚏，唾沫星子溅到了坐在前排的文职将军勃里兹扎洛夫身上。本来打喷嚏不算是什么大不敬，可是身份低微的切尔维亚科夫却唯恐将军大人不肯原谅自己而施加报复，胆战心惊，惶惶不可终日，并一再而再、再而三地给将军道歉，反而弄烦了对方，被将军吼叫着撵了出来，结果活活地被吓死了。

小说选材典型，以小见大，通过小职员的死，揭露了等级制度森严的沙皇专制时代社会的黑暗、统治阶级的凶残和社会底层人的悲惨命运。同时揭示了造成卑微的奴性心理的根本原因，使小说具有深刻的时代意义。

作者还通过对日常生活琐事的准确、生动的描写，刻画了栩栩如生的典型人物形象，揭示出深刻的社会内容和发人深省的道理，从而将短篇小说的功能发挥到极致。

小说语言简洁明了，作者采用开门见山的手法，没有在人物的外貌描写上浪费笔墨，而是通过人物的内心活动、语言和动作等生动地刻画人物，一针见血，画龙点睛，形神兼备。此外，作者还以其不动声色的冷静、含蓄的描写，来揭示人物的命运与事物的荒诞本质，从而体现出他杰出的幽默讽刺才能。

【思考练习】

1. 这篇小说表达了作者怎样的思想感情？
2. 作品是如何通过人物的内心活动和语言、动作的描写来刻画人物性格特征的？
3. 结合本文，谈谈契诃夫小说创作的特点。

飞 鸟 集(节选)

[印度]泰戈尔

【题解】

罗宾德拉纳特·泰戈尔(1861—1941)，印度著名诗人、作家、艺术家，出生于加尔各答市的一个具有深厚文化教养的家庭，14岁开始发表诗歌，19岁便成为职业作家。一生写了50多部诗集，被印度人称为"诗圣"；创作了120多篇小说、20多部剧本以及大量文学、哲学、政治方面的论著。此外，泰戈尔还创作了1500余幅画和2000余首歌曲，其中歌曲《人民的意志》已被定为印度国歌。1913年，泰戈尔因抒情诗集《吉檀迦利》荣获诺贝尔文学奖，成为第一个获得这项殊荣的亚洲作家。

泰戈尔的诗早在20世纪20年代就传入中国，他的创作带有东方诗人对人生、对自然、对爱的哲理性思考的特点，其诗集《园丁集》《吉檀迦利》《新月集》《采果集》《飞鸟集》等深为广大中国人民熟悉和喜爱。

【文献来源】

泰戈尔. 飞鸟集[M]. 郑振铎, 译. 北京：中国青年出版社, 2022: 4-6, 8-9, 25, 32, 36, 44, 50, 68, 86, 90, 98, 112, 119, 137, 143, 166.

夏天的飞鸟，飞到我的窗前唱歌，又飞去了。
秋天的黄叶，它们没有什么可唱，只叹息一声，飞落在那里。

——第1首

世界对着它的爱人，把它浩翰的面具揭下了。
它变小了，小如一首歌，小如一回永恒的接吻。

——第3首

如果你因失去了太阳而流泪，那么你也将失去群星了。

——第6首

有一次，我们梦见大家都是不相识的。
我们醒了，却知道我们原是相亲相爱的。

——第9首

忧思在我的心里平静下去，正如暮色降临在寂静的山林中。

——第10首

"海水呀，你说的是什么？"
"是永恒的疑问。"
"天空呀，你回答的话是什么？"
"是永恒的沉默。"

——第12首

水里的游鱼是沉默的，陆地上的兽类是喧闹的，空中的飞鸟是歌唱着的。
但是，人类却兼有海里的沉默，地上的喧闹与空中的音乐。

——第43首

当我们是大为谦卑的时候，便是我们最接近伟大的时候。

——第57首

小草呀，你的足步虽小，但是你拥有你足下的土地。

——第65首

使生如夏花之绚烂，死如秋叶之静美。

——第82首

权势对世界说道："你是我的。"
世界便把权势囚禁在她的宝座下面。
爱情对世界说道："我是你的。"
世界便给予爱情以在它屋内来往的自由。

——第93首

"可能"问"不可能"道：
"你住在什么地方呢？"
它回答道："在那无能为力者的梦境里。"

——第 129 首

思想掠过我的心上，如一群野鸭飞过天空。
我听见它们鼓翼之声了。

——第 165 首

"谁如命运似的催着我向前走呢？"
"那是我自己，在身背后大跨步走着。"

——第 173 首

静静地坐着吧，我的心，不要扬起你的尘土。
让世界自己寻路向你走来。

——第 190 首

果的事业是尊贵的，花的事业是甜美的；
但是让我做叶的事业吧，叶是谦逊地，专心地垂着绿荫的。

——第 217 首

鸟翼上系上了黄金，这鸟便永不能再在天上翱翔了。

——第 231 首

死亡隶属于生命，正与生一样。
举足是走路，正如落足也是走路。

——第 267 首

让死者有那不朽的名，但让生者有那不朽的爱。

——第 279 首

"我相信你的爱。"让这句话做我的最后的话。

——第 325 首

【阅读提示】

泰戈尔获得诺贝尔文学奖的原因是"由于他那至为敏锐、清新与优美的诗"，尽管这是对他的诗集《吉檀迦利》的评价，其实也适用于他所有的诗歌作品。

《飞鸟集》是泰戈尔 1916 年从日本访问回国后整理出版的一部散文诗集，也是他第一部被译成中文的诗集，颇受中国读者喜爱。这本诗集包括 325 首无题诗，其中绝大多数的诗只有一两行，或者捕捉一个自然景观，或者述说一个事理。它们并没有明显的逻辑结构和明确的中心，只是诗人在日常生活中的感触、思考、情思的片段的记录。由于诗人忠实于自己的思想，具有敏锐洞察自然、社会的能力和一支善于表达心曲的妙笔，这些形似只言片语的小诗就蕴含了丰富的思想、深奥的哲理，表现出一种清新明快、优美隽永的风格。

《飞鸟集》所描写的大多是小草、落叶、飞鸟、星辰、山水、昼夜等自然景观，但这些描写抓住了各种景观的特有神韵，寄予了泰戈尔对于自然的生命哲理思考。爱，是泰戈尔诗歌永恒的主题。作者毫不吝啬地运用大量的修辞笔法来赞颂爱的美好与伟大。在泰戈尔眼中，世界需要爱，人生更需要爱。

他的小诗意蕴深厚、耐人寻味，其中一些已成为广为流传的生活格言。《飞鸟集》翻译出版之后，影响了中国诗坛一大批诗人，如徐志摩、冰心、宗白华等，其魅力可见一斑。

【思考练习】

1. 阅读《飞鸟集》，领会其中蕴含的哲理。
2. 选择本文中你最喜欢的诗句，谈谈你的理解。

警察和赞美诗

[美]欧·亨利

【题解】

欧·亨利（1862—1910），原名威廉·锡特奈·波特，美国现代短篇小说大师。长期生活在社会下层，曲折的人生、丰富的经历、独特的视角和敏锐的观察，使他能轻而易举地把形形色色的社会现象写进自己的作品，表现了下层劳动群众生活的艰辛，道出了他们对剥削、压迫者的愤怒与反抗，对统治者的批判与揭露。作品的主人公多是道貌岸然的上流骗子、巧取豪夺的金融寡头、小偷、强盗、流浪汉及失业者等。

从艺术的角度来看，欧·亨利的小说运用夸张嘲讽、风趣诙谐、机智幽默的笔调，描写小人物的命运，寓庄于谐，寓悲于喜，形成"含泪的微笑"的独特风格。欧·亨利一生创作了270多部短篇小说、一部长篇小说，还有少量的诗歌，代表作有《麦琪的礼物》《百万英镑》《最后一片叶子》。

【文献来源】

朱雯，朱碧恒. 欧·亨利名作欣赏[M].北京：中国和平出版社，1995：23-30

苏贝躺在麦迪逊广场的长凳上，辗转反侧。当夜晚雁群引吭高鸣，当没有海豹皮大衣的女人对她们的丈夫亲热起来，或者当苏贝躺在广场的长凳上辗转反侧的时候，你就知道冬季已经逼近了。

一片枯叶飘落到苏贝的膝头。那是杰克·弗洛斯特[1]的名片。杰克对麦迪逊广场的老房客倒是体贴入微的，每年要来之前，总是预先通知。他在十字街头把他的名片交给"北风"——"幕天席地别墅"的门房——这样露天的居民就可以有所准备。

苏贝理会到，为了应付即将来临的严冬，由他来组织一个单人筹备委员会的时候已经到了。因此，他在长凳上转侧不安。

苏贝对于在冬季蛰居方面并没有什么奢望。他根本没有想到地中海的游弋，或南方催人欲眠的风光，更没有想到在维苏威海湾[2]的游泳。他心向神往的只是到岛上去住上三个月。三个月不愁食宿，既能摆脱玻瑞阿斯[3]和巡警的干扰，又有意气相投的朋友共处，在苏贝的心目中，再没有比这更美满的事了。

多年来，好客的布莱克韦尔监狱[4]成了他的冬季寓所。正如那些比他幸运得多的纽约人每年冬天买了车票到棕榈滩[5]和里维埃拉[6]去消寒一样，苏贝也为他一年一度去岛上的避难作了最低限度的准备。现在是时候了。昨晚，他在那古老的广场里，睡在喷泉池旁边的长凳上，用了三份星期日的厚报纸，衬在衣服里，遮着脚踝和膝盖，还是抵挡不住寒冷的侵袭。因此，布莱克韦尔岛在苏贝心中及时涌现出来。他瞧不起那些以慈悲为名替地方上寄食者准备的布施。在苏贝看来，法律比慈善更为仁慈。他可以去的场所多的是，有的是市政府办的，有的是慈善机关办的，在哪儿他都可以谋得食宿，满足简单的生活要求。可是对苏贝这种性格高傲的人来说，慈善的恩赐是行不通的。从慈善家手里得到一点好处，固然不要你破费，却要你承担精神上的屈辱。凡事有利必有弊，要睡慈善机关的床铺，就先得被迫洗个澡；要吃一块面包，你个人的私事也就得给打破沙锅问到底。因此，还是做做法律的客人来得痛快，法律虽然铁面无私，照章办事，究竟不会过分干涉一位大爷的私事。

既然打定了去岛上的主意，苏贝立刻准备实现他的愿望。轻而易举的办法倒有不少。最愉快的莫如在一家豪华饭店里大模大样地吃上一顿；然后声明自己不名一文，就可以安安静静，不吵不闹地给交到警察手里。其余的事，自有一个知趣的地方法官来安排。

苏贝离开长凳，踱出广场，穿过了百老汇路和五马路交叉处的一片平坦的柏油路面。他拐到百老汇路上，在一家灯火辉煌的饭馆前停下来，那里每晚汇集着上好的美酒、华丽的衣服和有地位的人物。

苏贝对自己上半身的打扮颇有信心。他刮过脸，上衣还算体面，感恩节时一位女教士送给他的那个有活扣的黑领结也挺干净。只要他能走到饭馆里桌子边上而不引起别人的疑心，一切就可以如愿以偿了。他暴露在桌面以上的部分不至于使侍者起疑。一只烤野鸭，苏贝想到，也就够意思了——再加一瓶夏勃立酒[7]，坎曼贝乳酪[8]——一小杯咖啡和一支雪茄。雪茄要一块钱一支的就行了。账单上的总数不要大得会引起饭馆掌柜的狠心报复；同时野鸭肉却能让他在去冬季避难所的路上感到饱食的快乐。

可是，苏贝刚踏进饭馆门口，侍者领班的眼光就落到了他的旧裤子和破皮鞋上。粗壮而利索的手把他推了一个转身，沉默而迅速地被撵到人行道上，从而改变了那只险遭暗算的野鸭的不体面的命运。

苏贝离开了百老汇路。到那想望之岛去，要采取满足口腹之欲的路线看来是行不通了。要进监狱，还得另想办法。

六马路的拐角上有一家铺子，玻璃橱窗里陈设巧妙的商品和灿烂的灯光很引人注目。苏贝捡起一块大圆石，砸穿了那块玻璃。人们从拐角上跑来，为首的正是一个警察。苏贝站定不动，双手插在口袋里，看到警察的铜纽扣时不禁笑了。

"砸玻璃的人在哪儿？"警察气急败坏地问道。

"难道你看不出我可能跟这事有关吗？"苏贝说，口气虽然带些讥讽，态度却很和善，仿佛是一个交上好运的人似的。

警察心里根本没把苏贝当做嫌疑犯。砸橱窗的人总是拔腿就跑，不会傻站在那儿跟法律的走卒打交道的。警察看到半条街前面有一个人跑着去赶搭一辆街车。他抽出警棍，追了上去。苏贝大失所望，垂头丧气地走开了。两次都不顺利。

对街有一家不怎么堂皇的饭馆。它迎合胃口大而钱包小的吃客。它的盘碟和气氛都很粗厚；

它的汤和餐巾却很稀薄。苏贝跨进这家饭馆,他那罪孽深重的鞋子和暴露隐秘的裤子倒没有被人注意到。他挑了个位子坐下,吃了牛排、煎饼、炸面饼圈和馅饼。然后他向侍者透露真相,说他一个子儿都没有。

"现在快去找警察来,"苏贝说,"别让大爷久等。"

"对你这种人不用找警察。"侍者的声音像奶油蛋糕,眼睛像曼哈顿鸡尾酒里的红樱桃。他只嚷了一声:"嗨,阿康!"

两个侍者干净利落地把苏贝叉出门外,他左耳贴地摔在坚硬的人行道上。像打开一根木工曲尺似的,他一节一节地撑了起来,掸去衣服上的尘土。被捕似乎只是一个美妙的梦想。那个岛仿佛非常遥远。站在隔了两家店铺远的药房门口的警察,笑了一笑,走到街上去了。

苏贝走过了五个街口之后,才有勇气再去追求被逮捕。他天真地暗忖着,这次是十拿九稳,不会再有闪失的了。一个衣着朴实,风姿可人的少妇站在一家店铺的橱窗前,出神地瞅着刮胡子用的杯子和墨水缸。离橱窗两码远的地方,一个大个子警察神气十足地靠在消防水龙头上。

苏贝打算扮演一个下流惹厌、调戏妇女的浪子。他的受害者外表娴静文雅,而忠于职守的警察又近在咫尺;他有理由相信,马上就能痛痛快快地给逮住,保证可以在岛上的小安乐窝里逍遥过冬。

苏贝把女教士送给他的活扣领结拉拉挺,又把皱缩在衣服里面的衬衫袖管拖出来,风流自赏地把帽子歪戴在额头,向那少妇身边挨过去。他对她挤眉弄眼,嘴里哼哼哈哈,嬉皮笑脸地摆出浪子那色胆包天,叫人恶心的架势。苏贝从眼角里看到警察正牢牢地盯着他。少妇让开了一步,仍旧全神贯注地瞅着那些刮胡子用的杯子。苏贝凑上去,大胆地走近她身边,掀起帽子说:

"啊喂,美人儿!要不要跟我一起去逛逛?"

警察仍旧盯着。受到纠缠的少妇只消举手一招,苏贝就可以毫无疑问地被送到他的安身之岛去了。他在想象中已经感到了警察局的舒适温暖。少妇扭过头来望着他,伸出手,抓住了苏贝的衣袖。

"当然啦,朋友,"她高兴地说,"只要你肯请我喝啤酒。不是警察望着的话,我早就招呼你了。"

少妇像常春藤攀住橡树般地依偎在苏贝身旁。苏贝心情阴郁,走过警察身边。他似乎注定是自由的。

一拐弯,他甩掉了同伴,撒腿就跑。他一口气跑到一个地方,那儿晚上有最明亮的街道,最愉快的心情,最轻率的盟誓和最轻松的歌声。披裘皮的女人和穿厚大衣的男人兴高采烈地冒着寒气走动。苏贝突然感到一阵恐惧,是不是一种可怕的魔力使他永远不会遭到逮捕呢?这个念头带来了一些惊惶。当他再见到另一个警察神气活现地在一家灯火辉煌的戏院门前巡逻时,他忽然想起了那个穷极无聊的办法——扰乱治安。

在人行道上,苏贝开始憋足劲尖声叫喊一些乱七八糟的醉话。他手舞足蹈,吆喝胡闹,想尽办法搅得天翻地覆。

警察挥旋着警棍,掉过身去,背对着苏贝,向一个市民解释说:

"那是耶鲁大学的学生,他在庆祝他们在赛球时给哈特福德学院吃了一个鸭蛋。虽然闹得凶，可是不碍事。我们接到指示，不必干涉。"

苏贝怏怏地停止了他那白费气力的嚷嚷。警察永远不来碰他了吗？在他的想象中，那个岛简直像是可望而不可即的世外桃源了。他扣好单薄的上衣来抵挡刺骨的寒风。

在一家雪茄烟铺里，他看到一个衣冠楚楚的人正在摇曳的火上点雪茄。那人进去时将一把绸伞倚在门口。苏贝跨进门，拿起伞，不慌不忙地扬长而去。点烟的人赶忙追出来。

"那是我的伞。"他厉声说。

"呵，是吗？"苏贝冷笑着说，在小偷的罪名上又加上侮辱。"那么，你干吗不叫警察呢？不错，是我拿的。你的伞！你干吗不叫警察？拐角上就有一个。"

伞主人放慢了脚步。苏贝也走慢了，预感到命运会再度跟他作对。拐角上的警察好奇地望着他们俩。

"当然，"伞主人说——"说起来——嗯，你知道这一类误会是怎么发生的——我——如果这把伞是你的，请你别见怪——我是今天早晨在一家饭馆里捡到的——如果你认出是你的，那么——请你——"

"当然是我的。"苏贝恶狠狠地说。

伞的前任主人退了下去。警察赶过去搀扶一个穿晚礼服的高身材的金发女郎，陪她穿过街道，以免一辆还在两个街口以外的车子碰上她。

苏贝往东走过一条因为修路而翻掘开来的街道。他忿忿地把伞扔进一个坑里。他咒骂那些头戴铜盔，手持警棍的人。他一心指望他们来逮捕他，他们却把他当作一贯正确的帝王。

最后，苏贝走到一条通向东区的路上，那里灯光黯淡，嘈杂声也低一些。他的方向是麦迪逊广场，因为他不知不觉地还是想回家，尽管这个家只是广场里的一条长凳。

但是当苏贝走到一个异常幽静的路角上时，就站了下来。这儿有一座不很整齐的，砌着三角墙的，古色古香的老教堂。一丝柔和的灯火从紫罗兰色的玻璃窗里透漏出来。无疑，里面的风琴师为了给星期日唱赞美诗伴奏正在反复练习。悠扬的乐声飘进了苏贝的耳朵，使他倚着螺旋形的铁栏杆而心醉神移。

天上的月亮皎洁肃穆；车辆和行人都很稀少；冻雀在屋檐下睡迷迷地啁啾——这种境界使人不禁想起了乡村教堂的墓地。风琴师弹奏的赞美诗音乐把苏贝胶在铁栏杆上了，因为当他的生活中还有母爱、玫瑰、雄心、朋友、纯洁的思想和体面的衣着这类事物的时候，赞美诗的曲调对他曾是很熟悉的。

苏贝这时敏感的心情和老教堂环境的影响，使他的灵魂突然起了奇妙的变化。他突然憎恶起他所坠入的深渊，堕落的生活，卑鄙的欲望，破灭了的希望，受到损害的才智和支持他生存的低下的动机。

一刹那间，他的内心对这种新的感受起了深切的反应。一股迅疾而强有力的冲动促使他要向坎坷的命运奋斗。他要把自己拔出泥淖；他要重新做人；他要征服那已经控制了他的邪恶。时候还不晚；他算来还年轻；他要唤起当年那热切的志向，不含糊地努力追求。庄严而亲切的风琴乐调使他内心有了转变，明天他要到热闹的市区里去找工作。有个皮货进口商曾经叫他去当赶车的。明天他要去找那个商人，申请那个职务。他要做一个顶天立地的男子汉。他要——

苏贝觉得有一只手按在他的胳臂上。他霍地扭过头，看到了一个警察的阔脸。

"你在这儿干什么？"警察责问道。

"没干什么。"苏贝回答说。

"那么跟我来。"警察说。

第二天早晨，警庭的法官宣判说："在布莱克韦尔岛上监禁三个月。"

【注释】

[1] 杰克·弗洛斯特：英文中，frost 意为"霜冻"，文中是拟人化称呼。

[2] 维苏威海湾：位于意大利那不勒斯东南的海湾，气候温和。

[3] 玻瑞阿斯：希腊神话中的北风神。

[4] 布莱克韦尔监狱：在纽约和布鲁克林之间海峡中的布莱克韦尔岛上。

[5] 棕榈滩：美国佛罗里达州东南部城镇。

[6] 里维埃拉：南欧沿地中海一段地区，在法国的东南部和意大利的西北部。

[7] 夏勃立酒：原产于法国夏勃立的一种无甜味的白葡萄酒。

[8] 坎曼贝乳酪：一种产于法国的软干酪。

【阅读提示】

这是一篇简短凝练、幽默风趣又充满辛酸的小说，流浪汉苏贝生活无着，为了能安稳过冬，不致露宿街头而冻死，便千方百计想进监狱，可是警察却和他开玩笑似的不逮捕他，最后当他决心改过自新，却无辜被逮捕，揭示了资本主义社会是非混淆、黑白颠倒的丑恶本质。

欧·亨利的作品幽默风趣、辛辣讽刺、构思奇特、情节曲折多变。本文在情节安排上既出人意料，又合乎情理。两种荒谬的现象构成强烈的喜剧冲突，让人们不得不收起笑容，来思索这种荒谬背后的深刻内涵。

小说通过对比、夸张、比喻、拟人、反语等修辞手法的运用，揭示了下层劳动人民悲惨的生活境遇，辛辣地讽刺了达官富豪们穷奢极欲的腐朽生活，突出了资本主义社会的贫富悬殊，也揭示了苏贝等下层劳动人民生活艰辛的社会根源，从而增强了小说的社会意义。

【思考练习】

1. 简要分析苏贝这一艺术形象所包含的社会意义。
2. 分析"含泪的微笑"的艺术风格在作品中是如何体现的。

当你老了

[爱尔兰]叶芝

【题解】

威廉·勃特勒·叶芝(1865—1939)，亦译叶慈、耶茨，爱尔兰杰出诗人，剧作家和象征主义大师，出生于都柏林附近的一个中上层阶级的画师家庭。1883年中学毕业后便开始了诗歌创作，早期作品带有唯美主义倾向和浪漫主义色彩，从爱尔兰神话和民间传说中取材，以爱情或神秘事物为主题，善于营造梦幻般的氛围，作品质朴而富于生气。1910年前后，受政治运动的影响，逐渐放弃了传统诗歌样式的写作，由虚幻朦胧走向坚实明朗和接近现实，语言风格渐趋冷峻，更加接近现代主义。1923年，叶芝获得诺贝尔文学奖，1934年与拉迪亚德·吉卜林共同获得古腾堡诗歌奖。

代表作有诗歌《1916年的复活节》《丽达与天鹅》《盘旋的楼梯》《驶向拜占廷》，散文集《凯尔特曙光》和诗剧《炼狱》等。

【文献来源】

袁可嘉. 外国名诗选(上)[M]. 北京：中国青年出版社，1997: 30.

当你老了，头白了，睡思昏沉，
炉火旁打盹，请取下这部诗歌，
慢慢读，回想你过去眼神的柔和，
回想它们昔日浓重的阴影；

多少人爱你青春欢畅的时辰，
爱慕你的美丽，假意或真心，
只有一个人爱你那朝圣者[1]的灵魂，
爱你衰老了的脸上痛苦的皱纹；

垂下头来，在红光闪耀的炉子旁，
凄然地轻轻诉说那爱情的消逝，
在头顶的山上它缓缓踱着步子，
在一群星星中间隐藏着脸庞。

【注释】

[1] 朝圣者：这里指著名的女演员毛特·岗。这首诗是诗人叶芝1893年为毛特·岗而作的。毛特·岗是一位驻爱尔兰英军上校的女儿，当时不仅年轻漂亮、气度非凡，而且极具魄力。她深切地同情爱尔兰人民被压迫和奴役的处境，极力拥护民族自治运动。叶芝视毛特·岗为理想中的完美女性，尽管长期追求而屡遭拒绝，但一直怀有深深的爱慕之情，忠贞不渝。

【阅读提示】

这是一首视角独特、感情深沉的爱情诗。作者用一个假设性的时间状语"当你老了"开头，奠定全诗的感情基调，那是一种超越时空的永恒之爱。接着虚拟了一幅画面：老年人睡思昏沉、炉火旁打盹，取下诗集慢慢读，一面读一面回忆过去的情景，画面真切生动，温情脉脉，给人一种神秘气息和温馨浪漫之感。

中间部分对比鲜明："多少人爱你青春欢畅的时辰，爱慕你的美丽，假意或者真心"，但是"只有一个人爱你那朝圣者的灵魂，爱你衰老了的脸上痛苦的皱纹"。这是无限深情的自然流露，也是发自肺腑的爱情誓言——美好的情愫不是由外在短暂的青春容颜所决定，而是源于对永恒精神之美的倾慕，突现了诗人深沉、脱俗、与众不同的爱情观。

结尾处创设了和谐唯美的场面，时光的流逝冲不淡深厚的爱意，年龄上的衰老恰好使经过了岁月沧桑洗礼和过滤的情感上升到纯净幻梦般的崇高境界。诗人用诗歌诠释这个世界，告诉人们什么是崇高的信念，什么是永不幻灭的灵魂。

该诗格调优雅舒缓，运用简练质朴、明白易懂的口语，成功地营造了一种深远的意境。在艺术风格上属于前期虚幻朦胧的诗风，带有唯美色彩。没有热情激昂的宣泄，只有平静真挚的倾诉。在流动飘逸中透出一抹淡淡的哀伤，不乏亲切与温馨，生动、鲜明地抒发诗人对人类永恒的命题——生命、尊严、青春、爱情的向往与追求。

【思考练习】
1. 这首诗与一般的爱情诗有何不同？
2. 分析此诗的艺术风格。

我为什么而活着

[英]罗素

【题解】

伯特兰·罗素(1872—1970)，英国哲学家、作家、数理逻辑学家，分析学的主要创始人，世界和平运动的倡导者和组织者。四岁父母双亡，在祖母和家庭教师抚养教育下长大。1890年考入三一学院并取得数学奖学金，后转学哲学。1950年因作品《婚姻与道德》而荣获诺贝尔文学奖。20世纪50年代，罗素积极从事世界和平运动，反对核战争，获得世界和平奖，并在1964年创立了罗素和平基金会。1970年2月2日，罗素在威尔士去世。

罗素学识渊博，在哲学、数学、教育学、社会学、政治学等众多领域都颇有建树。他是一个人道主义者、和平主义者，积极地参与各种社会活动，生活态度积极向上，充满正义和良知，又不乏睿智和温情。代表作有《幸福之路》和《自由之路》。

【文献来源】

伯特兰·罗素. 罗素自传：第1卷[M]. 胡作玄，赵慧琪，译. 北京：商务印书馆，2002: 1-2.

对爱情的渴望，对知识的追求，对人类苦难不可遏制的同情心，这三种纯洁但无比强烈的激情支配着我的一生。这三种激情，就像飓风一样，在深深的苦海上，肆意地把我吹来吹去，吹到濒临绝望的边缘。

我寻求爱情，首先因为爱情给我带来狂喜，它如此强烈以致我经常愿意为了几小时的欢愉而牺牲生命中的其他一切。我寻求爱情，其次是因为爱情解除孤寂——那是一颗震颤的心，在世界的边缘，俯瞰那冰冷死寂、深不可测的深渊。我寻求爱情，最后是因为在爱情的结合中，我看到圣徒和诗人们所想象的天堂景象的神秘缩影。这就是我所寻求的，虽然它对人生似乎过于美好，然而最终我还是得到了它。

我以同样的热情寻求知识，我希望了解人的心灵。我希望知道星星为什么闪闪发光，我试图理解毕达哥拉斯的思想威力，即数字支配着万物流转。这方面我获得一些成就，然而并不多。

爱情和知识，尽其可能地把我引上天堂，但是同情心总把我带回尘世。痛苦的呼号的回声在我心中回荡，饥饿的儿童，被压迫者折磨的受害者，被儿女视为可厌负担的无助的老人以及充满孤寂、贫穷和痛苦的整个世界，都是对人类应有生活的嘲讽。我渴望减轻这些不幸，但是我无能为力,而且我自己也深受其害。

这就是我的一生,我觉得它值得活。如果有机会的话,我还乐意再活一次。

【阅读提示】

　　罗素的一生是轰轰烈烈、不断追求的一生。他满怀着对他人和社会的无限关爱,成功地扮演了多种角色。在这篇简短精悍的随笔里,作者开门见山地说明了自己生活的三大支柱——对爱情的渴望、对知识的追求和对人类苦难不可遏制的同情心。他克服了纯粹的物质贪欲和利己主义的局限,将个人生命的意义和价值与永恒的主题相联系,对他人怀有关爱之心。这是现代人尤其是青年人应该具有的生活态度。

　　本文的结构清晰明了,逻辑性和思辨性浓厚。首先提出总的观点,阐明了自己生活的三大理由。这些理由涉及生活中最主要的方面,作为一个作家、科学家、哲学家、和平运动者,他用自己的行动实现了对于理想和自由的无限追求。然后再分条陈述,说理井然有序,论证有力,并且过渡自然。最后进行了简要小结,希望自己能重活一次,对生命和生活寄予了无限的爱恋。

　　全文用语质朴无华,流畅清新,看似平淡的语言中蕴含着耐人寻味的哲理,理论的深刻与表达的通俗相融合,恰如其分地表现了他乐观向上的处世态度,具有较强的哲理性和现实启发性。

【思考练习】

1. 阅读全文,说说作者生活的三大理由。
2. 找出你喜爱的语句,简要地进行分析。
3. 结合自己的实际,谈谈你学习本文的感想。

变形记(节选)

[奥]卡夫卡

【题解】

　　弗朗茨·卡夫卡(1883—1924),奥地利小说家。1901年进入布拉格大学德语部学习,1906年获法学博士学位。卡夫卡的写作生涯开始于大学时代,1908年首次发表散文,后相继发表小说。1915年获德国冯塔纳文学奖金。卡夫卡的文学成就主要是小说,然而生前发表较少,因为他对自己的作品极不满意,他在遗嘱中嘱托他的挚友、遗嘱执行人勃洛德将他的全部作品、手稿统统烧毁,但勃洛德对卡夫卡的作品极为欣赏,不愿让它消散,于是,他违背了老朋友的意愿,将卡夫卡的全部作品和手稿分两次(1935年、1949年)整理出版,编成六卷本和九卷本《卡夫卡文集》。卡夫卡的代表作品包括三部长篇小说《美国》《审判》(又译《诉讼》)、《城堡》,短篇小说《判决》《变形记》等。

【文献来源】

　　谭燧.20世纪西方文学作品选[M].海口:南海出版社,2002:24-36.

一天早晨，格里高尔·萨姆沙从不安的睡梦中醒来，发现自己躺在床上变成了一只巨大的甲虫。他仰卧着，那坚硬得像铁甲一般的背贴着床。他稍稍抬了抬头，便看见自己那穹顶似的棕色肚子分成了好多块弧形的硬片，被子几乎盖不住肚子尖，都快滑下来了。比起偌大的身躯来，他那许多只腿真是细得可怜，都在他眼前无可奈何地舞动着。

"我出了什么事啦？"他想。这可不是梦。他的房间，虽是嫌小了些，的确是普普通通人住的房间，仍然安静地躺在四堵熟悉的墙壁当中。在摊放着打开的衣料样品——萨姆沙是个旅行推销员——的桌子上面，还是挂着那幅画，这是他最近从一本画报上剪下来装在漂亮的金色镜框里的。画的是一位戴皮帽子围皮围巾的贵妇人，她挺直身子坐着，把一只套没了整个前臂的厚重的皮手筒递给看画的人。

格里高尔的眼睛接着又向窗口望去，天空很阴暗——可以听到雨点敲打在窗槛上的声音——他的心情也变得忧郁了。"要是再睡一会儿，把这一切晦气事统统忘掉那该多好。"他想。但是完全办不到，平时他习惯于侧向右边睡，可是在目前的情况下，再也不能采取那样的姿态了。无论怎样用力向右转，他仍旧滚了回来，肚子朝天。他试了至少一百次，还闭上眼睛免得看到那些拼命挣扎的腿，到后来他的腰部感到一种从未体味过的隐痛，才不得不罢休。

"啊，天哪，"他想，"我怎么单单挑上这么一个累人的差使呢！长年累月到处奔波，比坐办公室苦得多了。再加上还有经常出门的烦恼，担心各次火车的倒换，不定时而且低劣的饮食，而萍水相逢的人也总是些泛泛之交，不可能有深厚的交情，永远不会变成知己朋友。让这一切都见鬼去吧！"他觉得肚子上有点痒，就慢慢地挪动身子，靠近床头，好让自己头抬起来更容易些；他看清了发痒的地方，那儿布满着白色的小斑点，他不明白这是怎么回事，想用一条腿去搔一搔，可是马上又缩了回来，因为这一碰使他浑身起了一阵寒颤。

他又滑下来恢复到原来的姿势。"起床这么早，"他想，"会使人变傻的。人是需要睡觉的。别的推销员生活得像贵妇人。比如，我有一天上午赶回旅馆登记取回货单时，有别的人才坐下来吃早餐。我若是跟我的老板也来这一手，准定当场就给开除。也许开除了倒更好一些，谁说得准呢。如果不是为了父母亲而总是谨小慎微，我早就辞职不干了，我早就会跑到老板面前，把肚子里的气出个痛快。那个家伙准会从写字桌后面直蹦起来！他的工作方式也真奇怪，总是那样居高临下坐在桌子上面，对职员发号施令，再加上他的耳朵又偏偏重听，大家不得不走到他跟前去。但是事情也未必毫无转机；只要等我攒够了钱还清父母欠他的债——也许还得五六年——可是我一定能做到。到那时我就会时来运转了。不过眼下我还是起床为妙，因为火车五点钟就要开了。"

他看了看柜子上滴滴嗒嗒响着的闹钟。天哪！他想道。已经六点半了，而时针还在悠悠然向前移动，连六点半也过了，马上就要七点差一刻了。闹钟难道没有响过吗？从床上可以看到闹钟明明是拨到四点钟的；显然它已经响过了。是的，不过在那震耳欲聋的响声里，难道真的能安宁地睡着吗？嗯，他睡得并不安宁，可是却正说明他还是睡得不坏。那么他现在该干什么呢？下一班车七点钟开，要搭这一班他得发疯似的赶才行，可是他的样品都还没有包好，他自己也觉得精神不甚佳。而且即使他赶上这班车，还是逃不过上司的一顿申斥，因为公司的听差一定是在等候五点钟那班火车，这时早已回去报告他没有赶上了。那听差是老板的心腹，既无骨气又愚蠢不堪。那么，说自己病了行不行呢？不过这将是最最不愉快的事，而且也显得很可疑，因为他服务五年以来没有害过一次病。老板一定会亲自带了医药顾问一起来，一定会责怪他的父母怎么养出这样懒惰的儿子，他还会引证医药顾问的话，粗暴地把所有的理由都驳掉，而那个大夫看来，世界上除了健康之至的假病号，再也没有第二种人了。再说今天这种情况，大夫的话是不是真的不对呢？格里高尔觉得身体挺不错，只除了有些困乏，这在如此长久的一次睡眠以后实在有些多余，另外，他甚至觉得特别饿。

　　这一切都飞快地在他脑子里闪过，他还是没有下决心起床——闹钟敲六点三刻了——这时，他床头后面的门上传来了轻轻的一下叩门声。"格里高尔，"一个声音说——这是他母亲的声音——，"已经七点差一刻了。你不是还要赶火车吗？"好温和的声音！格里高尔听到自己的回答声时不免大吃一惊。没错，这分明是他自己的声音，可是却有另一种可怕的叽叽喳喳的尖叫声同时发了出来，仿佛是陪音似的，使他的话只有最初几个字才是清清楚楚的，接着马上就受到了干扰，弄得意义含混，使人家说不上到底听清楚没有。格里高尔本想回答得详细些，好把一切解释清楚，可是在这样的情形下他只得简单地说："是的，是的，谢谢你，妈妈，我这会儿正在要起床呢。"隔着木门，外面一定听不到格里高尔声音的变化，因为他母亲听到这些话也满意了，就拖着步子走了开去。然而这场简短的对话使家里人都知道格里高尔还在屋子里，这是出乎他们意料之外的，于是在侧边的一扇门上立刻就响起了他父亲的叩击声，很轻，不过用的却是拳头。"格里高尔，格里高尔，"他喊道，"你怎么啦？"过了一小会儿他又用更低沉的声音催促道："格里高尔！格里高尔！"在另一侧的门上他的妹妹也用轻轻的悲哀的声音问："格里高尔，你不舒服吗？要不要什么东西？"他同时回答了他们两个人，"我马上就好了。"他把声音发得更清晰，说完一个字过一会儿才说另一个字，竭力使他的声音显得正常。于是他父亲走回去吃他的早饭了，他妹妹却低声地说，"格里高尔，开开门吧，求求你。"可是他并不想开门，所以暗自庆幸自己由于时常旅行，他养成了晚上锁住所有门的习惯，即使回到家里也是这样。

　　首先他要静悄悄地不受打扰地起床，穿好衣服，最要紧的是吃饱早饭，再考虑下一步该怎么办，因为他非常明白，躺在床上瞎想一气是想不出什么名堂来的。他还记得过去也许是因为睡觉姿势不好，躺在床上时往往会觉得这儿那儿隐隐作痛，及至起来，就知道纯属心理作用，所以他殷切地盼望今天早晨的幻觉会逐渐消逝。他也深信，他之所以变声音不是因为别的而仅仅是重感冒的征兆，这是旅行推销员的职业病。

　　要掀掉被子很容易，他只需把身子稍稍一抬被子就自己滑下来了。可是下一个动作就非常之困难，特别是因为他的身子宽得出奇。他得要有手和胳膊才能让自己坐起来；可是他有的只是无数细小的腿，它们一刻不停地向四面八方挥动，而他自己却完全无法控制。他想屈起其中的一条腿，可是它偏偏伸得笔直；等他终于让它听从自己的指挥时，所有别的腿却莫名其妙地乱动不已。"总是呆在床上有什么意思呢。"格里高尔自言自语地说。

　　他想，下身先下去一定可以使自己离床，可是他还没有见过自己的下身，脑子里根本没有概念，不知道要移动下身真是难上加难，挪动起来是那样的迟缓；所以到最后，他烦死了，就用尽全力鲁莽地把身子一甩，不料方向算错，重重地撞在床脚上，一阵彻骨的痛楚使他明白，如今他身上最敏感的地方也许正是他的下身。

　　于是他就打算先让上身离床，他小心翼翼地把头部一点点挪向床沿。这却毫不困难，他的身躯虽然又宽又大，也终于跟着头部移动了。可是，等到头部终于悬在床边上，他又害怕起来，不敢再前进了，因为，老实说，如果他就这样让自己掉下去，不摔坏脑袋才怪呢。他现在最要紧的是保持清醒，特别是现在；他宁愿继续呆在床上。

可是重复了几遍同样的努力以后，他深深地叹了一口气，还是恢复了原来的姿势躺着，一面瞧他那些细腿在难以置信地更疯狂地挣扎；格里高尔不知道如何才能摆脱这种荒唐的混乱处境，他就再一次告诉自己，呆在床上是不行的，最最合理的做法还是冒一切危险来实现离床这个极渺茫的希望。可是同时他也没有忘记提醒自己，冷静地判断，考虑到最最微小的可能性还是比不顾一切地蛮干强得多。这时候，他竭力集中眼光望向窗外，可是不幸得很，早晨的浓雾把狭街对面的房子也都裹上了，看来天气一时不会好转，这就使他更加得不到鼓励和安慰。"已经七点钟了，"闹钟再度敲响时，他对自己说，"已经七点钟了，可是雾还这么重。"有片刻工夫，他静静地躺着，轻轻地呼吸着，仿佛这样一养神什么都会恢复正常似的。

可是接着他又对自己说："七点一刻前我无论如何非得离开床不可。到那时一定有人从公司里来找我，因为不到七点公司就开门了。"于是他开始有节奏地来回晃动自己的整个身子，想把自己甩出床去。倘若他这样翻下床去，可以昂起脑袋，头部不致于受伤。他的背似乎很硬，看来跌在地毯上并不打紧。他最担心的还是自己控制不了的巨大响声，这声音一定会在所有的房间里引起焦虑，即使不是恐惧。可是，他还是得冒这个险。

当他已经半个身子探到床外的时候——这个新方法与其说是苦事，不如说是游戏，因为他只需来回晃动，逐渐挪过去就行了——他忽然想起如果有人帮忙，这件事该是多么简单。两个身强力壮的人——他想到了他的父亲和那个使女——就足够了；他们只需把胳臂伸到他那圆鼓鼓的背后，抬他下床，放下他们的负担，然后耐心地等他在地板上翻过身来就行了，一碰到地板他的腿自然会发挥作用的。那么，姑且不管所有的门都是锁着，他是否真的应该叫人帮忙呢？尽管处境非常困难，想到这一层，他却禁不住透出一丝微笑。

他使劲地摇动着，身子已经探出不少，快要失去平衡了，他非得鼓足勇气采取决定性的步骤了，因为再过五分钟就是七点一刻——正在这时，前门的门铃响了起来。"是公司里派什么人来了。"他这么想，身子就随之而发僵，可是那些细小的腿却动弹得更快了。一时之间周围一片静默。"他们不愿开门。"格里高尔怀着不合常情的希望自言自语道。可是使女当然还是跟往常一样踏着沉重的步子去开门了。格里高尔听到客人的第一声招呼就马上知道这是谁——是秘书主任亲自出马了。真不知自己生就什么命，竟落到给这样一家公司当差，只要有一点小小的差池，马上就会招来最大的怀疑！在这一个所有的职员全是无赖的公司里，岂不是只有他一个人忠心耿耿吗？他早晨只占用公司两三个小时，不是就给良心折磨得几乎要发疯，真的下不了床吗？如果确有必要来打听他出了什么事，派个学徒来不也够了吗——难道秘书主任非得亲自出马，以便向全家人，完全无辜的一家人表示，这个可疑的情况只有他自己那样的内行来调查才行吗？与其说格里高尔下了决心，倒不如说他因为想到这些事非常激动，因而用尽全力把自己甩出了床外。蓬的一声很响，但总算没有响得吓人。地毯把他坠落的声音减弱了几分，他的背也不如他所想像的那么毫无弹性，所以声音很闷，不惊动人。只是他不够小心，头翘得不够高，还是在地板上撞了一下，他扭了扭脑袋，痛苦而忿懑地把头挨在地毯上磨蹭着。

"那里有什么东西掉下来了。"秘书主任在左面房间里说。格里高尔试图设想，今天他身上发生的事有一天也让秘书主任碰上了，谁也不敢担保不会出这样的事。可是仿佛给他的设想一个粗暴的回答似的，秘书主任在隔壁房间里坚定地走了几步，他那漆皮鞋子发出了吱嘎吱嘎的声音。从右面的房间里，他妹妹用耳语向他通报消息："格里高尔，秘书主任来了。""我知道了。"格里高尔低声嘟哝道，但是没有勇气提高嗓门让妹妹听到他的声音。

"格里高尔，"这时候，父亲在左边房间里说话了，"秘书主任来了，他要知道为什么你没能赶上早晨的火车。我们也不知道怎么跟他说。另外，他还要亲自和你谈话。所以，请你开门吧。他度量大，对你房间里的凌乱不会见怪的。""早上好，萨姆沙先生。"与此同时，秘书主任和蔼地招呼道。"他不舒服呢，"母亲对客人说，这时他父亲继续隔着门在说话，"他不舒服，先生，相信我吧。他还能为了什么原因误车呢！这孩子只知道操心公事。他晚上从来不出去，连我瞧着都要生气了。这几天来他没有出差，可他天天晚上都守在家里。他只是安安静静地坐在桌子旁边，看看报，或是把火车时刻表翻来覆去地看。他唯一的消遣就是做木工活儿。比如说，他花了两三个晚上刻了一个小镜框，你看到它那么漂亮一定会感到惊奇，这镜框挂在他房间里，再过一分钟等格里高尔打开门你就会看到了。你的光临真叫我高兴，先生，我们怎么也没法使他开门，他真是固执。我敢说他一定是病了，虽然他早晨硬说没病。"——"我马上来了。"格里高尔慢吞吞地小心翼翼地说，可是却寸步也没有移动，生怕漏过他们谈话中的每一个字。"我也想不出有什么别的原因，太太，"秘书主任说，"我希望不是什么大病。虽然另一方面我不得不说，不知道该算福气呢还是晦气，我们这些做买卖的往往就得不把这些小毛小病当作一回事，因为买卖嘛总是要做的。"——"喂，秘书主任现在能进来了吗？"格里高尔的父亲不耐烦地问，又敲起门来了。"不行。"格里高尔回答。这声拒绝以后，在左面房间里是一阵令人痛苦的寂静；右面房间里他妹妹啜泣起来了。

他妹妹为什么不和别的人在一起呢？她也许是刚刚起床，还没有穿衣服吧。那么，她为什么哭呢？是因为他不起床让秘书主任进来吗，是因为他有丢掉差使的危险吗，是因为老板又要开口向他的父母讨旧债吗？这些显然都是眼前不用担心的事情。格里高尔仍旧在家里，丝毫没有弃家出走的念头。的确，他现在暂时还躺在地毯上，知道他的处境的人当然不会盼望他让秘书主任走进来。可是这点小小的失礼以后尽可以用几句漂亮的辞令解释过去，格里高尔不见得会马上就给辞退。格里高尔觉得，就目前来说，他们与其对他抹鼻子流泪苦苦哀求，还不如别打扰他的好。可是，当然啦，他们的不明情况使他们大惑不解，也说明了他们为什么有这样的举动。

"萨姆沙先生，"秘书主任现在放大了些声音说，"你这是怎么回事？你这样把自己关在房间里，光是回答'是'和'不是'，毫无必要地引起你父母极大的忧虑，又极严重地疏忽了——这我只不过顺便提一句——疏忽了公事方面的职责。我现在以你父母和你经理的名义和你说话，我正式要求你立刻给我一个明确的解释。我真没想到，我真没想到。我原来还以为你是个安分守己、稳妥可靠的人，可你现在却突然决心想让自己丢丑。经理今天早晨还对我暗示你不露面的原因可能是什么——他提到了最近交给你管的现款——我还几乎要以自己的名誉向他担保这根本不可能呢。可是现在我才知道你真是执拗得可以，从现在起，我丝毫也不想袒护你了。你在公司里的地位并不是那么稳固的。这些话我来本想私下里对你说的，可是既然你这样白白糟蹋我的时间，我就不懂为什么你的父母不应该听到这些话。近来你的工作叫人很不满意，当然，目前买卖并不是旺季，这我们也承认，可是一年里整整一个季度一点买卖也不做，这是不行的，萨姆沙先生，这是完全不应该的。"

"可是，先生，"格里高尔喊道，他控制不住了，激动得忘记了一切，"我这会儿正要来开门。一点小小的不舒服，一阵头晕使我起不了床。我现在还躺在床上呢。不过我已经好了。我现在正要下床。再等我一两分钟吧！我不像自己所想的那样健康。不过我已经好了，真的。这种小毛病难道就能打垮我不成！我昨天晚上还好好儿的，这我父亲母亲也可以告诉你，不，应该说我昨天晚上就感觉到了一些预兆。我的样子想必已经不对劲了。你要问为什么我不向办公室报告！可是人总以为一点点不舒服一定能顶过去，用不着请假在家休息。哦，先生，别伤我父母的心吧！你刚才怪罪于我的事都是没有根据的，从来没有谁这样说过我。也许你还没有看到我最近兜来的订单吧？至少，我还能赶上八点钟的火车呢，休息了这几个钟点我已经好多了。千万不要因为我而把你耽搁在这儿，先生，我马上就会开始工作的，这有劳你转告经理，在他面前还得请你多替我美言几句呢！"

格里高尔一口气说着，自己也搞不清楚自己说了些什么，也许是因为有了床上的那些锻炼，格里高尔没费多大气力就来到柜子旁边，打算依靠柜子使自己直立起来。他的确是想开门，的确是想出去和秘书主任谈话的，他很想知道，大家这么坚持以后，看到了他又会说些什么。要是他们都大吃一惊，那么责任就再也不在他身上，他可以得到安静了。如果他们完全不在意，那么他也根本不必不安，只要真的赶紧上车站去搭八点钟的车就行了。起先，他好几次从光滑的柜面上滑下来，可是最后，在一使劲之后，他终于站直了。现在他也不管下身疼得像火烧一般了。接着他让自己靠向附近一张椅子的背部，用他那些细小的腿抓住了椅背的边。这使他得以控制自己的身体，他不再说话，因为这时候他听见秘书主任又开口了。

"你们听得懂哪个字吗？"秘书主任问，"他不见得在开我们的玩笑吧？""哦，天哪，"他母亲声泪俱下地喊道，"也许他病害得不轻，倒是我们在折磨他呢。葛蕾特！葛蕾特！"接着她嚷道。"什么事，妈妈？"他妹妹打那一边的房间里喊道。她们就这样隔着格里高尔的房间对嚷起来。"你得马上去请医生。格里高尔病了。去请医生，快点儿。你没听见他说话的声音吗？""这不是人的声音。"秘书主任说，跟母亲的尖叫声一比他的嗓音显得格外低沉。"安娜！安娜！"他父亲从客厅向厨房里喊道，一面还拍着手，"马上去找个锁匠来！"于是两个姑娘就奔跑得裙子飕飕响地穿过了客厅——他妹妹怎能这么快就穿好衣服的呢？——接着又猛然打开了前门。没有听到门重新关上的声音，她们显然听任它洞开着，什么人家出了不幸的事情就总是这样。

格里高尔现在倒镇静多了。显然，他发出来的声音人家再也听不懂了，虽然他自己听来很清楚，甚至比以前更清楚，这也许是因为他的耳朵变得能适应这种声音了。不过至少大家现在相信他有什么地方不太妙，都准备来帮助他了。这些初步措施将带来的积极效果使他感到安慰。他觉得自己又重新进入人类的圈子，对大夫和锁匠都寄予了莫大的希望，却没有怎样分清两者之间的区别。为了使自己在即将到来的重要谈话中声音尽可能清晰些，他稍微嗽了嗽嗓子，他当然尽量压低声音，因为就连他自己听起来，这声音也不像人的咳嗽。这时候，隔壁房间里一片寂静。也许他的父母正陪着秘书主任坐在桌旁，在低声商谈，也许他们都靠在门上细细谛听呢。

格里高尔慢慢地把椅子推向门边，接着便放开椅子，抓住了门来支撑自己——他那些细腿的脚底上倒是颇有粘性的——他在门上靠了一会儿，喘过一口气来。接着他开始用嘴巴来转动插在锁孔里的钥匙。不幸的是，他并没有什么牙齿——他得用什么来咬住钥匙呢？——不过他的下颚倒好像非常结实，靠着这下颚他总算转动了钥匙，他准是不小心弄伤了什么地方，因为有一股棕色的液体从他嘴里流出来，淌过钥匙，滴到地上。"你们听，"门后的秘书主任说，"他在转动钥匙了。"这对格里高尔是个很大的鼓励，不过他们应该都来给他打气，他的父亲母亲都应该喊："加油，格里高尔。"他们应该大声喊道："坚持下去，咬紧钥匙！"他相信他们都在全神贯注地关心自己的努力，就集中全力死命咬住钥匙。钥匙需要转动时，他便用嘴巴衔着它，自己也绕着锁孔转了一圈，好把钥匙扭过去，或者不如说，用全身的重量使它转动。终于屈服的锁发出响亮的卡嗒一声，使格里高尔大为高兴。他深深地舒了一口气，对自己说："这样一来我就不用锁匠了。"接着就把头靠在门柄上，想把门整个打开。

门是向他自己这边拉的，所以虽然已经打开，人家还是瞧不见他。他得慢慢地从对开的那半扇门后面把身子挪出来，而且得非常小心，以免背脊直挺挺地跌倒在房间里。他正在困难地挪动自己，顾不上作任何观察，却听到秘书主任"哦！"的一声大叫——发出来的声音像一股猛风——现在他可以看见那个人了，他站得最靠近门口，一只手遮在张大的嘴上，慢慢地往后退去，仿佛有什么无形的强大压力在驱逐他似的。格里高尔的母亲——虽然秘书主任在场，她的头发仍然没有梳好，还是乱七八糟地竖着——她先是双手合掌瞧瞧他父亲，接着向格里高尔走了两步，随即倒在地上，裙子摊了开来，脸垂倒胸前，完全看不见了。他父亲握紧拳头，一副恶狠狠的样子，仿佛要把格里高尔打回到房间里去，接着他又犹豫不定地向起坐室扫了一眼，然后把双手遮住眼睛，哭泣起来，连他那宽阔的胸膛都在起伏不定。

格里高尔没有接着往起坐室走去，却靠在那半扇关紧的门的后面，所以他只有半个身子露在外面，还侧着探在外面的头去看别人。这时候天更亮了，可以清清楚楚地看到街对面一幢长得没有尽头的深灰色的建筑——这是一所医院——上面惹眼地开着一排排呆板的窗子，雨还在下，不过已成为一滴滴看得清的大颗粒了。大大小小的早餐盆碟摆了一桌子，对于格里高尔的父亲，早餐是一天里最重要的一顿饭，他一边看各式各样的报纸，一边吃，要吃上好几个钟点。在格里高尔正对面的墙上挂着一幅他服兵役时的照片，当时他是中尉，他的手按在剑上，脸上挂着无忧无虑的笑容，分明要人家尊敬他的军人风度和制服。前厅的门开着，大门也开着，可以一直看到住宅前的院子和最下面的几级楼梯。

"好吧，"格里高尔说，他完全明白自己是惟一多少保持着镇静的人，"我立刻穿上衣服，等包好样品就动身。您是否还容许我去呢？您瞧，先生，我并不是冥顽不化的人，我很愿意工作；出差是很辛苦的，但我不出差就活不下去。您上哪儿去，先生？去办公室？是吗？我这些情形您能如实地反映上去吗？人总有暂时不能胜任工作的时候，不过这时正需要想起他过去的成绩，而且还要想到以后他又恢复了工作能力的时候，他一定会干得更勤恳更用心。我一心想忠诚地为老板做事，这您也很清楚。何况，我还要供养我的父母和妹妹。我现在景况十分困难，不过我会重新挣脱出来的。请您千万不要火上加油。在公司里请一定帮我说几句好话。旅行推销员在公司里不讨人喜欢，这我知道。大家以为他们赚的是大钱，过的是逍遥自在的日子。这种成见也犯不着特地去纠正。可是您呢，先生，比公司里所有的人看得都全面，是的，让我私下里告诉你，您比老板本人还全面，他是东家，当然可以凭自己的好恶随便不喜欢哪个职员。您知道得最清楚，旅行推销员几乎长年不在办公室，他们自然很容易成为闲话、怪罪和飞短流长的目标，可他自己却几乎完全不知道，所以防不胜防。直待他精疲力竭地转完一个圈子回到家里，这才亲身体验到连原因都无法寻找的恶果落到了自己的身上。先生，先生，您不能不说我一句好话就走啊，请表明您觉得我至少还有几分是对的呀！"

可是格里高尔才说头几个字，秘书主任就已经在踉跄倒退，只是张着嘴唇，侧过颤抖的肩膀直勾勾地瞪着他。格里高尔说话时，他片刻也没有站定，却偷偷地向门口蹭去，眼睛始终盯紧了格里高尔，只是每次只移动一寸，仿佛存在某项不准离开房间的禁令一般。好不容易退入了前厅，他最后一步跨出起坐室时动作好猛，真像是他的脚跟刚给火烧着了。他一到前厅就伸出右手向楼梯跑去，好似那边有什么神秘的救星在等待他。

格里高尔明白，如果要保住他在公司里的职位，不想砸掉饭碗，那就决不能让秘书主任抱着这样的心情回去。他的父母对这一点还不太了然，多年以来，他们已经深信格里高尔在这家公司里要呆上一辈子的，再说，他们的心思已经完全放在当前的不幸事件上，根本无法考虑将来的事。可是格里高尔却考虑到了。一定得留住秘书主任，安慰他，劝告他，最后还要说服他；格里高尔和他一家人的前途全系在这上面呢！要是妹妹在场就好了！她很聪明，当格里高尔还安静地躺在床上的时候她就已经哭了。总是那么偏袒女性的秘书主任一定会乖乖地听她的话，她会关上大门，在前厅里把他说得不再惧怕。可是她偏偏不在，格里高尔只得自己来应付当前的局面。他没有想到自己的身体究竟有什么活动能力，也没有想一想他的话人家仍旧很可能听不懂，而且简直根本听不懂，就放开了那扇门，挤过门口，迈步向秘书主任走去，而后者正可笑地用两只手抱住楼梯的栏杆；格里高尔刚要摸索可以支撑的东西，忽然轻轻喊了一声，身子趴了下来，他那许多只腿着了地。还没等全部落地，他的身子已经获得了安稳的感觉，从早晨以来，这还是第一次，他脚底下现在是结结实实的地板了；他高兴地注意到，他的腿完全听从指挥，它们甚至努力地把他朝他心里所想的任何方向带去，他简直要相信，他所有的痛苦总解脱的时候终于快来了。可是就在这一刹那间，当他摇摇摆摆一心想动弹的时候，离他不远，事实上就躺在他前面地板上的母亲，本来似乎已经完全瘫痪，这时却霍地跳了起来，伸直两臂，张开了所有的手指，喊道："救命啊，老天爷，救命啊！"一面又低下头来，仿佛想把格里高尔看得更清楚些，同时又偏偏身不由己地一直往后退，根本没顾到她后面有张摆满了食物的桌子。她撞上桌子，又糊里糊涂倏地坐了上去，似乎全然没有注意她旁边那把大咖啡壶已经打翻，咖啡也汩汩地流到了地毯上。

"妈妈，妈妈。"格里高尔低声地说道，抬起头来看着她。这时他已经完全把秘书主任撇在脑后，他的嘴却忍不住砸巴起来，因为他看到了淌出来的咖啡。这使他母亲再一次尖叫起来。她从桌子旁边逃开，倒在急忙来扶她的父亲的怀抱里。可是格里高尔现在顾不得他的父母，秘书主任已经在走下楼梯了，他的下巴探在栏杆上扭过头来最后回顾了一眼。格里高尔急走几步，想尽可能追上他，可是秘书主任一定是看出了他的意图，因为他往下蹦了几级，随即消失了，可是还在不断地叫喊"噢！"回声传遍了整个楼梯。

不幸得很，秘书主任的逃走仿佛使一直比较镇定的父亲也慌乱万分。因为他非但自己不去追赶那人，反而阻拦格里高尔去追逐，他右手操起秘书主任连同帽子和大衣一起留在一张椅子上的手杖，左手从桌子上抓起一张大报纸，一面顿脚，一面挥动手杖和报纸，要把格里高尔赶回到房间里去。格里高尔的恳求全然无效，事实上别人根本不理解，不管他怎样谦恭地低下头去,他父亲反而把脚顿得更响。另一边,他母亲不顾天气寒冷,打开了一扇窗子,双手掩住脸,尽量把身子往外探。一阵劲风从街上刮到楼梯,窗帘掀了起来,桌上的报纸吹得拍达拍达乱响,有几张吹落在地板上。格里高尔的父亲无情地把他往后赶,一面嘘嘘叫着,简直像个野人。可是格里高尔还不很熟悉怎么往后退,所以走得很慢。如果有机会掉过头,他能很快回进房间的,但是他怕转身的迟缓会使他父亲更加生气,他父亲手中的手杖随时会照准他的背上或头上给以狠狠的一击的。到后来,他竟不知怎么办才好,因为他绝望地注意到,倒退着走连方向都掌握不了,因此,他一面始终不安地侧过头瞅着父亲,一面开始掉转身子,他想尽量快些,事实上却非常迂缓。也许父亲发觉了他的良好意图,因此并不干涉他,只是在他挪动时远远地用手杖尖拨拨他。只要父亲不再发出那种无法忍受的嘘嘘声就好了。这简直要使格里高尔发狂。他已经完全转过去了,只是因为给嘘声弄得心烦意乱,甚至转得过了头。最后他总算对准了门口,可是他的身体又偏巧宽得过不去。但是在目前精神状态下的父亲,当然不会想到去打开另外半扇门好让格里高尔得以通过。他父亲脑子里只有一件事,尽快把格里高尔赶回房间。让格里高尔直立起来,侧身进入房间,就要作许多麻烦的准备,父亲是绝不会答应的。他现在发出的声音更加响亮,他拼命催促格里高尔往前走,好像他前面没有什么障碍似的,格里高尔听来他后面响着的声音不再像是父亲一个人的了,现在更不是闹着玩的了,所以格里高尔不顾一切狠命向门口挤去。他身子的一边拱了起来,倾斜地卡在门口,腰部挤伤了,在洁白的门上留下了可憎的斑点,不一会儿他就给夹住了,不管怎么挣扎,还是丝毫动弹不得,他一边的腿在空中颤抖地舞动,另一边的腿却在地上给压得十分疼痛——这时,他父亲从后面使劲地推了他一把,实际上这倒是支援,使他一直跌进了房间中央,汩汩地流着血。在他后面,门砰的一声用手杖关上了,屋子里终于恢复了寂静。

【阅读提示】

《变形记》是卡夫卡系列短篇小说中的代表作之一,写于1912年,发表于1915年。小说中的主人公格里高尔·萨姆沙是一家公司的旅行推销员,一天早晨,他从梦中醒来发现自己变成了一只大甲虫,在不被理解,遭到抛弃,孤立无援的窘境中活活饿死。

本文所选为《变形记》的第一部分。

变成大甲虫的格里高尔仍然具有人的记忆、思索、理解的能力。一方面,他已完全"虫化"——腹部长出了两条细腿,背部变成硬壳,难以翻身和下床,不能说正常的人话;另一方面,他的"人性"仍在,他想到的是还债,供养父母和妹妹,唯恐丢掉差使。由于他形象可怕,他害怕别人看到,而他的父、母、妹妹以及公司派来的秘书主任都为他的反常感到诧异,要求他开门,当门打开的时候,格里高尔面对的是母亲的瘫倒、父亲的发怒和秘书主任的逃跑。最后,格里高尔带着受伤流血的虫身踅回房间。小说以离奇怪诞的形式表现了真实的生活图景:在生活的重压下人的全面异化,并由此而导致人性的扭曲,人与人之间关系的冷漠无情;同时,我们从格里高尔这个小职员的不幸遭遇中感悟到现代资本主义社会里人生无常、命运难以捉摸、难以自我把握的社会现实。

卡夫卡的作品集表现主义、超现实主义和象征主义等特点于一体。此文就是把现实的与非现实的、合理的与荒诞的事物以及正常的人与"非人"拼合在一起,加深对生活的开掘,构成新奇、怪诞的风格。一切似真非真,似假非假,寓意深奥但又不难理解。

作为一个现代主义小说家,卡夫卡的作品以非理性的哲学观和离奇怪诞的艺术形式,表现现代资本主义社会在现实生活重压下人的全面异化,以揭露资本主义社会现实对人性的戕害、扭曲和摧残的实质。

【思考练习】
1. 格里高尔的不幸遭遇反映了怎样的社会现实?
2. 看到格里高尔"虫化"后,他的父母和秘书主任的举动说明了什么?
3. 分析卡夫卡怪诞艺术手法的形式美。

哑 爱

[苏联]左祝梨

【题解】

左祝梨(1891—1941),生于莫斯科,不久被父母带到波兰。父亲去世后,到南俄的娥得沙求学。十四岁回到波兰,后投身革命。1911年再度来到娥得沙,在《青年思想》《娥得沙新闻》和《圣彼得堡日报》等报刊上发表作品。1914年迁居圣彼得堡。1918年在《新讽刺》《俄罗斯之日》等杂志上发表文章。1919年转迁基辅,同年8月在白党将军德尼肯政变后,迁到莫斯科并参加了众多的文艺团体。后参军入伍,1941年初患病去世。

左祝梨18岁时正式开始小说创作,大部分作品都是描写十月革命的生活场景,揭示资产阶级的卑鄙和对人格进行蹂躏的丑态。从资本主义都会的机械化生活里选取典型事件作为创作题材,既联系实际,又带有讽刺性。代表作有《大城市的灾祸》《时代的留声机》《小事》及《时代》等。

【文献来源】

苏联作家七人集[M]. 曹靖华,译. 上海:三联书店,1951:339-352.

我走到脸盆跟前去洗手,拿起水桶往出倒,但水桶里边不是水,却是满盛着些碎纸片。

"这怎么一回事?"我嚷道。"这是什么旅馆!"

实在,旅馆是不大好,房间也是很坏的。但是怎么办呢?好点的房间都占住了,我行路很累了,也不耐烦再去另找。

我到电铃跟前,想照例的把茶房叫来发两句牢骚出出气,但是没有叫,却终于又到了水桶跟前,想看一看那到底是些什么碎纸片。于是才发现了那些都是写着字的纸片。

的确,我在水桶里捡出来的头一片纸上是男子的笔迹写的:

"亲爱的纫妮,不要哭了,将来一切都会好的。"

在那纸的背面很快很急的率笔直书道:

"不要吵吧!你自己听不见你吵的什么,可是在过道里会有人听见呢!"我有点莫名其妙。

自然,最明白的只有当日亲眼看见这回奇怪痛苦事迹的这房间的四堵墙。但是,这到底是什么一回事呢?

我很兴奋而且着急的把水桶的碎纸一齐倒在桌子上。一切的疲乏也都忘到九霄云外了。

有几片是他和她——在这旅馆奇遇的主人公轮流的写在几片大纸上。这才帮助我得到那恋爱的说明顺序，才指示我这幕爱的结局是悲哀的，痛苦的，无法的……

下边就是我稍加整理的笔记：

"你把我往哪里引？那是旅馆。我向来没有到过旅馆呢。"

"我们应当来叙一叙。在街上不能够。你知道你听不见。"

"是的，我是聋子。你为什么找我呢？"

"我爱你。我已经跟你一礼拜了。"

"我见了。但是这不尽然是你爱我。"

"实在的。"

"我现在要走了。我不愿意在这里。这里有床。你为什么把我引到这里？这个很不好。"

"别的还有什么法子呢？在街上不能同你叙话，可是我又很想和你相好。"

"我们用不着相好。你是会说话的人，可是我是一个聋姑娘。"

"这没有什么要紧。我一个朋友爱上了一个聋哑姑娘，于是就和她结了婚。他们现在已经有孩子了。孩子会说话的。你叫什么名字？"

"纫妮。"

"你在哪里上学的？你写的这么样好。"

"在聋哑院。我毕过业的。"

"现在做什么的？住在哪里？"

"一个人住的。母亲去年死了。我是做刺绣的。呵，我要走了，再见吧。"

"不，你不要走，我不放你走。"

至此暂且停笔。相好的事情，显然用别的方法继续做下去了，但是下边的慌忙急遽的笔迹里，显示着那调戏的人对于这聋哑姑娘所施的无礼。

"我要走了。"姑娘用那战栗的手写着，"你没有权力来动我。这叫什么话？你怎敢这样呢？"

在他的回答里表现着普通流氓的安然自得的神气：

"请你原谅。不过我要请你相信是很有益的事。呵，我不再动你了。不要走。你自己将来总会后悔呢。"

在下边这两个纸条的当儿，显然起了一种微笑，使眼，寂静的沉默的激战，这激战几乎刻刻的表示着那与其用文字的传统，还不如这眉来眼去的微笑的沉默呢！

姑娘的微弱的反抗，仅仅表现在一个纸片上：

"你为什么不坐到我给你指定的地方？你想对我怎样呢？放开我吧！"

我久已细看了我面前这揉成一团的纸片，歪歪扭扭，字行难分的纸片，我慢慢儿想到这一定是一个会说话的流氓来诱惑一位聋哑姑娘。

本来这不算什么稀奇事。不过这心惊肉跳的战栗的手，很慌忙而且急遽的写着这字行难分的纸片，我深刻的感到一种无限的悲悯。

我越看着这姑娘的手迹，就越感到她的孤寂，微弱，没主张和被人诱惑之可怕。

这在当时很明白：她不能够反抗那种诱惑。

"我不愿在此多坐了，"她写道，"你亲什么呢？这是很无赖的事。这是很下贱的……"

没有写下去……

纸被揉成一团了。大概这骗子的老练的眼睛，望着这姑娘的脸儿，比看着她写的纸条有意味的多了。他不让她写到底。

那种微弱的，女性的温柔，都潜隐在这未写完的被揉了的纸团里。

不过照外面看来，事情并不是很容易顺适的。

于是他又写道：

"好纫妮，不要辩嘴了。你为什么哭呢？"

"受欺侮了。如果我是一个会说话的人，你怕许不敢呢。"

"糊涂人，我没有欺侮你。我爱你。你说你是聋子做什么呢？"

"我不是糊涂人。"

至此似乎稍停了一下。下边的字儿是写在从新的报纸上撕下一片空白上面的。

她写着。语气有点改变了。很和气地写道：

"你来亲我，可是你是谁，还不曾提及呢。"

"我是在式普克公司的账房办事的，薪水一百元。"

又停了笔。

后来又有很急忙的，粗硬的，疏稀的笔迹写道：

"你亲了又亲，亲了又亲，怎么不知道厌烦呢？我迷了心来跟着你。你老老实实的写着我是一个糊涂人。"

"你不是糊涂人。你是聪明人。我爱你。我很是爱你。你的小脸长的美。我很溺爱这样的脸。"

"如果你不安安生生的坐着，我就要走了。我不愿和你亲嘴。你不敢……""你多大了，纫妮？"

"你看？有多大？"

"十七。"

"不，十九了。已经上年纪了。呵，现在我要走了。下次再见吧。几点钟了？"

"还早着呢。你不要走。好容易走运气才遇见了你。我们将来常常的相会。我爱你，纫妮！"

"靠不住。"

"实在的，我就是娶你都可以的。"

"放了我吧。你是会说话的人，我是一个聋哑姑娘。会说话的不娶聋哑的姑娘。"

"亲爱的纫妮，不要哭了，将来一切都会好的。"

"我为什么到这里来？我多么糊涂！头一次会见不幸……"

又停了笔。

照表面看来，这次停了很长的功夫。

后面的笔迹，一望而知其带着神疲力倦的神气。

他写道："我下次再不了。你喝汽水么？"

大概当时不用笔回答的。

其余的纸片在那刹那间表现着种种复杂的关系。

这就是他所写的：

"你知道我们将来怎么过呢？是很阔绰的。将来我自己有一座生意，我去办事，办完事回到家里来。到家里见了我的漂亮女人，我将……"

后来那不堪入目的语句都写到纸上去，又狠狠地揉成一团。

我气闷起来了。这是多么样的一个可恶下贱，残忍十足的一个都市的流氓！

后来的几个纸条，很难说是什么时候写的。

就假定是后来写的吧。

他写道：很粗硬的，恶狠狠的用黑色铅笔在纸烟包上写道：

"你为什么吵呢？不要吵吧！抿住嘴！"

在这纸片的背面写着我头一次捡出来的纸片上的话：

"不要吵吧！你自己听不见你吵的什么，可是在过道里会有人听见呢！"

后来又有她的一个纸片，很苦痛悲伤的写道：

"不要动我吧。我不认识你。你想怎么弄我呢？放了我吧。你想怎么弄我呢？她还有一个纸片，很沉痛的写道：

"你不是好人。我看你的嘴唇是在骂我呢。"

他的回答道：

"我没骂你。不过你不要吵。你吵的你自己也听不见。太丑。"

又停了笔。后来又有两个与前面无关的纸片。

她写道："我知道你下次再不能遇见我了，因为我自己错了。头一次见面不幸……"

没有写下去。

后来又有一行：

"为什么你的嘴唇又在一动一动呢？又在骂我的吧？"

他的回答是：

"我没骂你。我是在唱歌呢。"

至此这幕剧就结局了。

这些纸片在我心灵里留下了一种刺心的隐痛。

我看见这幕悲剧活现在我的面前。我想象着那深感到苦闷的温柔的哑姑娘的眼睛：从她眼睛里表现着那微弱的孤独的女子的心灵；无论如何，她总还在追寻着温存的爱情。

我又想象到那个年轻的，下贱的，洋洋自得的都会的流氓，抱着卑鄙的享乐观念，穿着皮鞋，在那涅夫斯基马路上得得的走着，再去拐骗引诱那……

【阅读提示】

《哑爱》记叙了一个都市流氓诱骗一个哑女的故事，逼真地塑造了一个品质恶劣、贪图享受的都市流氓的形象，深刻地揭示了当时社会中存在的人格扭曲、风气败坏的客观事实，具有较强的现实批判性。

在叙述角度上，作家采取的是最常见的"全知"视角。它赋予讲述者既不受时空的限制，又有选择内容和讲述方式的自由。文中的"我"是除哑女和流氓之外的第三者，是作品中的叙述者,他通过一种奇特的方式——拼碎纸片来叙述相关内容。这种叙述角度借他人之眼来看当时的都市生活,冷静客观,可信度高,有助于故事的全面展开。

这篇小说大故事套小故事的双重结构独具匠心。对于"我",住在一个条件恶劣的旅馆原本是件让人心烦的事,但峰回路转,"我"意外地发现了藏在旅馆的水桶里的鲜为人知的故事。在好奇心的驱使下,"我"极力拼凑那些碎纸片,最终一步步地揭开了事实真相,这样能吸引读者随叙述者进入故事情节之中。

独特的细节描写也极其突出,文中多次对纸片以及上面的字迹进行细致的描写,并给出间接性暗示,读者不难从中揣测出人物的心理活动和情节的发展进程,令人耳目一新。

从总体上看,本文的选材典型,反映了一个特殊人群的生存现状。在艺术上,构思新颖巧妙,叙述视角奇特,情节环环相扣,语言简洁明了,而且鲜明地表达出作者的情感立场和态度。

【思考练习】

1. 分析小说的叙述角度及特色。
2. 理解本文所反映的社会问题。
3. 揣摩文中细节描写的作用。

等待戈多(节选)

[法]塞缪尔·贝克特

【题解】

塞缪尔·贝克特(1906—1989),法国作家,出生于爱尔兰都柏林的一个犹太家庭。1927年毕业于都柏林的三一学院,1928年到巴黎高等师范学院和巴黎大学任教,结识了爱尔兰小说家詹姆斯·乔尹斯。1931年回到都柏林,1932年漫游欧洲,1938年定居巴黎。德国占领法国期间,贝克特曾因参加抵抗运动,受法西斯的追捕,被迫隐居乡下当农业工人。第二次世界大战结束后,贝克特曾短期回爱尔兰为红十字会工作,不久返回巴黎,成为职业作家。

1969年,贝克特荣获诺贝尔文学奖,其主要剧本有《等待戈多》《剧终》《哑剧》等。

【文献来源】

袁可嘉,董衡巽,郑克鲁. 外国现代派作品选:3(上)[M]. 上海:上海文艺出版社,1984:5-20.

第 一 幕

[乡间一条路。一棵树。]

[黄昏。]

[爱斯特拉冈坐在一个低土墩上脱靴子。他两手使劲拉,直喘气。他停止拉靴子,显出精疲力竭的样子,歇了会儿,又开始拉。]

[如前。]

[弗拉季米尔上。]

爱斯特拉冈	(又一次泄气)毫无办法。
弗拉季米尔	(又开两腿,迈着僵硬的、小小的步子前进)我开始拿定主意。我这辈子老是拿不定主意,老说,弗拉季米尔,要理智些,你还不曾什么都试过哩。于是我又继续奋斗。(他沉思起来,咀嚼着"奋斗"两字。向爱斯特拉冈)哦,你又来啦。
爱斯特拉冈	是吗?
弗拉季米尔	看见你回来我很高兴,我还以为你一去再也不回来啦。
爱斯特拉冈	我也一样。
弗拉季米尔	终于又在一块儿啦!我们应该好好庆祝一番。可是怎样庆祝呢?(他思索着)起来,让我拥抱你一下。
爱斯特拉冈	(没好气地)不,这会儿不成。
弗拉季米尔	(伤了自尊心,冷冷地)允不允许我问一下,大人阁下昨天晚上是在哪儿过夜的?
爱斯特拉冈	在一条沟里。
弗拉季米尔	(羡慕地)一条沟里!哪儿?
爱斯特拉冈	(未作手势)那边。
弗拉季米尔	他们没揍你?
爱斯特拉冈	揍我?他们当然揍了我。
弗拉季米尔	还是同一帮人?
爱斯特拉冈	同一帮人?我不知道。
弗拉季米尔	我只要一想起……这么些年来……要不是有我照顾……你会在什么地方……(果断地)这会儿,你早就成一堆枯骨啦——毫无疑问。
爱斯特拉冈	那又怎么样呢?
弗拉季米尔	光一个人,是怎么也受不了的。(略停。兴高采烈地)另一方面,这会儿泄气也不管用了,这是我要说的。我们早想到这一点就好了,在世界还年轻的时候,在九十年代。
爱斯特拉冈	啊,别啰嗦啦,帮我把这混账玩艺儿脱了吧。
弗拉季米尔	手拉着手从巴黎塔[1]顶上跳下来,这是首先该做的。那时候我们还很体面。现在已经太晚啦。他们甚至不会放我们上去哩。(爱斯特拉冈使劲拉靴子)你在干吗?
爱斯特拉冈	脱靴子。你难道从来没脱过靴子?
弗拉季米尔	靴子每天都要脱,难道还要我来告诉你?你干吗不好好听我说话?
爱斯特拉冈	(无力地)帮帮我!
弗拉季米尔	你脚疼?
爱斯特拉冈	脚疼!他还要知道我是不是脚疼!
弗拉季米尔	(愤怒地)好像只有你一个人受痛苦。我不是人。我倒是想听听你要是受了我那样的痛苦,将会说些什么。
爱斯特拉冈	你也脚疼?
弗拉季米尔	脚疼!他还要知道我是不是脚疼!(弯腰)从来不忽略生活中的小事。
爱斯特拉冈	你期望什么?你总是等到最后一分钟的。

弗拉季米尔	(若有所思地)最后一分钟……(他沉吟片刻)希望迟迟不来，苦死了等的人。这句话是谁说的？
爱斯特拉冈	你干吗不帮帮我？
弗拉季米尔	有时候，我照样会心血来潮。跟着我浑身就会有异样的感觉。(他脱下帽子，向帽内窥视，在帽内摸索，抖了抖帽子，重新把帽子戴上)我怎么说好呢？又是宽心，又是……(他搜索枯肠找词儿)寒心。(加重语气)寒——心。(他又脱下帽子，向帽内窥视)奇怪。(他敲了敲帽顶，像是要敲掉沾在帽上的什么东西似的，再一次向帽内窥视)毫无办法。

[爱斯特拉冈使尽平生之力，终于把一只靴子脱下。他往靴内瞧了瞧，伸进手去摸了摸，把靴子口朝下倒了倒，往地上望了望，看看有没有什么东西从靴里掉出来，但什么也没看见，又往靴内摸了摸，两眼出神地朝前面瞪着。]

弗拉季米尔	呃？
爱斯特拉冈	什么也没有。
弗拉季米尔	给我看。
爱斯特拉冈	没什么可给你看的。
弗拉季米尔	再穿上去试试。
爱斯特拉冈	(把他的脚察看一番)我要让它通通风。
弗拉季米尔	你就是这样一个人，脚出了毛病，反倒责怪靴子。(他又脱下帽子，往帽内瞧了瞧，伸手进去摸了摸，在帽顶上敲了敲，往帽里吹了吹，重新把帽子戴上)这件事越来越叫人寒心。(沉默。弗拉季米尔在沉思，爱斯特拉冈在揉脚趾)两个贼有一个得了救。(略停)是个合理的比率。(略停)戈戈。
爱斯特拉冈	什么事？
弗拉季米尔	我们要是忏悔一下呢？
爱斯特拉冈	忏悔什么？
弗拉季米尔	哦……(他想了想)咱们用不着细说。
爱斯特拉冈	忏悔我们的出世？

[弗拉季米尔纵声大笑，突然止住笑，用一只手按住肚子，脸都变了样儿。]

弗拉季米尔	连笑都不敢笑了。
爱斯特拉冈	真是极大的痛苦。
弗拉季米尔	只能微笑。(他突然咧开嘴嬉笑起来，不断地嬉笑，又突然停止)不是一码子事。毫无办法。(略停)戈戈。
爱斯特拉冈	(没好气地)怎么啦？
弗拉季米尔	你读过《圣经》没有？
爱斯特拉冈	《圣经》……(他想了想)我想必看过一两眼。
弗拉季米尔	你还记得《福音书》吗？
爱斯特拉冈	我只记得圣地的地图。都是彩色图。非常好看。死海是青灰色的。我一看到那图，心里就直痒痒。这是咱俩该去的地方，我老这么说，这是咱们该去度蜜月的地方。咱们可以游泳。咱们可以得到幸福。
弗拉季米尔	你真该当诗人的。

爱斯特拉冈　　我当过诗人。(指了指身上的破衣服)这还不明显？(沉默)
弗拉季米尔　　刚才我说到哪儿……你的脚怎样了？
爱斯特拉冈　　看得出有点儿肿。
弗拉季米尔　　对了，那两个贼。你还记得那故事吗？
爱斯特拉冈　　不记得了。
弗拉季米尔　　要我讲给你听吗？
爱斯特拉冈　　不要。
弗拉季米尔　　可以消磨时间。(略停)故事讲的是两个贼，跟我们的救世主同时被钉死在十字架上。有一个贼——
爱斯特拉冈　　我们的什么？
弗拉季米尔　　我们的救世主。两个贼。有一个贼据说得救了，另外一个……(他搜索枯肠，寻找与"得救"相反的词汇)……万劫不复。
爱斯特拉冈　　得救，从什么地方救出来？
弗拉季米尔　　地狱。
爱斯特拉冈　　我走啦。(他没有动)
弗拉季米尔　　然而……(略停)……怎么——我希望我的话并不叫你腻烦——怎么在四个写福音的使徒里面只有一个谈到有个贼得救呢？四个使徒都在场——或者说在附近，可是只有一个使徒谈到有个贼得救了。(略停)喂，戈戈，你能不能回答我一声，哪怕是偶尔一次？
爱斯特拉冈　　(过分地热情)我觉得你讲的故事真是有趣极了。
弗拉季米尔　　四个里面只有一个。其他三个里面，有两个压根儿没提起什么贼，第三个却说那两个贼都骂了他。
爱斯特拉冈　　谁？
弗拉季米尔　　什么？
爱斯特拉冈　　你讲的都是些什么？(略停)骂了谁？
弗拉季米尔　　救世主。
爱斯特拉冈　　为什么？
弗拉季米尔　　因为他不肯救他们。
爱斯特拉冈　　救他们出地狱？
弗拉季米尔　　傻瓜！救他们的命。
爱斯特拉冈　　我还以为你刚才说的是救他们出地狱哩。
弗拉季米尔　　救他们的命，救他们的命。
爱斯特拉冈　　嗯，后来呢？
弗拉季米尔　　后来，这两个贼准是永堕地狱、万劫不复啦。
爱斯特拉冈　　那还用说？
弗拉季米尔　　可是另外的一个使徒说有一个得了救。
爱斯特拉冈　　嗯？他们的意见并不一致，这就是问题的症结所在。
弗拉季米尔　　可是四个使徒全在场。可是只有一个谈到有个贼得救了。为什么要相信他的话，而不相信其他三个？
爱斯特拉冈　　谁相信他的话？

弗拉季米尔	每一个人。他们就知道这一本《圣经》。
爱斯特拉冈	人们都是没有知识的混蛋,像猴儿一样见什么学什么。
	[他痛苦地站起身来,一瘸一拐地走向台的最左边,停住脚步,把一只手遮在眼睛上朝远处眺望,随后转身走向台的最右边,朝远处眺望。弗拉季米尔瞅着他的一举一动,随后过去捡起靴子,朝靴内窥视,急急地把靴子扔在地上。]
弗拉季米尔	呸!(他吐了口唾沫)
	[爱斯特拉冈走到台中,停住脚步,背朝观众。]
爱斯特拉冈	美丽的地方。(他转身走到台前方,停住脚步,脸朝观众)妙极了的景色。(他转向弗拉季米尔)咱们走吧。
弗拉季米尔	咱们不能。
爱斯特拉冈	干嘛不能?
弗拉季米尔	咱们在等待戈多。
爱斯特拉冈	啊!(略停)你肯定是这儿吗?
弗拉季米尔	什么?
爱斯特拉冈	我们等的地方。
弗拉季米尔	他说在树旁边。(他们望着树)你还看见别的树吗?
爱斯特拉冈	这是什么树?
弗拉季米尔	我不知道。一棵柳树。
爱斯特拉冈	树叶呢?
弗拉季米尔	准是棵枯树。
爱斯特拉冈	看不见垂枝。
弗拉季米尔	或许还不到季节。
爱斯特拉冈	看上去简直像灌木。
弗拉季米尔	像丛林。
爱斯特拉冈	像灌木。
弗拉季米尔	像——你这话是什么意思?暗示咱们走错地方了?
爱斯特拉冈	他应该到这儿啦。
弗拉季米尔	他并没说定他准来。
爱斯特拉冈	万一他不来呢?
弗拉季米尔	咱们明天再来。
爱斯特拉冈	然后,后天再来。
弗拉季米尔	可能。
爱斯特拉冈	老这样下去。
弗拉季米尔	问题是——
爱斯特拉冈	直等到他来了为止。
弗拉季米尔	你说话真是不留情。
爱斯特拉冈	咱们昨天也来过了。
弗拉季米尔	不,你弄错了。
爱斯特拉冈	咱们昨天干什么啦?
弗拉季米尔	咱们昨天干什么啦?

爱斯特拉冈　　对了。
弗拉季米尔　　怎么……（愤怒地）只要有你在场，就什么也肯定不了。
爱斯特拉冈　　照我看来，咱们昨天来过这儿。
弗拉季米尔　　（举目四望）你认得出这地方？
爱斯特拉冈　　我并没这么说。
弗拉季米尔　　嗯？
爱斯特拉冈　　认不认得出没什么关系。
弗拉季米尔　　完全一样……那树……（转向观众）那沼地。
爱斯特拉冈　　你肯定是在今天晚上？
弗拉季米尔　　什么？
爱斯特拉冈　　是在今天晚上等他？
弗拉季米尔　　他说是星期六。（略停）我想。
爱斯特拉冈　　你想。
弗拉季米尔　　我准记下了笔记。
　　　　　　　〔他在自己的衣袋里摸索着，拿出各式各样的废物。〕
爱斯特拉冈　　（十分恶毒地）可是哪一个星期六？还有，今天是不是星期六？今天难道不可能是星期天！（略停）或者星期一？（略停）或者星期五？
弗拉季米尔　　（拼命往四周围张望，仿佛景色上写有日期似的）那决不可能。
爱斯特拉冈　　或者星期四？
弗拉季米尔　　咱们怎么办呢？
爱斯特拉冈　　要是他昨天来了，没在这儿找到咱们，那么你可以肯定他今天决不会再来了。
弗拉季米尔　　可是你说我们昨天来过这儿。
爱斯特拉冈　　我也许弄错了。（略停）咱们暂时别说话，成不成？
弗拉季米尔　　（无力地）好吧。（爱斯特拉冈坐到土墩上。弗拉季米尔激动地来回踱着，不时煞住脚步往远处眺望。爱斯特拉冈睡着了。弗拉季米尔在爱斯特拉冈面前停住脚步）戈戈！……戈戈！……戈戈！
　　　　　　　〔爱斯特拉冈一下子惊醒过来。〕
爱斯特拉冈　　（惊恐地意识到自己的处境）我睡着啦！（责备地）你为什么老是不肯让我睡一会儿？
弗拉季米尔　　我觉得孤独。
爱斯特拉冈　　我做了个梦。
弗拉季米尔　　别告诉我！
爱斯特拉冈　　我梦见——
弗拉季米尔　　别告诉我！
爱斯特拉冈　　（向宇宙做了个手势）有了这一个，你就感到满足了？（沉默）你太不够朋友了，狄狄。我个人的恶梦如果不能告诉你，叫我告诉谁去？
弗拉季米尔　　让它们作为你个人的东西保留着吧。你知道我听了受不了。
爱斯特拉冈　　（冷冷地）有时候我心里想，咱俩是不是还是分手比较好。
弗拉季米尔　　你走不远的。

爱斯特拉冈	那太糟糕啦,实在太糟糕啦。(略停)你说呢,狄狄,是不是实在太糟糕啦?(略停)当你想到路上的景色是多么美丽,(略停)还有路上的行人是多么善良。(略停。甜言蜜语地哄)你说是不是,狄狄?
弗拉季米尔	你要冷静些。
爱斯特拉冈	(淫荡地)冷静……冷静……所有的上等人都说要镇静。(略停)你知道英国人在妓院里的故事吗?
弗拉季米尔	知道。
爱斯特拉冈	讲给我听。
弗拉季米尔	啊,别说啦!
爱斯特拉冈	有个英国人多喝了点儿酒,走进一家妓院。鸨母问他要漂亮的、黑皮肤的还是红头发的。你说下去吧。
弗拉季米尔	别说啦! [弗拉季米尔急下。爱斯特拉冈站起来跟着他走到舞台尽头。爱斯特拉冈做着手势,仿佛作为观众在给一个拳击家打气似的。弗拉季米尔上,他从爱斯特拉冈旁边擦身而过,低着头穿过舞台。爱斯特拉冈朝他迈了一步,煞住脚步。]
爱斯特拉冈	(温柔地)你是要跟我说话吗?(沉默。爱斯特拉冈往前迈了一步)你有话要跟我说吗?(沉默。他又往前迈了一步)狄狄……
弗拉季米尔	(并不转身)我没有什么话要跟你说。
爱斯特拉冈	(迈了一步)你生气了?(沉默。迈了一步)原谅我。(沉默。迈了一步。)
爱斯特拉冈	(把他的一只手搭在弗拉季米尔的肩上)来吧,狄狄。(沉默)把你的手给我。(弗拉季米尔转过身来)拥抱我!(弗拉季米尔软下心来。他们俩拥抱。爱斯特拉冈缩回身去)你一股大蒜臭!
弗拉季米尔	它对腰子有好处。(沉默。爱斯特拉冈注视着那棵树)咱们这会儿干什么呢?
爱斯特拉冈	咱们等着。
弗拉季米尔	不错,可是咱们等着的时候干什么呢?
爱斯特拉冈	咱们上吊试试怎么样? [弗拉季米尔向爱斯特拉冈耳语。爱斯特拉冈大为兴奋。]
弗拉季米尔	跟着就有那么多好处。掉下来以后,底下还会长曼陀罗花。这就是你拔花的时候听到吱吱声的原因。你难道不知道?
爱斯特拉冈	咱们马上就上吊吧。
弗拉季米尔	在树枝上?(他们向那棵树走去)我信不过它。
爱斯特拉冈	咱们试试总是可以的。
弗拉季米尔	你就试吧。
爱斯特拉冈	你先来。
弗拉季米尔	不,不,你先来。
爱斯特拉冈	干吗要我先来?
弗拉季米尔	你比我轻。
爱斯特拉冈	正因为如此!
弗拉季米尔	我不明白。

爱斯特拉冈	用你的脑子，成不成？
	[弗拉季米尔用脑子。]
弗拉季米尔	(最后)我想不出来。
爱斯特拉冈	是这么回事。(他想了想)树枝……树枝……(愤怒地)用你的头脑，成不成？
弗拉季米尔	你是我的惟一希望了。
爱斯特拉冈	(吃力地)戈戈轻——树枝不断——戈戈死了。狄狄重——树枝断了——狄狄孤单单的一个人。可是——
弗拉季米尔	我没想到这一点。
爱斯特拉冈	要是它吊得死你，也就吊得死我。
弗拉季米尔	可是我真的比你重吗？
爱斯特拉冈	是你亲口告诉我的。我不知道。反正机会均等。或者差不多均等。
弗拉季米尔	嗯？咱们干什么呢？
爱斯特拉冈	咱们什么也别干。这样比较安全。
弗拉季米尔	咱们先等一下，看看他说些什么。
爱斯特拉冈	谁？
弗拉季米尔	戈多。
爱斯特拉冈	好主意。
弗拉季米尔	咱们先等一下，让咱们完全弄清楚咱们的处境后再说。
爱斯特拉冈	要不然，最好还是趁热打铁。
弗拉季米尔	我真想听听他会提供些什么。我们听了以后，可以答应或者拒绝。
爱斯特拉冈	咱们到底要求他给咱们做些什么？
弗拉季米尔	你当时难道没在场？
爱斯特拉冈	我大概没好好听。
弗拉季米尔	哦……没提出什么明确的要求。
爱斯特拉冈	可以说是一种祈祷。
弗拉季米尔	一点不错。
爱斯特拉冈	一种泛泛的乞求。
弗拉季米尔	完全正确。
爱斯特拉冈	他怎么回答的呢？
弗拉季米尔	说他瞧着办。
爱斯特拉冈	说他不能事先答应。
弗拉季米尔	说他得考虑一下。
爱斯特拉冈	在他家中安静的环境里。
弗拉季米尔	跟他家里的人商量一下。
爱斯特拉冈	他的朋友们。
弗拉季米尔	他的代理人们。
爱斯特拉冈	他的通讯员们。
弗拉季米尔	他的书。
爱斯特拉冈	他的银行存折。
弗拉季米尔	然后才能打定主意。

爱斯特拉冈	这是很自然的事。
弗拉季米尔	是吗？
爱斯特拉冈	我想是的。
弗拉季米尔	我也这么想。(沉默)
爱斯特拉冈	(焦急地)可是咱们呢？
弗拉季米尔	你说的什么？
爱斯特拉冈	我说，可是咱们呢？
弗拉季米尔	我不懂。
爱斯特拉冈	咱们的立场呢？
弗拉季米尔	立场？
爱斯特拉冈	别忙。
弗拉季米尔	立场？咱们趴在地上。
爱斯特拉冈	到了这么糟糕的地步？
弗拉季米尔	大人阁下想要知道有什么特权？
爱斯特拉冈	难道咱们什么权利也没有了？

[弗拉季米尔大笑，像先前一样突然抑制住，改为裂开嘴嬉笑。]

……

【注释】

[1] 巴黎塔：指巴黎的埃菲尔铁塔，原高300米，1959年装上电视天线后为320米。

【阅读提示】

《等待戈多》是西方荒诞派戏剧的代表作品，虽然在此之前，荒诞派戏剧的另一位作家尤金·尤奈斯库的剧作《秃头歌女》《椅子》已在巴黎上演，但真正标志荒诞剧作崛起的却是《等待戈多》。该剧于1953年在巴黎最初上演时就获得了巨大的成功，仅在巴黎就连演了三百多场。

这是一出两幕剧。第一幕写黄昏的时候两个流浪汉一见面就开始了语无伦次的闲谈与无聊透顶的动作。从谈话中得知，他们是在等待戈多。后来，波卓和幸运儿上场，也要寻找戈多先生，原来他们苦苦等待的人竟然素不相识。戈多迟迟不来，却来了一个男孩，他送口信说，戈多今晚不来，明晚准来。第二幕写的仍是那个时间，还是那个老地方，只不过在原来已有的那棵枯树上长出了四五片叶子。两个流浪汉又走到一起了，他们模模糊糊回忆昨晚的事。今晚似乎无话可说，沉默，长时间的沉默。但无名的恐惧使他们无法保持沉默，于是两人同时说话，说话只是为了"不听"和"不想"。波卓和幸运儿又来了，一夜之间波卓瞎了，幸运儿哑了。他们四人先后倒地，像蛆虫一样爬来爬去，像白痴一样胡言乱语。波卓和幸运儿死了，男孩又来传话：戈多今晚不来，明晚准来。孩子走后，流浪汉想远离此地，但嘴说走，仍站着不动。

从表面上看，这仅仅是两个流浪汉疯疯癫癫、支离破碎的对白，简直没"戏"可看，两个角色毫无个性特征，但看完整部戏又让人感觉世界是荒谬的，人生是毫无意义的。该剧完全摒弃了传统戏剧的情节结构，有意将生活撕成毫无内在联系的断片和碎块，出现在舞台上的两个流浪汉已经成为被社会挤压为"非人"的可怜虫，荒诞怪异，语言颠三倒四。正是这种荒诞的艺术形式，表现了荒诞的社会现实。

《等待戈多》集中地体现了西方当代资产阶级的精神危机，以及世界大战给人们带来的生活与精神上的创伤，让人们得以洞见现实的丑恶。这正是剧中所要表现的孤寂感、隔膜感、绝望感和空虚感。

【思考练习】
1. 戈多是谁？为什么要等待戈多？
2. 结合剧本谈谈荒诞派戏剧的艺术特色。

第二部分

实用写作

第一节 申 论

一、申论的含义和特点

(一) 申论的含义

申论是国家公务员资格考试(简称"国考")的一个科目。"申论"一词出自孔子的"申而论之","申"字有"说明""申述"之意,如"三令五申";"论"则指"议论""论证"等。"申论"就是针对特定的话题提出自己的观点,并展开论述。

申论作为一种应试文体,最早出现在 2000 年中央、国家机关公务员录用考试之中。申论考试是考查从事国家机关工作的人员应当具备的基本能力的考试,具有模拟公务员日常工作性质的特点。

(二) 申论的特点

申论是一种作文考试形式,作为一种专用于选拔国家公务员的应试文体,申论适当地借鉴了我国古代科举应试中"策论"的一些经验与做法。从某种意义上说,申论写作属于议论文写作范畴,但与议论文写作又有所区别。考生需要根据考题所指定的材料进行概括分析,找出问题,提出见解,并加以论证。因此,申论写作必须具有较强的针对性、观点的明确性、形式的灵活性等特点。

二、申论考试的考查目标

申论考试按照省级以上(含副省级)综合管理类、市(地)以下综合管理类和行政执法类职位的不同要求,设置两类试卷,主要考查考生的阅读理解能力、综合分析能力、提出和解决问题能力、文字表达能力和贯彻执行能力。

"申论是测查从事机关工作应当具备的基本能力的考试科目",明确说明申论是典型的能力与素质的考试。在机关工作过程中,文案工作是每位公务员必须掌握的基本能力,而申论恰恰重点考查考生的文案工作能力。文案工作能力是一种综合性的能力,主要包含以下五大能力。

(一) 阅读理解能力

阅读理解能力是五大能力之首,包括以下三个方面。

(1) 看得懂。即能正确理解给定材料的字面含义,特别是一些理论政策或专业词汇的相关表述。公务员往往从事相对专业领域的行政工作,需要掌握一定的专业性知识。又由于公务员工作涉及面广,与群众关系密切,申论考试也同样注重考生的社会生活基础知识积累,对其社会知识的广度也有较高的要求。申论考题就往往从这一点出发,着力选拔知识面广且阅读能力强的考生。例如2018年辽宁省国家公务员考试申论试题之一,即要求考生概括材料中的现代法治理念及维护法律公正的制度。这一题除了考查考生理解分析材料的能力外,还考了考生对现代法治理念和制度相关知识的熟悉程度。考生必须具备一定的法理知识储备,才能快速梳理材料、准确概括内容。

(2) 看得透。即能抓住给定资料背后的观点和本质,特别是命题人隐藏在材料背后的意图、主旨或精神。例如2019年吉林公务员考试申论试题中,给定材料5介绍了东北地区"柔性引才"的情况,题目要求结合给定材料,谈谈考生对"柔性"的理解。在这段材料中,共有四类人员发言,分别是某战略咨询研究院陈研究员、某高校董教授、某省政府政策研究室王处长、某高校智库研究所关所长。四人基于不同身份,站在不同角度谈了对"柔性引才"高校智库建设政策的看法。如果考生只罗列、整合了四人观点,却没有发现四人观点中冲突之处,就容易误判材料主旨,导致题目失分。

(3) 用得上。即能恰当运用给定材料来作答。对非作文类的题目而言,要能够根据题干要求,精准提炼并有效加工给定材料里的相关要点,组成条理清晰、要点齐全的规范答案。对作文而言,要能够根据题干要求,从材料中提炼总论点和分论点,并恰当地运用给定材料,对论点进行阐述、说明和论证。

(二) 综合分析能力

综合分析能力是申论必出题型,要求考生做到如下两点。

(1) 观点明确。即根据题干要求,结合给定材料中命题人的意图和主旨,准确地提炼观点。例如2019年国家公务员考试(地市级)申论第四题,"给定材料4"中的座谈会上,主持人说:"如果不能打破这种种'遮蔽',就拿不出有分量的作品。"请谈谈你对"种种'遮蔽'"的理解。本题要求考生结合主持人和其他座谈人的发言,抓住共性,对座谈人丙的发言进行分析,分层次整理他创作受"遮蔽"直至觉醒的过程和态度变化,准确提炼出创作者的文学观和价值观。

(2) 有理有据。理,就是理论和政策,要求考生能够恰当地运用党中央、国务院重大理论和政策,对给定材料的现象进行分析、推理和评判。据,就是要恰当地运用给定材料里提供的各种案例、事实等论据,对自己的观点进行分析和论证。

(三) 贯彻执行能力

考查贯彻执行能力的题型，自 2010 年以来，一直在申论试题中占据重要位置。从最近三年命题情况来看，重点都是考查考生应用文写作能力，这恰恰是机关工作基本能力的重要组成部分。从发言提纲、参评推荐材料到给全省青年的倡议书，机关工作中涉及的各类文体都在申论考试中有所体现，反映了国家对公务员贯彻执行能力的重视。

(四) 解决问题能力

考查解决问题能力的试题，几乎是申论必出题型，2019 年国家公务员考试副省级和市地级试卷均出现了解决问题的题目。解决问题的能力主要包括以下两个方面。

（1）准确提炼内容、概括问题。2020 年国家公务员考试(市地级)第一大题考查的是概括问题的能力，题干明确"根据'给定材料 1'，请你谈谈老马是怎样当好基层这根'绣花针'的。要求：全面、准确、有条理。"，即要求考生首先简要概括材料内容，做到全面、准确、有条理。

（2）提出具体的对策建议。最近几年，对策题目越来越倾向于考查考生解决实际问题的能力，反对纸上谈兵式的假、大、空，以及万能化、套路化、模式化的对策，转而要求对策具体、切合实际。

(五) 文字表达能力

文字表达能力是文案工作能力的重要体现，在申论考试中，有如下四个要求。

（1）连贯。在历次申论命题中，均出现了语言流畅或类似的等要求，实际上是要求考生在写作过程中，尽量避免出现明显的语法错误，要恰当地使用连接词汇，保证全文逻辑严谨、语句通畅。

（2）简洁。因申论考试字数要求非常严格，各题大都有字数上限，因此在文字表达上要求简洁明了，特别是作文标题，更是以短为美。例如《人无德不立 国无德不兴——以道德建设推动社会和谐进步》，虽然观点明确，但语言冗长，易失分，就不如直接写《人无德不立 国无德不兴》或者《以道德建设推动社会和谐进步》更加直截了当、简洁明了。

（3）规范。规范有两个层面的要求：一是使用书面语，申论作文是非常规范的文字表达能力测试，在遣词造句上必须使用书面语，避免出现口头语、网络用语等非书面语；二是使用机关习用语，诸如"转变观念，统一思想"等规范表述，应学会驾驭文字。

（4）生动。在 2008 年国家公务员考试作文命题中，首次出现了"文字表达生动"这个新要求，令很多考生望而生畏。其实在操作过程中，考生只需熟练使用恰当的修辞手法或名言警句，就可夺考官之眼球。

公务员对社会生活的方方面面都应当有所认识和思考，并且要具备较高的思想水平和较强的分析问题、解决问题的能力。因此，申论考试所提供的一般都是社会性较强的背景材料，让考生分析和论述，从而考查考生处理公务员日常事务方面的潜能。

三、申论的写作方法

通过申论能够很好地评估考生的综合素质和能力。申论写作可以分为三个主要环节：第一，审读材料、概括要点；第二，角色定位，提出对策；第三，明确观点，展开论证。这三个主要环节概括了申论写作的全过程，它们之间有着密切的关系，缺一不可。

(一) 审读材料，概括要点

"读"即阅读材料，是申论的第一步，是完成其他环节的前提条件。只有仔细阅读材料，才能准确地概括材料所反映的主要问题。这就要求写作者在阅读时要善于把握事物的本质，善于把握事物之间的联系，善于辩证地看问题，等等。只有这样才能很好地完成申论的第一步，为下面的环节打下坚实的基础。

审读材料的关键在于概括要点，这个环节完成得好不好，又会直接影响"提出对策"环节是否具有针对性，进而影响"展开论证"环节是否有扎实的理论基础。概括要点的目的在于准确把握给定材料，以便进一步着手解决问题。概括要点必须注意点面结合，必须仔细阅读，认真分析，对给定材料进行归纳整理，最终阐明给定材料所反映的主题或主要观点。只有准确地概括出要点，找出主要问题，才能为下一步提出对策打下坚实的基础。

申论概括要点的核心在于问题思维，这种思维紧紧围绕问题的现象、成因和解决方法展开。近几年的申论材料逐渐趋向事例型材料，更倾向选用与行政工作接轨的日常事务样例。传统的划分段落层次的方法已不适用于这类材料的分析，需要考生区分人物的身份关系，区分事实和观点，区分困难和对策，在事件中辨明主次，厘清因果，才能真正抓住出事件的重点。

【例文 2-1】2023 年国家公务员考试申论试题(行政执法类试卷)
一、给定材料

材料 1. 所谓 GEP，是指生态产品价值的总和，它反映了森林、湿地和农田等生态系统产生的直接、间接或潜在的经济效益。A 市生态环境局赵局长介绍，"我们制定了一套 GEP 核算方法，对生态产品价值进行评估，并积极探索核算结果落地应用，助力我市加快推进生态产品价值实现"。

碧澜乡是 A 市一个山区乡镇，对村民来说，以前开农家乐是可以想象得到的致富来源，但 GEP 核算告诉他们，还有另外的致富之路。碧澜乡的溪流不但拥有矿泉水般的水质，而且水流形态丰富，急流种类多样，是天然的水域救援训练场地。乡里利用这一优势，开发了水域救援培训项目。碧澜乡党委王书记说："从原生态的水到致富的水，GEP 核算起到了加速转化的作用。GEP 核算报告让我们知道生态资源究竟好在哪儿，进而合理有序地转化为经济效益。"

对 A 市其他乡镇来说，这种发展思路都具有实际指导意义。云瀑乡党委李书记说，如果不是看到 GEP 核算报告，他实在不敢想，云瀑乡的峡谷、瀑布、云海，放在整个 A 市都颇有竞争力。云瀑乡已经和一家公司合作，在当地开发探险类项目和梯田观光项目。该公司向云瀑乡生态强村公司支付 300 万元，购买项目所在区域的生态产品。

截至 2021 年底，A 市所有乡镇均组建了生态强村公司，主攻生态产品价值转化，负责自然资源管理与开发、生态环境保护与修复等，成为公共生态产品的供给主体和市场化交易主体。

金融市场也闻风而动，"GEP 贷"等金融产品应运而生。在蕊溪岸边，芳草镇党委马书记介绍，镇里新开发了"溪游记"旅游项目，将蕊溪流域丰富的生态资源串点成线，建成后有望成为拉动全镇经济的重要引擎。芳草镇虽然成立了生态强村公司，公司却没有实体抵押物，想要贷款融资并不容易。2022 年 3 月，以芳草镇调节服务类和文化服务类两类生态产品的使用经营权作为质押担保，他们拿到了 500 万元的"GEP 贷"。这不仅解决了旅游项目建设的资金需求，也激活了生态产品的金融属性。

常年奔波在 A 市乡村，某大学经济学院黄教授深谙 GEP 核算的魅力。他表示，GEP 核算报告就像人的体检报告，各地可以根据报告来强优势、补短板，推动生态优势转化为产业优势。现在，一批电子仪器企业、医药公司等环境敏感型企业纷纷选择在 A 市落户。某医药公司董事长说："生产高品质的医药容器对环境有着严格要求，A 市具有无可比拟的一流生态环境，这是我们选择这里的根本原因。"

位于 A 市景叶县的"天工之城"——未来科技岛也正在尝试。景叶县两山转化发展中心工作人员介绍："我们把生态产品价值作为生产要素参与合作企业的利润分配，实现经济创收。我们正在做的一件事，就是把'生态绿谷'转化为'数字绿谷'。"

日前，A 市"两山银行"与明渚乡签下首笔湿地碳汇收储合约，以每吨 58.83 元的价格购入明渚乡湿地一万吨碳汇量。同时，"两山银行"又向该市农商银行等 9 家单位分别出售碳汇量。这也是 A 市将 GEP 核算应用到碳汇市场的首次尝试。"党的二十大报告提出积极稳妥推进碳达峰碳中和。湿地碳汇交易就是利用湿地植物光合作用吸收二氧化碳释放氧气的过程，实现碳减排；再将所减排的碳量用于市场交易，实现碳中和。"赵局长表示，"既能鼓励企业参与生态保护，也能激励企业推行低碳生产。碳汇交易的获益资金还可用于湿地绿化扩面、修复等工作，反哺湿地生态建设，进一步提升生态系统碳汇能力，可谓一举多得。"

材料 2. "随着我国创新型国家建设和知识产权战略实施的不断推进，政府知识产权工作的着力点，已从知识产权制度的构建转变为推动市场主体对知识产权制度的有效运用。"知识产权领域一位资深专家表示，"在我国知识产权制度从建立到不断完善的过程中，这将是我国知识产权事业发展的新方向。"

三月江南，在 L 市各大中高端超市的水果货架上，随处可见"丰禾庄园"的精品草莓。这是一家集草莓育种、种植与销售于一体的创新型企业。该企业吴经理介绍，企业赢得市场青睐的秘诀之一在于，L 市知识产权信息服务中心协助企业分析研判发展"痛点"，精准对接高端科研团队，为产品的提档升级注入了科技基因。

通过知识产权信息服务中心对接，L 市农业学院方教授团队与"丰禾庄园"就草莓生产等方面展开合作，三方围绕草莓育苗基质配制、有机肥研发利用、知识产权信息服务等需求共同签署了合作框架协议。L 市知识产权信息服务中心还协调企业引进高垄种植技术，孕育出千姿百态的"伊山山珍"。

乡村振兴，产业兴旺是基础。为此，知识产权信息服务中心为"伊山山珍"品牌商标注册量身定制工作方案，确定注册商标样式，进行品牌知识产权保护布局、品牌图文版权登记等。针对山珍品种繁多问题，知识产权信息服务中心安排信息员指导相关企业将 60 余种产品分期分批开展商标注册申请。"没有自己的品牌，好山珍卖不出好价钱。今年我们取得了'伊山山珍'

的商标使用权,销售信心倍增。"伊山村一位种植大户说。"多年来,村里人专注于山珍的培育,却忽略了知识产权的保护。时有冒牌货流入市场,损害了本地山珍的信誉。"伊山农村联合社郑社长感慨:知识产权信息服务中心给我们做了商标法宣讲,对商标持有人进行培训,并指导我们制定了《"伊山山珍"商标标识使用管理办法》。现在我们得到商标的授权,消费者对我们的信任度高了,销量自然上去了。

L市知识产权信息服务中心还联合多个部门合力推动"企业+地理标志商标+标准化+农户"模式,成功打造了"伊山山珍"拳头产品,许多产品备受顾客青睐和市场欢迎。

某学者近期发表了一篇题为《追寻长期价值》的文章。文章指出,这几年,全球经济社会发展面临更多"黑天鹅",很多人可能会从应对危机中总结出一个道理:面对"未知的未知",我们必须增加应对不确定性的韧性,增强适应持续变化的环境的能力。这就要求我们不惧短期挫折,抵御短期诱惑,心怀信念,坚持把时间和精力投入到能够产生长期价值的事上。该学者认为:于个人而言,这是一种清醒,要求人们建立理性的认知框架,不受繁杂噪声的影响。于企业而言,这是一种格局,要求企业不断进化、不断创造价值。于政府而言,这是一种担当,必须立足长期利益,致力长远发展。于社会而言,这是一种热忱,需要无数力量汇聚到支撑人类长期发展的领域,形成一个个生生不息、持续发展的正向循环。

二、作答要求

第一题:GEP反映了生态系统产生的直接、间接或潜在的经济效益。请你根据"给定材料1",谈谈A市是如何利用GEP核算实现生态产品价值的。

要求:全面、准确、有条理,不超过200字。

第二题:请你深入思考"给定材料2"中这位学者文章的有关内容,参考给定材料,联系实际,自选角度,自拟题目,写一篇文章。

要求:(1)观点明确,见解深刻;(2)参考给定材料,但不拘泥于给定材料;(3)思路清晰,语言流畅;(4)字数1000~1200字。

(资料来源:时事报告,2023年3月,http://www.xingshizhengce.com/zxdk/dkssbg/ssbg2023/202304/P020230410331630759487.pdf)

(二)角色定位,提出对策

提出对策,是申论的第二步,也是申论的关键环节。它要求结合材料所涉及的范围和条件,提出切实可行的对策和方案。如果说概括要点是提出问题,那么提出对策就是解决问题。解决方案就是针对提出的问题而言,第一步提出几个方面的问题,这里就要体现几个方面的方案,而且方案要有针对性和可行性。

申论写作要求考生所提出的对策和方案要有较高的政策性、明确的针对性和可操作性。可以说,政策性、针对性、可行性是衡量对策优劣的三个标准。

这里需要强调的是角色定位。申论文章的作者是公务员,公务员担负着管理公共事务的职责,申论的对策不能脱离这一特殊角色,必须准确定位。题目给定材料大多在七八千字,由于考试时间的限制,很多考生不能通读全部材料就匆忙应战,由于定位不准,概括出的问题往往很片面,申发出的观点也难免偏激,从而导致抓不住主要矛盾而出现跑题的现象。必须明确的是，申论思维就是公务员思维，要全面分析给定材料，找出共性规律，进行总结归纳、辩证分析，以淡定的态度平和审视存在的问题，客观分析原因，从而提出不偏不倚的对策，形成务实、积极的文体风格。

申论是公务性文章，作者必须站在政府的角度看问题，视角要全面，立场要鲜明。申论的写作背景是公务活动，公务活动依附于各级公共管理工作之中。因此，申论文章的立意必须站在公务管理的角度，以妥善解决问题、推动工作开展为出发点和立足点，谨记职权范围，依法行政，不可越权越位。找准公务员的感觉，是目前很多考生申论写作时难以跨越的门槛，特别是很多应届毕业生更是如此。只有定位准确，切实以一个公务员的身份，站在国家的高度，全面、客观地看问题，才能立场鲜明。若总是以"局外人"的身份看问题，就不能客观地分析问题，或分析问题不得要领，难以切中要害。

因此，写好申论对策的功夫在写作之外。申论虽然与社会热点不具有完全地相关性，但是权威媒体就一些社会热点所做的评论还是很值得学习和借鉴的，比如人民网、新华网的评论。在阅读的时候，要仔细琢磨文中涉及的工作思路和规范用词，深入理解政府决策和地方新政的治理原则和施政要点。同时，适当阅读社会、文化、经济领域的基本理论书籍，平时注意观察和积累相关领域从业者所面对的主要现实问题和政策演变。双管齐下，才能在申论写作中对现象分析到位，对问题理解深刻，提出既符合当前国策又切实可行的"良策"。

如例文2-1申论材料中题目的第一题。

思路点拨： 此题不是概括题，而是分析题，分析题与概括题的最大区别在于概括的内容都是已知确定的，分析需要在已知的基础上推导出未知的东西。

参考答案：

1. 量化价值。制定核算方法，形成核算报告，明确生态优势，对生态价值进行评估。
2. 供需对接。组成生态强村公司，成为生态产品供给主体和市场化交易主体，开展合作，形成良性循环。
3. 创新抵押。推出"GEP贷"，以生态产品的使用经营权为质押担保，解决资金需求，促进贷款融资。
4. 促进交易。推动生态优势转化为产业优势，吸引高新技术企业，尝试碳汇交易，提升生态系统碳汇能力。

(三) 明确观点，展开论证

申论写作的第三步是明确观点，展开论证，这也是申论的核心环节。申论的写作要求多是针对给定材料所反映的核心问题，自拟题目，写一篇申论作文。作文的标题必须展现给定材料的本质问题或某一个关键措施。展开论证要求充分利用材料，全面阐明、论证自己对给定材料所反映的主要问题的基本看法，论证自己所提出的解决问题的方案。

1. 标题的写法

标题在整篇文章中处于起始地位，也同时居于"统领"地位。"意犹帅也，无帅之兵，谓之乌合。"标题立意的高低，反映了考生对社会问题的认识水平和理论提升的能力。纵观历年申论试题，给定材料多是一些报道性的信息材料，属于实践层面的感性素材。很多考生只看到素材反映的表面现象，不能深入分析产生问题的根源，也就提不出解决问题的对策。这种现象表面看是个人能力问题，深层看就是作者的理论水平问题。实践证明，申论立意要把握给定材料，在深入思考、归纳概括的基础上进行抽象思维，完成从实践到理论、从事实到观点的提炼过程，提升理论高度，将宏观上的立意转化为观点鲜明的标题。站得高，方能看得远，申论立意须高瞻远瞩，标题须大义微言。审视人民网、新华社评论员文章，其立意和标题都有鲜明的政治色彩和较高的理论水平。申论文章标题立意的政治高度是衡量考生行政水平的重要标尺。

下面介绍三种申论标题的常规写法。

（1）"主题+对策、观念、理念"，即标题由两个部分构成，前一个部分为主题词，后一个部分为要实现主题词应采取的对策，应有的观念、理念，如《开放合作 命运与共》《一切为了人民，一切依靠人民》。

（2）"主题+意义、作用、目的"，即前一部分为主题词，后一部分为主题词实现的意义、作用、目的等，如《在讲好中国故事中提升话语权》《职业教育让人生走得更远》。

（3）"主题+关键做法"，即在标题中明确指出为实现主题必须完成的关键做法、关键步骤或创新思维，如《为脱贫攻坚与乡村振兴注入金融活水》。

标题写作最忌虚浮。一味追求文字华美、古奥，刻意运用反问、设问，随意引用诗文等，都与务实求真的公务员品质不符，在申论写作中，会给阅卷者以炫技浮华的不良印象。

总之，标题是申论写作的关键因素，标题观点明确，务实创新，文章就能博人青眼，易于阅卷者把握考生意图，发掘作文优点；标题虚浮，将难以在高手如云的激烈竞争中一鸣惊人。

2. 论证的写法

申论的正文与一般议论文一样，都是由引论、本论和结论三部分构成。引论就是简洁地概括给定材料的大意，引出一个带有本质属性的核心问题。本论就是把引论引出的问题，放进社会生活中展开讨论、论证。具体论证时，既要针对给定材料的具体情况论述，又不要拘泥于原材料，要站在政策的高度、时代的高度，高屋建瓴，使文章具有普遍性、代表性和指导性意义。结论是分析论证的必然结果，要注意符合政策和时代要求，要能经得起时间的检验，要简洁有力。

从申论的本质来说，辩证思维是公务员的基本思维，拥有辩证思维的人往往做事更加谨慎，处事更加全面，这就要求考生审题时能快速、逐段解析申论材料里面的层次。这种申论思维训练的重点不能只放在申论材料的具体内容上，而更应该注重材料背后的论证层次，如问题、原因、危害，现象、目的、积极意义、对策等。

如例文2-1申论材料题目中的第二题。

思路点拨：

议论文是剖析事理，论述事理，发表意见，提出主张的文体；通过摆事实、讲道理、辨是非等方法，来确定某观点正确或错误，树立或否定某种主张；具有观点明确、论据充分、语言精练、论证合理、逻辑严密的特点。

【例文 2-2】

追求长期价值

现代化学说中,有一个著名的"亨廷顿悖论":现代性孕育着稳定,而现代化过程却滋生着动荡。我国在推进现代化的过程中,两极分化等矛盾凸显,国际社会也不太平,地区冲突、贸易保护、阵营对立轮番上演。面对"黑天鹅"和"灰犀牛"的诸多问题,抱怨没有用,寻求办法才是关键,应当坚持把时间和精力投入到追求长期价值中来。

追求长期价值,应当保持清醒头脑,心怀信念,提高个人认知能力。长期价值是跨越时间维度,不拘泥于当下得失,注重长久获得。事物是在否定之否定中螺旋式上升的,遇到问题不可怕,用信心突破阶段的藩篱,就能实现更好的自己。比如在学习新知识时要越不会越学,心怀信心,冷静清晰地认识学习阶段,用知识升华自己的思想,进而产生长期价值。

追求长期价值,应当树立全局的视野,抵御诱惑,彰显企业的创新能力。改革开放 40 多年来,我国的企业价值从无到有,从有到大,取得了骄人成绩。但也要看到,产能过剩、品牌缺失、创新不足,成为企业发展的阻碍。面对问题,企业能一味地注重规模经济、抄袭他人、挣快钱吗?这显然不符合当下的发展理念。今天的中国是以新发展理念推动高质量发展,不断满足人民群众对美好生活的向往,不断满足和创新用户需求和用户体验,如果企业还是走低质老路,那必然是一条死路。在企业可持续的长期价值中,要抵御快钱诱惑,与全局同频共振,打造创新产品,推动企业高质量发展。

追求长期价值,需要立足长期利益、致力长远发展,坚守政府担当。相对于个人和企业,政府掌握更多的行政权力,就意味着要承担更多的责任。如果各级政府只打自己的小算盘,只局限于眼前利益,一味追求 GDP 数字短期的变化,必然是竭泽而渔。如一些地方政府招商引资时缺乏长远眼光,引进一些已经被淘汰的环境污染企业,虽然短期内提高了当地收益,却是以损害百姓身体健康、破坏当地环境为代价的。与此相反,某省份率先建立起最严格的生态保护制度体系,"环保一票否决制"开先河,顶住压力,最终成为环境保护推动经济发展的变革性力量。因此,政府更应该守住追求长期价值的责任担当。

面对全球更加复杂的变化和更多的不确定性,急于求成、急功近利显然是下下之策,保持清醒、建立格局、具备担当、维系热忱,坚持把时间和精力投入到能够产生长期价值的事上,才能应对"未知的未知",立于不败之地。当每个人都学会适应持续变化的能力,都具备应对不确定性的韧性,树立了追求长期价值的信念时,不惧怕短期挫折、抵御住短期诱惑就变成了一种理所应当,这样追求长期价值才具备了可操作的社会环境,才能够持久。

(资料来源:《时事报告》,2023 年 03 期,http://www.xingshizhengce.com/zxdk/dkssbg/ssbg2023/202304/P020230410331630759487.pdf)

总结多年来国考中申论试题的变化,不难发现,申论越来越要求考生能够关心国家大事,关心社会问题,考生既应该具备综合分析的能力,也必须拥有贯彻执行的能力;既要能在特殊时期挑大梁,有单独解决问题的能力,又必须有组织观念,长于团队合作。只有真正拥有这样的思想和能力,并在申论中充分展现自己的能力的写作者,才能成为合格的公务员。

【写作训练】
1. 什么是申论？申论具有哪些特点？
2. 申论主要考查哪些基本能力？
3. 自找一份申论考试真题，模拟申论写作。

第二节 常用公文

一、公文的概念、种类和格式

（一）公文的概念

公文是用于公务活动的一种应用文书，是党政机关、企事业单位等依法成立的社会组织用来办理公务、有特殊效力和规范格式的应用文。2012年7月1日开始施行的《党政机关公文处理工作条例》规定，公文有15种：决议、决定、命令（令）、公报、公告、通告、意见、通知、通报、报告、请示、批复、议案、函、纪要。每一种公文都有特定的适用范围。

（二）公文的种类

广义的公文除上述法定文种外，还包括党和国家机关常用的应用文，其大至总结、计划，小至条据、便函，种类繁杂、素无定目。这里的公文特指《党政机关公文处理工作条例》所规定的公文文种。公文具有内容的公务性、格式的规范性、作者和读者的指定性，以及法定权力的制约性等特点。根据不同的标准，公文有多种分类方法。

从文体的来源和使用范围划分，可分为对外文件、收来文件、内部文件三种。

从行文关系划分，可分为上行文、平行文、下行文、泛行文四种。

从文件的机密性划分，可分为绝密文件、机密文件、秘密文件、普通文件四种。

从文件的紧急程度划分，可分为特急文件、急件文件、常规文件三种。

从文件的适用范围划分，可分为通用文件、专用文件等。

（三）公文的格式

2012年6月29日，中华人民共和国国家质量监督检验检疫总局和中国国家标准化管理委员会联合发布了《党政机关公文格式》（GB/T 9704—2012），自2012年7月1日起施行。这是最标准的公文写作格式，规定了党政机关公文通用的纸张要求、排版和印制装订要求、公文格式各要素的编排规则，并给出了公文的式样。此标准适用于各级党政机关制发的公文，其他机关和单位的公文可以参照执行。公文的一般格式和公文格式各要素应该严格按照最新的《党政机关公文格式》排版和布局。

二、公文的结构

公文一般由标题、主送机关、公文正文、附件、成文日期和印章组成。

(一) 标题

标题是指标明某一公文主要内容的概括性名称。公文标题要准确、简要地概括公文的主要内容。

完整的公文标题由发文机关名称、事由和公文文种三部分构成，如《国务院关于 2018 年度国家科学技术奖励的决定》。

公文的标题也可以省略发文机关，采用"事由+文种"的形式，如《党委民主生活会议纪要》。

有些公文标题可以省略事由，采用"发文机关+文种"的形式，如《中国作家协会公报》。

撰写公文标题应注意：所有公文标题均不可省略文种。除简单的周知性公文外，一般也不省略事由，事由一般采用"关于……的"固定结构。公文标题中一般不使用标点符号。

(二) 主送机关

主送机关即公文的主要受文机关，是负责承办或答复该文内容的机关。确定主送机关要根据各级行政机关的行文关系、各自的隶属关系和职权范围来确定。

(三) 公文正文

正文是公文的核心部分，用来表述公文的具体内容，除了个别简短的公文外，正文内容一般分为开头、主体、结尾三部分。

正文的开头可以概括为"凭"，既凭什么行文，就是制发该文的依据或理由；主体可以概括为"事"，即什么事情或什么事项；结尾可以概括为"断"，即正文的论断部分，通常为要求、措施、办法等。

(四) 附件

附件是公文正文附属材料的顺序和名称的标注。公文正文中有一些内容，如图表、名单、规章制度等，如穿插在公文正文中，往往隔断公文前后意思的联系而造成阅读上的不便，这时需要将其从公文正文中抽出而作为公文的附件单独表述。

(五) 成文日期

成文日期是公文生效的时间，以负责人签发的日期为准，联合行文的成文日期以最后签发机关负责人签发日期为准。

(六) 印章

印章是公文效力的表现形式，是公文效力最权威的凭证。

三、常用公文的写法

公文写作指公文的起草与修改，是撰写者代机关立言，体现机关领导意图和愿望的写作活动，包括起草初稿、讨论修改形成送审稿的整个过程。除必须遵从文通、字顺、观点与材料统一、层次分明、结构合理等文章写作通则之外，写作公文时还要注意抓住党和国家的路线、方针和政策以及有关上级文件精神，掌握本地区、本部门、本单位实际，把贯彻落实政策和解决实际问题结合起来。

根据实际需要，以在工作和日常生活中使用频率比较高的几种公文为例，为大家介绍常用的几种公文。

(一) 通知

《党政机关公文处理工作条例》规定，通知适用于发布、传达要求下级机关执行和有关单位周知或执行的事项，批转、转发公文。所以，通知有发布类通知、批转(转发)类通知、知照类通知、事务(事项)性通知、会议通知等几种。

1. 标题

通知的标题一般采用公文标题的常规写法，由发文机关、主要事由和文种组成，如《中共中央办公厅、国务院办公厅关于严禁用公费变相出国(境)旅游的通知》。批转(转发)类通知的标题要特别标注"批转"或"转发"这一事由，原发文机关及文件名需紧随其后，如原文件是通知，则应相应省略，如《国务院批转国家税务总局关于加强个体私营经济税收征管强化查账征收工作意见的通知》《陕西省人民政府办公厅转发国务院办公厅关于禁止非法买卖人民币的通知》。

2. 正文

通知的正文主要包括原由、事项、要求三部分。开头一般说明为什么要发此通知，即发通知的目的是什么。主体，即事项部分，将通知的具体内容项目逐一列出，把布置的工作或需周知的事项阐述清楚，并讲清要求、措施、办法等。结尾多提出贯彻执行要求，如"特此通知""请遵照执行""请认真贯彻执行"等习惯用语，也有的通知结尾不写习惯用语。

【例文 2-3】

文化和旅游部办公厅关于开展 2023 年全国文化和旅游市场管理创新典型案例推荐遴选工作的通知

办市场发〔2023〕165 号

各省、自治区、直辖市文化和旅游厅(局)，新疆生产建设兵团文化体育广电和旅游局：

为深入贯彻落实党的二十大精神，大力推进实施《"十四五"文化和旅游发展规划》《"十四五"文化和旅游市场发展规划》，不断创新市场监管手段，全面提升市场管理能力，推动文化和旅游市场高质量发展,文化和旅游部决定开展2023年全国文化和旅游市场管理创新典型案例推荐遴选工作。现将有关事项通知如下。

一、总体要求

以习近平新时代中国特色社会主义思想为指导，完整、准确、全面贯彻新发展理念，坚持促进发展与监管规范并举，尊重基层首创精神，鼓励先行先试和改革创新，将地方推动行业高质量发展、创新行业监管的好经验、好做法遴选作为典型案例，进行宣传推广和示范引领，推进全国文化和旅游市场高质量发展。

二、推荐方向

以近两年来地方各级文化和旅游行政部门推动行业高质量发展和监管创新为两大推荐方向，包括但不限于以下行业领域以及有关举措。

（一）行业领域：演出、艺术品、上网服务、歌舞娱乐、游艺娱乐、剧本娱乐、电竞酒店、网络音乐、网络表演、网络演出、在线旅游、旅行社、导游、景区、星级饭店、民宿等。

（二）推动行业高质量发展举措：行政审批制度改革、优化服务、转型升级、促进消费、文化和旅游融合、优化营商环境、文明旅游、助企纾困、服务质量提升、信用体系建设、扶持行业组织、开展文化和旅游市场季度经济形势研判等。

（三）创新监管举措：针对未成年人保护、文化内容安全、不合理低价游、旅游不文明行为、私设景点、安全生产、经营秩序等，加强系统治理、依法治理、综合治理、源头治理，创新新业态包容审慎监管、信用监管、信息化监管、数字化监管、跨部门综合监管等监管举措。

三、组织推荐

（一）申报单位。省级文化和旅游行政部门、地级市文化和旅游行政部门、区县级文化和旅游行政部门。

（二）申报流程。申报单位填写《2023年全国文化和旅游市场管理创新典型案例申报表》（见附件1）和《2023年全国文化和旅游市场管理创新典型案例汇总表》（见附件2），可以附能够展现工作成效的图片（配说明，不超过5张JPG格式，单张图片大小不低于3M），同时提供申报表的可编辑电子文件（DOC或WPS格式），一并报送省级文化和旅游行政部门。

（三）省内遴选。各省级文化和旅游行政部门负责组织本行政区域内的推荐遴选工作，从严把关、优中选优，并于2023年11月15日前向文化和旅游部市场管理司推荐，推荐典型案例数不超过6个。书面材料邮寄至指定地址；电子文件命名为：推荐单位+典型案例，发送至指定邮箱。

四、全国遴选和推广

文化和旅游部市场管理司将组织专家对案例进行遴选，发布首批全国文化和旅游市场管理创新典型案例名单（十佳案例、优秀案例），在文化和旅游部政府门户网站及有关媒体进行宣传推广。

五、联系方式

文化和旅游部市场管理司

联系人：李**，联系电话：010-5988****

材料寄送地址：

北京市西城区新文化街56号中国文化传媒集团文旅中国，邮编：100031（信封上注明"典型案例"）

联系人：李**

联系电话：010-6321****　1381032****

电子邮箱：li****@ccmit.com.cn

特此通知。

附件(略)

文化和旅游部办公厅
2023 年 9 月 20 日

(资料来源：中华人民共和国文化和旅游部，https://zwgk.mct.gov.cn/zfxxgkml/scgl/202309/t20230927_947512.html)

(二) 通报

《党政机关公文处理工作条例》规定，通报适用于表彰先进、批评错误、传达重要精神和告知重要情况。通报有表彰性通报、批评性通报和情况通报等几种，无论哪种通报，都具有内容的真实性、目的的晓谕性等特点，即通报要建立在陈述客观事实的基础上，达到表彰先进、批评错误或通报情况的目的。

1. 标题

通报的标题一般由发文机关、事由和文种构成，也可只写"通报"二字，但比较重要的通报则不能省略发文机关和事由等。

2. 正文

表彰性通报正文首先需要叙述先进事迹，包括时间、地点、人物、事迹、结果，对事实部分要概括叙述且语言具体形象。接下来，对上述事件进行客观分析、评议，指出其典型意义，或概括其主要经验。在结尾部分提出表彰，发出号召。

批评性通报则通过摆情况、找根源、阐明处理决定来使人从中吸取教训，以免重蹈覆辙。

上述两种通报一般是下行文，事后通报，带有周知性和教育意义；情况通报更加灵活，可以上行或下行，也可以事前、事中或事后进行通报，有时只对有关事实加以客观陈述，有时加以分析说明，有时还针对特殊问题提出应采取何种对策的指导性意见。

【例文 2-4】

关于表彰第四届兵团质量奖获奖组织的通报

新兵发〔2023〕18 号

各师市、院(校)，兵团机关各部门、各直属机构：

为深入学习贯彻习近平新时代中国特色社会主义思想，全面贯彻党的二十大精神，认真落实党中央、国务院关于质量强国建设的决策部署，深入推进质量强兵团建设，推动经济社会高质量发展，根据《兵团质量奖评审管理办法》等规定，兵团决定授予新疆北新路桥集团股份有限公司、新疆农六师铝业有限公司"第四届兵团质量奖"，授予天伟化工有限公司、新疆伊帕尔汗香料股份有限公司、新疆宏远建设集团有限公司、新疆生产建设兵团医院医学检验科"第四届兵团质量奖提名奖"。

希望获奖组织珍惜荣誉，再接再厉，坚持以质取胜，不断追求卓越，充分发挥质量标杆示范引领作用。希望各级各部门各有关单位以获奖组织为榜样，牢固树立质量第一意识，持续加强质量强兵团建设，深入开展质量提升行动，不断强化质量安全监管，推动质量变革、效率变革、动力变革，不断提升质量水平，为兵团经济社会发展作出新的更大贡献。

2023 年 7 月 15 日
新疆生产建设兵团办公厅

（资料来源：新疆生产建设兵团，http://www.xjbt.gov.cn/c/2023-08-17/8295577.shtml）

（三）报告

《党政机关公文处理工作条例》规定，报告适用于向上级机关汇报工作、反映情况、提出建议，答复上级机关询问。报告为上行文。报告有向上级机关汇报工作的工作报告，反映工作中的突发、重大事件或情况的情况报告，也有汇报或提出工作建议、措施的建议报告，答复上级询问事项的答复报告等几种。根据工作需要，除答复报告外，发文单位可根据本单位最有特色最有价值和新意的材料来向上级机关报告，内容可长可短，可宏观报告情况，也可分专题进行深度分析。

1. 标题

报告的标题一般采用"发文机关+发文事由+文种"的形式，有时省略发文机关，如《关于××河水质污染治理情况的报告》等。报告一般不以文种"报告"单独作标题。

2. 正文

报告的正文先简要交代报告的目的、依据、意义或原因，概述基本内容或基本情况。接着报告事项，这是报告的主要内容，一般要说明具体情况，总结成功经验，指出存在问题，提出解决办法、改进措施及今后的工作设想。内容较多的报告，可分条列项，由主到次排列。报告结尾可用简明的文字概括全文，或使用惯用语结束全文，例如"特此报告"或"以上报告，请审阅"。

【例文 2-5】

国家税务总局 2022 年法治政府建设情况报告

2022 年，税务总局党委坚持以习近平新时代中国特色社会主义思想为指导，全面贯彻党的二十大精神，深入贯彻习近平法治思想，深刻领悟"两个确立"的决定性意义，增强"四个意识"、坚定"四个自信"、做到"两个维护"，始终在思想上政治上行动上同以习近平同志为核心的党中央保持高度一致，按照中共中央、国务院印发的《法治政府建设实施纲要（2021—2025年）》（以下简称《纲要》）和中办、国办印发的《关于进一步深化税收征管改革的意见》（以下简称《意见》）的部署要求，扎实推进税收法治建设，更好发挥和拓展提升税收在国家治理中的基础性、支柱性、保障性作用，为全面推进中国式现代化贡献力量。现将 2022 年法治政府建设情况报告如下。

一、深入学习贯彻党的二十大精神，以习近平法治思想引领税收法治建设

（一）坚持和加强党对税收法治建设工作的领导。税务总局党委牢记税务机关政治属性，

扛牢税务法治建设主体责任,确保税收法治建设始终在党的领导下沿着正确的方向前进。税务总局党委书记、局长王军同志认真履行第一责任人职责,多次主持召开党委会议、专题会议研究部署《纲要》和《意见》贯彻实施工作,狠抓税收法治工作落实。以高度的政治自觉接受中央巡视,扎实做好"自查整改、对照整改、深化整改"三篇文章,税收法治建设形成了重要实践和制度成果。

(二)深入学习宣传贯彻党的二十大精神。税务总局党委将学习宣传贯彻党的二十大精神作为首要政治任务来抓,第一时间传达学习,组织培训,并对税务系统学习宣传贯彻作出全面部署。在全系统开展"税收现代化服务中国式现代化"大讨论并取得丰富成果。聚焦服务全面依法治国,深入落实税收法定原则,推进科学完备的税收法治体系更加健全。

(三)全面贯彻习近平法治思想。组织各级税务机关认真学习习近平法治思想,深刻领会、准确把握习近平法治思想的深刻内涵与核心要义,切实将习近平法治思想学习成果转化为推进税收法治建设的思路与方法,扎实推进依法行政。深入落实《意见》,推出72项高含金量改革举措,圆满完成2022年"攻坚之年"全部任务,深化税收征管改革取得明显阶段性成效。

二、依法全面履行税收职能,更好发挥税收作用
(一)坚决落实系列税费支持政策。(详细内容略,下同)
(二)依法履行组织收入职责。……
(三)持续改善税收营商环境。……

三、完善税费法律规范体系,筑牢税收法治根基
(一)持续推动落实税收法定原则。……
(二)着力推动健全社会保险费和非税收入征管制度。……
(三)不断提升税务规范性文件管理水平。……

四、持续优化税务执法方式,扎实推进依法行政
(一)不断健全税务执法体制机制。……
(二)持续提升税务执法精确度。……
(三)严厉打击涉税违法犯罪行为。……

五、健全矛盾争议化解机制,维护社会公平正义
(一)依法依规办理复议应诉案件。……
(二)信访工作平稳有序。……

六、加强权力运行制约监督,促进规范透明履职
(一)强化权力运行监督。……
(二)加强政策落实督查。……
(三)积极主动落实政务公开。……
(四)着力完善税务执法风险内控机制。……

七、推进税收征管数字化转型,提升管理服务效能
(一)加快推进税收征管数字化升级和智能化改造。……
(二)有序推进政务数据共享。……

八、加强干部队伍建设，提高法治能力素养

（一）强化法治人才培养使用。……

（二）提高税务干部法治素养。……

（三）深化税收法治宣传教育。……

一年来，税务总局法治政府建设取得了明显成效，但工作中还存在一些问题和不足：税务干部队伍适应新形势、应对新挑战，运用法治思维和方式推动工作能力还有待提升；税收法制化建设还需加力，税务执法的规范性、精确性需要进一步提升等。

2023年，税务总局将深入学习贯彻习近平新时代中国特色社会主义思想，全面贯彻党的二十大和二十届一中、二中全会精神，按照中央经济工作会议和全国"两会"部署，踔厉奋发、勇毅前行，着力推进法治税务建设，着力优化税收营商环境，着力加强税收监管和税务稽查，奋力推动税收现代化更好服务中国式现代化，为全面建设社会主义现代化国家、全面推进中华民族伟大复兴作出新的更大贡献！

2023年3月30日

（资料来源：国家税务总局，https://www.chinatax.gov.cn/chinatax/n810214/n2897183/c5186040/content.html?eqid=cf2699e30021fa14000000026434fd93）

（四）请示

《党政机关公文处理工作条例》规定，请示适用于向上级机关请求指示、批准。请示和报告一样，都是上行文。请求指示的请示，多涉及政策法规上、认识上的问题；请求审批的请示，多涉及人事、财务、机构等方面的具体问题。和报告不同的是，请示需事前请示，并且需要上级机关明确答复，请示中可以汇报相关情况，但报告不能夹杂请示事项，请示和报告极易在工作中混淆。

1. 标题

请示的标题一般采用"发文机关+发文事由+文种"的形式，有时省略发文机关，如《××省人民政府关于增拨防汛抢险救灾用油的请示》《关于购买小轿车的请示》等。要注意的是，"请示"一词中已包含请求、申请的含义，在请示的标题中，不宜重复出现类似的字眼。

2. 主送机关

请示的主送机关只有一个，一般为上一级领导机关或上一级主管部门。请示不能多头主送，也不能向领导个人进行请示。

3. 正文

请示的正文一般由请示缘由、请示事项和请示结语组成。

请示缘由即请求指示的原因或请示批准的理由，要有意识地突出请示的必要性和迫切性。请示事项指请求上级机关批准或指示的具体事项。具体要求一定要有理有据，清晰明确，便于上级机关研究。请示结语为请示专用语，如"请予指示""请予审批""妥否，请批复""以上内容如无不妥，请批准"等。

【例文 2-6】

泉上镇关于 2023 年省级乡村振兴试点示范村项目建设的请示

泉委〔2023〕7 号

宁化县委实施乡村振兴战略领导小组办公室：

  为有序推进 2023 年省级乡村振兴试点示范村谢新村项目建设，经研究，泉上镇党委、政府拟申请将省级乡村振兴试点示范村专项资金用于建设谢新村知青产业发展中心项目（游客集散中心）、谢新村农产品深加工车间项目、谢新村新村组环境整治、谢新村泉南休闲广场整治等项目。

  妥否，请批示。

  附件：泉上镇 2023 年乡村振兴省级试点示范村项目库申报表

中共泉上镇委员会　泉上镇人民政府
2023 年 2 月 23 日

（资料来源：三明市宁化县人民政府 http://www.fjnh.gov.cn/zfxxgkzl/zfxxgkml/nync/202304/t20230403_1893300.htm）

【写作训练】

1. 请指出以下通知标题有何不妥，并予以改正：

（1）关于认真贯彻中央金融工作会议精神切实加强对金融工作的领导妥善解决当前金融工作中几个突出问题的通知

（2）××省××局四十五岁以下干部培训规划

（3）××省人民政府关于转发财政部关于进一步完善公车改革财政配套制度的通知的通知

2. ××市民警张军、李明为保护人民生命财产，与持枪歹徒搏斗，身负重伤，省公安厅为此做出表彰决定，并授予他们"人民警察"称号。请代省公安厅起草一则表彰性通报。

3. ××学院拟对 10 年前修建的机房进行升级换代，打算重新购置计算机 50 台，请你代表该学院向学校资产与实验室管理处拟一份请示。

第三节　合同

一、合同的概念、性质和类型

（一）合同的概念

  《中华人民共和国民法典》第四百六十四条第一款规定，合同是民事主体之间设立、变更、终止民事法律关系的协议。

(二) 合同的基本性质

（1）合同是民事法律行为，是设立、变更或终止某种具体法律关系的行为，其目的在于表达设立、变更或终止法律关系的愿望和意图。这种愿望和意图是当事人的意思表示，通过这种意思表示，当事人双方或多方产生民事权利义务关系，但这种意思表示必须是合法的，否则，合同没有约束力，也不受国家法律的保护。

（2）合同体现的是当事人双方或多方的共同利益和意志，是当事人之间的协议。主要表现为：必须有两方或两方以上的当事人参与，合同才成立；当事人双方或多方必须互相参与意见；当事人的意思表示必须协商一致，相互认同，甚至为了保证核心利益而在其他次要利益上做出适当让步。只表达单方面的意思，或者以胁迫手段签订的"霸王合同"，都属于无效合同。

（3）合同的履行靠信用保证。合同当事人的协商是为了建立某种具体的权利义务关系，而一旦合同依法成立，这种对当事人有约束力的权利义务关系就建立起来了。任何一方当事人都必须履行自己所应履行的义务，如果不履行合同义务或者履行合同义务不符合约定的，应当承担继续履行、采取补救措施或者赔偿损失等违约责任。

（4）合同是检验当事人之间是否履行所约定的权利与义务的凭据。就民事责任而言，合同所规定的权利与义务构成了一种债权债务关系，当事人一方可以凭借合同通过法律途径维护自身合法权益不受侵权方非法侵害。

(三) 合同的类型

合同的名目繁多，按照不同的标准可以对合同进行不同的分类。

（1）按形式分，可分为书面合同、口头合同和其他合同。

（2）按期限分，可分为长期合同、中期合同(2～5年)和短期合同(1年以内)。

（3）按内容分，《中华人民共和国民法典》第三编第二分编列举了买卖合同，供用电、水、气、热力合同，赠与合同，借款合同，保证合同，租赁合同，融资租赁合同，保理合同，承揽合同，建设工程合同，运输合同，技术合同，保管合同，仓储合同，委托合同，物业服务合同，行纪合同，中介合同，合伙合同等19种类型。

（4）按格式分，可分为条款式合同、表格式合同和条表混合式合同。

二、合同的行文格式与基本内容

合同的结构一般由标题、合同当事人名称和合同编号、正文、落款四部分组成。

(一) 标题

常用的合同标题有两种：一种是按民法典中关于合同的分类标明合同的性质，如《借款合同》《租赁合同》等；另一种是由标的名称、交易方式和文种组成，如《商品房购销合同》，其中"商品房"是标的，"购销"是交易方式，"合同"是文种。

(二) 合同当事人名称和合同编号

合同当事人名称和合同编号位于标题之下、正文之上。一般而言，在标题的左下方注明当事人的全称，为了行文的方便，可在当事人名称后面用括号注明"甲方""乙方""丙方"，也可视合同内容用"买方""卖方"，"出借人""借款人"，"承租方""出租方"等代替。标题右下方注明合同编号。

(三) 正文

正文包括前言、协议内容和说明三个方面的内容。

1. 前言

前言写明双方签订合同的依据和目的。

2. 协议内容

协议内容(协议主体)写明双方协议的主要条款，使当事人双方权利义务关系和经济责任明确，合同关系得以成立。《中华人民共和国民法典》第四百七十条规定，合同应具备以下主要条款。

(1) 当事人的姓名或者名称和住所。合同当事人就是合同签订的主体，包含自然人、法人和其他组织三种类型。确认合同当事人身份是否合法是整份合同的首要问题，因此当事人条款尤为重要。例如当事人是自然人的，应当明确其姓名、身份证号、护照号码、住址、工作单位及联系方式等基本信息；需要说明的是，如果合同当事人是自然人，且是未成年人、限制民事行为能力人或无民事行为能力人的，签署合同应列明代理人以及代理人与本人的关系。如果合同当事人是法人或者其他组织的，一定要写明统一社会信用代码、住所、法定代表人、主要负责人、联系电话等，并要求在合同签订前提供营业执照、相应资质文件等原件予以核对，核对无误后复印，并将复印件留档。

(2) 标的。标的是合同当事人双方权利义务共同指向的对象，包括财物和行为两类。一般用产品、劳务、工程项目等名称表示。例如购销合同的标的是货物，财产租赁合同的标的是租赁物，货物运输合同的标的是货物和劳务费。任何合同都要有标的，没有标的，双方的权利义务就不能落实，就无法履行合同。标的必须具体、明确，采用通用的名称。

(3) 数量。数量是用计量单位和数字来衡量标的，决定权利义务的大小。合同中必须明确标的数量、法定计量单位和计量方法。例如产品的数量是多少，完成的工作量是多少。

(4) 质量。质量指的是标的质量和包装的质量。合同标的质量标准要力求规定得详细、具体、明确，有国家标准的或专业标准的，必须按标准执行，没有强制性标准的，由双方协商确定。有的标的质量难以表达，可确定样品，由双方封存后凭样品验收交货。

(5) 价款或者报酬。价款或报酬是指当事人一方(取得标的一方)向对方(交付标的一方)支付的表现为货币的代价。价款指购销产品价格、财产租赁的租金、借款的利息等。报酬指加工承揽费、仓储保管费、货物运输费等。合同中必须明确规定标的价金、计算标准和结算方式。其中，凡有国家规定标准的按国家规定执行；国家没有统一标准的，当事人双方可自行协商。除法律另有规定外，必须用人民币支付。除国家允许使用现金履行义务以外，必须通过银行转账结算。

(6) 履行期限、地点和方式。履行的期限是确定合同当事人是否按时履行的客观标准，是指当事人各方依照合同规定全面完成自己合同义务的时间，可以按季、按月，也可以按旬、按日,有连续供应关系的可按生产周期等。交货日期的计算:送货以需方收货戳记为准;提货以供方通知提货日期为准;代运以发运产品时承运部门的戳记为准。履行地点是指当事人按照合同规定完成自己的合同义务所处的场所。合同中必须明确写明交(提)货、付款、验收或劳务的具体地点。履行方式是指当事人完成合同义务的方法,是一次性全面履行还是分期分批履行,是送货、提货还是代办托运等。这些都要做出明确规定并表述确切。

(7) 违约责任。违约责任是指当事人一方或双方,由于自己的过错造成合同不能履行或不能完全履行,按法律规定和合同约定而承担的经济责任,一般通过违约金、赔偿金表现。凡有关合同细则或条例对违约金有规定的,当事人双方必须依照执行。

(8) 解决争议的办法,一般情况下,解决争议的方法有两种,一种是诉讼,另一种是仲裁。当事人可以通过和解和调解解决合同争议,也可以根据仲裁协议向仲裁机构申请仲裁。涉外合同的当事人,可以根据仲裁条款或者事后达成的书面仲裁协议向中华人民共和国涉外仲裁机构或者当事人所在国或第三国的仲裁机构申请仲裁。此外,当事人调解合同纠纷无效时,可以向有管辖权的人民法院起诉。

除上述主要条款外,根据法律规定,或者按照合同性质须具备的条款,如借款合同的借款用途,以及当事人一方要求在合同中必须规定的条款,如担保条款等,也是必备的条款。

3. 说明

说明包括合同生效的日期、有效期限、合同正本的份数、合同附件的名称与件数等。

(四) 落款

落款由双方当事人签名盖章。

【例文2-7】条款式合同样式

××省国内旅游组团合同

甲方:＿＿＿＿＿＿＿＿＿＿＿＿＿＿＿＿＿＿＿＿＿(旅游者或单位)
住所或单位地址:＿＿＿＿＿＿＿＿＿＿＿＿＿＿＿＿＿＿＿
电话:＿＿＿＿＿＿＿＿＿＿＿＿
乙方:＿＿＿＿＿＿＿＿＿＿＿＿＿＿＿＿＿＿＿＿＿(组团旅行社)
地址:＿＿＿＿＿＿＿＿＿＿＿＿＿＿＿＿＿＿＿＿＿＿
电话:＿＿＿＿＿＿＿＿＿＿＿＿

根据《中华人民共和国民法典》等有关法律、法规的规定,甲、乙双方为明确各方在服务过程中的权利、义务和责任,经各方协商一致,就甲方参加由乙方组织的本次旅游的有关事项,自愿签订本合同如下:

一、内容与标准

第1条 主要约定事项

旅游团团号:＿＿＿＿＿＿＿＿＿＿＿＿＿＿＿＿＿＿＿＿＿＿
旅游线路:＿＿＿＿＿＿＿＿＿＿＿＿＿＿＿＿＿＿＿＿＿＿＿

出发及散团时间地点：

_____年____月____日____时____分在_____集合出发；

_____年____月____日在_____散团，共计_____天_____夜。

主要浏览点及游览时间：_____

交通工具及标准(不含景区观光车)：

★飞机：_____ ★火车：_____ ★轮船：_____ ★汽车：_____

用餐次数及标准：

早餐____次，标准为_____元/餐；正餐____次，标准为_____元/餐(含____菜____汤)。

住宿标准：(住宿天数多于6晚，可在本条备注栏内增列或使用加页纸约定)

第1晚：房间标准为_____星级_____房间，费用为_____元/人；

第2晚：房间标准为_____星级_____房间，费用为_____元/人；

第3晚：房间标准为_____星级_____房间，费用为_____元/人；

第4晚：房间标准为_____星级_____房间，费用为_____元/人；

第5晚：房间标准为_____星级_____房间，费用为_____元/人；

第6晚：房间标准为_____星级_____房间，费用为_____元/人。

购物点、住宿点安排：

详见团队运行计划表或旅游行程表(购物根据游客自愿，每日不得超过一次，每次时间不得超过40分钟)。

导游安排及费用：安排持证导游，费用标准为_____元/人(天)。

行程安排：详见乙方提交的团队运行计划表或旅游行程表(在本省境内旅游的团队应使用我省旅游局统一拟制的"团队运行计划表"，出省旅游团队应提交列明每日活动安排的"旅游行程表")。

旅游团服务质量标准：执行国家旅游局颁发的、现行的《旅行社国内旅游服务质量标准》(或甲、乙双方约定标准)。

费用及支付办法：

旅游费用：成人_____元/人，小孩_____元/人，合计_____人共_____元。

如因人数不足无法单独成团，将转_____旅行社出团，但须甲方书面认可，否则无条件予以退费。

备 注：_____

第2条 旅游费用说明

1. 项目费用：甲方依照本合同第1条约定支付的旅游费用，包含以下项目。

(1) 代办证件的手续费：乙方代甲方办理所需旅行证件的手续费。

(2) 交通客票费：乙方代甲方向民航、铁路、公路、水运等公共交通部门购买交通客票的费用。

(3) 餐饮住宿费：《团队运行计划表》(旅游行程表)内所列应由乙方安排的餐饮、住宿费用。

(4) 游览费：《团队运行计划表》(旅游行程表)内所列应由乙方安排的游览费用，旅游景区景点第一道门票费。

(5) 接送费：旅游期间从机场、港口、车站等至住宿旅馆、住宿地至游览地的接送费用。

(6) 旅游服务费：乙方提供各项旅游服务收取的费用。

(7) 甲、乙双方约定的其他费用：前项所列的交通费如遇政府调整票价，该费用的退、补依照《民法典》第五百一十三条办理；餐饮住宿费，如甲方要求提高标准，经乙方同意安排的，甲方应补交所需差额。

2. 非项目费用：甲方依照本合同第1条约定支付的旅游费用，不包含以下项目。

(1) 各地机场建设费。

(2) 旅游中发生的甲方个人费用，如交通工具上的个人餐饮费、个人伤病医疗费、超重行李托运费，旅游住宿期间的洗衣、电话、电报、饮料及酒类费、私人交通费、自由活动费用、行李保管费、寻回个人遗失物品的费用与报酬，以及旅程中因个人行为造成的赔偿费用等。

(3) 甲方自行投保的旅游人身意外保险费用。

(4) 双方约定的由甲方自行选择的由其另行付费的其他项目费用。

(5) 其他非前述项目的费用。

二、双方权利义务

第3条　甲方权利

1. 要求旅行社按照合同及《行程单》约定履行相关义务。
2. 拒绝未经事先协商一致的转团、拼团行为。
3. 有权自主选择旅游产品和服务，有权拒绝旅行社未与旅游者协商一致或者未经旅游者要求而指定购物场所、安排旅游者参加另行付费旅游项目的行为，有权拒绝旅行社的导游强迫或者变相强迫旅游者购物、参加另行付费旅游项目的行为。
4. 在支付旅游费用时要求旅行社出具发票。
5. 人格尊严、民族风俗习惯和宗教信仰得到尊重。
6. 在人身、财产安全遇有危险时，有权请求救助和保护；人身、财产受到损害的，有权依法获得赔偿。
7. 在合法权益受到损害时向有关部门投诉或者要求旅行社协助索赔。
8. 《中华人民共和国旅游法》《中华人民共和国消费者权益保护法》和其他有关法律、法规赋予旅游者的其他各项权利。

第4条　甲方义务

甲方应当履行下列义务：

1. 甲方所提供的证件及相关资料必须真实有效。
2. 甲方应确保自身身体条件适合参加旅游团旅游。
3. 甲方应妥善保管随身携带的行李物品，未委托乙方代管而损坏或丢失的，责任自负。
4. 甲方在旅游活动中应遵守团队纪律，妥善监护随行小孩，配合导游完成本次旅游行程。
5. 甲方应尊重目的地的宗教信仰、民族习惯和风土人情。

第5条　乙方权利

1. 根据甲方的身体健康状况及相关条件决定是否接纳旅游者报名参团。
2. 核实甲方提供的相关信息资料。

3. 按照合同约定向甲方收取全额旅游费用。
4. 旅游团队遇紧急情况时，可以采取安全防范措施和紧急避险措施并要求甲方配合。
5. 拒绝甲方提出的超出合同约定的不合理要求。
6. 要求甲方对在旅游活动中或者在解决纠纷时损害旅行社合法权益的行为承担赔偿责任。
7. 要求甲方健康、文明旅游，劝阻旅游者违法和违反社会公德的行为。

第6条　乙方义务

乙方应当履行下列义务：

1. 乙方应当提醒甲方注意免除或限制其责任的条款，按照甲方的要求，对有关条款予以说明。
2. 乙方代理甲方办理旅游所需的手续，应妥善保管甲方提交的各项证件，如有遗失或毁损，应立即主动补办，承担补办手续费，并赔偿因此给甲方造成的直接损失。
3. 按合同约定无领队或全陪的旅游团队，乙方应告知甲方旅游目的地的具体接洽办法。
4. 非因乙方原因，导致甲方在旅游期间搭乘飞机、轮船、火车、长途汽车、地铁、索道、缆车等公共交通工具时受到人身伤害或财产损失的，乙方应协助甲方向上列交通工具经营者索赔。因乙方原因导致甲方在旅游期间发生人身损害及财产损失，则由乙方承担由此造成的全部损失，包括但不限于直接损失和间接损失。
5. 乙方应当按照《团队运行计划表》（旅游行程表）安排甲方购物，不得强制甲方购物，不得与商品经营者串通欺诈甲方购物。
6. 乙方应当提醒甲方出游时携带＿＿＿＿＿＿＿＿＿＿＿＿＿＿等证件。
7. 向合格的供应商订购产品和服务。
8. 按照合同约定，为旅游团队安排符合《中华人民共和国旅游法》《导游人员管理条例》规定的持证导游人员。

三、甲方违约责任

第7条　甲方退团的违约责任

甲方可以在旅游活动开始前通知乙方解除合同，但应按如下标准支付违约金：

1. 在约定旅游开始前第5日（不含第5日）以前通知到的，支付全部旅游费用的10%。
2. 在约定旅游开始前第5日至第4日以前通知到的，支付全部旅游费用的20%。
3. 在约定旅游开始前第3日至第2日以前通知到的，支付全部旅游费用的30%。
4. 在约定旅游开始前1日通知到的，支付全部旅游费用的50%。
5. 在约定旅游开始日或开始后通知到或未通知到的，支付全部旅游费用的100%。

第8条　延误出行的违约责任

甲方未准时到达约定地点集合出发也未能中途加入旅游团的，视为甲方解除合同。乙方可以按照本合同第7条第5项的约定处理。

第9条　中途退团违约责任

甲方在旅程中未经乙方同意自行离团不归的，视为单方解除合同，不得要求乙方退还旅游费用。如给乙方造成损失，甲方应承担赔偿责任。

四、乙方违约责任

第 10 条　乙方取消旅行的违约责任

除本合同第 9 条约定的情形外，如因乙方原因，致使甲方的旅游活动不能成行而取消的，乙方应当立即通知甲方，退还甲方已交旅游费用，并按如下标准支付违约金：

1. 在旅游开始前第 5 日（不含第 5 日）以前通知到的，支付全部旅游费用的 10%。
2. 在旅游开始前第 5 日至第 4 日通知到的，支付全部旅游费用的 20%。
3. 在旅游开始前第 3 日至第 2 日以前通知到的，支付全部旅游费用的 30%。
4. 在旅游开始前 1 日通知到的，支付全部旅游费用的 50%。
5. 在旅游开始日及以后通知到的，支付全部旅游费用的 100%。

第 11 条　旅游行程延误的违约责任

因乙方原因（因飞机、火车、轮船晚点造成旅游行程延误除外）造成约定出发时间被延误 2 小时以上，甲方要求解除合同终止旅游的，乙方应退还未完成的旅程费用并支付旅游费用 5% 的违约金。双方愿意继续履行合同的，乙方应承担甲方因延误旅游行程支出的食宿和其他必要费用，并支付旅游费用 5% 的违约金。

第 12 条　弃团的违约责任

乙方在旅程中弃置甲方的，应当承担弃置期间甲方支出的食宿和其他必要费用，退还未完成的行程费用并支付旅游费用 30% 的违约金。

第 13 条　擅自转、并团的违约责任

乙方未经甲方书面同意，将甲方转给其他旅行社出团的，按总团款的 20% 向甲方支付违约金。

第 14 条　运行计划不规范的违约责任

乙方未在约定出发日一天前将填写完整的《团队运行计划表》（旅游行程表）提交甲方，或提交的《团队运行计划表》（旅游行程表）内容与本合同第 1 条约定不符的，甲方有权解除合同。

第 15 条　压缩游览时间的违约责任

因乙方原因造成甲方在某一景点约定游览时间被压缩一小时以上，乙方应按减少游览时间占该景点约定游览时间的比例，退还甲方该景点相应比例的游览费用（含该景点门票费、实际交纳的观光车和缆车索道费）。

五、其他约定

第 16 条　合同转让

经乙方同意，甲方可以将其在本旅游合同上的权利义务转让给具有参加本次旅游条件的第三人，但应当在约定的出发日前____日通知乙方。

第 17 条　合同变更

经甲、乙双方协商一致，可以书面形式变更本合同旅游内容。由此增加的旅游费用应由提出变更的一方承担，由此减少的旅游费用，乙方应退还甲方。如给对方造成损失的，由提出变更的一方承担损失。

第 18 条　保险事宜

1. 乙方提示甲方自费投保旅游人身意外保险。
2. 甲方可以做以下选择：

□委托旅行社购买(旅行社不具有保险兼业代理资格的,不得勾选此项)(保险产品名称)(投保的相关信息以实际保单为准);

□自行购买;

□放弃购买。

第19条 不可抗力

甲、乙双方因不可抗力不能履行合同的,部分或者全部免除责任,但法律另有规定的除外。

如因不可抗力造成旅游费用增加,由双方合理分担,其中甲方承担_____%,乙方承担_____%。

第20条 扩大损失

甲、乙一方违约后,对方应当采取适当措施防止损失扩大,没有采取适当措施致使损失扩大的,不得就扩大的损失要求赔偿。

第21条 委托招徕

乙方委托其他旅行社代为招徕时,不得以未直接收取甲方费用为由免责。

第22条 补充约定事项

1. _____
2. _____
3. _____

第23条 争议解决

本合同在履行中发生争议,双方应协商解决;协商不成,双方可向合同签订地的旅游质监执法机构、消费者协会、有关的调解组织等有关部门或者机构申请调解。协商或者调解不成的,按下列第_____种方式解决:

1. 提交_____仲裁委员会仲裁;
2. 依法向人民法院起诉。

第24条 合同效力

1. 本合同一式两份,双方各执一份,具有同等效力。
2. "团队运行计划表"或"旅游行程表"作为附件,为本合同的组成部分,与本合同具有同等法律效力。
3. 合同未尽事项,双方可签订补充合同,补充合同和本合同具有同等法律效力。

第25条 合同生效

本合同从签订之日起生效,至本次旅行结束甲方离开乙方安排的交通工具时为止。

甲方(代表):　　　　　　　　　　　乙方(盖章):

身份证号码:　　　　　　　　　　　　负责人:

电话(传真):　　　　　　　　　　　　电话(传真):

通信地址:　　　　　　　　　　　　　通信地址:

甲方同行人员名单、身份证号附后。

年　　月　　日
年　　月　　日
××省旅游局 监制
××省旅游执法总队 印制

【例文 2-8】条表混合式合同样式

产品销售合同

签订日期：　年　月　日

合同编号：

甲方：_____　　　　乙方：_____
地址：_____　　　　地址：_____
电话：_____　　　　电话：_____
开户银行：_____　　　　开户银行：_____
银行账号：_____　　　　银行账号：_____

品　　名			
规　格(每件)		单价(件/元)	
成交数量(件)		总货款(元)	
成交金额(大写)		结算方式	
交货方式		保证金预付	
月销售任务(件)		经营范围	

合同条款和条件项：

1. 乙方委托甲方为乙方产品_____在商定范围内（见上表）的经销商。

2. 乙方向甲方提供经过物价局核准的经销价格，合法经营。甲方必须稳定市场价格体系，不得随意提价销售，确保消费者利益。

3. 乙方以出厂价方式与甲方结算。甲方可以经营批发、零售业务。

4. 乙方对产品质量负责，甲方如在交货前发现破损以及确属产品质量问题等情况，经乙方确认后予以调换。以后再发生包装质量问题，可协商解决。

5. 甲方按提货货款的 50%交纳保证金，当月不能完成销售额者则不发还保证金；下月完成销售任务时可弥补上月损失者，可发还上月保证金。当月已完成销售额者则保证金有效顺延至下月。

6. 本合同一式两份，甲、乙双方各执一份。本合同自签字之日起生效，有效期一年。

7. 本合同有效期满，需提前一个月续订下一轮合同。

甲方签署：(盖章)　　　　　　　　　　乙方签署：(盖章)
日期：　　　　　　　　　　　　　　　日期：

【写作训练】

1. 结合例文内容,复述以下概念。

(1) 合同:

(2) 标的:

2. 分析下面材料,然后回答问题。

某年某月,A厂与B厂签订了一份机器设备转让合同,价款40万元。合同规定,款到后一个月内交货。同年5月,A厂将货款一次付清,可是一个月后,B厂厂长调走,接任厂长不承认该合同,提出对机器设备要重新作价,否则不履行合同,致使A厂生产无法上马,加上来往联络费、差旅费等,造成直接经济损失××万元。

(1) 该合同纠纷的焦点在什么地方?

(2) 你认为B厂做法对吗?为什么?

(3) 该纠纷如何解决可对双方都有利?

3. 改错题。

下面一份合同的主要条款是否齐备,格式是否规范,请指出问题并改正过来。

购销合同

(×)定购字××号

需方:××百货公司

供方:××服装厂

经双方协商,遵照《中华人民共和国民法典》有关规定,签订本合同,共同遵守执行。

品 名	牌 号	规 格	数量/件	单价/元	合计金额/元	备 注
羽绒背心	梅花	90厘米	5000	85.0	171.0	
		95厘米	5000	86.0		

交货期限、地点:××年度、供方仓库

交货方式:需方自提、运费需方自理

产品质量和验收方法:以双方共同封存样品为准,提货时抽样检查

结算方式:付现金提货,款货当面清点

需方:××百货公司　　　　　供方:××服装厂

地址:××市××路××号　　地址:××市××路××号

电话:×××××××　　　　电话:×××××××

开户银行和账号:××××××　开户银行和账号:××××××

4. 根据下述内容,写一份条文式购销合同。

××市××服饰公司代表人刘××于××年×月×日与××羽毛厂代表马××签订一份

购销合同。双方议定：××服饰公司购买××羽毛厂生产加工的白鹅标准毛(按部颁标准)共 40 吨，每吨 18 万元，要求××年 9、10、11 三个月的每月下旬，分三批用火车运往××站。由羽毛厂代××服饰公司办理托运，运费由购方负担。货到后，××服饰公司于三天内，通过银行转账付款。如果延期交货或付款不及时，每延期一天，违约方应按总价值的万分之一计算罚金，付给对方。如质量不符合议定标准，羽毛厂除赔偿损失外，还应付给购方供货总值千分之三的罚金。合同由××市工商行政管理局鉴证后生效。合同一式×份，除双方各执一份外，分送银行、鉴证部门存查。

注：材料中未尽事宜，形成合同时，按合同的要求补充完整。

5. 根据下面内容写一份协议书。

广州××制衣厂与美国××公司于××年×月×日签订了一份协议，美国××公司要求××制衣厂每年为其生产丝绸服装 10 万件，规格为真丝面料、不绣花的女装衬衣，上半年和下半年各交付一半成衣。为了确保产品质量，美国××公司愿意提供本公司研制的生产丝绸的专用设备和附属设备，款项由美国××公司无偿垫付，××制衣厂在两年内分期归还。美国××公司答应派经验丰富的技术人员来××制衣厂进行技术辅导，其费用由美方担当。协作期定为五年。

第四节　求职信

一、求职信的性质和作用

求职信又称自荐信、应聘信，是直接向用人单位介绍自己，并请求给予面试机会的书信。

在就业竞争日趋激烈的今天，求职信已成为众多谋业者所必备的材料之一。撰写求职信的目的就是要推销自己，引起雇主的注意，争取面试机会。在未与雇主正式接触之前，求职信犹如一块敲门砖。文笔流畅、格式正确的求职信能给招聘者留下良好的第一印象，使获得面试的机会大大增加。反之，即使有出色的条件，但求职信写得十分糟糕，或不能将自己的长处充分展现出来，则难以迈开求职的第一步。可见，求职信的重要性不容忽视。

二、求职信的写作格式和主要内容

毋庸置疑，求职信也是书信的一种，所以基本格式与书信相当，但求职信是非常正式的专用书信，与普通书信相比，有其特定内容。一般而言，求职信包括标题、称谓、正文、结语、落款、本人联系方式等六部分。

(一) 标题

求职信比普通信件更加正式，所以一般加上标题"求职信(书)"或"自荐信(书)"，位于第一行居中醒目位置。

(二) 称谓

求职信称谓的写法有两种：如果知道对方单位名称的，一般写上单位名称，有的还加上负责录用的部门名称，如"××公司人力资源部"。如果事先不知道对方单位名称，则往往写"尊敬的领导""贵公司负责同志"等。称谓顶格书写，后加冒号。

(三) 正文

正文的开头，一般要诚挚地感谢展阅求职信的相关领导或工作人员，接下来介绍求职者个人基本情况，主要内容有姓名、性别、年龄、教育程度、职称(务)，如果是尚未毕业的学生，则应写明目前就读的学校、专业及毕业时间等。

正文的主体部分应从自身业务情况介绍开始。业务情况介绍可分三种：一是所修专业知识介绍，如在校攻读何种专业，主要学习哪些主干课程及所取得的学习成果等。二是相关知识介绍，如应聘非所学专业的岗位，则应介绍你对所要应聘的工作岗位的有关知识掌握或熟悉的情况。三是有关技能掌握情况的介绍，各行业都有所需的技能要求，如计算机应用能力、英语水平、驾驶执照、职业资格认证等。如果已取得这方面证书，则应在此说明。

许多招聘单位都对实践经验非常重视，故在求职信的写作中，很重要的一部分内容就是实践经验及成就的介绍，如以往从事的工作、担任的职务、取得的成绩、荣获的奖励等。如果是在校学生，在申请第一份职业的时候常常会碰到这样的难题：招聘者需要工作经历，而我刚毕业，根本就没有经历可言。其实不然，你所做的一切都是经历，如参加辩论赛或演讲比赛，参加文艺汇演，当家教、学生会主席、班长、业余编辑、记者或通讯员等，都可以写出来。任何能显示能力、创造性、积极性、毅力等的证据都是十分有用的。不要因为缺乏实际工作经历而沮丧，要突出介绍自己在这些经历中的收获、感受，让用人单位觉得你是一个善于从实践中收获真知的人即可。

此外，在求职信中还可介绍自己的一些特长爱好，如弹奏钢琴、拉小提琴、绘画、书法、摄影等。许多单位非常看中员工的八小时之外，相关特长也易于获得优先考虑。还可简要介绍自己的性格、为人，对工作的态度等情况，一方面是给对方单位一种承诺，另一方面也易获得对方的好感。

(四) 结语

正文的结语一般先请求给予面试机会，然后表示感谢或决心。

(五) 落款

在正文的右下角注明"求职人：×××"及日期。

(六) 本人联系方式

本人联系方式可放置正文中，有时为醒目起见，可附在求职信末尾。写明自己的联系方式，如通信地址、电话、邮编、E-mail、个人主页等，以便用人单位联系面试。

三、写作要求

（一）针对性强

求职信的内容应与用人单位的招聘岗位的要求相符合，从用人单位的角度出发考虑问题是使求职信产生积极效果的重要方法。求职者可采取换位思考的方法，通过分析用人单位提出的要求，然后有针对性地提供自己的背景资料，表现出独到的智慧与才干，使他们从求职信中看到希望。不能是用人单位需要会计人员，而求职信中介绍的却是所学的历史专业或食品加工等不相关的专业情况。即使所学专业与应聘的岗位要求不一致，也应该有针对性的写出能胜任该项工作的理由。例如应聘新闻编辑，所学的专业却是计算机，那么可以谈自己的文字功底和写作能力及对编辑工作的理解、对编辑软件的掌握等。另外，要将自身条件中与应聘要求相关的部分突出出来，证明自己适合这份工作，而不要申请不适合自己的工作或没有能力承担的工作。

（二）分寸适当

求职者在介绍自己情况时要符合自身实际，不能夸大其词、自吹自擂，给人留下华而不实的印象；也不能过分谦虚，因为别人对你的评价依据你的自我评价，如果你认为自己无关紧要，也就没有人会看重你。求职者既要正确评价自己，对自己的特长、优势、能力有具体、充分的介绍，同时也要态度谦虚、语气委婉，做到自信而不妄自尊大，自谦而不妄自菲薄。

（三）内容简洁

求职信并非写得越长、越详尽就越好。如果一份求职信冗长无比，相信没有人有耐心看下去，所以写求职信要内容简洁、条理清晰。也不要因为想给人留下印象而使用书卷气很浓的生僻词汇，应使用能清楚地表达你的意思的简单、熟悉的词汇，注意拼写、语法和标点符号的正确性，避免冗长、复杂、容易引起歧义的句子，简明扼要的语言往往更受欢迎。求职信通常控制在一页（A4 标准纸）纸的篇幅内，不同情况分段介绍，层次分明，便于招聘人员审阅。

（四）扬长避短

人无完人，金无足赤。求职信是求职者第一次展示自身风采的时候，所以，在信中不要大谈自己人生中的教训或某些方面的不足，而应突出介绍自己的优势和特长、经验和收获，表现出自信和积极的一面，用得体的语言证明自己是该职位的合适人选，赢得用人单位的青睐。

如例文 2-11 达·芬奇的自荐信不仅语言得体，而且风趣幽默，围绕自己的能力逐层展开，显示出写作者清晰、严密的思维，令米兰大公眼前一亮。

【例文 2-9】

自 荐 信

尊敬的校领导：

  您好！

  感谢您在百忙之中审阅我的自荐信，并殷切期望得到您的认同，成为贵校的一员。

我叫×××，是××师范大学数学系的一名应届毕业生。从四年前踏进师大校门起，我就立志做一名优秀的人民教师。获悉贵校严谨求实，团结向上，桃李满园，因此，我希望能够在贵校实现我教书育人的人生理想。

　　学高为师，身正为范。优秀的思想素质和扎实的专业知识是对教师的基本要求。为了成为一名优秀的人民教师，我自己付出了艰辛的努力。

　　思想方面，我积极进取，不断向上，为人师表，大学的集体生活培养了我正直无私的品质，培养了我尊重别人，真诚待人的性格，教学实习的经历培养了我对教育事业的热爱以及对学生的无私关爱。

　　学习方面，我踏实认真地学好每一门专业课，成绩优秀，并且进入了基地班。为了提高教学修养，我还选修了《高观点下的中学数学》《教材分析与试讲》《初等数论》《心理学》《教育学》等与中学数学教学密切相关的课程。此外，我英语通过了国家四级考试，同时，我还选修了《专业英语》《英语六级选修》等课程，有较强的阅读和翻译能力，所有这些努力和所取得的进步都使我有足够的信心迎接挑战。

　　在本学期为期2个月的教学实习中，我针对实习校××师大附中学生的特点，精心备课，对教材的准确把握和处理，良好的课堂教学效果获得指导老师和同学们的一致好评。其间，我还进行了自习辅导、组织考试及班级管理工作，取得了良好的效果。

　　我从小就对教师这一职业充满着崇敬和热爱。"长大以后终于成了你。"如今，我终于即将正式走上讲台，我相信我会无愧于"人类灵魂的工程师"这一光荣称号！

　　良禽择木而栖，给我一个机会，我将会努力拼搏、开拓进取，为贵校的蓬勃发展做出自己的贡献，用辛勤的汗水证明您的明智选择。最后祝贵校广纳贤才，再创辉煌！

　　此致
敬礼！

自荐人：×××
××××年×月×日

本人联系地址如下：
××省××市×××路××号×××信箱；电话：（略）；邮编：（略）；E-mail：（略）

【例文2-10】

自　荐　信

尊敬的人力资源部王经理：

　　您好！

　　从本周四《××日报》招聘专版获悉贵公司招聘华中地区销售经理，本人有6年相关工作经历，自信有充分工作经验，可胜任贵公司所招聘的职务。

　　本人×××，男，现年32岁，已婚。××××年×月从××财经大学市场营销专业硕士毕业，同年进入××公司销售部，从事会计、售货业务及商业函件撰写等工作1年，因表现出色次年升任销售主管。××××年×月至今，本人在新世界产品公司销售部担任河南地区销售经理，在工作中与省内各地客户建立了良好、稳定的合作关系，在公司业务评比中多次获得上级肯定。

"欲穷千里目，更上一层楼。"我希望有机会充分拓展自己的工作能力，迎接新的挑战，这是我欲离开现职的主要原因。贵公司在行销策略、企业文化、整体实力等方面列同行业前茅，近两年的业务拓展如日中天，备受瞩目。如果能有幸成为贵公司一员，我将以一如既往的热忱、勤劳、诚信、智慧为公司的发展贡献自己的才华！

如果方便的话，我愿亲赴贵公司办公室晋见阁下，以便详细说明。我的联系方式如下：

电话：（略）；E-mail：（略）

此致

敬礼！

求职人：×××
××××年×月×日

【例文 2-11】

致米兰大公书

[意] 达·芬奇

黄继忠 译

显贵的大公阁下，我对那些冒充作战器械发明家的人所进行的试验作了观察和思考，发现他们发明的东西与平常使用的并无两样，故此斗胆求见阁下，以便面陈机密，但对他人不抱任何成见。

一、我能建造轻便、坚固、搬运便利的桥梁，可用来追逐和击败敌军；也能建造坚固的桥梁，用以抵御敌军的炮火和进攻。这种桥梁装卸非常方便，我也能焚毁、破坏敌军的桥梁。

二、在围攻城池之际，我能从战壕中切断水源，还能制造浮桥、云梯和其他类似设备。

三、一个地势太高或坚不可摧，因而无法用炮火轰击的据点，只要它的地基不是用石头筑成的，我便能摧毁它的每一个碉堡。

四、我还能制造一种既轻便又易于搬运的大炮，可用来投小石块，犹似下冰雹一般，其中喷出的烟雾会使敌军惊惶失措，因而遭受沉重损失，并造成巨大混乱。

五、我能在任何指定地点挖掘地道，无论是直的或弯的，不出半点声响，必要时可以在战壕和河流下面挖。

六、我能制造装有大炮的铁甲车，可用来冲破敌军最密集的队伍，从而打开一条向敌军步兵进攻的安全通道。

七、在必要情况下，我能建造既美观又实用的大炮、迫击炮和其他轻便军械，而且它们都不是常见的样式。

八、不能使用大炮时，我能代之以弹弓、投石机、陷阱和其他效果显著的器械，同样不合俗流。总之，必要时我能提供不胜枚举的进攻和防御器械。

九、倘若在海上作战，我能建造多种极其适宜于进攻和防守的器械，也能制造可以抵御最重型火炮炮火的兵船以及各种火药和武器。

十、在太平年代，我能营造公共建筑和民用房屋，还能疏导水源，自信技术决不次于他人，而且保君满意。

此外，我还善于用大理石、黄铜或陶土雕塑；在绘画方面，我也决不逊色于当今任何一位画家。

我还愿意应承雕塑铜马的任务，它将为您已故的父亲和声名显赫的斯福乐尔扎家族增添不朽的光彩和永恒的荣誉。

如果有人认为上述任何一项办不到或不切实际的话，我愿随时在阁下花园里或您指定的其他任何地点实地试验。谨此无限谦恭之忱，向阁下候安。

达·芬奇

××××年×月×日

注：达·芬奇(1452—1519)，文艺复兴时期意大利著名艺术家、科学家。达·芬奇 33 岁时离开故乡佛罗伦萨，前往米兰，致函当时统治米兰的洛多维可·斯福尔扎以求官职，其后得以录用，供职 16 年。

【写作训练】

1. 什么是求职信？它的作用如何？
2. 你认为求职信和个人简历有何不同？结合自身实际，写一封求职信。
3. 下面是一位应届毕业生的自荐信，请指出存在的问题，并提出修改意见。

自 荐 信

尊敬的领导：

您好！

非常感谢您在百忙之中审阅我的自荐信！我叫×××，男，××××年×月生，中共党员，未婚，现就读于××大学人文科学学院历史系，将于××××年6月本科毕业。

四年来，在师友的严格教诲及个人的努力下，我具备了扎实的专业基础知识，系统地掌握了历史学科有关理论；熟悉涉外工作常用礼仪；具备较好的英语听、说、读、写、译等能力；能熟练操作计算机办公软件。本人现已获得计算机水平中级证书，英语六级证书。

此外，我还积极地参加各种社会活动，抓住每一个机会，锻炼自己。

大学四年，我深深地感受到，与优秀学生共事，使我在竞争中获益；向实际困难挑战，让我在挫折中成长。我热爱贵单位所从事的事业，殷切地期望能够在您的领导下，为这一光荣的事业添砖加瓦，并且在实践中不断学习、进步。

我的联系地址如下：

××省××市×××路××号×××信箱；电话：（略）；邮编：（略）；E-mail：（略）

望能赐予面试机会！再表深谢！

谨祝

贵单位事业蒸蒸日上！

第五节 计 划

一、计划的含义和类型

(一) 计划的含义

计划是国家各级行政管理机关、各党派团体、企事业单位乃至公民个人，在一定时期内，为了达到某一目的或为完成特定的任务而事先做的安排。

要想避免工作的盲目性，必须前有计划、后有总结。计划能够建立起正常的工作秩序，明确工作的目标，是领导指导、检查，群众监督、审察工作成绩的依据。计划也是一段时间过后本单位总结工作时的基本标准，计划完成或超额完成，说明工作成绩是突出的；没有完成工作计划，则说明工作存在严重问题。

计划是一个统称，如规划、纲要、设想、打算、要点、方案、意见、安排等。规划一般是五年以上的，适用时间比较长、范围比较广、涉及工作比较全面的宏观性、原则性、综合性计划，依据规划还可以制订更具体的短期计划；纲要是为实现某一总体目标而作出的长远部署；设想是初步的，提供参考的未成型计划；打算是一种粗线条、初步的、预备性的非正式计划；要点是将计划的主要内容择要列出，是一种纲要、条目式的工作计划；方案往往是领导机关向所属单位布置一定时期的工作，交代政策，提供工作方法时使用，侧重于原则性指导；意见是一种由上级向下级布置的工作任务和工作要求；安排则是一种适用于时间短、范围小、内容少而具体的工作的计划。

(二) 计划的类型

按照不同的分类标准，计划可分为多种类型。

(1) 按所指向的工作、活动的领域来分，可分为工作计划、学习计划、生产计划、教学计划、销售计划、采购计划、分配计划、财务计划等。

(2) 按适用范围的不同，可分为国家计划、地区计划、单位计划、班组计划等。

(3) 按适用时间的不同，可分为长期计划(一般是指五年)、中期计划(一般三年左右)、短期计划(一年或一年之内)三类，具体还可以分为五年计划、年度计划、季度计划、月份计划等。

(4) 按涉及面的不同，可分为综合性计划、专题性计划。

二、计划的特点

计划的类型很多，有以下共同特点。

(一) 预见性

预见性是计划最明显的特点之一。计划不是对现实工作状况的描述，而是针对未来一段时间内的任务、目标、方法、措施所设计出来的预见性行动方案。但这种预想不是盲目的、空想的，而是以上级部门的规定和指示为指导，以本单位的实际条件为基础，以过去的成绩和问题为依据，对今后的发展趋势做出科学预测之后制订的。可以说，预见是否准确，决定了计划的可行性。

(二) 针对性

计划一是根据党和国家的方针政策、上级部门的工作安排和指示精神而定，二是针对本单位的工作任务、主客观条件和相应能力而定。总之，从实际出发制订出来的计划，才是有意义、有价值的计划。

(三) 可行性

可行性是和预见性、针对性紧密联系在一起的，预见准确、针对性强的计划，在现实中才真正可行。如果目标定得过高、措施无力实施，这个计划就是空中楼阁；反之，目标定得过低，措施方法都没有创见性，虽然很容易实现，并不能因而取得有价值的成就，也算不上有可行性。

(四) 约束性

计划中确定的实施步骤、分阶段行动的安排和确定的指标数据一经通过、批准或认定，在其所指向的范围内就具有了约束作用，在这一范围内无论是集体还是个人都必须按照计划开展工作和活动，不得违背和拖延。

三、计划的写作格式

日常生活中常见的计划有三种主要格式：条文式、表格式、条文与表格结合式。

条文式计划是把计划按内容的性质或轻重缓急归类，分条用文字逐一表述；表格式计划不用叙述性文字表述，而是把任务指标按项目、单位、年度、数据、百分比等内容，用表格的形式加以罗列；条文与表格结合式的计划则综合上述两种方式，既有文字表述，又有表格呈现。

一份完整的计划一般由标题、正文和结尾三部分组成。表格式计划应在表格的正上方写明标题，在表格的右下方写明制订计划的单位或个人的名称和日期。

(一) 标题

计划标题由单位名称、适用时间、指向事务、文种四个要素组成，如《××公司 2024 年工作计划》《××大学××学院 2023-2024 学年度第一学期教学计划》。

在标题的四要素中，除了文种不能省略之外，单位名称、适用时间、指向事务都能省略。具体形式如下：

有的计划省略单位名称，如《2024 年度全民义务植树造林工作计划》。

有的计划省略适用时间，这在专题计划中比较常见，如《××大学第二期教师安居工程工作计划》。

有的计划省略单位名称和适用时间两个要素，由指向事务和文种组成，如《科研工作计划》。

也有的计划只用文种做标题，不过这种写法因太不正规不值得提倡。

省略要素时要注意，越是基层单位的计划，省略要素的情况越普遍，因为涉及范围小，有些要素不说大家也明白。越是大单位的正规的计划，要素越不可省略。

如果计划尚处于征求意见、讨论、修改等阶段，应依据实际情况在"计划"二字后加上括号，并在括号内相应写明初稿、草案、讨论稿、征求意见稿、修改稿、第三次修改稿等。

(二) 正文

1. 前言

前言是计划的开头部分，首先简明扼要表达制订计划的背景、根据、目的、意义、指导思想等，其次说明本单位的基本情况，一般一两个自然段即可。例如：

改革开放以来特别是党的十八大以来，长三角地区轨道交通发展迈入了更高质量、更高水平、更高层次的新阶段，畅通城市、沟通城际、联通区域、辐射全国的轨道交通网络加快构建，轨道交通与民航、公路、水路衔接更加紧密，枢纽辐射功能进一步强化，轨道交通服务供给能力和水平全面提升，为支撑区域一体化发展发挥了重要作用。同时，也面临功能分工不尽合理、网络布局有待完善、规模结构尚需优化、一体衔接亟待提升、改革创新仍需强化等挑战。

为贯彻落实《长江三角洲区域一体化发展规划纲要》战略部署，共建轨道上的长三角，推动交通运输更高质量一体化发展，编制本规划。规划期至2025年，展望到2035年。

资料来源：《长江三角洲地区多层次轨道交通规划》，(https://www.163.com/dy/article/GE06R43905199GUB.html)

前言有时可以更短小一些，例如：

根据省委和市委工作会议精神和会议上具体部署意见，结合我市粮食工作实际情况，为全面完成××××年粮食工作任务，特制订工作计划如下。

前言的详略和长短要根据工作的重要程度、内容的多少来确定，总体上以精练、简洁为原则。

2. 主体

主体部分要一一列出准备开展的工作(学习)任务，并提出步骤、方法、措施、要求。这是计划最重要的内容，也是篇幅最大的一部分。如果说"前言"解决"为什么要做"的问题，而主体部分则解决"如何做"的问题。无论是人力、物力、资金的安排，还是每一个具体阶段时限的规定、任务的分配等，都应具体、明确，一环紧扣一环，做到先后有序，轻重有别，难易有度地执行计划、完成计划。

通常主体部分由于内容繁多，需要分层、分条撰写。常见的结构形式为：用"一、二、三、……"的序码分层次，用"（一）（二）（三）……"加"1. 2. 3. ……"的序码分条款。具体如何分层递进，依内容的多少及其内在的逻辑性而定。

3. 结尾

结尾可以用来提出希望、发出号召、明确执行要求等，也可以在条款之后就结束全文，不写专门的结尾部分。

计划在结尾之后，还要署明单位名称和制订计划的具体时间，如果以文件的形式下发，还要加盖公章。

四、写作要求

（1）认真学习、研究上级的有关指示办法，领会精神，武装思想；认真分析本单位的具体情况，这是制订计划的根据和基础。

（2）根据上级的指示精神和本单位的现实情况，确定工作方针、工作任务、工作要求，再据此确定工作的具体办法和措施，确定工作的具体步骤。环环相扣，努力付诸实现。

（3）根据工作中可能出现的偏差、缺点、障碍、困难，确定克服的办法和措施，以免发生问题时工作陷于被动。根据工作任务的需要，组织并分配力量，明确分工。

（4）计划草案制订后，应交全体人员讨论。计划要靠群众来完成，只有正确反映群众的要求，才能成为大家自觉为之奋斗的目标。

（5）在实践中进一步修订、补充和完善计划。计划一经制订，并经正式通过或批准以后，就要坚决贯彻执行。在执行过程中，往往需要继续加以补充、修订，使其更加完善，切合实际。

【例文 2-12】

2024 年水利安全生产工作要点

2024 年水利安全生产工作的主要任务是：深入贯彻党的二十大精神和习近平总书记关于安全生产重要指示批示精神，认真落实党中央国务院决策部署，按照水利部党组工作安排，坚持人民至上、生命至上，坚持底线思维、极限思维，坚持标本兼治、重在治本，统筹发展和安全，部署开展水利安全生产治本攻坚三年行动，进一步压紧压实水利安全生产责任，推动水利安全生产风险管控"六项机制"落地见效，严查密防水利行业安全生产风险隐患，切实提高风险隐患排查整改质量，切实提升发现问题和解决问题的强烈意愿和能力水平，坚决防范重特大事故发生，以高水平安全保障高质量发展。

一、**牢固树立安全发展理念**。部直属各单位、各省级水行政主管部门将传达学习贯彻习近平总书记关于安全生产重要指示批示精神作为党组（党委）会议第一议题，作为宣传工作重点。将安全生产作为党政主要负责人、分管负责人等培训重要内容，切实提升各级领导干部统筹高质量发展和高水平安全的能力。

二、**组织开展水利系统安全生产治本攻坚三年行动**。根据国务院安委会《安全生产治本攻坚三年行动方案（2024—2026 年）》和水利系统子方案，部直属各单位、各省级水行政主管部门及时出台方案，强化动员部署，细化年度目标任务，加强统筹协调和督促指导，确保 2024 年各项任务落实到位。

三、**压紧压实水利生产经营单位安全生产主体责任**。部直属各单位、各省级水行政主管部门组织对管辖范围内水利生产经营单位重点是水利工程建设项目法人主要负责人开展安全教育培训。严格水利水电工程施工企业主要负责人、项目负责人和专职安全生产管理人员安全生产考核管理。将水利生产经营单位主要负责人安全生产履职情况作为监督检查重点内容，督促其严格履行安全生产第一责任人责任，落实全员安全生产岗位责任。水利生产经营单位主要负责人对发生重特大事故负有责任的，终身不得担任水利行业单位主要负责人。

四、严格落实"党政同责""三管三必须"安全生产监管责任。部直属各单位、各省级水行政主管部门层层压紧压实安全生产责任链条,把责任落实到部门、到岗位、到人员,细化完善党政领导干部安全生产职责清单和年度任务清单并落实到位,按照综合监管与专业监管分工负责的工作机制,综合监管部门履行牵头抓总职责,各专业部门将安全生产与业务工作同谋划、同部署、同落实、同检查,推动水利生产经营单位落实主体责任。

五、健全完善统筹协调工作机制。部直属各单位、各省级水行政主管部门安全生产领导小组组长(安全生产委员会主任)由主要负责同志担任,细化内部门责任分工,配齐建强工作力量。健全"多通报、多发督促函、多暗访"工作机制,强化警示通报、约谈曝光、挂牌督办、督促整改和工作建议等手段运用,督促安全生产责任措施落实。

六、推动"六项机制"落地见效。水利部制定"六项机制"推进工作方案,完善危险源辨识与风险评价技术标准,优化安全生产状况评价机制,召开工作推进会,推动"六项机制"全面开展。部直属各单位率先落实"六项机制",2024年实现全覆盖。各省级水行政主管部门制订计划,精心组织、全面推进,把"六项机制"落实到各单位、各工程、各项目。部直属各单位、各省级水行政主管部门健全"六项机制"激励约束机制,将"六项机制"纳入安全生产工作考核、评优评先和水利安全生产标准化建设、安全生产责任保险等工作,统筹推进实施。

七、持续提升重大事故隐患排查整治质量。水利部完善水利工程重大事故隐患判定技术标准,进一步指导和规范隐患排查治理工作。水利生产经营单位健全事故隐患排查整改常态化机制,主要负责人每季度带队对本单位重大事故隐患排查整治情况至少开展1次检查,其中水利工程建设项目法人主要负责人每月至少带队开展1次检查,按规定及时向水行政主管部门和职工代表大会报告重大事故隐患排查整治情况。各省级水行政主管部门完善重大事故隐患治理审核把关销号机制,深入排查整治各领域、各环节、各类别安全隐患,实行重大事故隐患动态清零。

八、强化水利工程建设安全监管。部直属有关单位、各省级水行政主管部门做好在建工程安全度汛工作,全面压实主体责任和监管责任,进一步强化度汛工作措施,组织开展在建工程度汛风险隐患排查整治。将主汛期前不能恢复至堤顶高程和不能拆除拦河围堰的工程作为重点监管对象,建立台账,实行动态管理。加强水利建设市场监督管理,依法依规公示水利建设市场主体涉及转包、违法分包、出借借用资质、无资质承揽业务等失信信息,将打击转包、违法分包等违法违规行为情况纳入对省级水行政主管部门水利建设质量工作考核内容。加强水利工程建设项目安全生产督导检查,督促参建单位加强高边坡开挖、隧洞施工、高支模施工、塔吊施工、挡水围堰等危险性较大单项工程安全管理,严厉打击转包、违法分包、盲目赶工期抢进度、不按方案施工、审批手续不全等严重违法违规行为。

九、强化水利工程运行安全监管。部直属有关单位、各省级水行政主管部门深入开展水库除险加固和运行管护监督检查,进一步加强水库水电站等水利设施放水安全风险防范。做好小水电站安全生产和安全度汛,持续开展小水电站大坝安全提升专项行动,推进小水电站大坝安全评估。建立健全淤地坝管护制度。组织修订水库群联合调度方案,科学精细开展水库群联合调度。部直属有关单位、有关省级水行政主管部门督促落实三峡工程运行安全主体责任,组织开展三峡水库巡查和三峡枢纽工程运行安全评估,持续开展三峡工程运行安全综合监测。落实三峡库区危岩崩塌防治工作任务，持续组织开展三峡库区地质灾害和移民安置区高切坡监测。加强南水北调工程汛期、冰期等重要时段运行安全保障，强化引江补汉工程和穿跨邻接项目安全管理，持续推进南水北调中线水源工程和东线工程安全风险评估。

十、**强化水文监测、水利勘测设计、水利科研与检验安全监管**。部直属有关单位、各省级水行政主管部门加强水文测报安全生产管理，做好安全生产风险管控，涉水作业必须按照规范要求落实安全防护措施。加快推进现代化水文监测设施设备配备和应用，配齐配强基层水文勘测队或监测中心常规应急监测设备。严格按照法律法规、水利工程建设强制性标准条文及相关规程规范开展重大水利工程勘测设计成果技术审查，确保重大水利工程安全设施、措施及费用满足安全生产要求。强化对总承包、现场设代、勘测设计外业作业等现场项目实施过程中的安全管理。加强水利科研院所安全生产工作，定期开展一线操作人员和实验人员安全培训，落实对危险化学品、大型仪器设备、特种设备和有限空间作业、用火用电作业的安全管理防范措施。

十一、**强化河道采砂、水利风景区安全监管**。部直属有关单位、各省级水行政主管部门强化河道采砂管理，严厉打击非法采砂，落实并公布全国河道采砂管理重点河段、敏感水域相关责任人名单。研究制定水利风景区重大事故隐患排查清单，组织开展水利风景区索道、缆车等特种设备专项排查。督促指导水利风景区编制灾害天气、交通拥堵、设备停运、突发事件等应急预案并定期组织演练。

十二、**推动水利基础设施提质增效**。部直属有关单位、各省级水行政主管部门加快实施大中型病险水库(闸)除险加固，推进小型病险水库除险加固和小型水库雨水情测报设施、大坝安全监测设施建设。全面推进七大江河干流重要堤防达标建设三年行动，加快蓄滞洪区工程及安全设施建设，补齐防洪工程体系短板。加快推进灌区续建配套与现代化改造。黄河中游7省区开展病险淤地坝除险加固和老旧淤地坝提升改造工程建设，推进下游有居民点或重要设施的大中型淤地坝逐步配套安装安全监测设施。

十三、**加强直属单位安全监督**。水利部将部直属单位安全生产工作情况纳入部党组巡视重要内容，组织部直属单位公布各层级安全生产责任人，开展部直属单位安全生产工作考核和部直属单位水利工程全覆盖检查，督促指导从严落实安全生产主体责任。地方水行政主管部门加强对所属单位、所管工程的管理和监督。

十四、**进一步加强群众身边突出安全隐患整治**。部直属各单位、各省级水行政主管部门进一步加强所属校园、医院、燃气、居民自建房、体育馆、交通等群众身边领域、区域、场所安全管理，突出"九小场所"、多业态混合生产经营场所、人员密集场所消防安全，盯紧炸药库、油库、锅炉、仓库、电梯等重点部位和特种设备，针对群众反映举报的身边安全隐患，开展排查整治，强化责任倒查，守牢公共安全底线。

十五、**健全安全生产制度标准体系**。水利部出台水闸报废管理办法，组织开展水闸安全鉴定管理办法及相关技术标准制修订，制定印发淤地坝维修养护标准，修订小水电站安全生产标准化评审实施细则、水利工程建设质量与安全生产监督检查办法，组织修订南水北调工程冰期输水应急预案等，开展水利行业安全生产技术标准体系研究，进一步推进安全类强制性标准制修订工作。部直属各单位、各省级水行政主管部门结合实际完善安全生产制度措施。

十六、**提升安全生产监管执法效能**。部直属各单位、各省级水行政主管部门综合运用"四不两直"、明查暗访等方式，聚焦重大事故隐患排查整治，深入推进精准安全监管。加大执法力度，依法严厉打击水利工程安全生产领域违法行为，对严重违法行为依法采取停产整顿、关闭取缔、上限处罚、行业禁入、"一案双罚"等措施。固化季度公布典型执法案例制度，每季度公布安全生产典型执法案例。加强安全生产奖励举报工作，严厉打击事故瞒报谎报迟报行为。

十七、持续开展督导检查和专家指导服务。 部直属各单位、各省级水行政主管部门围绕水利工程建设与运行、水旱灾害防御等重点领域，组织开展督导检查。做好元旦春节、全国两会、汛期、中秋国庆、岁末年初等重要时段、重要节点安全生产监督。结合实际建立健全安全生产专家库，充分发挥行业专家作用，对重点地区、重点单位开展专家指导服务。

十八、加大安全生产科技支撑力度。 水利部建立在建工程安全度汛信息管理系统，研究建立全国在建水利工程数据库，开发安全风险提示与早期预警功能。研究开发水利工程"三个责任人"履职情况智能呼叫检查系统。进一步推进数字孪生三峡建设，升级完善信息化基础设施，加强三峡水库智慧化管理，推进防洪预报调度互馈体系建设。充分总结先行先试建设经验，抓紧推进数字孪生南水北调中、东线建设。开展隧洞穿越软岩大变形、高地应力、复杂地层等处治措施研究，及时完善相关技术标准。征集遴选先进技术成果，加强安全生产相关领域水利科技成果推广运用。

十九、夯实安全生产基层基础。 部直属各单位、各省级水行政主管部门持续推进水利安全生产标准化建设和动态管理，新增安全生产标准化电站500座。推进水利工程建设安全生产责任保险制度落实，加强指导监督，运用市场机制提升水利施工安全风险防范水平。督促指导水利生产经营单位加强安全生产费用提取和使用管理，保障重大事故隐患排查治理、病险工程治理等安全生产投入；督促指导水利生产经营单位建立应急演练常态化机制，每年至少组织1次疏散逃生演练，其中水利工程建设项目法人每半年至少组织1次演练。

二十、提升水利从业人员安全素质。 部直属各单位、各省级水行政主管部门组织开展水利"安全生产月"、消防宣传月、安全宣传咨询日等群众性宣传教育活动，广泛开展安全生产科普宣传，推动"人人讲安全、个个会应急"。组织开展水利安全生产监督管理人员业务培训，提升监管人员业务能力。将水利生产经营单位从业人员安全生产教育培训情况作为监督检查重点内容，督促指导生产经营单位按照规定频次、内容、范围和时间要求开展各类从业人员安全生产教育培训，将劳务派遣人员、灵活用工人员等纳入本单位从业人员实施统一教育培训，提升一线员工安全意识和技能。

附件：2024年水利安全生产重点工作任务分工（略）

水利部
2024年2月7日

（资料来源：中华人民共和国水利部，http://sljd.mwr.gov.cn/tzgg/202402/t20240227_1704467.html）

【例文2-13】

国内旅游提升计划(2023—2025年)

为贯彻落实国务院办公厅印发的《关于释放旅游消费潜力推动旅游业高质量发展的若干措施》，进一步释放旅游消费潜力，推动旅游业实现质的有效提升和量的合理增长，更好满足广大人民群众多层次旅游消费需求，制定本计划。

一、总体要求

（一）指导思想

以习近平新时代中国特色社会主义思想为指导，深入贯彻党的二十大精神，完整、准确、全面贯彻新发展理念，加快构建新发展格局，以提升国内旅游市场的规模和品质为重点，坚持把实施扩大内需战略同深化供给侧结构性改革有机结合，进一步改善旅游消费环境，提振旅游消费信心，满足游客多元化、个性化需求，推动旅游业高质量发展。

（二）基本原则

——坚持质量第一。树立"质量第一"的理念，强化质量责任意识，推动建立全员、全要素、全链条、全过程、全数据的新型质量管理体系。引导经营主体加快转型升级，推动旅游市场规模实现合理增长。

——坚持系统观念。坚持前瞻性思考、全局性谋划、整体性推进，统筹国内旅游市场需求和供给，统筹规范和发展需要，一体推进国内旅游提升工作。

——坚持问题导向。顺应旅游消费大众化、出游个性化、需求品质化的发展趋势，聚焦游客诉求集中的领域和问题，完善体制机制，提高管理水平，提升游客满意度、增强获得感。

——坚持改革创新。深化国内旅游市场重点领域改革，坚持创新驱动和融合发展，不断探索新做法、新模式、新机制，以改革创新成效激发国内旅游活力。

——坚持协同推进。强化部门协作和区域联动，不断提高政策的一致性、执行的协同性，增强国内旅游提升工作合力，畅通国内旅游大循环。

（三）主要目标

到2025年，国内旅游市场规模保持合理增长、品质进一步提升。国内旅游宣传推广效果更加明显，优质旅游供给更加丰富，游客消费体验得到有效改善、满意度进一步提升，旅游公共服务效能持续提升，重点领域改革取得突破，旅游市场综合监管机制更加健全，现代治理能力进一步增强，国内旅游市场对促进消费、推动经济增长的作用更加突出。

二、主要任务

（一）加强国内旅游宣传推广

1. 创新旅游理念宣传。积极宣传旅游是一种生活方式、学习方式和成长方式。创新举办"5·19中国旅游日"活动，将其打造成为广大游客和旅游从业者的节日。推出一批优秀旅游公益广告和书籍、影视、动漫赋能旅游特色案例。

2. 加强旅游形象推广。围绕"旅游中国 美好生活"国内旅游宣传主题，实施"跟着季节游中国""城市巡游记""我的家乡有宝藏"等专项推广，开展"读万卷书 行万里路"中华文化主题旅游推广。统筹跨省区域旅游宣传推广，鼓励支持区域性旅游宣传推广联盟和相关省市共建机制、共拓市场、共推产品、共享成果。

（二）丰富优质旅游供给

3. 优化旅游产品结构。创新旅游产品体系，针对不同群体需求，推出更多满足市场需要、富有特色的旅游产品、旅游线路，开发体验性、互动性强的旅游项目，着力推动研学、银发、冰雪、海洋、邮轮、探险、观星、避暑避寒、城市漫步等旅游新产品。发展绿色旅游，推动出台推进绿色旅游发展的政策措施。加快智慧旅游发展，培育智慧旅游沉浸式体验新空间新场景。推动科技赋能旅游，进一步推进新技术在旅游场景广泛应用，更好发挥国家旅游科技示范园区作用，提升旅游产品和服务的科技含量。

4. 打造优质旅游目的地。建设一批富有文化底蕴的世界级旅游景区和度假区。实施文旅产业赋能城市更新行动。打造一批文化特色鲜明的国家级旅游休闲城市和街区。指导推进国家5A级旅游景区和国家级旅游度假区建设。开展文化产业赋能乡村振兴试点，推动提升乡村旅游运营水平。推出一批全国乡村旅游重点村镇、乡村旅游集聚区、国际乡村旅游目的地。

5. 促进旅游新业态有序发展。推进"旅游+"和"+旅游"，促进旅游与文化、体育、农业、交通、商业、工业、航天等领域深度融合。建设国家文化产业和旅游产业融合发展示范区，打造新型旅游消费目的地。拓展旅游演艺发展空间，发展特色旅游演艺项目，推动旅游演艺提质升级。培育文体旅、文商旅等融合发展的新型业态，打造"跟着赛事去旅行""寻味美食去旅行"品牌项目。推进全国红色旅游融合发展示范区、重点区建设。推动建设一批非物质文化遗产特色景区和国家级非物质文化遗产体验基地。

6. 推动旅游业区域协调发展。紧密围绕区域重大战略以及重点城市群等，进一步推动各类文化旅游带（走廊）等建设。推进东中西部跨区域旅游协作，探索互为旅游客源地和目的地的合作路径。

（三）改善旅游消费体验

7. 优化旅游消费服务。推动优化景区预约管理制度，准确核定景区最大承载量，进一步提升便利化程度。优化消费场所空间布局，完善商业配套。建立健全质量分级制度，促进品牌消费、品质消费，切实提升游客消费体验。

8. 推进平台载体建设。加强国家文化和旅游消费示范及试点城市建设，推动示范城市提质扩容，强化动态考核，更好发挥示范引领作用。推动示范及试点城市加强消费联动及产业协作。推动国家级夜间文化和旅游消费集聚区规范创新发展，开展24小时生活圈建设试点，提升夜间消费品质。

9. 实施消费促进计划。开展"百城百区"金融支持文化和旅游消费行动计划，鼓励各地与中国银联、合作银行、平台企业等加强合作，实施消费满减、票价优惠、积分兑换等惠民措施。开展全国文化和旅游惠企乐民活动，组织各地结合法定节假日、传统节日和暑期等旅游旺季，因地制宜推出消费惠民措施，举办丰富多彩的文化和旅游惠民活动。

10. 加强标准制定实施。完善旅游标准体系，以促进旅游产品升级和服务品质提升为导向，加大标准制修订力度，提高标准实施应用水平和效果。推动实施旅游民宿国家标准，制定民宿管家服务规范行业标准，开展《导游服务规范》等旅游业国家标准宣贯工作。

11. 加大文明旅游宣传力度。培育行业文明旅游工作标杆，发挥引领作用。开展系列宣传实践活动，征集发布文明旅游宣传引导典型案例，发布文明旅游出游提示，营造文明旅游环境。

（四）提升公共服务效能

12. 加快旅游基础设施建设。支持各地加大旅游基础设施投入，进一步完善旅游服务中心（咨询中心）、旅游集散中心、旅游公共服务信息平台、旅游厕所等旅游公共服务设施。

13. 提升公共服务水平。优化线上、线下旅游公共信息服务布局，加强旅游公共信息服务资源整合。加强旅游惠民便民服务，大力推动博物馆等文博场馆数字化发展，加快线上线下服务融合。

（五）支持经营主体转型升级

14. 推动旅行社转型发展。引导旅行社结合行业发展和自身发展定位加快理念、技术、产品、服务和模式创新，因地制宜推进旅行社数字化转型、特色化和品牌化发展。推动旅行社加快跨界融合和线上线下融合，积极融入地方和有关领域数字化生态。

15. 引导在线旅游企业规范发展。指导在线旅游平台经营者发挥整合交通、住宿、餐饮、游览、娱乐等国内旅游要素资源的积极作用，助力各类旅游经营者共享发展红利。加强内容安全审核，开展市场巡查。

16. 推动旅游住宿业转型升级。加强对星级饭店评定工作的深度指导，优化星级饭店评定规程。引导星级饭店创新经营方式，提高服务质量，提升行业形象，打造旅游饭店知名民族品牌。推动放宽旅游民宿市场准入，培养一批优秀旅游民宿主人和管家，培育和发布一批等级旅游民宿，推动旅游民宿持续规范发展。

17. 培育骨干企业和创新企业。实施旅游企业培育计划，聚焦重点领域和产业链关键环节，分层次培育一批骨干企业和创新企业，不断增强企业竞争力。

（六）深化重点领域改革

18. 深化旅游服务质量保证金改革。开展旅游服务质量保证金总结评估，根据评估情况进一步完善旅游服务质量保证金制度。

19. 支持旅行社、星级饭店拓展经营范围。坚持同等质量标准，依法支持旅行社和星级饭店参与政府采购和服务外包，不得以星级、所有制等为门槛限制相关企业参与政府采购的住宿、会议、餐饮等项目。

20. 推动盘活闲置低效旅游项目。优化完善盘活方式，根据项目情况分类采取盘活措施，用好各类财政、金融、投资政策，支持旅游企业盘活存量旅游项目与存量旅游资产。

（七）提升旅游市场服务质量

21. 培育旅游服务质量品牌。建立完善旅游服务质量品牌培育机制。推动旅游业标准化、专业化、品牌化发展，培育一批专业度高、覆盖面广、影响力大、放心安全的服务精品，充分发挥服务品牌对旅游服务质量提升的引领带动作用。开展旅游服务质量提升活动，传播质量理念，培育质量文化，宣传推广服务质量提升经验。

22. 建立完善服务质量评价体系。建立完善以游客为中心的服务质量评价体系，开展评价体系建设试点工作。完善区域、业态、企业等旅游服务质量监测机制。发挥全国旅游市场服务质量监测点作用，开展常态化质量监测和评估，推进监测结果应用。支持地方建立赔偿先付、无理由退货等制度。遴选发布优秀旅游服务质量典型案例。

23. 建立质量共治机制。推行"首席质量官""标杆服务员"制度。建立健全旅游行业协会参与旅游服务质量工作机制，推动建立全国性旅游服务质量提升分会、专委会等行业组织。支持各地探索设立旅游服务质量奖。引导游客理性消费，树立优质优价的消费理念。

(八) 加强市场综合监管

24. 加强旅游法治建设。坚持依法治旅，推动修订完善《中华人民共和国旅游法》《旅行社条例》《导游人员管理条例》《边境旅游暂行管理办法》《旅游投诉处理办法》等法律法规。推动建立健全旅游调解、仲裁、巡回法庭等制度机制，探索旅游纠纷投诉调解与仲裁衔接机制，多元化解投诉纠纷。

25. 健全旅游市场综合监管机制。发挥旅游市场综合监管机制作用，合力规范旅游市场秩序。健全以"双随机、一公开"监管和"互联网+监管"为基本手段、以重点监管为补充、以信用监管为基础的新型监管机制。加强新业态培育和监管，推动新业态可持续发展。加强信用信息归集、共享、应用，依法对《文化和旅游市场信用管理规定》落实情况开展常态化评估。

26. 提高旅游市场监管信息化水平。完善全国旅游监管服务平台功能，采用云计算、大数据、人工智能等新技术加强市场动态监测和数据科学治理，推广应用旅游电子合同。持续推进旅游行政审批"一网通办"。完善"文旅市场通"APP功能，开展文化和旅游市场电子证照应用试点，提高政务服务"掌上办""指尖办""码上办"水平。

27. 加强旅游市场执法监督。加强源头治理，深入开展未经许可经营旅行社业务、强迫购物等旅游市场专项整治，依法查处各类违法违规经营行为。建立健全跨部门、跨地区旅游市场举报投诉和执法协作机制，按照全国一盘棋的原则，坚持线上线下同步治理，目的地和客源地同步清查，组团社和地接社同步整治，加强数据信息共享和线索移交，开展联合执法，健全行刑衔接机制。

(九) 实施"信用+"工程

28. 开展信用经济发展试点。持续开展信用经济发展试点工作，遴选一批信用经济发展试点单位，总结推广试点经验，深化信用意识，以信用赋能行业发展。

29. 加强信用品牌建设。健全信用品牌培育机制，开展信用评价，鼓励和支持旅游企业打造一批品牌化、明星级的信用应用产品与服务。

30. 拓展信用应用场景。引导支持旅游企业整合公共、行业、市场等多方信息，探索推出以信用为基础的便捷消费产品和服务，提升服务质量，优化消费体验。

三、保障措施

(一) 建立工作机制。建立部、省联动的国内旅游提升计划实施协调保障机制。文化和旅游部统筹推进政策实施，开展监测和评估，定期通报政策实施效果。各地结合实际制定具体落实方案，完善协调机制，加强各项保障，加大创新力度，确保政策取得实效。

(二) 强化政策保障。推动就业、社会保障等各项支持政策在旅游领域落地落实。用好各有关渠道财政资金，加强政策协调配合。将旅游领域符合条件的项目纳入地方政府专项债券支持范围。

(三) 加强金融支持。引导金融机构结合自身业务和旅游企业生产经营特点，优化信贷管理，丰富信贷产品，支持旅游设施建设运营。探索在部分地区开展旅游项目收益权、旅游项目(景区)特许经营权入市交易、备案登记试点工作。鼓励在依法界定各类景区资源资产产权主体权利和义务的基础上，依托景区项目发行基础设施领域不动产投资信托基金(REITs)。

（四）**强化人才培养**。加强职称评定和职业技能评价，完善高技能人才培养体系，建设旅游技能人才提升基地。增强旅游职业技术技能教育适应性，深入推进产教融合、校企合作。大力推广现代学徒制度。加强旅游从业人员业务培训，举办全国导游大赛、全国星级饭店服务技能竞赛、全国红色故事讲解员大赛。加强文化和旅游志愿服务队伍建设。

（五）**加强数据监测分析**。持续开展旅游市场数据监测工作，加强分析研判，提高政策措施的科学性、精准性和针对性。

（六）**加强安全保障**。督促经营主体落实安全生产主体责任，全面排查各种风险隐患，抓好重点场所单位、重要时间时段安全管理，进一步提高旅游突发事件应急处置能力。

（资料来源：中华人民共和国文化和旅游部，https://zwgk.mct.gov.cn/zfxxgkml/scgl/202311/t20231113_949652.html）

【写作训练】
1. 什么是计划？它和规划、设想、打算有什么不同？
2. 制订计划要注意哪些问题？
3. 结合个人实际，给下阶段的学习或工作制订一个计划。

第六节　市场调查报告

一、市场调查报告的概念

调查报告是对社会问题、典型经验、突发事件、自然现象进行调查研究之后，将调研结果以书面的形式予以反映的应用文体。它往往能揭示问题的本质，总结出带规律性的东西，以供人们决策和思考。

在经济社会中运用最广泛的文体之一是市场调查报告。市场调查报告属于专题性调查。

市场调查报告是以市场为对象，运用科学方法，有目的地对产、供、销、购等方面进行调查、预测，探索市场变化规律，从而写出的书面材料。

二、市场调查的目的与意义

市场调查是多方面、多角度的，调查的目的也是各不相同的，搞好市场调查可以为企业提供可靠的消息，使企业更好地了解市场需求，从而更好地调整市场经营策略。同时，还可以帮助企业了解社会的消费水平、消费结构，为繁荣市场提供条件。此外，对于促进企业经营管理水平的提高，增强企业竞争能力，使企业更好地发展，也具有重要的意义。

中国特色的社会主义市场经济，是在遵循市场经济规律的基础上做好国家的统筹规划和宏观调控。企业要生存、发展，同样须借助系统的市场调查和分析，实事求是地掌握市场总体动向和微观情况，在遵循市场经济运行规律、尊重中国特色社会主义这一阶段的中国实际的基础上进行正确决策。总之，市场调查有利于企业的科学决策，有利于市场的准确定位，有利于产品的准确定位，有利于企业开拓新市场，有利于企业形象的准确定位。

三、市场调查的内容

市场调查的内容十分广泛，由于调查目的不同、时间不同，内容也并非完全一样。一般来讲，市场调查的基本内容包括以下几个方面。

(一) 宏观环境调查

企业的生存与发展是以市场环境为条件的，宏观市场环境是企业所处的外在环境，具有不可控因素，企业的生产与营销活动必须与之相协调，并主动地去适应它，这就要求进行宏观环境调查时要从政治、经济、科技、社会文化、地理和人口环境等方面入手。

(1) 根据国内外政治形势以及国家在经济建设方面的方针政策调查其对市场所起的影响和制约作用。

(2) 了解国家各地区的经济运行状况，国民的收入水平和收入的分布情况，人们的消费观念、购买能力，以及世界经济发展状况及趋势。

(3) 了解我国和国际上新科技的发展水平与发展趋势、新产品的科技含量、科技领先水平等情况。

(4) 社会文化环境调查包括人们的价值观念、受教育程度、文化水平、职业构成、民族分布、宗教信仰、风俗习惯、社会审美观念和文化禁忌等情况。

(5) 地理和人口环境调查包括区域条件、自然条件、气候条件、季节因素，以及物产、人口密度、人均生活水平、动态人口的特征等方面的情况。

(二) 市场需求调查

市场需求是指在一定时期内、一定价格上，消费者愿意并能够购买的商品的数量。需求是决定市场购买力和市场规模的主要因素。可从以下几个方面着手进行市场需求调查。

(1) 社会宏观经济面貌、消费者收入水平、市场容量。

(2) 需求心理、依赖与信任程度、消费时尚与生活习俗。

(3) 为什么购买、买什么产品、何时何地何人如何购买。

(4) 商品的原料供应、生产技术、产量、运输、仓储。

(5) 经营管理能力、广告发布、市场促销、分销管道。

四、行文格式

一般社会调查报告的写作并无固定格式，要根据内容表述的需要来灵活安排，但就其基本结构来说，通常都包括标题、前言、主体、结尾四个部分。

市场调查报告是针对市场状况进行的调查与分析，因而有着不同于其他报告的写作特点，但市场调查报告的结构通常也分为标题、前言、主体、结尾四大部分。有时，文本结构复杂、篇幅很大的市场调查报告，还需要包含封面、扉页、目录和内容摘要等内容。

(一) 标题

标题要说明调查的单位对象、内容、范围和文种。常用的有单标题和双标题两种形式。单标题如《××市居民家庭饮食消费状况调查报告》《北山钢厂为何能在六个月里迅速扭亏为盈》；双标题一般是正标题点明主题，副标题讲清调查的对象和内容，如《为国企创造良好的治安环境——胜利油田和东营市共建安全社区的调查》。

(二) 前言

用简要的语言概述市场调查的目的、时间、地点、对象、范围、方式等，有时也只简述市场调查的主旨。

(三) 主体

主体是市场调查报告最重要的部分，应包括：阐述详细的调查总体目的及目标分解情况；解释调查中使用的调查方法；对调查结果的描述与解释；材料的分析与论证。

围绕调查目的，作者应透过现象看本质，对具体的材料进行抽象化的加工处理，即去粗取精、去伪存真、由此及彼、由表及里的思考。

写作市场调查报告要坚持五个"结合"，即观点和材料相结合，数量统计与定性分析相结合、书面资料与实地考察相结合、宏观分析与微观分析相结合、分析问题与解决问题相结合。

为了体现报告的立体感和条理性，可在主体部分适当列一些小标题，然后层层深入，凸显材料的厚实性、研究的全面性和见解与结论的深刻性。

(四) 结尾

结尾与前言照应，可以强调观点、主张。有的市场调查报告没有结尾，就直接以结论或建议、希望作结。

五、写作要求

市场调查首先要确定调查目标、调查人员，设计调查方法，然后展开调查，搜集资料，再对各种资料进行整理，产生观点。执笔写作时，应注意以下几点。

(1) 切忌根据资料就事论事，罗列堆砌材料和数据。不能将分析工作简单化，或者只停留在表面文章上。不能只做简单介绍式的分析，不能不做深入细致的分析，不能无结论和建议。如果整个调研报告的系统性很差，就会降低调查报告的实践价值。

(2) 切忌面面俱到、事无巨细进行分析，使读者感到杂乱无章，读后不知所云。调查报告应该善于抓住主要矛盾，围绕主题，有详有略，深入分析。只有重点突出、材料精练，才能使人看后留下深刻的印象。

(3) 市场调查报告篇幅的长短应根据内容确定，尽量做到长中求短，力求写得短小精悍。

【例文 2-14】

山东省泰安市宠物食品产业发展调查报告

近几年，在疫情影响之下，人们出门旅游的机会越来越少，于是具有陪伴属性的宠物便成为越来越多人的选择，受这一因素的催化，无论是产业链上游的宠物交易，中游的宠物食品、宠物用品，还是产业链下游的宠物服务(寄养、医疗、美容、培训等)，市场需求均出现急剧增加，宠物行业迎来了新一轮的蓬勃发展。

1 宠物产业发展情况

1.1 国内宠物食品市场迅速增长，国内品牌迅猛崛起

2020 年全球经济普遍低迷，宠物经济却呈现逆流而上的趋势，越来越专业化和精细化。宠物食品、宠物美容清洁用品、宠物日用品、宠物保健品、宠物服饰及配件等品类属于整个宠物经济中活跃的部分。《2022 年中国宠物行业趋势洞察白皮书》显示，中国宠物家庭规模即将破亿户，核心宠物猫犬规模将达 1.2 亿只，宠物行业多渠道消费越发普遍，71%的宠主更习惯在线上消费，37%的宠主选择在线下消费。中国宠物实体市场规模达 1158 亿，宠物食品份额进一步增至 46%，其中宠物主粮占比 34%，成为较大的一支细分品类。

1.2 山东省宠物食品生产企业多，产量在全国占比高

全省大小宠物食品(饲料)生产企业 400 余家，主要分布在青岛、烟台、聊城、潍坊、临沂等市。山东省畜牧总站提供的数据显示，2021 年全省宠物食品产量 26.8 万吨，同比增长 59.3%，占全国产量的 24%，产值 24 亿元，位居全国第二。在我国宠物食品代表企业中，山东省占有了四家，包括烟台中宠、梅里亚、路斯股份、乖宝宠物等。其中烟台中宠和路斯股份是我国为数不多的上市企业，而乖宝股份和梅里亚是我国宠物食品行业的领军企业，乖宝宠物食品是目前国内产销规模较大的宠物食品企业之一。

1.3 泰安宠物食品企业稳步发展

2022 年底泰安市锚定宠物经济助推产业振兴的契机，直接注资或招商宠物食品产业。岱岳区的泰宠宠物食品有限公司和东平县的德乐宠物食品有限公司以代加工品牌为主。宁阳县山东宠言生物科技有限公司以"宠言"（"PetSay"）自主品牌为主，获得 2021 年全国宠物新国货大会唯一的宠物研发设计奖。泰安国泰民安注资 5 亿元入股泰宠宠物食品有限公司，打造国泰民安宠物食品全链条产业园，年生产能力达 1.5 万吨，2022 年销售额可达 2 亿元。东平县德乐宠物食品产业园目前已入住 2 家宠物食品企业和 1 家配套物流企业，园区达产后，年收入可达 10 亿元以上。

2 泰安市发展宠物食品(饲料)产业基础

2.1 原料供给基础

宠物食品上游原材料主要为优质的鸡肉、鸭肉、玉米、谷物以及动物骨粉等。2021 年泰安市家禽存栏 3732.3 万只、出栏 11219.2 万只，全市肉禽屠宰企业 12 家，年屠宰量近 2 亿只。其中众客、泰淼、大宝等 6 家禽类屠宰企业打造的家禽屠宰产业集群，被省畜牧兽医局评为省级十大健康肉产业集群，是全省肉禽主要供给区。众客、天信农牧等被推荐为浙江亚运会专供食品。同时，泰安市有动物油脂油渣生产企业 2 家、动物骨粉生产企业 1 家，2021 年产量 7500

余吨,可提供油脂油渣、动物骨粉1.6万吨以上。综合来看,泰安市在宠物食品上游的原料供给方面资源丰富,就地取材可为企业节省大量成本。

2.2 市场潜力巨大

2021年我国宠物犬、猫数量约1.4亿只,其中宠物犬约6700万只、宠物猫约7300万只,且每年保持着高速增长。宠物食品作为养宠的"刚需",在我国宠物行业消费中占比大(40%)。中国已经成为继美、欧之后,世界第三大宠物市场,整个宠物市场包括相关产业大约万亿左右。宠物食品70%以上的产品依靠电商平台销售,宠物市场产品完全不受地域限制,市场潜力巨大。

2.3 配套服务基础

泰安市境内有104、205等国道和京沪高速、京福、青兰、济荷等高速公路,京沪高铁等多条铁路贯通全境,是山东省重要的物流节点城市之一。泰安市拥有东平县德乐宠物产业园,并正在规划国泰民安宠物食品全链条产业园,岱岳区、东平县对入园项目从立项到投产实行"一站式"服务,园区计划开展相关产业招商活动,为推动宠物产业有序发展打下基础。

3 宠物食品(饲料)产业发展存在的问题

3.1 标准不足、科研匮乏

目前我国宠物饲料标准(国标和行标)只有8项,添加剂预混合饲料(保健品)和零食类其他宠物食品(咬胶除外)的标准尚属空白。宠物营养与食品方面的系统性、基础性学科体系尚未完善。目前,只有中国农业大学、华中农业大学等大学有此类专业。

3.2 宠物食品自主品牌号召力小,以贴牌代加工为主

我国宠物食品犬猫粮在产量上具有相当的规模,但是产值和利润相对低于国外品牌。以本市企业为例,产品主要以代加工产品为主,在产品定位、配方、工艺、质量控制、法规执行、市场营销等各层面远落后于先进企业。

3.3 宠物产品销售渠道单一

泰安市宠物食品企业仅有一家"龙猫太郎"品牌在抖音平台做电商营销,其他品牌仍依赖线下传统销售模式,跟不上商品激烈竞争的步伐。宠物电商行业在宠物经济的红利刺激下,将宠物用品不断细化,逐渐出现很多同质化的竞争产品。同质化产品的出现增加了消费者的可选择项,但不利于企业培养忠实客户,相同的高质量产品打开销路较为困难,企业面临亏损的风险。

4 发展建议

4.1 研究行业动态,开发新产品

宠物食品企业要加强市场调研,通过《2022年中国宠物品牌竞争力白皮书》了解国内市场的消费方向和产品结构,在宠物主粮等大品牌云集的份额以外,寻求用户群体和宠物需求的差异化,从而做好产品创新,进而带动产业品牌化,逐步实现品牌效应。例如功能性的新成分黑酵母、免护原蛋白、电解质等,既给宠物带来了新的健康饲养,也增加了产品的附加值。

4.2 做好本地市场,维持企业形象

据走访统计,当地犬猫饲养家庭购买的宠物食品约56%来自本地动物诊疗机构或宠物用品店。泰安市宠物食品企业可以通过线下活动,带动产品销售和产品调查。例如企业可以举办产品试吃,一方面培养潜在客户,另一方面可以收集客户反馈信息,在产品口味或包装上做更加合理的改进。宠物食品企业还可以与宠物协会、行业管理部门等联合做好狂犬病等人畜共患病

的流行病学调查，提高自身公信力和社会事业参与度，树立良好的企业形象。

4.3 打通平台宣传，发展网络销售

在做好线下销售和反馈改进产品的同时，要大力培养电商品牌，通过京东、淘宝等知名销售平台，宣传推广企业产品和文化，迎合消费者的多样化需求，最大化利用消费者的碎片时间，吸引用户购买，提高市场占有率。

（资料来源：《山东畜牧兽医》，2023 年第 44 卷，作者李玉强，编者有修改）

【写作训练】

1. 什么是调查报告？市场调查报告具有哪些特点？
2. 了解市场调查报告的基本内容和行文格式。
3. 某餐饮企业为了改进工作，提高企业的市场竞争力，需要了解菜肴品种、烹调技艺和服务质量在顾客心目中的满意程度，请你为他们草拟一份市场调查问卷。
4. 按要求补全下述市场调查报告的内容：
（1）在横线上补全标题和小标题。
（2）完成本报告的分析与建议部分。

_____调查报告

据有关资料统计，大学生在青年网民中占到了 89.6%以上。面对这样一个挺立潮头、规模庞大、增长迅速且智商较高的大学生网上冲浪群体，关注他们的阅读特点和规律显然具有十分重要的现实意义。为此，我们利用《中国教育报》开辟"大学生阅读问题系列报导"专栏这一有利机会，在河北师范大学发放了 1000 份调查表，通过匿名问卷，再加上召开小型座谈会，对大学生网络阅读的有关问题做了初步调查。

一、大学生网络阅读的基本情况与状态

（一）网络阅读的_____

在被调查的学生中，有 95.3%的人经常上网，只有 4.7%的人没有上网的经历。有 51.2%的人每次上网 1~2 小时，25.1%的人每次上网 3~4 个小时，19%的人每次上网超过 5 小时以上。其中女生每次上网 1~2 个小时的占 59.3%，这个指标比男生高 19 个百分点，她们大多比较有节制；男生每次上网 5 小时以上的占 30%，远远高于女生，表明男生沉浸于网络的较多。在上网的时段上，有 47.1%的人没有固定的时间，有 13.9%的人因上网而影响过正常学习，还有极个别学生经常通宵达旦沉浸于网吧，甚至吃住在网吧，他们或看黄色影像或和异性网友聊天而不能自拔，以致弱化了对学业的兴趣。

（二）网络阅读的_____

有 83.9%的学生浏览国内网站，11.4%的学生浏览国外网站。其中有 12.3%的男生和 10.7%的女生浏览国外网站，男生略高于女生。上网的地点主要是校园网络和街上网吧，男生通过校园网上网的占 54.7%，女生占 35.6%，女生在校外网吧上网的占 13.%，而男生仅占 7.6%。这说明女生对上网的地点比较挑剔并希望具有一定的隐秘性，她们更喜欢在网吧或其他地方上网。

（三）对网络信息的_____

这项指标的调查结果是出乎意料的。大学生认为网络信息"真实可靠"的仅占 14.4%，有

77.1%的人"半信半疑",还有8.5%的人"根本不信"。其中,男生认为"真实可靠"的占17.8%,女生仅有11.8%;男生"根本不信"的占11.9%,女生占5.9%;男生对网络信息"半信半疑"的占70.3%,女生占82.3%。网络信息对大学生的失信度之高,令人惊叹!

(四)网络阅读的_____

对大学生网络阅读动因的调查有9个题目,允许学生多项选择。调查结果按动因的强度大小由高到低排列依次为:增长见识(占68.2%)、收发邮件(占55.9%)、网友聊天(占50.3%)、游戏娱乐(占34.4%)、寻求刺激(占32.1%)、阅读故事(占29.7%)、熟悉计算机(占12.5%)、毫无目的(占5.7%)、求职应聘(占3.5%)。处在最强地位的是"增长见识""收发邮件"和"网友聊天",这3项选择占到了半数以上;紧跟其后的是"游戏娱乐""寻求刺激"和"阅读故事",这3项选择在30%以上;相比之下,在网络上"熟悉计算机"和"求职应聘"的学生显得少了一些。

二、大学生网络阅读的情况分析与建议

第七节 总结

一、总结的含义、类型和特点

(一)总结的含义

对一定时期内的工作、生活、学习、实验、训练等实践过程或对一项已完成的任务,进行客观地回顾、检查、研究,肯定成绩,找出问题,得出经验教训,摸索事物的发展规律,形成总体评价,并把这些加以条理化、系统化,上升为带有规律性的理性认识,然后书写成文,用于指导今后的实践,这就是总结。总结的概念也是一个通称,又称小结、回顾、经验等,使用频率较高。总结所要解决和回答的中心问题不是某一时期"要做什么,如何去做",而是"做了什么"和"做得怎么样"。

(二)总结的类型

由于社会生活的内容、时间、范围不同,因而就有种种与之相对应的总结。

(1)按内容分,可分为工作总结、生产总结、科研总结、军训总结、学习总结、销售总结、外贸总结等。

(2)按时间分,可分为阶段总结、年度总结、季度总结、月份总结、周总结、学期总结等。

(3)按范围分,可分为地区总结、部门总结、单位总结、个人总结等。

尽管总结的种类很多,但归纳起来可以概括为两大类:一是专题总结,二是综合总结。

专题总结的特点是内容单一、集中，有较强的针对性和指导性。专题总结一般围绕某一专门的工作或活动进行经验或教训总结，与这一专题无关的内容，一律可以省略。

综合总结是比较系统、全面地对本单位、本部门或个人，在某一年度或阶段工作情况所做的总体回顾总结。一般来说，年终时单位、部门或个人所做的总结就是综合性总结，一般要全面反映工作实践，突出重点，写出特色。

(三) 总结的特点

(1) 材料的真实性。写总结离不开材料，无论是典型的人或事，或是具体的数据，必须真实。总结是以自身实践活动为依据的，所列举的事例和数据都必须完全可靠，确凿无误，任何夸大、缩小、随意杜撰、歪曲事实的做法都会使总结失去应有的价值。某阶段的计划、具体的日常工作、阶段性成果、工作生活上的得失经验，都是写总结必不可少的材料，平时就应该加以积累或保存，片面的、虚假的材料，不应纳入总结。

(2) 认识的概括性。总结是对前一阶段工作和实践活动进行全面回顾、检查和再认识的文种。总结的写作过程，既是对自身社会实践活动的回顾过程，又是人们思想认识提高的过程。它既要通过归纳"做了什么""做得怎么样"，从中总结经验和教训，归纳出规律性的东西，又要通过透视具体工作的全过程，理出新的感受、新的认识、新的体会，上升到理性的认识。例如××商场在年终总结营销经验时，概括出了"一切为了顾客"的理念，这种概括性的认识，跳出了就事论事的狭隘境界，上升到了一定的理性认识高度，"一切为了顾客"这句话就成为该单位今后经营的指导性原则。

(3) 表达的说理性。总结在表达方式上与计划有着明显的不同。计划主要是叙述说明，而总结主要是概述说理。由于总结要对前一段的工作做出评价和进行理性分析，找出规律，因而思辨性的说理就会使总结具有更好地指导下一步工作的功能。

二、总结的写作格式

总结一般由标题、正文、落款三部分组成。

(一) 标题

总结的标题有公文式标题和文章式标题两种。

(1) 公文式标题一般为单标题，由"单位名称+时间+内容+文种"构成，其中除文种不能省略之外，其他几部分都可以灵活取舍。"单位+内容+文种"式标题如《武汉市引进高级专门人才总结》《××公司机构改革总结》；"单位+时间+文种"式标题如《××大学学工处 2022—2023 学年年度总结》；"内容+文种"式标题如《个人总结》《工作总结》；"时间+文种"式标题如《季度总结》《全年总结》等。

(2) 文章式标题相对灵活，适用于总结优秀经验，上报或下发给本系统内相关单位或在报刊上发表。文章式标题常见的有单标题和双标题两种。单标题一般突出做法或成果，概括总结的主要内容，揭示主旨，如《××公司民主选举管理干部扭亏为盈》《切实加强对领导干部的监督和制约》；双标题是在单标题之下加上副标题，副标题的写法和公文式标题相同，如《构筑农村现代化的基础工程——中共威海市委宣传部××××年加强农民素质建设工作总结》。

(二) 正文

1. 正文的内容

工作情况不同，总结的内容也不尽相同。一般来说，总结的正文由开头、主体和结尾三部分组成。

(1) 开头。总结的开头往往概述基本情况，如总结工作的时间、单位、背景、总的成绩、基本评价等，类似新闻的导语，重在给人一个总体的印象。

(2) 主体。主体部分一般介绍做法和经验，这是总结的重点部分。这部分的写作应具体而又有条理地写明这一阶段做了哪些工作，采取了哪些行之有效的方法和措施，取得了哪些成绩，有什么体会和经验、教训等。

在实际生活中，经常看见这样的总结：只写成绩，不写失误，报喜不报忧；只写结果，不写过程，空洞无物；只写做了什么，不写经验体会，就事论事，缺乏深度，等等。这些都是不规范的总结。

做任何事都很难十全十美，往往会存在这样或那样的失误和不足，这些失误和不足也应该在总结中如实反映失误和不足的同时，还要分析存在问题的主要原因（重大问题还应追究主要责任人的责任），提出解决类似问题的意见，阐明今后努力的方向。能够如实做到有则改之，无则加勉，这样的总结才是有价值的。

(3) 结尾。结尾部分主要写今后的打算或努力方向。打算要切合实际，方向要具体明确。文字内容可长可短，但应起到明确方向、激励斗志、增强信心的作用。

2. 正文的结构

在结构安排上，正文大致有三种形式。

(1) 横式结构。即按逻辑关系将有关内容分成并列的几个方面，相互之间既有相对的独立性，又有密切的联系，它们同时阐述经验和体会。例如，很多大学在期末都要求学生对本学期的思想、学习、生活等方面做小结，在写作时即可从这几个并列的方面加以阐述。

(2) 纵式结构。即按照事物的发展过程，层层递进地介绍经验体会或具体做法。采用这种结构安排材料，一般要把整个工作或活动过程分成几个阶段，然后对每一个阶段的情况进行分析和总结，从中提炼经验或体会。

(3) 纵横交叉式结构。这种结构既考虑事物的发展过程，又注意内容的性质和逻辑关系，做到纵横交织，事理结合。

在正文的写作中，为了使层次清晰，经常设定小标题或序号，可以一目了然。

(三) 落款

总结的正文写完之后，应在正文的右下方签署总结单位的名称和总结完成的日期。署名需用单位全称，如果是用于上报的总结，应在单位名称处加盖单位公章。无论是单位总结还是个人总结，如果在标题下方署名了，落款可省略署名只写日期。

三、写作要求

不论何种格式的总结，其写作都应遵循以下要求。

(一) 掌握客观事实，广泛占有材料

掌握客观事实，广泛占有材料是写总结的基础。总结，就是总括事实，得出结论。没有事实就无法得出结论。总结的材料要准确、典型、丰富，须从以往的工作实际出发。写总结的人需要花大量的精力去搜集、积累丰富的材料，又要对搜集的材料进行筛选，确保材料的真实性和典型性。用事实说话是总结的生命，所以在行文中，要尽量避免使用"大体是""一定程度上""可能""一般的"等模糊语言，选用真实的数据是最有说服力的。

(二) 勤于思索，善于总结

每个单位都有自己的特点，好的总结应当指出那些具有典型意义的、反映自身特点的以及有规律性的经验和教训，这样可以提高领导的管理水平。总结中，须对工作的失误等有正确的认识，勇于承认错误，可以形成批评与自我批评的良好作风。要坚持实事求是的原则，克服夸大成绩、回避错误的缺点。

(三) 重点突出，简洁明了

在实际工作中，总结往往面面俱到，长篇大论，洋洋洒洒，实际上，总结也需要突出重点。在下笔之前，要根据总结的目的及中心，考虑清楚哪些是主要成绩和问题，突出有自身特点的几个方面，其他方面则应略写。

【例文 2-15】

20××年高校教师教学工作总结

本人20××年×月×日入职，回头看，围绕学校的工作计划和安排，本人兢兢业业，尽心尽职，较好地完成了各学期的各项任务。为总结经验，找出不足，便于今后更好的工作，特总结如下。

一、思想政治方面

作为一名教师，我在思想上时刻与党和政府保持高度一致，将"稳定一切"紧密贯彻到教育教学过程中。我积极参加学校组织的各项政治学习，思想上积极要求进步。自觉遵守学校各项规章制度，作风扎实，工作勤勤恳恳，任劳任怨。热爱党的教育事业，无私奉献。同时，严格要求自己，加强自己的理论学习和师德修养，并且务实地进行师德实践。

二、认真教学，育人为本

参加工作以来，本人认真备课、上课、听课，及时批改作业、讲评作业，做好课后辅导工作，广泛涉猎各种知识，努力形成比较完整的知识结构，严格要求学生，尊重学生，使学生学有所得，从而不断提高自己的教学水平和思想觉悟，并顺利完成教育教学任务。下面是本人的

教学经验及体会。

1. 提高教学质量，关键是上好课。为了上好课，我做了以下的工作。

（1）课前备好课。认真钻研教材，将教材的基本思想、基本概念、每句话、每个字都弄清楚，了解教材的结构、重点与难点，掌握知识的逻辑，知道应补充哪些资料，怎样才能教好。采用合适的教学方法，以便更好地把已掌握的教材内容传授给学生。

（2）课堂上，组织好课堂教学，关注全体学生，注意信息反馈，调动学生的有意注意，使其保持相对稳定性。课堂语言简洁明了，克服了以前语言重复的毛病，课堂提问面向全体学生，课堂上讲练结合。

2. 提高教学质量，还要做好课后辅导工作。及时点评学生的课后作业，讲解重点及难点。认真回答学生课后提出的问题，做好与学生的沟通工作。

3. 积极参与听课、评课，虚心向同行学习教学方法，博采众长，提高教学水平。听课是提高自身教学能力的一个好方法，新老师只有多听课才能够逐渐积累经验。

4. 培养多种兴趣爱好，博览群书，不断扩宽知识面，为教学内容注入新鲜血液。在教给学生一瓢水的时候自己先有一桶水。通过阅读各种书籍、资料提高自己的知识水平。教育工作是一项常做常新、永无止境的工作。

三、加强学习，提高自身素质

随着教育教学改革的不断深入，时代对教师的要求越来越高，越来越严，这就需要教师终身学习，自觉进行知识与观念的更新，增强自身修养与适应能力，不断提升自己的综合文化素养。教师要适应形势的需要，跟上时代的步伐，认清素质教育对人才培养的时代标准，就要不断学习，更新教育理念。因为良好的教师素质是提高教育质量的关键，是提高课堂效率、落实素质教育的根本。教师只有不断学习，不断进取，不断完善自我，才能在课堂教学中适应教材、适应学生、适应课堂，才能在课堂教学中注入符合时代信息的活水，才能常教常新。

四、务本求实，做好本职工作

严格遵守学院的各项规章制度，不迟到、不早退、有事主动请假。在工作中，尊敬领导、团结同事，能正确处理与领导同事之间的关系，此外对于系里安排的其他工作，本人也积极主动去完成。学校的中心工作是教学，课堂教学是学校教育的主渠道。作为一线的教师，首要的任务就是备课、上课、改作业。为上好每一节课，我首先做到了认真备课。在教学实践中，我深深体会到，只有教师认真做好课前准备，才能上好课，备课不仅是提高教育教学质量的一个重要条件，也是教师不断丰富自己教学经验的必要途径。为了备好课，本人认真学习课标要求，查阅有关的参考资料，刻苦钻研教材，结合所带班级的实际情况，确立合适的教学目标，制定切实可行的教案。

在认真备课的基础上，选择恰当的教学方法，精心组织课堂教学。课堂上尽量做到活、实、全。活，即教学方法活和学习方法活；实，即基础知识扎实；全，即面向全体，全面提高教学质量。真正做到人人有收获，个个有提高。在指导学生掌握基础知识的同时，注重智力的开发、能力的培养、素质的提高，并结合学科特点，对学生进行思想教育。

五、反思总结，争取进步

本人虽在工作中取得了一定的进步，但是仍有不足之处，主要有以下几点。

1. 对教学方法的把握还不是很成熟，仍需继续努力并向其他教师学习。

2. 在教学研究方面，尽管读了一些相关的书籍，有所收获，但我深知还有很多要学习的地方。

3. 专业知识的储备还稍显不足。

以上是本人教学工作的大体情况，希望在以后的工作中，领导及同事能多多指点及帮助。我会努力争取尽到一名教师应有的责任，也争取在教学方面取得更大的进步！

总结人：×××
××年×月×日

【例文2-16】

调整信贷结构　促进商品流通

——中国工商银行××支行××年金融工作总结

今年是国务院提出治理经济环境、整顿经济秩序的第一年，总行提出了"控制总量、调整结构、保证重点、压缩一般、适时调节"的信贷总方针，为了把这一中心任务贯彻落实到我们的商业信贷工作中去，我们提出的口号是调结构、保市场、促流通。其中调结构是基础，保市场是任务，促流通是目标。经过一年来的积极工作，商业信贷结构得到了有效调整。同时，我市市场出现了稳定、繁荣的喜人局面，完成购进总值20 548万元，实现销售24 178万元，创利税679万元，取得了比较好的经济效益。

一、调好两个结构，活化资金存量

今年，国家实行财政、信贷"双紧"的方针，其目的是减少货币投入，促进原有生产要素的调整及优化配置，从而达到控制通货膨胀、稳定发展经济的目的。商业部门担负着回笼货币、繁荣市场的任务，其经营情况对于稳定市场、促进经济发展具有重大意义。我们认为，在货币紧缩、投入减少的情况下，支持商业企业、提高效益、保住市场唯一的出路是活化资金存量，调整好两个结构，提高原有资金的使用效能，缓解供求矛盾。

（一）调整好一、二、三类企业的贷款结构

今年年初，我们根据上级行制定的分类排队标准，结合去年我们自己摸索出的"十分制分类排队法"，考虑国家和总行提出的支持序列，对全部商业企业进行了分类排队，并逐个对企业制订了"增、平、减"计划，使贷款投向投量、保压重点十分明确，为今年的调整工作赢得了主动。截至年末，一类企业的贷款比重达65.9%，较年初上升4.7个百分点；二类企业达26.7%，较年初下降2.6个百分点；三类企业达7.4%，较年初下降2.1个百分点。这表明，通过贷款存量移位，贷款结构更加优化。

（二）调整好商业企业资金占用结构

长期以来，我市商业企业经营管理水平不高，致使流动资金使用不当，沉淀资金较多。资金存量表现为三个不合理：一是有问题商品偏多，商品资金占用不合理；二是结算资金占用偏高，全部流动资金内在结构不合理；三是自有资金偏少，占全部流动资金的比重不合理。针对这三个不合理，我们花大气力、下苦功夫致力于存量结构的调整，从存量中活化资金，主要开展了以下几个方面的工作。

1. 大力推行内部银行，向管理要资金

我们在去年搞好试点工作的基础上，今年在全部国有企业内推行了内部银行，完善了企业流动资金管理机制，减少了流动资金的跑、冒、滴、漏，资金使用效益明显提高，×市百货大楼在实行内部银行后，资金使用明显减少，而效益则大幅度增长。今年全部流动资金占用比去年增长1.5%，而购、销、利的增幅均在30%以上，资金周转加快27%。据统计，今年以来，通过开展内部银行，商业企业节约资金约450万元。

2. 着力开展清欠，向潜力挖资金

针对商业企业资金占用高、潜力大的问题，我们今年建议市政府召开了三次清欠工作动员大会，组成了各级挖潜领导小组，并制定了一系列奖罚政策，在全市掀起了一个人人重挖潜、个个来挖潜的高潮，变银行一家的"独角戏"为银行、企业、政府的大合唱，有力地推动了全市商业企业挖潜工作的开展。为配合企业清欠，我们还在第三季度搞了"清欠三部曲"，派出信贷员28人次，帮助企业在市内、市外、区外三个层次清欠，清回资金317笔，共581万元，受到了企业的高度赞扬。

3. 全力督促企业补资，从消费挤资金

为解决商业企业自有资金少、抗风险能力差的问题，我们除发放流动基金贷款利用利率杠杆督促企业补资外，还广泛宣传、积极动员，引导企业学会过紧日子，变消费基金为经营资金。在我们的推动下，有7家企业把准备用于消费的285万元资金全部用于周转。例如地区纺织品站推迟盖宿舍楼，把85万元企业留利全部用于补充流动资金。今年，我们共督促商业企业补资158万元，为年计划的6倍。

由于开展了以上工作，我市商业企业的资金占用结构得到明显改善，全年处理各种积压商品595万元，使商品适销率由去年的85%上升至91%；压缩各种结算资金688万元，将结算资金占全部流动资金的比例控制在32%以下；全年补资158万元，使自有资金占全部流动资金的比例由年初的6.5%上升至7.9%。

通过调整两个结构，促进了资金存量向优秀企业投入，加快了资金周转，盘活了大量资金，使资金需求量大、资金占用严重不合理的问题得以缓解。

二、实行商品监测，搞好商品供应

商品种类是否丰富、价格是否平稳，是判断市场优劣的标准。商业信贷的任务在于及时、足量地把资金用到关键之处，支持商业部门及时组织商品供应市场，避免市场紊乱。为此，我们采取了以下措施。

（一）进行商品排队和监测

为保证市场供应，了解消费者对哪些商品最为敏感、最为需要，年初，我们抽出近两个月的时间对300种日用消费品进行了商品排队，找出了97种畅销商品、134种平销商品和69种滞销商品，摸清了市场状况，找到了工作着力点。为使商业部门的采购既能充足供应市场，又能防止积压，减少资金占用，我们集中对肥皂、奶粉、搪瓷用品等50种商品进行监测，设置了监测卡，每旬统一对这些商品的进、销、存、价格等进行监测分析，及时指导商业企业调整采购重点。例如今年4、5月份，我们发现有不少商业部门肉类库存薄弱，市场价格混乱，及时提供资金支持百货站重点采购。仅7天，就使市场肉类充裕起来，价格回落到正常水平。

在支持商业企业经营过程中，我们还从大处着眼，引导企业把近期市场与远期市场结合起来，把短期效益与长期效益结合起来，把企业效益与社会效益结合起来，以求得市场的长期稳定。如今年6月份，我市蒜苔取得大丰收，一时间蒜苔的市场价格迅速下落，广大农民普遍为销路和价格发愁。我们认为，如果蒜苔价格下降过低，肯定要伤害菜农的积极性，明年的蔬菜市场肯定要受影响。为迅速解决问题，保持蔬菜市场的长期稳定，我们建议市政府召开了由财政、税务、各乡镇、市蔬菜公司等27家单位参加的协调会议，适时制定了保护菜农和蔬菜公司利益的政策，理顺了各方面的关系。我们及时发放贷款100万元，支持蔬菜公司贮存外调蒜苔120万斤，迅速稳定了市场价格，保住了市场，为菜篮子问题消除了隐患，市政府对我们的工作予以高度评价。

（二）压集体、保国有，重点支持国有零售企业

国有零售企业直接面对消费者，担负着供应市场、平抑物价的艰巨任务，其经营情况对市场影响重大；而集体企业普遍管理水平低，且多追求盈利，不承担保市场的责任。为此，我们确定了压集体、保国有、重点支持国有零售企业的贷款投放序列。今年在商业贷款基本不增加的情况下，6家国有零售企业贷款上升175万元，而17家集体商业企业下降232万元，使国有零售企业的社会效益和经济效益明显提高，购、销、利分别为4079万元、6788万元和179万元，分别比去年同期增长25.6%、31.4%、29.8%，资金周转较去年同期加快7.5%。

三、重视决算审查，搞好综合反映

为使商业企业取得扎扎实实的经济效益，维护流动资金的安全性，我们于年末抽出专门人员对全部商业企业的效益进行审查，共审查出虚假利润134万元，并及时采取果断措施，督促企业调整了账务，保证了年终决算的真实性、准确性。

今年，我们还重点抓了综合反映工作，努力当好领导参谋，共完成经济活动分析、调查报告、专题总结、论文、经济信息等249篇，被有关部门转发选用的达169篇。通过该项工作，同志们的业务素质也有了明显提高。

四、抓政治思想工作，促廉政建设

今年，我们始终把思想政治工作作为工作中重要的一环，坚定不移地执行党的路线、方针、政策，自觉、坚决地抵制资产阶级自由化思潮的侵蚀。为惩治腐败、重振党威，我们还狠抓了廉政建设，制定了实施方案，坚决做到不吃请、不受礼、不以贷谋私，清正廉洁，建成一个团结的集体、战斗的集体、朝气蓬勃的集体。

旧的一年即将过去，新的一年即将到来，我们决心坚定地贯彻治理整顿的总方针，着力调整信贷结构，再创新成绩，再上新台阶，大力促进我市的商品流通，为发展经济，振兴×城做出贡献。

【写作训练】

1. 总结本学期某门课程的学习情况，写一篇学习小结。

2. 评析下面这份总结,谈谈写作中应该注意哪些问题?并对此文做相关修改。

学年个人总结

炎日当空,天上无一丝云彩,火辣辣的太阳简直叫人不敢出门,空中没有一丝风,只有知了在树上不停地叫着,好像在说:"放假啦,放假啦。"又一学年过去了,我应该利用暑假对这一学年的学习情况做一些总结,以迎接新学年。

在这一学年里,我学习了成本会计、管理会计、审计原理、经济法、计算机应用、外贸会计、大学英语、应用文写作、体育、职业道德、概率论等课程。其中成本会计82分,管理会计86分,审计原理77分,经济法89分,计算机应用90分,外贸会计90分,大学英语70分,应用文写作67分,体育是中,职业道德是优,概率论是中。总体来说,成绩还是可以的,在班上属中等水平。其中,计算机应用和外贸会计成绩好些,而大学英语、概率论和应用文写作差些。下一学期,我要继续努力,争取取得更好的成绩,最好都在80分以上,这样就可以获得奖学金,减轻家庭的经济负担,更可以在择业时增加自己的实力。

第八节 演 讲 稿

一、演讲稿的含义、种类和特点

(一) 演讲稿的含义

演讲稿是指在较为隆重的仪式上和某些公众场所发表的讲话文稿。演讲稿是进行演讲的依据,是对演讲内容和形式的规范与提示,体现演讲的目的、手段、内容和形式。

(二) 演讲稿的种类

演讲稿在工作和社会生活中的使用频率很高,种类也很多。

从广义上来讲,各种大小会议上的发言稿、报告稿、领导人讲话稿、开幕词、闭幕词、欢迎词、欢送词、悼词、祝词,以及群众性集会上的演说词、用于演讲会演讲比赛的演讲稿等都属于这一范畴。

从狭义上来讲,演讲稿与发言稿、讲话稿存在很大区别。讲话是在各种场合的发言,语调较为平缓,能准确地表达意思即可;演讲则以讲为主,以"演"为辅,除了可以交流思想、感情,表达主张、见解,还具有宣传、鼓动、教育和欣赏等作用,声情并茂,使听众信服并在思想感情上产生共鸣。

(三) 演讲稿的特点

严格地讲,演讲是演讲者与听众、听众与听众的三角信息交流,演讲者不能满足于传达自己的思想、情感和情绪,他必须能控制住自己与听众情绪的反应。所以,为演讲准备的稿子就应该具备如下特点。

(1) 针对性。演讲是面对特定听众的，因此，写稿前必须了解听众的年龄层次、文化水平、性别、职业、文化程度、所关心的问题等，这样，才能做到有的放矢，起到应有的社会效果。

(2) 可讲性。演讲的本质在于"讲"，而不在于"演"，它以"讲"为主，以"演"为辅。由于演讲要诉诸口头，拟稿时必须以易说能讲为前提。一篇好的演讲稿对演讲者来说要可讲，对听讲者来说应好听。因此，演讲稿一般采用口语，并要善于运用通俗、生动的词语，简明活泼的句式和丰富多彩的修辞手法来增强演讲的效果。

(3) 鼓动性。演讲是一门艺术，成功的演讲自有一种激发听众情绪、赢得好感的鼓动性，说服力强，感染力强。要做到这一点，首先，要依靠演讲者自身的个性修养和演讲艺术；其次，演讲稿的思想内容应丰富、深刻，发人深思，富有感染力。

二、演讲稿的写作格式

演讲稿的写作与一般文章的写作结构大致一样，分开头、主体、结尾三个部分。由于演讲是具有时间性和空间性的活动，因而演讲稿还具有其自身的特点，它的开头、主体和结尾都必须有各自的特点和吸引力。

(一) 开头

演讲稿的开头也叫开场白。开场白是演讲者与听众最初的实质性接触，听众往往从开场白中获得演讲的第一印象。好的演讲稿，一开头就应该用最简洁的语言、最经济的时间，把听众的注意力和兴奋点吸引过来，这样才能达到出奇制胜的效果。

演讲稿的开头有多种写法，常用的有以下几种。

(1) 开门见山，揭示主题。这种开头是一开讲就进入正题，直接提示演讲的中心。例如黑格尔在美学讲座的开头说："女士们、先生们，这些演讲是讨论美学的，它的对象是广大的美的领域，说得更精确一点，它的范围就是艺术；或者毋宁说就是美的艺术。"这种开头，明晰地指出演讲的范围，使听众一听就知道讲的中心是什么，注意力马上集中起来。

(2) 说明缘由，以情感人。这种开头可以迅速缩短与听众的距离，使听众急于了解下文。例如，恩格斯在1881年12月5日发表的《在燕妮·马克思墓前的讲话》的开头："我们现在安葬的这位品德崇高的女性，在1814年生于萨尔茨维德尔。她的父亲冯·威斯特华伦男爵在特利尔城时和马克思一家很亲近；两家人的孩子在一块长大。当马克思进大学的时候，他和自己未来的妻子已经知道他们的生命将永远地连接在一起了。"这个开头对发生的事情、人物对象做出必要的介绍和说明，为进一步向听众提示论题做了铺垫。

(3) 提出问题，引起关注。这种开头是根据听众的特点和演讲的内容，提出一些激发听众思考的问题，以引起听众的注意。例如，弗雷德里克·道格拉斯1854年7月4日在美国纽约州罗彻斯特市举行的国庆大会上发表的《谴责奴隶制的演说》，一开讲就引发听众的积极思考，把人们带到一个愤怒而深沉的情境中去："公民们，请恕我问一问，今天为什么邀我在这儿发言？我，或者我所代表的奴隶们，同你们的国庆节有什么相干？《独立宣言》中阐明的政治自由和生来平等的原则难道也普降到我们的头上？因而要我来向国家的祭坛奉献上我们卑微的贡品，承认我们得到并为你们的独立带给我们的恩典而表达虔诚的谢意么？"

除了以上三种开头，还有释题式、悬念式、警策式、幽默式、双关式、抒情式等，可根据不同的演讲内容和个人的演讲风格加以选择。

(二) 主体

主体是演讲稿的主要部分。在行文的过程中，要突出重点，反复阐明中心。这部分的常见结构如下。

（1）并列式。并列式的演讲稿一般采用令人信服的分论点，摆事实、讲道理，从不同方面充分论证中心观点，使之无可辩驳。例如李燕杰在《国家、民族与正义》中讲"爱国之心"时，分别列举肖邦、贝多芬、屈原、文天祥和当代一位女归侨的爱国事迹，从而充分证明了爱国主义是人类的精神财富。

2）层递式。层递式的演讲稿一般逐层展开，层层推进，一步步深化中心，体现了演讲者思路展开的步骤，反映了演讲者对客观事物的认识过程，也与听众的接受心理较为契合。

(三) 结尾

演讲稿的结尾没有固定的格式，或对演讲全文要点进行简明扼要的小结，以加深听众的印象；或以号召性、鼓动性的话收束；或以诗文名言和幽默俏皮的话结尾。

三、写作要求

(一) 明确目的，有的放矢

演讲是讲给人听的，因此，写演讲稿首先要考虑演讲的目的、场合，了解听众的思想状况、文化程度、职业状况等，针对他们所关心和迫切需要解决的问题有的放矢。否则，不看对象，演讲稿写得再美妙，听众也会感到索然无味，无动于衷，也就达不到宣传、鼓动、教育和欣赏的目的。

(二) 观点鲜明，感情真挚

演讲稿要使用明确的概念，判断恰当，用词贴切，句子组织结构合理，明晰、通畅地表达演讲的思想内容，而不刻意追求形式上的华丽。演讲稿还要有真挚的感情，才能打动人、感染人，有鼓动性。

(三) 例证典型，哲理深邃

"事实胜于雄辩"，演讲要以理服人，以情动人，离不开生动而典型的事例。演讲要用知识去启迪人们的智慧，净化人们的灵魂，这就要求写作者不仅要有广博的知识、丰富的阅历，而且要能使听众会心言外，深思彻悟，给人以哲理启迪。

(四) 语言生动，幽默风趣

演讲是一门"独白艺术"，台上讲，台下听，这就首先要求要好听、有趣味、感人，因此，演讲稿的语言必须生动，讲来上口，听来入耳。还可恰当运用一些修辞手法，讲些幽默俏皮的话语，将概念的东西形象化、抽象的道理具体化。

【例文 2-17】

感恩父母

　　我们从哪里来？听到这个问题，大家肯定都会说是父母把我们带到世界上来的。是啊，十多年前的某一天，我们的父母用幸福的笑容迎接我们的到来。但当我们来到世上的那一刻起，父母们却多了一项繁重的工作——照顾我们。尽管这是一个沉重的负担，但父母们却毫无怨言地抚养我们长大。为了给我们一个舒适的生活环境，他们总是那么辛苦，那么努力。小的时候，我们总把这当作天经地义，因为我们不了解，也不知道父母的辛苦。现在，长大了，我们知道该怀着一颗感恩的心去体谅父母，应该担当起照顾父母、孝敬父母的责任。

　　回眸我们的人生，我们就会发现我们永远沐浴在父母的爱河里。因为有了父母才有了我们，我们才有机会在这五彩缤纷的世界里体味人生的冷暖，享受生活的快乐与幸福，是他们给了我们生命，给了我们无微不至的关怀。儿女有了快乐，最为之开心的是父母；儿女有了苦闷，最为之牵挂的也是父母。舐犊情深，父母之爱，深如大海。因此，不管父母的社会地位、知识水平以及其他素养如何，他们都是我们今生最大的恩人，是值得我们永远去爱的人。

　　你读过写在老人赡养院墙壁上的那段话吗？"孩子！当你还很小的时候，我花了很多时间，教你慢慢用汤匙、筷子、吃东西；教你耐心系鞋带、扣扣子；教你梳头发、拧鼻涕……这些和你在一起的点点滴滴，是多么地让我难以忘怀。孩子！你忘记我们练习了好几百回才会的第一首儿歌吗？还记得每天总是要我绞尽脑汁去回答你不知道从哪里冒出来的问题吗？只要和你在一起，就会有许多温暖涌上心头，陪着我，慢慢地，就像当年一样，我带着你一步一步地走。"每当我读着这段感人至深的话，我就不由得汗涔涔而泪潸潸，催我去感恩父母。

　　然而，你们是否扪心自问过：自己对父母的挂念又有多少呢？自己是否留意过父母的生日呢？民间有谚语：儿生日，娘苦日。当你在为自己庆贺时，你是否想到过用死亡般的痛苦，让你降生的母亲呢？是否曾真诚地给孕育你生命的母亲一声祝福呢？中国是一个文明古国，自古讲求孝道。孔子言："父母之年，不可不知也，一则以喜，一则以惧。"也就是说，父母的身体健康，儿女应时刻挂念在心。但据报道，今年北京某中学的抽样调查却显示：有近50%的学生竟不知道自己父母的生日，更谈不上对父母的生日祝福。同学们，或许一声祝福对自己算不了什么，但对父母来说，这声祝福却比什么都美好，都难忘，都足以使他们热泪盈眶！孝，其为人之本也，一个懂得感恩父母的人，才能算是一个完整的人。同学们，让我们学会感恩父母吧！用一颗感恩的心去对待父母，用一颗真诚的心去与父母交流，不要再认为父母帮我们做任何事情都是天经地义的。他们把我们带到这美丽的世界，已经是足够的伟大，且将我们养育成人，不求回报，默默地为我们付出，我们就别再一味地索求他们的付出。感恩吧！感谢父母给予的一点一滴！

　　让我们怀着一颗感恩的心，去对待身边的一切吧！也许记忆中的面容会模糊，名字会尘封，但记忆中的快乐永远不会褪色，让我们带着一颗感恩的心去回报父母吧！一生一世牢记父母的恩情，我爱我的父母，愿普天下的孩子都能爱自己的父母！亲爱的同学们，让我们一起深情地对自己的父母说："爸，妈，我爱你们！"

【写作训练】
1. 演讲稿与讲话稿有什么联系和区别？
2. 从下列题目中任选一个撰写一篇演讲稿。
（1）我的职业理想
（2）环保从我开始
（3）不忘初心　方得始终

第九节　毕业论文

一、毕业论文的概念

毕业论文是各类教育机构中，具有较高层次学历的人在毕业时，为总结学业而撰写的学术论文。毕业论文是在导师的指导下，由学生独自完成的。它是大学生完成学业的标志性作业，是对大学学习期间学习成果的一次综合性考核，是反映学生掌握知识的程度、分析问题和解决问题的基本能力与创新能力的一份综合答卷。

就体裁而言，毕业论文是一种议论文体，与一般议论文的逻辑构成相同，包括论点、论据、论证三要素。但就其价值而言，毕业论文与一般议论文存在明显差异，它是较为系统地专门地讨论与研究某种学问，表述和反映某种科研成果的文章。毕业论文既是从事科学研究的手段，又是进行学术交流的工具，它在科学技术领域具有直接或间接的实用价值。

二、毕业论文的特点

毕业论文是学术论文的一种，包括科技期刊论文、课题结题报告、学位论文(含学士论文、硕士论文、博士论文)和学术专著在内的学术论文，都具有下述共同特点。

(一) 科学性

毕业论文本身是一种学术探求活动，是一种理性思考。所以，科学性是学术论文之"本"。它要求撰写者的态度严肃认真，客观审慎，所表述的内容要明白无误，确凿可靠，多用事实说话，用数据说话。表达思想观点、研究结论要求科学严谨，逻辑严密。

(二) 创造性

学术研究本身就是一种认识真理、创造知识、探索未知世界的活动。没有创造就没有科学。因此，创造性是论文写作的生命，它要求撰写者以"求异"的眼光看待事物，以创新意识去处理问题，它要求作者必须有自己的独特专业见解和理论建树。

(三) 专业性

各类学术论文有明确的读者对象和具体的专业范围。常言道："隔行如隔山。"学术论文所反映的学术观点一般是某一学科领域里的科研成果，作者通常是本学科领域有专门造诣的人才，使用科技语体写作，其特点是专业术语和非自然语言符号(如图像、表格、专用符号、公式等)占的比重很大。

(四) 规范性

学术论文在行文格式上有着约定俗成的规范性。国际标准化组织、不同学科和专业的学术机构、联合国教科文组织都对科技文献资料的撰写和编辑制定了一系列的国际标准。我国国家标准局也发布了《科学技术报告、学位论文和学术论文的编写格式》《文后参考文献著录规则》《科学技术期刊编排规则》《文摘编写规则》等国家标准。这些国家标准和国际标准对各学术论文的书写格式、名词、缩语、主题词、符号、表格、计量单位、插图、项目的顺序及其序号等的使用，都做了规范化、标准化的统一规定。这些规定能起到记录、总结、保存、交流、传播和普及学术信息的作用，对毕业论文的写作实践具有重要的指导意义。

(五) 可读性

可读性是对所有文章的一般要求，但需要指出的是，学术论文最容易写得高深莫测、晦涩难懂、冗长乏味。如果一篇文章读起来像读天书一样，那还有什么价值可言？学术论文同样应该具有可读性，行文有条有理，用语简明精当，讲究修辞效果，文字生动活泼，注意图文并茂。

三、毕业论文的写作流程

(一) 选题

毕业论文首先需要完成选题工作。毕业论文选题的来源可分为两种情况：一是毕业论文指导教师提供选题；二是学生自主完成毕业论文选题。毕业论文选题需要注意，契合自己的专业方向，对本专业内的相关学术问题进行研究。毕业论文的选题还需要注意题目范围大小合适，题目太大太宏观会导致论文空洞，研究不具体；论文选题范围太小，会导致毕业论文的篇幅难以达到要求。选题还要注意创新性，避免选择他人已经充分研究过的选题。

(二) 开题报告

选题工作完成之后，需要查阅相关的资料，并撰写开题报告。开题报告是对所研究课题的整体性文字说明材料，是毕业论文的核心提纲。通过对开题报告的阅览，能够看出论文的整体框架结构及研究者研究水平。

开题报告通常包括以下要素：选题目的和意义、国内外研究现状综述、研究内容、研究思路、参考文献。

(1) 选题目的和意义，重点解答"选题有何价值"，是对选题题目、研究目的、研究价值进行简短的、概括性的说明。

(2) 国内外研究现状综述，又简称"文献综述"，重点解答"如何形成选题"，是通过说明国内外研究取得的成果、指出存在的不足后提出研究者的选题。文献综述最能体现研究者选题形成的过程，同时体现研究者对相关对象的了解程度，是开题报告最重要的部分。

(3) 研究内容，重点在于"选题如何展开"。是在对国内外研究现状进行梳理并确立选题的基础上，展现研究者对选题的进一步思考，并通过提纲的方式呈现自己对如何开展研究的设想。

(4) 研究思路，是对研究内容的进一步阐释。是通过对研究的技术路线、拟采用的研究方法、拟解决的问题、拟实现的目标、研究的重点和难点等信息的说明，进一步展现自己对选题的理解。

(5) 开题报告中的参考文献包含两部分，一部分是选题过程中已经阅读过的文献，另一部分是在研究过程中即将参考的文献。一般来说，研究者应该尽可能在开题之前完成文献的阅读和整理。

(三) 开题答辩

高校的毕业论文在正式进入写作流程之前，先要进行开题报告的撰写并且进行开题答辩，学生需首先向答辩委员会的教师提供一份完整的纸质开题报告材料，然后对自己的论文框架及特色进行陈述，最后由答辩委员会向学生提出问题与意见，并且商议该题目是否能够进入后续研究。开题答辩顺利通过，标志着学生可以正式开始毕业论文的写作。

(四) 论文写作

毕业论文的撰写过程中要充分应用逻辑的方法、辩证的方法。注意写作技巧，力求层次清楚、重点突出、语句通顺、用词准确。在论述过程中采用一定的数据、事实或他人的论述来证明自己的观点。

毕业论文写完之后，还需要进行修改。进一步审视主题是否正确、是否有特色，考虑层次和段落的安排是否条理分明、分段是否恰当、结构是否紧凑等。考虑遣词造句、标点运用等语言文字运用方面的问题。

四、毕业论文的格式

(一) 标题

标题是文章的眼睛。论文标题是论文最简要、最精练的概括。标题应力求做到明确、简约、醒目、新颖。标题有单行与双行两种形式。在论文内容较多、牵涉面较广、单标题难以揭示全文中心时，采用主标题下再配以副标题的办法，使两者互为补充，以避免单标题过长。但在通常情况下，要尽量少用副标题。

(二) 署名

毕业论文一般要制作封面，标题和署名置于封面之上。署名包括作者姓名、所在学校、所在专业、班级编号、学籍编号，还包括指导老师姓名和论文提交日期。署名的意义不仅在于成绩录入、资料存档，而且体现知识产权、文责自负等内容。

(三) 摘要

摘要是论文全文核心观点的简要介绍。文字要求简明概括，字数一般不超过500字。摘要一般写成于全文完稿之后，置放于论文正文之前。

(四) 关键词

关键词也叫主题词，是从文献的题名、摘要、正文中抽取出来的，要选择对表述论文的中心内容有实质意义的词汇，一般为名词或名词性的词组。一篇论文中，关键词至少3个，不得多于8个，词与词之间应用逗号予以分隔。

关键词置于摘要之后，摘要和关键词都应另一页翻译成英文。

(五) 绪论

绪论又叫前言、引言，是全文的开场白，用于说明论文的主题、目的和总纲。绪论要简短，态度要客观，不自我抬高，也不贬低他人。

(六) 本论

本论是论文的主体，作者的观点、创造性的信息及所能达到的学术水平都形成并体现于这一部分。要做到论点鲜明有力，论据真实充分，论证过程合理。

(七) 结论

结论是整个课题研究结果的总判断和总评价。结论要有高度的概括性、科学性和逻辑性，还应包括对研究成果实践意义的交代和应用前景的描述。

(八) 参考文献

参考文献的目的在于便于读者查阅原始资料，也便于自己进一步研究时做必要的核对。需详尽写明所引文献的名称、著者、编者，网络载体名称、卷页、发表时间、出版社名称等。

(九) 致谢

致谢旨在感谢在论文写作过程中对自己提供过帮助的人，包括领导、老师、同学和其他社会人士。

五、毕业论文的基本写作要求

(一) 行文要求

撰写初稿是论文成篇的第一关，要力求完整、翔实、清晰，最好一气呵成。既不要漫不经心，敷衍了事，也忌讳写到后面频繁看前面。初稿写成可稍事停放再做修改，直到满意，才能最后定稿。

论文主体一般包括绪论、本论和结论。本论是毕业论文的正文部分，是文章的核心。为了立体地、多方面地论证论点，本论中一般存在分支论点，需要开列层级标题。

毕业论文的层级标题、图表、数量单位、数字与其他专用书写符号的行文方法如下。

层级标题是指除文章题名外的不同级别的小标题，各级层级标题都应简短明确。按照国际惯例，一级标题用"第×章"表示，后空一格书写标题内容，三号黑体字居中。其后各层级标题用阿拉伯数字连续编号，均需前空一行，顶格书写，独立成行，题后不用标点符号。不同层次数字之间用下圆黑点相隔，如"2.1""3.1.2"等，题号后面空一格再书写标题。二级标题用四号黑体字。三级以下标题和正文均用小四号宋体。在国内，文、史、哲方面的学术论文，习惯上沿用中文格式，其层级标题的书写方法是：第×章……；第×节……；一、……；（一）……；1.……；(1)……；①……一级、二级标题居中书写，其后各级标题也不必顶格，而是空两格书写。

图的使用是为了使表述更直观，要力求精当。图、表与文字表述应互文见义，切忌重复；能用文字说明的问题，尽量不用图。供制版的墨绘图的要求：按 1∶1 绘制，宽≤5cm，且长、宽比例适宜，线条应足黑，均匀。坐标、图示中的量和单位符号应齐全。图中的术语、符号、单位应与表格及文字表述所用的一致。图应有以阿拉伯数字连续编号的图序和简明的图题。图序和图题居中书写于图的下方。

表的使用是为了使数据更集中、更鲜明，要进行精心设计。为使表的结构简洁，一般采用三线表，即由顶线、栏目线、底线三条横线组成的表，必要时可加辅助线。表中的术语、符号、单位等应与图及文字表述所用的一致。表中内容相同的相邻栏，不能用"同左""同上"等字样代替。表应有以阿拉伯数字连续编号的表序和简明的表题。表序和表题居于表的上方。

量和单位应严格执行国家标准规定的量和单位的名称、符号和书写规则。

数字与符号凡是可以用阿拉伯数字且很得体的地方，均用阿拉伯数字。文章中出现的外文字母、符号要分清大小写、正斜体，上下标的字母、数码、符号位置要明显，容易发生混淆的外文字母、符号必须书写清楚。不得使用已废弃的符号，如"∵""∴"等。

毕业论文一般要求在 5000 字以上，篇幅大小量力而行，不设上限。

(二) 参考文献要求

参考文献位于文尾，分条排列。列表中列出的文献一般应限于作者直接阅读过的、最主要的、发表在正式出版物上的文献，未公开发表的资料一般不宜列入参考文献列表。参考文献列表中，文献的作者不超过 3 位时，全部列出；超过 3 位时，只列前 3 位，后面加"等"字或相应的外文；作者姓名之间用"，"分隔，作者姓名之后不加"著""编""主编""合编"等责任说明。参考文献题名按国际惯例不使用书名号，题名后面应在方括号内夹注文献类型标识码：专著[M]、论文集[C]、学位论文[D]、报告[R]、期刊文章[J]、国际与国家标准[S]、标准编号与标准名称[S]等。参考文献的著录格式及示例如下。

[1] 主要责任者.文献题名[文献类型标识].出版地：出版单位，出版年，起止页码.

[2] 主要责任者.电子文献题名[文献类型标志].电子文献的出处或可获得地址，发表或更新日期/引用日期.

(三) 毕业论文装订要求

毕业论文写作完成后，一般要装订成册，以便审读和归档。

毕业论文的版式构成一般包括以下项目：①封面；②摘要（包括中文摘要、中文关键字、英文摘要、英文关键字）；③目录；④正文（包括绪论、本论、结论三部分）；⑤致谢；⑥参考文献；⑦附录（包括毕业论文选题报告、毕业论文任务书、开题报告、文献综述、外文翻译及原件复印件）。论文写作完毕，誊清定稿后，加上封面、封底，装订成册，封面需写明题目、学校、专业、导师姓名、本人姓名、完成日期等内容。论文篇幅较长时可使用目录，编目录时需标明页码，以方便论文审查者与读者阅读。

全部毕业论文资料用 A4 纸打印，文面整洁，美观耐看。

(四) 学术道德要求

撰写毕业论文是一种学术活动。从事学术活动，应维护学术尊严，倡导严谨踏实的学风，牢固地树立实事求是的科学精神，严格遵守《中华人民共和国著作权法》《中华人民共和国专利法》等有关知识产权的法律法规，并遵守下述学术道德规范。

(1) 撰写毕业论文时不得弄虚作假。在科技探索中，必须一丝不苟地记录并如实报告试验结果和统计资料，不得虚构篡改试验结果或统计资料，更不得雇佣或代替他人撰写论文。

(2) 撰写毕业论文时不得抄袭他人成果。进行学术研究，应全面了解他人的已有成果；在作品中引用他人的成果，必须注明出处；被引用的部分不能构成引用人作品的主要部分或者实质部分；从他人作品中转引第三人的成果，必须做出说明。参照而未引用他人成果，或受别人成果的启发而未直接使用他人成果，也应做出说明并列出参考文献。

(3) 学生不得以任何行为影响论文评审的客观性、科学性与公正性。

【例文 2-18】

开题报告格式模板

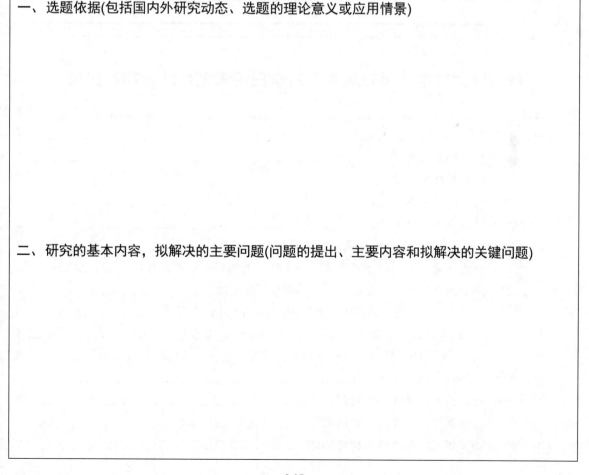

三、研究步骤、方法及措施(研究框架和基本思路、方法，本文的创新及预期成果)

四、研究工作进度

序号	时间	内容
1		
2		
3		
4		
5		
6		
7		

毕业论文《论"建安风骨"对李白诗歌创作的影响》目录

绪论 1
一、建安风骨的美学内涵 1
　(一) 独特的个性气质 1
　(二) 强烈的政治热情 1
　(三) 敏锐的时间感受 2
　(四) 对现实的深切关注 2
二、李白的文学思想及与"建安风骨"的契合 3
　(一) "自从建安来，绮丽不足珍" ——李白对前代诗歌的态度 3
　(二) 李白固有思想和"建安风骨"的契合 4
　　1. "我志在删述，垂辉映千春" ——李白的儒家思想 4
　　2 "托身白刃里，杀人红尘中" ——李白的游侠思想 4
　　3 "五岳寻仙不辞远" ——李白的道家思想 5
三、李白诗歌中的"凛然风骨" 5
　(一) 心怀天下，兼济苍生的刺世诗 6
　(二) 落日塞尘，大漠孤烟的边塞诗 6
　(三) 洒脱不羁，飘逸绝伦的游仙诗 7

四、李白对建安风骨的发展 7
   （一）在关注现实时融注自我的气质 7
   （二）以鲜活明亮的意象抒发激昂的情怀 8
   （三）诗歌形式浑融流转，音调铿锵 9
结语 10
参考文献 11

【写作训练】

1. 一篇有价值、有分量的毕业论文应当形成一个论点系统，其中统帅全篇、贯穿始终的是论文的中心论点。中心论点之下又有若干分论点。分论点由中心论点派生而出，并按照一定的联系合理安排行文次序，有条理地阐述、论证中心论点。请你到图书馆期刊阅览室找一篇学术期刊论文，认真阅读，细心体会，厘清其逻辑顺序，分别指出论文的中心论点、分论点各是什么，全文是按照怎样的次序进行排列组合的？

2. 你目前学习了哪些专业知识？请在此范围内选一个较小的问题，写一篇3000字左右的学年论文。

3. 根据所学专业，选择毕业论文课题并拟出论文写作提纲。

第十节　新媒体写作

一、新媒体的概念

新媒体，顾名思义，有别于传统媒体，是除纸媒、广播、电视媒体之外，依托网络，以客户端为载体，打破时间和空间的限制，通过文字、图片、视频等方式传递信息或服务的各类媒体的总称。新媒体涵盖所有的移动客户终端，它通过智能接收设备的各种软件和平台系统进行信息的传播，实现了影音同步传播。

与传统媒体相比，新媒体具备快速、便捷、即时和交互的新特点，这些特点是传统媒体所欠缺或者不具备的。传统媒体受制于制作方式和传播方式，必须凭借大型机构的整体力量，多部门、多人合作完成，创作时间跨度大，而且媒介介质较为单一，不能与声音、影像同步。而新媒体几乎可称全媒体，新媒体发布的信息能做到文字、声音、画面完全呈现，并且可以通过编辑和链接随时接入互联网的信息海洋，可以做到高效、迅捷地传播信息。

新媒体写作，新的地方在平台，而非内容。数字化技术的出现使大量的传统媒体加入新媒体的阵营，大大提升了传统媒体的传播效率；媒介形态也因新技术的诞生而逐渐丰富多样。目前，新媒体主要包括各种门户网站、各种智能移动客户端（平板、手机），以及依托智能移动客户端的信息传播平台（如微信、微博、抖音等）。

二、新媒体的类别

(一) 数字新媒体

伴随着信息通信技术的不断发展,数字媒体打破了原有的信息传播方式,以数字技术作为支撑,将传播的内容以图像、视频、动画、音频等数字化形式呈现,具有方便快捷和高保真度等特点。由第一媒体中的报刊、书籍、杂志发展成为使用阅读器等终端获取的电子书、数字期刊和数字报纸;由第二媒体的广播发展成为车载卫星收音机、网络收音机等数字广播;由第三媒体的电视发展成为直播卫星数字电视、网络电视、有线和无线数字电视等。

(二) 网络新媒体

网络新媒体,也被称为第四媒体,是指通过宽带互联网,以图片、视频、音频等形式进行的信息传播。在互联网 Web 1.0 阶段,网络信息采用服务器集中存储并传递给用户,用户通过搜索引擎被动接受信息,信息的获取和使用过程缺乏个性化和创新性。自 2005 年互联网发展进入宽带互联网 Web 2.0 阶段,信息内容的生成主要来自于用户,用户可将生成的内容通过网络进行发布、互动和分享,提升了网络的开放性、参与性和对等性,使网络媒体发展成为网络新媒体。

(三) 移动新媒体

移动新媒体是对便携式新兴媒体的统称,移动新媒体以无线网络作为媒介,以移动设备作为载体,通过对信息内容整合实现信息资源的快速传播。移动新媒体继承了第四媒体即网络新媒体的打破时间和空间限制的特点,同时具有传播可定向、传播成本低、传播效果及时、传播范围广等特点。移动新媒体已经成为当前最便捷、最普及的主流媒体。移动新媒体的典型服务和产品包括移动社交、移动新闻客户端、移动阅读等。

三、网络新闻写作

(一) 网络新闻的种类

当前,新媒体以其自身优势使新闻报道得到全方位的改变。新闻报道受数字化、信息化、网络化的影响,打破时间、空间的限制,新闻信息传播的时效性大大提高了。根据新闻报道的来源,可以将网络新闻分为复制新闻和原创新闻两类。

1. 复制新闻

复制新闻就是从传统媒体上复制来的新闻。复制新闻谈不上真正意义的新闻写作,因为它采用的是"拿来主义",而更多涉及的是网络编辑技巧。

复制新闻主要是编辑从上网的报纸中寻找新闻,通常不对新闻内容进行改动,但大多会改写标题,多用实题、单行题,并且把新闻中的长段分开,用空行分隔为几段。

2. 原创新闻

原创新闻有两种：一是网络记者自己采写的新闻报道；二是通过重组新闻资源、重新编辑而改写的新闻报道。原创新闻是网络新闻写作研究的重点。

西方网络传播研究者指出，提供原创内容，你可以通过链接使用一些别人的资料和图片，但你必须同时有自己的东西，否则你就不是一个新闻组织，而只是一个线路公司。获得成功的要素，还是要有自己的报道和写作。他们认为，原创的，才是激动人心的和有趣的。几乎所有网站都以内容质量为自己的生存之道，新华网提出力争"新闻信息原创量第一"。就目前环境来看，通过新闻重组而生产出更多的网络原创新闻，以充实网站内容，形成风格，不失为一条现实而便捷的办法。

对传统媒体或网上信息库所提供的新闻资源进行筛选、集成、配置、整合，而改写的符合网络特点的新闻报道，叫作资源重组新闻。资源重组新闻可以是同一事件的综合，可以是同类事件的综合，也可以是某一时段新闻的综合。

目前，资源重组新闻是网站的主要内容。经过资源重组的新闻，增加了信息含量，新闻价值也有所提升，更能引起人们的关注。

(二) 网络新闻的基本特点

1. 高时效性

网络新闻是一种"全天候"的报道方式，可以 24 小时多视角地展示新闻事件的始末和细节，它不受印刷、运输、发行等因素的限制，信息上网的瞬间便可同步发送到所有用户的手中，在新闻报道中体现了前所未有的高时效性。

网络新闻的更新周期是以秒来计算的，信息一经发布，就能实时显示出来，从而被用户浏览。而报纸的出版周期一般以天来计算，电视、广播的周期以天或小时计。据了解，最近十几年轰动世界的重大事件报道，全球新闻媒体中首次发布信息的都是新媒体，突发事件报道的时效性更为突出。新媒体技术发展过程中，新的技术不断被应用到新闻写作上，如人工智能写作、大数据挖掘等都会进一步增强新媒体新闻的高时效性，满足大众对即时性的需求。

2021 年 3 月 5 日，人民日报记者巩晗借助"智能创作机器人"AI 辅助采写"两会"新闻报道。AI 可现场采集文字语音、视频素材并自动整理，智能提取有效部分、一键检索全网相关资讯、自动汇总梳理背景信息、自动编写各地区、行业热点聚合新闻。还可一站式接收网站、APP、微信、微博等实时新闻推送。

2. 互动性

网络新闻的传播是一种开放的互动式传播。传统的大众传播是一种单向的传播活动，传播过程中，受众对信息的接受形态是被动的，缺少自己对信息的选择。但网络传播可以是单向传播，也可以是双向甚至多向的传播，具有很强的交互性。网民与网站之间、网民与网民之间可以利用论坛、聊天室、网络电话、电子邮件等工具实时沟通、互动，也可以对信息内容随时展开讨论。受众不仅可以接收信息，也可以传播信息，把自己认为有价值的信息传播给别人，并随时发表自己的见解。"人人都是总编辑，个个都有麦克风"的自媒体的兴起，不仅实现了媒体与网民之间的沟通，还实现了受众对受众的传播，使新媒体新闻成为大众共同发言的新闻类型，更新了媒体的传统观念，强化了受众的参与意识。

新媒体也给受众提供了多样化的互动模式，从早期的新闻评论、转发、编辑功能到当下的视频弹幕等，多样的互动形式也为新闻和信息的传播提供了更多的趣味性。

3. 超链接性

网络新闻文本结构不再是传统的线性文字，而是超文本结构。所谓超文本结构，就是不仅有文字文本，而且有声音文本、图画文本、动画文本甚至影视文本，同时文本中又包含其他数据的链接。用户单击文本中加以标注的一些特殊的关键单词和图像，就能打开另一个文本。用户可以选择超文本所链接的信息类型，从一个文本跳转到另一个文本，也可以激活一段声音、显示一个图形或播放一段视频。

网络新闻的超链接方式使网络新闻的内容具有无限的扩展性与丰富性。读者可以通过各种信息数据库，对历史文件随时进行检索，对新闻发生的背景以及所产生的影响进行全程观察。

网络新闻的超链接方式排列还有利于对新闻进行动态更新，由于其层次清晰，因而很容易在骨干层次上，用简短的文字加入新的角度与重要信息，再用链接的方式进行深入报道。这种超链接方式还便于记者用各种新闻体裁对同一新闻事件进行报道。对于角度很多的新闻事件，第一层次的报道可以简单提供文摘式的梗概，而用超链接的形式让读者点击进入。

网络新闻可将深度报道、连续报道、评论、相关新闻搜索等都作为链接的内容，对事件做更深入、更详尽的报道。

这种方式改变了传统的阅读方式，使受众在浏览新闻时能按照自己的意愿和思路查看新闻内容及有关新闻背景，更好地满足了受众的不同需求。

4. 多媒体化

网络传播打破了传统的文字媒介（报刊）、声音媒介（广播）和视觉媒介（电视）之间难以逾越的鸿沟，融合了文字、声音、图像、动画、视频等多种形式，形成具有立体效应的多媒体传播组合。

网络传播不仅可以实现电视的功能，还因其容量大、可检索等功能，使其多媒体特性显得更实用。网上有音频、视频、图片节目，等于开办了网上电台、电视台、图片社。目前，一些大型网站，如《人民日报》网络版，都有专门的视频、音频频道。很多新闻随文字内容附一段视频短片，对读者更好地了解新闻非常有帮助。

由于操作平台软件逐渐成熟，人们可以在计算机里打开多个窗口，一边听音乐，一边看视频新闻、文字新闻或写作，只有多媒体化的网络才能实现这一点。

(三) 网络新闻的写作要求

网络新闻的文本结构发生了重要变化，除了包含文字文本还包含声音文本和图像文本，改变了传统媒体的单一的线性文本而形成网状的多媒体和超文本结构。这种变化对新闻写作提出了新的要求，下面主要谈谈网络新闻文字文本的写作要求。

1. 新闻标题的优化与制作

（1）新闻标题优化。对于平面媒体来说，标题是文章的眼睛；对于网络媒体来说，标题是整篇文章的广告。要抓住网友的"眼球",就要强化"标题意识",优化配置新闻要素,使标题简洁而有吸引力。

平面媒体的标题大多是多行的,有引题、主题、副题,网页上的标题都是单行的,在网页中自上而下密密麻麻地排列,需要通过点击标题而进入正文,正文的标题有时和网页首页的标题不完全一致,在内容和篇幅上有所扩展,因为网页首页空间有限。

以下是平面媒体新闻标题和网络新闻标题的对照实例:

《中国教育报》(2024年3月5日　第一版)

全国政协十四届二次会议在京开幕
习近平李强赵乐际蔡奇丁薛祥李希韩正到会祝贺
王沪宁作政协常委会工作报告　石泰峰主持　高云龙作提案工作情况报告
而同一新闻报道中国政协网的标题只有一行:
全国政协十四届二次会议在京开幕

(2) 新闻标题制作。网络新闻标题制作的要求如下。

① 精简要素,清晰、准确地说明一个新闻事实,如"王春法代表:让'博物馆热'持续升温"(《网易新闻》,2024年3月6日)。

② 突出重点,选出新闻中最重要的事实,如"农夫山泉被'围攻'　股价持续走低　市值已缩水超过200亿"(《网易新闻》,2024年3月6日)。

③ 单行实题,简洁明了。传统印刷媒体的新闻标题通常有实题和虚题之分,而新媒体新闻则不宜使用虚题。但是需要说明的是,新媒体新闻在首页(目录页)上的标题只能采用单行标题且只能是实题,但在报道新闻具体内容的正文网页上,则可以采用与印刷媒体一样虚实结合的双行标题。

④ 优先排列,先声夺人。标题的第一个词对于描述一则新闻或者是一页新闻的内容往往是非常重要的,如"中国第四艘航母是否核动力　海军政委回应:很快会公布"(《搜狐新闻》,2024年3月6日)。

网络新闻标题不要贪大求全或者又臭又长,不要卖弄夸张、过分渲染,不要过多使用隐喻、暗喻,不要滥用简略致生歧义。

2. 精心制作新闻导语

网友很少逐字逐句阅读网络新闻,而是快速地一览而过,读者只有在浏览时能迅速抓住一篇新闻的主要内容并产生兴趣后,才有可能进一步深入阅读。

网络新闻导语在形式上与传统媒体导语基本相同,分为三大类:叙述式导语、描写式导语和议论式导语。导语的具体要求如下。

(1) 把最重要、最新鲜、最能吸引人的新闻事实放在最前面,同时导语中尽可能5W(what、who、when、where、why)要素俱全,以便读者在快速阅读导语后决定本条新闻是不是他所需要的信息。

(2) 语言简洁,注意选择能够引人注目的词汇和简洁的句式。文字控制在150字以内。

(3) 准确反映全文的内在联系和本质含义。

(4) 如果是长篇的报道，则需要制作一个概要，置于页面的最前端。在这个概要上设置链接，将读者引向报道的详细内容页面。

3. 分层表述，解释主体

主体是指导语之后的主要部分，对导语做进一步的解释、补充。

主体的写作必须考虑读者搜寻信息和深入阅读这两方面的需要，利用超文本链接功能进行分层写作。主体写作的具体要求如下：

(1) 采取一段表现一个主题的方式，可以使用概括力强的小标题。
(2) 写好段落主题句，用于概括全段要点，便于读者把握该段基本信息。
(3) 将最重要的事实置于前面，按重要性优先级排列。这与传统新闻写作中的倒金字塔结构比较类似。

4. 链接新闻发生背景

新闻背景是对新闻事件发生的历史、环境与原因所做的说明，解释事件发生的主客观条件及其实际意义，具有烘托和发挥新闻主题的作用，是新闻报道中不可或缺的重要组成部分。

网络媒体为新闻背景提供了两种表现方式：一种是传统方式，即将新闻背景与新闻事实融合在一起，穿插在导语、主体或结尾中；另一种是网络特有的一种方式，将新闻背景与主要新闻事实区分开，放在不同的网页上通过链接的方式供读者随时查阅，以满足读者新闻事实以外的延伸阅读需要。

【例文 2-19】

中国脑机接口团队取得最新突破！

在 Neuralink 公司创始人马斯克公布了脑机接口的最新进展后，中国团队也火速跟进，宣布了在脑机接口领域的最新突破。

2024 年 2 月 26 日 A 股开盘后，脑机接口概念股应声上涨。

第一财经记者了解到，尽管目前国内诞生了一大批脑机接口企业，但在芯片等核心技术领域，仍然大部分依赖进口，推进自主研发核心技术将成为未来行业的发展趋势。

清华团队公开两例患者植入

2024 年 2 月 26 日官方消息称，首都医科大学附属北京天坛医院神经外科贾旺教授团队联合清华大学洪波教授团队，利用微创脑机接口技术首次成功帮助高位截瘫患者实现意念控制光标移动，这意味着我国在脑机接口领域取得新突破。

据介绍，一名 35 岁的截瘫患者聚精会神注视着屏幕，就能使屏幕上一个红色小球向另一端的蓝色小球缓慢移动、接近并重合。看似简单的动作意味着患者与科技电子产品通过脑机接口实现交互。

这一进展与上周马斯克宣布首例脑机接口患者意念移动光标"异曲同工"。Neurallink 公司已于 2024 年 1 月 28 日完成了首例人类患者大脑芯片植入。马斯克称，首例脑机接口植入者仅通过意念就可以在屏幕上移动鼠标，目前公司正试图让患者"通过意念尽可能多地按下鼠标按钮"，包括上下移动光标并拖动屏幕上的框。

在中国，相关脑机接口设备的患者植入要早于 Neuralink 公司。据公开信息，清华团队的脑机接口就至少进行了两例患者植入。2024 年 1 月，清华大学宣布已经与宣武医院团队成功进行首例无线微创脑机接口临床试验，让一名四肢瘫痪 14 年的高位截瘫患者实现自主抓握等脑控功能。该患者经过三个月的居家康复训练后，可以通过脑电活动驱动气动手套，实现自主喝水等脑控功能，抓握准确率超过 90%。

根据最新发布的消息，2023 年 12 月 19 日，天坛医院贾旺团队为患者成功实施微创无线脑机接口植入手术，将微型脑机接口处理器植入患者颅骨中，并成功采集到脑膜外的感觉运动脑区神经信号，术后第 10 天患者顺利出院。

贾旺介绍称，患者居家后，研究团队通过远程指导，对其进行无线脑机接口辅助康复训练。系统通过体外机隔着患者头皮为体内机无线供电，实现神经电生理数据传输，并把脑电信号翻译成外部设备的控制指令。

经过近两个月的康复训练，患者不但可通过意念活动驱动气动手套抓握水瓶，还可控制电脑屏幕上的光标移动。贾旺表示，能实现这样的功能，得益于电极的精准定位植入以及神经电生理信号的高效传输和准确解码。

第一财经记者了解到，天坛医院联合清华大学团队开发的脑机接口设备技术路径与马斯克 Neuralink 的并不相同。Neuralink 手术需要进行开颅，属于有创手术；而清华医学院洪波教授设计研发的无线微创脑机接口 NEO（Neural Electronic Opportunity）使用微创手术的方法将电极放在大脑硬膜外，不侵入大脑皮层神经细胞，不会破坏神经组织。

尽管采用了不同的技术路径，但 Neuralink 和清华团队脑机接口要实现的早期目标是一致的，都是为了帮助失去行动能力的患者恢复部分语言和运动功能。

马斯克曾表示，公司最初将从渐冻症（ALS）、失明、四肢截瘫等临床上无法治疗的神经相关重大疾病入手，让患者重获行动能力。

洪波也介绍，目前团队正不断优化脑机接口解码算法，计划帮助患者实现通过意念活动控制电子书翻页、光标点击确认等，增强患者与电子设备的交互能力，有望为高位截瘫、肌萎缩侧索硬化等神经功能障碍患者提供全新的康复治疗方向。

核心零部件仍依赖进口

目前在全球，除了 Neuralink 之外，脑机接口商业化走在最前列的公司还有 Synchron、Precision 等，这些企业都在近一两年内宣布了融资，估值少则几亿美元，多则数十亿美元。

在国内，也诞生了一批脑机接口商业化公司。例如，清华团队背后的脑机接口产业化公司为一家名为博睿康的公司，从事无线脑机接口的研发和产业化。公开信息显示，2022 年 12 月，该公司获得数亿美元 C 轮融资。

国内另一家直接对标 Neuralink 技术的公司是上海的脑虎科技。脑虎科技 CEO 彭雷告诉第一财经记者，脑虎科技已经在动物身上实现了意念控制，例如去年曾发布的猴子打乒乓游戏，实现让猴子控制一个自由度光标的逻辑，今年将适时更新进展。

彭雷表示，大部分脑机接口公司的商业化路径都会遵循从绝症到重症再到轻症的逻辑，比如渐冻症就是一个比较合适的突破口；在被验证安全性、有效性后，脑机接口设备可以进行适应症的拓展，用到帕金森、癫痫等重症，进而用到一些神经类轻症疾病。

在用神经调控干预抑郁症方面，彭雷认为，相比于DBS（深部脑刺激），脑机接口设备可能会提供更有效的调控、更精细的刺激，但这还需要三至五年的时间。

脑机接口领域对资源投入的要求巨大。在彭雷看来，中美是最有可能诞生具有全球影响力公司的国家。不过，中国和美国相比还存在一定差距，这种差距主要来自系统集成和工程化的能力。

目前脑虎科技正在做几类配合脑机接口使用的相关技术产品，一类是皮层电极，已经在拿证的过程中；另一类是外设的脑电仪，预计2024年年底会拿到二类证。彭雷透露，一体化的脑机接口产品即将进入临床试验阶段，拿证计划还需要三至五年时间。

脑机接口芯片也是关键的核心技术，目前的芯片部件仍主要依赖进口，但中国研究机构也在芯片领域进行攻关。例如，2023年10月，脑机交互与人机共融海河实验室、中国电子信息产业集团宣布新一代8通道脑电采集国产芯片研发成功。

彭雷表示，未来脑机接口芯片的演进趋势一定是通道数越来越高，单通道功耗越来越低，前端信号处理的压缩能力越来越强；另外植入式产品的芯片需要满足医疗器械的法律法规，包括温升、功耗等要求。

（值班编辑：高莉珊）

（资料来源：网易新闻，https://www.163.com/dy/article/IRT1SML70519DDQ2.html，2024-2-26，编者有修改）

四、微博写作

(一) 微博的概念

"微博"一词又被国内网友称为"围脖"。微博的主要功能是将自己生活中看到的、听到的、想到的内容，微缩成一段话（一般不超过140字）或"短文+图片""短文+短视频""短文+链接"等形式，通过计算机或手机，发到微博界面上，图片可以是短图、长图、静态图片、GIF动图等，图片和短视频越来越成为微博内容中关注度高的重要内容，极大地满足了用户刷微博时追求直观、快捷的体验。

微博，正在悄然改变着人们的思维方式与行为方式。有网友称，"微博"真如"围脖"一样温暖，能够传递人与人之间的关怀，增进沟通与交流。除个人认证用户外，越来越多的媒体、企业、政府机关、机构团体、网站等都认证了微博，微博成为发布信息最为便捷的渠道，正在改变着我们的文化生活空间。

(二) 微博的特点

作为互联网时代信息传播的"轻骑兵"，微博具有以下特点。

1. 碎片化的文本

微博每次最多只能发送140个字符，它的文本大多是片段式、即时性的，面对日益加快的生活节奏和大众获取更多信息的需要，人们希望在最短的时间内获取最多的信息，需要有机会表达情绪、分享感受、传递信息。微博的碎片化，降低了表达与倾听的门槛，让原本在时空上和自己没有交集的人和事，在网络中与自己走到一起。

2. 简短写作，快捷发布

一条微博最多容纳 140 个字符而且即时性强，发布也很便捷。作者随手记下自己的所思所感，"粉丝"们会在第一时间看到。微博可以通过计算机更新，也可以随时随地通过手机网络更新。

3. 社会化、个性化、自媒体化更加突出

公民用微博报道新闻事件，让自己越来越接近媒介和新闻领域。微博带来了全民新闻时代。任何人都可以在微博中表达自己、呈现自己，而且整个过程的实现较为简单。

微博用户可以随时呈现自己当下的状态，不需要深思熟虑，可以"随时随意发布"，由于微博对用户的发布状态没有太多的限制与要求，其个人化、私语化的特征更为明显，但也由于门槛比较低，内容在体现丰富性的同时相对比较芜杂。

微博作为自媒体，其专业性无法与专业新闻机构相媲美，但在突发事件中，微博的力量不容忽视。据红网舆情中心大数据显示，2024 年 2 月 23 日某市一小区住宅楼因为电瓶车充电不当发生火灾，微博网友首先网络直播报道，截至 2 月 26 日 15 时，某市"2·23"居民楼火灾事故全网发文总量 10.36 亿条，引发互动声量 1.38 亿条，影响力值更是高达 290.58 亿。传统新闻媒体在 24 号及以后才陆续报道该事件。微博的出现让新闻事件中传播的主体发生了变化。微博有最快的信息传输工具——手机，最庞大的通讯员队伍——新闻事件的亲历者、目击者，以及最广泛的传播员——网民，因而逐渐成为"最快捷、最草根的新闻发布厅"。

(三) 个人微博的写作要求

1. 选好话题

写微博要吸引人，话题是关键。吸引人的话题有以下几类。

(1) 突发事件话题。微博作为自媒体，借助网络，在突发事件中的力量不容忽视。例如地震、火灾等灾难性事件或新闻事件现场，不少在场的网友都会在第一时间把图片或视频发布到微博上，事件的目击者、亲历者发布的话题往往更吸引大众的眼球，引发广泛关注。

(2) 参与类话题。微博为了吸引网友，会根据大众关注的焦点来确定话题供网友参与，参与度越高，越容易登上微博话题榜，关注的人就会越多，微博就会迅速火爆起来。

(3) 经验分享型话题。经验会带来成功，介绍别人已取得的经验、分享个人的实战经验，可以获得非常巨大的转载量。注意，内容要朴实，要有启发性。

(4) 故事案例型话题。与众不同的故事、让人震撼的案例是非常受欢迎的，要注意故事的独特性和启发性。

总体来说，无论是突发事件话题、参与类话题、经验分享型话题，还是故事案例型话题，一定要坚持健康、正确的舆论导向，立足传播正能量，弘扬社会主义核心价值观，而不应单纯为了吸睛与圈粉就无道德、无下限。

2. 写好 140 个字

微博内容可以分为开头、中间、结尾三部分。

开头第一句话非常重要，要一下子吸引人的眼球；中间部分的内容要清晰，有条理；结尾要突出重点，可以在结尾提出互动性问题或诱导转发评论。

如果要表达的内容较多，则可以使用序码，将主要观点条理化。

微博可以加上网址链接，与其他网站、其他微博等外部资源链接。

语言要简短，言简意赅，清晰准确。不要每次都强求写足140个汉字。最好是一条微博表达一个完整的信息，或一条微博讲一个故事，不要把无关的内容都塞进来。

写完了要检查一遍，不要有错别字或表达不清楚的地方。

最好做到图文并茂，一张好的配图往往比千言万语更有说服力。所以，最好为文字配上好的图片(或者视频)。

3. 文章要有感染力

微博篇幅短小，不讲章法，容易流于平淡。如何使自己的微博内容有感染力，可以从以下方面去考虑。

（1）用幽默吸引人。生活中出现的一些搞笑、幽默的事情，能够引起人们的兴趣。

（2）用真情打动人。温情的故事和话语都能引起人们的共鸣。

（3）用智慧征服人。有智慧的格言警句是网友们较喜欢看的内容之一。

【例文 2-20】

@青春湖北（2024年3月5日 新浪微博号《青春湖北》发布）

【今天，怀念雷锋！】他是普通一兵，短暂一生做过许多好事，22岁的年轻生命，诠释着信念、无私、奉献与爱。他的一本日记，令无数读者动容。"如果你是一滴水，你是否滋润了一寸土地？如果你是一线阳光，你是否照亮了一分黑暗？"今天，#学雷锋纪念日#，转发致敬！

【例文 2-21】

【MusicRadio 音乐之声】

@人民日报(2024年3月6日 新浪微博号《人民日报》发布)

【苍茫壮丽！#成群骆驼漫步雪原如行走的水墨画#】近日，新疆吉木乃，摄影师拍摄到成群的骆驼在雪原漫步。从空中俯瞰，一望无际的茫茫雪原中，骆驼的身影打破了单调的白色，如同一幅行走的水墨画。（视频略）

五、微信公众号写作

(一) 微信公众号的概念

微信公众号是微信公众平台提供的一项服务，于2012年8月23日正式上线，曾命名为"官号平台"和"媒体平台"。使用者或商家可以在微信公众平台上申请应用账号，这个账号与QQ账号互通。通过微信公众号，使用者或商家可在微信平台上实现与特定群体的文字、图片、语音、视频的全方位沟通、互动，还可以利用公众号进行自媒体活动，形成线上线下微信互动交流营销。

微信公众号主要面向名人、政府、媒体、企业等机构推出合作推广业务。商家可以通过微信渠道将品牌推广给上亿的微信用户，减少宣传成本，提高品牌知名度，打造更具影响力的品牌形象。对于使用者或者商家来说，经营公众号是在微信这个平台商圈里做流量、做营销的必经之路。如果说微信是个人信息发送平台，受众主要是朋友圈（全覆盖或指定范围）好友，那么微信公众号就是为用户提供信息服务、创造更好的用户体验的一个"公共"平台。

微信公众号可以看作微博的升级版，与微博不同的是，微信更像是一个缩小版的网站，微信平台可以设置栏目，由用户自己挑选阅读；由于微信公众号的推送次数有严格限制，微信公众号运营者对推送的内容势必要经过精挑细选和精心策划。另外，微信没有微博那样的字数限制，也不像微博那样绝对公开。可以这样说，朋友圈给了微信用户SNS（社交网络服务）功能，公众号给了微信用户BBS（电子公告板）功能。

(二) 微信公众号的分类与功用

微信公众号有服务号、订阅号和企业号三种账号类型。三种不同的公众号面向不同的用户，让很多人获得了微信公众号运营机会。不同类型的公众号有不同的运营技巧，功能也都不尽相同。

1. 服务号

服务号是微信公众平台的一种账号类型，旨在为用户提供服务，多适用于大企业或大商户，利用优质服务展现和功能开发优势来提供所需要的在线商城、在线支付等服务。类似于企业售后中心，可以自己设置各种不同层级的服务菜单，方便订阅者快速地通过菜单找到自己想要的功能。

服务号推送出来的消息是在微信用户的好友列表里展现的，发布后有提示，能很直观地看到，用户体验度较好，但服务号一个月中只可以发送四条群发消息，因此它的宣传能力较弱。

2. 订阅号

订阅号也是微信公众平台的一种账号类型，旨在为用户提供信息和资讯，适用于个人。订阅号是一种引流账号，也就是通过文章进行粉丝引流，结合小程序来实现多样化的功能以及变现，是以流量来吸引粉丝的主体。订阅号的主要功能在于可以进行快速的信息宣传，每天都可以发布一条群消息，是目前相对来说存在数量最多的一类公众号。

3. 企业号

企业号是微信公众平台的账号类型之一，旨在帮助企业、政府机关、学校、医院等企事业单位和非政府组织更好地进行内外部的资源管理，并能通过微信这个平台，快速地进行企业信息发布，有效地简化管理流程，提高信息的沟通和协同效率，提升对一线员工的服务及管理能力，强化线上业务的交接等。这类账号的主要作用在于企业自治，或是行业合作和沟通等。

(三) 订阅号文章写作要求

订阅号的文章写作比较富有个性化特色。由于订阅号可以每天将文章推送给订阅该公众号的用户，所以订阅号的文章写作需要在创意上多下功夫，无论是从标题还是内容上都需要进行精心构思和设计。订阅号的文章写作可以考虑从以下几个方面入手。

1. 温馨优美的主题文章

微信公众号一般会间隔固定的时间推送文章，每逢节假日的时候，可以结合节假日撰写一些温馨优美的主题文章。

【例文2-22】

静守菊香又一年

九月，秋渐浓，百花残。

"不是花中偏爱菊，此花开尽更无花。"紫菀、雏菊、蓝冠菊、波斯菊以及各种不知名的菊花遍地，菊香满园，蝴蝶成双成对，翩翩在飞，满眼满心已是秋色一片。

当天气高远淡明，菊才会翩然而至，独自在寒霜中怒放。菊，独立寒秋，淡看别的花草走向衰败，不媚世俗，不争芳艳，坚贞淡泊的品性正如"花中隐士"。

我们时常会感动于它在寒风中气度不凡的风情，感染着它在秋阳中繁盛热烈的快乐。一朵高姿，傲然地盛开着，无畏地凋败着。霜雪深处，是它的一缕不屈的芳魂。

菊性淡泊，与一个摇曳在红尘深处，独自散放着幽幽清芬的淡泊女子何其相似！无论面前的水多么浩瀚，不艳不美，只在水一方，朦胧静美，衣袂翩然，在飒飒秋风中逸世独立。绰约的背影在温暖的秋阳下，显得唯美浪漫，让人迷醉。

守一身淡泊的菊香，不忧过去，不畏将来，在自己的一方世界尽情地绚烂着。恬淡静美于秋水之央，成为秋天人们心中最美的一道风景。

自古以来，总会有一些隐逸在尘世中的雅士，气质清隽脱俗，在人来人往，喧哗一片的人群中，只坚守自己高洁的志趣，傲然如菊般的操守，洁身自好，不哗众取宠，特立独行，自由随风。

无论霜雪怎样严加相逼都凌寒而开，不怨叹众香摇落，不因天气恶劣而消沉，只静静开在一隅，为周遭的人们带来无尽的向往和美好的诗意。

行走红尘，世事纷扰无常，繁华深处皆诱惑。学会努力让自己看淡、看远一些，做一个远离嘈杂的旁观者，对世事保有乐观的心态。

守如玉心，明淡泊志，人淡如菊，"宁可抱香枝头死，何曾吹落北风中"。以达观的品格，不问风如何西东，我自如君子，挺立着高昂的头，不嗔不怨，不折不挠。

年年岁岁，几度秋风起，几度菊又黄。拥一怀菊的雅意，泡一盏菊的清香，让日子散发着淡淡的不流于俗的独特韵味。

如陶渊明的诗："采菊东篱下，悠然见南山。"在悠然的时光里，怡静自然，将一笺淡墨留给自己，一抹闲适付与流年。

（资料来源：微信公众号 lingbowumeiying，作者 郭文妹，编者有修改）

2. 以传授知识为目的的文章

这一类的文章主要依靠专业性和系统性的知识介绍来吸引用户，比如常见的《Word 实用排版技巧》《Excel 表格操作十大技巧》《英语单词快速背诵技巧》等。这一类微信公众号的文章的侧重点在于说明和介绍，一般采用说明文的方式进行写作即可。

3. 纪实风格的文学性写作

这一类的文章一般是结合作者亲身经历的事情,以纪实的笔法和具有文学色彩的语言进行表述,带有强烈的感情色彩,容易激发用户的情感共鸣,达到良好的传播效果。

六、小红书写作

(一) 小红书平台

小红书是一个分享生活方式的自媒体平台,上线之初即备受年轻用户的喜爱。随着用户分享生活领域信息以及了解美好生活方式的愿望越来越强,小红书为了满足用户需求开始进行精准营销,并及时扩充分享内容,从单一的海外购物分享发展到覆盖美食、旅游、学习、育儿、美妆在内的各类生活方式分享平台,年轻人也被这样的分享内容吸引,形成了"不知道怎么生活就上小红书"的习惯。小红书丰富的分享内容也吸引了数千位名人入驻社区,在"明星效应"的带动下,小红书改变了初期广告零投放模式,在各大综艺节目、安卓用户中,或通过下沉市场做大力推广。

截至 2023 年 2 月,小红书上用户月活 2.6 亿,而 90 后用户占比约为 70%。总体上来看,用户们大多年轻,有活力,且乐于尝试新鲜事物。他们之中 50%来自一、二线城市,且三高人群(即高学历、高追求、高收入)占大多数。在小红书社区,用户通过文字、图片、视频笔记的分享,记录新时代年轻人的正能量和美好生活。小红书通过机器学习对海量信息和人进行精准、高效匹配,内容包罗万象,有生活、工作、学习、交流、经济、时事等各个方面。

小红书社区

(二) 小红书写作特点

小红书的受众以 90 后、00 后为主,是年轻人的生活分享平台。所以小红书的文案写作区别于其他新媒体的写作，呈现出年轻化、自由化、灵活化的特点。小红书上，受众不仅分享物品、笔记，还分享经历、走过的路、生活细节等。体验式、沉浸式写作成为小红书文案的主要特点。

1. 体验式写作

体验式写作基本上是分享作者自己的经历，比如旅游攻略、民宿住宿感受、美食品尝感受、商品使用感受等。作者有亲身的经历和感受，在写作中会对经历进行总结、归纳，对优缺点进行整理，分享给他人以供他人参照或者借鉴。

比如《哈尔滨旅游攻略》《染发避坑：关于"染发"的二三事》《武汉梦时代我唯一想推荐的美食》。

体验式写作一般都是用第一人称，直接叙述自己体验过的景点、事件、品尝过的美食等。体验式写作不需要太多的文字技巧，主打真实，真情实感，详细写出自己的感受就可以，语言朴实真诚即可。最主要的是能够把所体验事物的优缺点，或者体验过程中积累的经验教训详细写出来。

2. 沉浸式写作

沉浸式写作作者用类似日记的方式连载自己某一行为，记录自己在某一段时间内完成某一件事情的全部过程。虽然也属于分享类的写作，但是和体验式不同，沉浸式写作主要是记录，会更加注重事件进行中的过程和细节，其目的是获得读者和作者的共情。沉浸式写作比较随意和自由，不拘泥于格式和篇幅，还陈述大量的自己的心理活动，能够较好实现和读者之间的情感交流。

比如《工作实习的第一天：困惑》《高考第一天：出征》《大一新生寒假的第一天》《大一新生军训的第一天》《考研复习的第一天》。

【写作训练】

1. 结合自己的阅读体验，谈谈新媒体新闻区别于传统媒体新闻的特点。
2. 在小红书申请账号，写一些体验式文章，并推荐给亲友阅读、点评。
3. 如何写好微博？结合具体作品谈谈自己的体会。
4. 做一个小调查，分析同学们都关注哪些类型的微信公众号，他们认为订阅号的特点有哪些。如果本班开设一个班级微信公众号，你建议从哪些角度来进行文章写作？

第三部分

文体知识

华夏民族是一个早慧的民族，民族文学史源远流长，早在先秦时期，神话、诗、文皆已具备。神话为中国小说的诞生铺设了基础，而经典诗文中也出现了成熟的抒情、叙述、议论、描写等各种创作手法。可以说，先秦时期，我国文学中就已经孕育着几乎各种文学文体。作为四大古文明仅存的一支，中华文明孕育的文学文体之早、之丰，足以令炎黄子孙感到自豪。以当代的主流文体划分方式而言，我们根据文学作品的主要表达意图和手法，把文学文体大致分为记叙文、论说文、诗词曲赋、书信、小说这几种主要文体。

第一节　记叙文概说

记叙文是一种应用广泛、形式灵活、写法多样的文体。从广义上讲，凡以叙述和描写为主要表达方式，以写人、记事、绘景、状物为主要内容的文章，诸如古代的记、传、序、表、志等，现代的消息、通讯、简报、特写、游记、散文、日记、回忆录、人物传记等，均属于记叙文范畴。本书正是从广义的角度来谈记叙文的特点和写作的。

写作记叙文一定要做到以下几点：一是记叙文的六要素要交代明白。写人、叙事的记叙文一般离不开人物、地点、时间、事件、起因、结果这六个要素。因为记叙文主要记叙人物活动以及事情发展过程，人物的活动总是通过事件进行，事情的发展总有一定的原因、一定的背景及具体的时间，同时，事情发展下去总会有一个结果。如果交代不明白，文章就不完整。如果六要素中的某些要素是人们熟知的，或者某些要素不交代不会影响表达效果，则可以省略。另外，同样是六个要素，根据表达中心思想的需要，写作时侧重交代的要素也是可以不同的。二是记叙的线索要清楚。线索是记叙文布局谋篇的重要因素。一篇线索清楚的记叙文，文脉清晰，层次分明，会使读者一目了然。写作记叙文可以时空转移为线索，也可以人、事、物或者某一细节为线索，根据表达的需要还可以有两条或两条以上的线索。不论单线、复线或多线，目的都是把全篇各部分内容紧紧地联接起来。例如周作人的《故乡的野菜》就是以故乡的野菜为线索贯穿全文。三是记叙的详略要得当。安排材料的详略要根据中心的需要，凡能突出中心的则详写，次要材料则略写，与中心无关的则不写，要紧扣中心内容选材、剪裁，务求集中笔墨，把主题思想含蓄而又深刻地表达出来。

记叙文的写作手法是多样的，一般来说，以叙述为主，往往也间有描写、抒情和议论，但又不可能有截然的划分。有的记叙文还往往综合运用多种表达方式，例如《兰亭集序》融叙事、写景、抒情、议论于一体，直抒胸臆、情真意切、挥洒自如，抒写了对人生的深沉感慨。

下面分别就记叙文中的叙述、描写、抒情、议论进行概括的介绍。

一、叙述

按人物的经历、行为或事情的发生、发展、变化的先后次序进行表述，就是叙述。叙述的主要方式有顺叙、倒叙、插叙、平叙、补叙等几种。

顺叙是指按事情的发生、发展、高潮和结局顺序进行叙述。顺叙是最常见的叙述方式。例如《郑伯克段于鄢》就是用顺叙方式来记叙的。

后发生的先写，先发生的后写叫倒叙。《米龙老爹》采用的就是倒叙的方式，先描绘一幅丰收在望、充满喜悦之情的田园风光，然后抚今思昔，顺理成章地引出米龙老爹在普法战争期间孤胆杀敌的故事。

在记叙过程中，插入另一些与文章主题密切相关的有关情节，再继续主线的线索，接叙原来的事情叫插叙。例如《苏秦始将连横说秦》中交代苏秦"特穷巷掘门，桑户棬枢之士耳"就属于插叙的文字。

在一篇文章中，记述两件或多件同一时间、不同地点发生的事情，是平叙。平叙也称分叙，即通俗小说中的"花开两朵、各表一枝"的表现手法。平叙重在写出层次性、立体感。

补叙与叙述无太大的关系，是对叙述对象的补充介绍。

不管是顺叙、倒叙，还是插叙、平叙、补叙，都应该将记叙要素和贯穿全文的线索表述清楚。

二、描写

描写是指用生动的语言对人物、事件和环境等所做的绘声绘色、细致入微的描绘与刻画，使读者对描写对象获得真切的感受和印象。有的描写结合各种修辞手法进行生动、形象的刻画以突出描写的对象，有的则是运用白描，使文字朴实、简练、干脆。一般来说，小说中运用描写比较多，记叙文则只是在叙述中穿插一些描写。按对象来划分，这些描写大体可分为人物描写和环境描写两大类。

人物描写包括肖像描写、行动描写、心理描写、语言描写、神态描写、细节描写等，通过人物描写来突出人物的性格特征。《苏秦始将连横说秦》中仅用"形容枯槁，面目犁黑，状有归色"12个字，就生动地刻画出一个落魄知识分子的形象。莫泊桑《米龙老爹》中的肖像描写则着眼于米龙老爹貌不惊人的农民本色，并使之与"难于妥协"的坚毅性格和巧妙机警的杀敌行为相互映衬。米龙老爹两次向普军团长吐唾沫等细节描写，与老人那干脆、痛快的语言相辅相成，淋漓尽致地刻画出米龙老爹刚强勇武的性格和视死如归的凛然正气。

环境描写是指对自然风光和社会环境的描写。自然风光描写包括对日月山川、树木花草、季节气象等方面的描写，如《神雕重剑》中对自然环境的描写。社会环境描写是对特定时代背景和人物生活环境的描写。一切景语皆情语，环境描写得好，不仅能给读者一种身临其境的感觉，而且能烘托人物的思想感情。

三、抒情

"感人心者，莫先乎情"，文章要打动人，必须是有感而发。抒情是记叙文中作者或文章中的人物抒发主观感受、表露感情的一种表达方式。抒情有直接抒情和间接抒情两种基本的方式。

直接抒情即直抒胸臆，指作者在记叙的基础上直接抒发自己的喜怒爱憎。例如《祭十二郎文》的一节："呜呼！汝病吾不知时，汝殁吾不知日，生不能相养以共居，殁不能抚汝以尽哀。敛不凭其棺，窆不临其穴。吾行负神明而使汝夭。不孝不慈，而不得与汝相养以生，相守以死。一在天之涯，一在地之角，生而影不与吾形相依，死而魂不与吾梦相接，吾实为之，其又何尤！彼苍者天，曷其有极！自今已往，吾其无意于人世矣！"

间接抒情是指在叙述描写时将作者的感情自然渗透在写景、叙事、说理之中，以增强文章的感情色彩，使其更富有感染力。常用的间接抒情方式有三种：寄情于景、寄情于事、寄情于理。例如韩愈的《祭十二郎文》将对十二郎真挚、深沉的情感融注在日常平凡琐事的叙述之中，诉说琐事显得平淡，但字字句句发自骨肉至情，真实而且感人。在深沉的叙事中融着作者奔流起伏的悲伤之情，让悲痛感伤的主体情感，直接投射在与十二郎有关的生活细节之中，进而融铸成完整的审美意象，表达叹惋痛惜之情。再如余光中的《听听那冷雨》也是一篇寓情于景的典范之作，他的"冷雨"的意蕴是乡愁，而乡愁在雨中，在方块字中，在古老的音乐声中，在他记忆的故国中。

四、议论

议论是论说文的主要表达方式，而记叙文中的议论只是一种穿插在叙述和描写中的辅助手段，其目的是直接点明或加深所写事物的意义。记叙文中的议论，一般是先叙后议，使读者加深对所叙事物的认识，增强文章的思想深度；也有先议后叙，使读者很快进入对将要叙述的事物的思考，引起对下文的密切注意。记叙文中恰当地穿插议论往往可以使文章锦上添花，起到画龙点睛的作用。

第二节　论说文概说

论说文有广义和狭义之分。广义的论说文，是以议论、述说为主要表达方式的一种文体，又可以细分为议论文和说明文两类。狭义的论说文，特指议论文。本书所指论说文，取其广义。

一、议论文

议论文，简单地说，就是议论说理的文章，它以议论为主，运用概念、判断、推理来表明作者的观点和主张。

议论文的渊源可追溯至《尚书》，其《周书·洪范》篇写大臣箕子向周武王论天下大法，谈治国之道。稍后的《周书·无逸》写周公如何劝诫武王效法文王，戒淫逸，倡勤俭，以免蹈殷商之覆辙。议论文作为一类文章体制在"处士横议""百家争鸣"的战国时代真正确立：墨子、荀子等人确立了议论文的立论体制，孟子等人以其理论和写作实践确立了议论文的驳论体制。在漫长的发展过程中，议论文的写作逐渐完善，为适应各种不同需要，也产生了丰富多彩的写作样式，如论(主动发表自己的主张，如贾谊《过秦论》)、辩(辨明是非，贵在"破"，如韩愈《讳辩》)、表、疏(臣子给君主上的奏章，如诸葛亮《前(后)出师表》、魏征《谏太宗十思疏》)、解(解说，如韩愈《进学解》)、原(含推论本源之意，如明代黄宗羲《原君》)、说(如韩愈《师说》)等。

当今，议论文的样式繁多，由于不同标准互相交叉，分类更为复杂：以议论的方式来分，可分为立论文、驳论文；以议论的对象来分，可分为政论、思想评论、文艺评论、学术论文、国际评论、书评等；以作者来分，有社论、编辑部文章、评论员文章、特约评论员文章、重要讲话稿、记者述评、编者按和读者评论等；以篇幅来分，有短论、短评、小评论、专论、论文等；以应用的场合分，有序、跋、开幕词、闭幕词、演讲稿等。还有形式灵活的杂文、杂谈等。

作为基本型文体之一，议论文具有深刻的哲理性、有力的论辩性、强烈的说服性。一篇完整的议论文包含论点、论据、论证三个要素。论点是一篇议论文的主张和观点，在全文中解决"证明什么"的问题；论据是用来证明论点的材料和依据，是论点存在的基础，是解决问题的事实和理由；论证是借助论据来证明论点的过程和方法，在全文中体现论点和论据之间的逻辑关系。这三个要素，一个提出观点，一个提供依据，一个予以证明，从而完成了理的阐发。三者缺一不可。

写作议论文的第一步是针对所论述的问题提出见解、主张或表明态度，即确立中心论点。议论文既可以围绕中心论点加以阐述，又可以列出若干条分论点，凡经证明而立得住的分论点，又成为论证中心论点的有力论据。由于论点是文章的灵魂、统帅，其优劣是衡量文章成败的关键因素，所以，确立正确、鲜明、集中、深刻、新颖的论点是写好文章的关键。

要使论点站得住，就要使用富有说服力的论据。论据分为事实论据和理论论据两种。作为论据的事实材料，可以是具体的事例，也可以是概括的事实，还可以是统计数字之类；作为论据的理论材料，可以是前贤今人经过实践证明了的至理名言、精辟论断，也可以是科学上的公理、规律等。论据应当是确凿的、典型的、新颖的、充实的，反之则会使文章缺乏说服力，有时还会导致论点的片面或模糊，甚至会导致错误的结论。

将论点与论据以某种逻辑方法联系起来即论证，是使议论具有说服力的保证。论证一般可分为立论和驳论两大类型。立论是以充足的证据证明作者论点正确的论证方式；驳论是以有力的证据反驳别人错误论点的论证方式。立论与驳论都是一种证明，不过立论是正面的证明，驳论是反面的证明。由于立论与驳论都是一种证明，所以它们可以使用许多共同的论证方法。这些基本的论证方法有归纳法、演绎法、比较法、引证法、喻证法等。

归纳法是一种由个别到一般的论证方法,它通过许多个别的事例归纳出共有的特性,从而得出一个一般性的结论。演绎法则与此相反,它往往由一般原理推导出关于个别情况的结论。比较法是通过把性质、特点相同或相近的事物或性质特点不同、相反的事物放在一起加以比较从而证明论点的方法。归纳法可称为类比法,比较法可称为对比法。引证法是指引用人们已知的事理或权威性言论等来证明论点。喻证法是用打比方来说明道理的方法。

写作时可以侧重使用上述方法的一种,也可同时使用几种方法。选用什么方法,要根据论证的实际需要来决定。

关于驳论文,写作时应当首先确立反驳的着眼点。因为议论文是由论点、论据、论证三部分组成,所以反驳时,可以选中任何一个部分作为靶标,可以反驳对方论点或论据中片面、虚假、谬误的一面,也可以反驳对方论证过程中逻辑上的错误。

议论文的表达手段以议论为主,还可辅以说明、叙述、描写和抒情。无论论证方法的选用还是表达方式的变化,都是为增强议论文的感召力这一中心服务。

二、说明文

说明文是以说明为主要表达方式,着重解说事物、阐明事理的文章。它着重说明事物的形状、构造、性质、成因、关系、效能、功用等。

说明文古已有之,如《尚书·禹贡》和《史记》"八书"都是说明性的文字;东汉许慎的《说文解字》、魏郦道元《水经注》和贾思勰《齐民要术》中也多说明文字;唐宋的"记"多以说明为主。宋沈括的《梦溪笔谈》(其中著名的如《活板》等)、元王祯的《农书》、明宋应星的《天工开物》、李时珍的《本草纲目》、清康熙御定的《数理精蕴》、现代傅连暲的《说梦》等,都是有代表性的说明文。

根据被说明事物的性质,说明文可分为实体事物说明文和抽象事理说明文两种。实体事物说明文的写作要抓住有关实体事物的本质特征,要注意空间的位置,注意事物的表里、大小,上下、左右,东西、南北,前后、来去的位置和方向。抽象事理说明,如对党章、宪法、规章制度、计划公约等的说明,主要是观点的直接阐述,不陈说理由,不进行论证。这类文章多是纲要式或条文式,简明扼要。

说明文的特点在于具有鲜明的说明性、知识性、客观性。结构安排应力求明白、清楚,言之有序,条理分明。语言应力求深入浅出、通俗易懂,以增强说明的客观效果。常用的说明方法有举事例、作比较、下定义、列数字、引资料、附图表等。各种说明方法有时不是单独使用,而是多种方法综合运用。

第三节　诗词曲赋概说

一、诗

中国是诗的国度，它以其他艺术形式所没有的特点受到人们的喜爱。首先，诗以丰富的情感反映生活。情感是诗人自身的情趣和社会触发的产物，优秀的诗人总是把热烈的主观情感和现实生活联系起来，因而有的情感具有普遍的社会意义。其次，诗是对生活的高度集中和概括。由于受到篇幅和韵律的限制，诗人总是选取生活中最能激起人们情感的人、事、物、景来进行高度的集中与概括，形成饱含感情的、极富感染力的、高度典型化的诗境。再次，诗的语言凝练而富于形象性。为了在有限的篇幅中包含尽可能深广的生活内容，并且为读者的想象提供形象，诗的语言必须凝练、生动。最后，诗富于节奏感和韵律美。节奏和韵律构成了诗歌的音乐美。诗人的感情起伏和生活节奏的张弛形成了诗的节奏，而韵律是与节奏相关的，主要是用汉字的四种声调搭配成音步和韵位，从而形成声韵上的起伏跌宕。比兴和夸张是诗常用的艺术手法。

诗是最早产生的一种文学样式。上古时就有与生产劳动密切相关的口头歌谣，多与舞蹈等艺术样式相伴。当时的歌谣以反映社会生活为主，如《弹歌》："断竹，续竹，飞土，逐宍(肉)。"反映的就是原始人制作弹弓捕捉鸟兽的全过程。

公元前6世纪，中国出现了第一部诗歌总集《诗经》，收录了西周初年到春秋中叶500多年间的诗歌305篇，奠定了中国古代诗歌的现实主义传统。继《诗经》后，在我国诗坛上大放异彩的是屈原的楚辞，他的代表作《离骚》是我国诗歌浪漫主义的源头，与《诗经》一起形成了诗歌的"风骚传统"。

西汉初汉武帝设立专门的音乐机构"乐府"采集民间诗歌。今存两汉乐府民歌大约四十余首，体现了"感于哀乐，缘事而发"的现实主义精神。东汉末年出现了成熟的五言诗《古诗十九首》。

汉末魏初，出现了以三曹和七子为代表的邺下文人集团。曹操的诗歌反映汉末动乱的现实，有的直接表现自己的政治理想，如《蒿里行》《短歌行》，最能体现建安文学的风貌。曹丕是文人七言诗的开创者，他的《燕歌行》被称为"七言之祖"。曹植的五言诗代表了建安诗歌的最高成就。"建安七子"是"建安风骨"的主要代表。

魏末正始年间出现了以阮籍和嵇康为代表的"竹林七贤"，他们在动荡的社会中放言庄老，寄意山水。刘勰"嵇志清峻，阮旨遥深"一语，很好地概括了他们的诗风。晋朝太康年间，诗坛上出现了"三张、二陆、两潘、一左"，其中以左思的成就为最高，人称"左思风力"。元嘉前后的诗歌主要是玄言诗，以郭璞的《游仙诗》为代表。晋宋之际的陶渊明是隐逸诗人之宗，《饮酒》等诗表达了他对真善美的追求，他也是田园诗的开创者。

六朝五言诗逐渐走向完善，七言诗得到发展。山水诗、边塞诗、闺情诗等都开始出现并有一定的发展。宋初，"庄老告退，山水方滋"，山水诗人的代表是谢灵运。齐武帝时出现了讲求音律的"永明体"，其代表是谢朓。梁简文帝喜好"宫体诗"，影响及于陈、隋。庾信的诗是北朝最优秀的诗歌。南北朝的乐府也有很大发展。

隋诗继承六朝余韵，唐代是诗歌发展的高峰。唐诗的发展分为初、盛、中、晚四个时期。初唐诗歌以"四杰"和陈子昂为代表，他们主张革新、标举风雅。王绩上承陶、谢，下启王、孟，是初唐杰出的山水田园诗人。吴中四士和张若虚、张九龄的诗标志着诗歌已经开始走向盛唐。盛唐主要是山水田园诗派和边塞诗派，前者以王维、孟浩然为代表，后者以高适、岑参为代表，另外还出现了李白和杜甫两大诗坛巨星，他们的诗歌充分表现了朝气蓬勃的时代气息和乐观向上的时代精神，一起形成了"盛唐气象"。杜甫的诗歌已经反映出中唐的气息。中唐诗歌表现出强烈的怀旧意识和深沉的忧患意识。大历年间有所谓"大历十才子"。贞元、元和年间有元白诗派和韩孟诗派，前者以元稹、白居易为主，掀起了中唐新乐府运动，后者以韩愈、孟郊、贾岛为主要诗人。另外还有刘禹锡、柳宗元、李益、李贺等一批很有个性的诗人，他们一起使得中唐诗坛呈现出繁荣的局面。晚唐诗歌是"夕阳无限好，只是近黄昏"，杜牧和韦庄的咏史诗把历史和现实紧密结合，抒发了王朝末年的颓丧；李商隐用幽晦的爱情诗来冲淡末世的哀伤。

宋初诗主要承袭晚唐五代遗风，出现了白体、西昆体和晚唐体。宋代中期有三位革新家：梅尧臣、苏舜钦和欧阳修。宋代晚期是宋诗鼎盛的阶段，代表诗人有王安石、苏轼和黄庭坚。南宋诗以"永嘉四灵"为界，前期以"中兴四大诗人"为代表，后期出现了永嘉四灵和江湖诗派。

金代文人诗多学苏轼。元好问是金代最杰出的诗人。王冕的诗质朴自然，品格较高。明代诗作数量不亚于唐，但少创造。明初有所谓"吴中四杰"；明中出现了"台阁体"和前后七子；后期有"竟陵派"。清初遗民诗以钱谦益和吴伟业为代表，康熙雍正年间，王世祯倡"神韵说"。乾隆时期之后，诗风渐变，沈德潜倡"格调说"，翁方纲倡"肌理说"，袁枚倡"性灵说"，各成一派。

近代杰出的诗人有龚自珍，他的《己亥杂诗》指责时弊，风格奇崛。"戊戌变法"前后，梁启超提出"诗界革命"，黄遵宪的新派诗成为革命的一面旗帜。辛亥革命时期，南社诗人柳亚子等人的诗歌洋溢着爱国主义和民主主义精神。秋瑾的诗具有巾帼英雄的气概。然而，当时复古的诗风仍很活跃，先后有"宋诗运动"和"同光体"诗派。

现代诗的主流是自由体新诗，是"五四运动"的产物，形式上采用白话，打破了旧体诗的格律束缚，内容上主要是反映新生活，表现新思想。胡适、刘半农等人在《新青年》上发表了第一批白话诗，胡适的《尝试集》是"五四运动"时期第一部白话诗集。汪静之、冯雪峰等组成"湖畔诗社"，诗作清新、缠绵。代表新诗创始期最高成就的是创造社的郭沫若及其《女神》，开一代诗风，将诗体解放推向极致。20世纪20年代后期，"新月派"崛起，提倡新格律诗，主张理性节制情感，反对滥情主义和诗的散文化倾向，从理论到实践上对新诗的格律化进行了认真的探索，代表诗人是闻一多和徐志摩。象征派诗歌以李金发为代表，追求朦胧的境界和形式的美。受象征派影响的诗人戴望舒，坚持表现自我，以个体生命和个人情感为中心，多用象征、暗示构成诗的意境，其代表作是《雨巷》《寻梦者》《我的记忆》等。30年代，殷夫、蒋光慈等人以极大的热情写作革命诗歌。在"左联"的领导下，还出现了现代文学史上第一个革命诗歌社团——中国诗歌会。当时的著名诗人和诗作有艾青及其《大堰河——我的保姆》、田间及其《给战斗者》、臧克家及其《罪恶的黑手》。40年代，解放区优秀的诗歌作品有李季的《王贵与李香香》、张志民的《死不着》等。当时的国统区还有"七月派"诗人、"九叶派"校园诗人。

　　1949—1966 年，诗歌的主题是歌颂新生活、歌颂新社会、歌颂共产党，代表作品有郭沫若的《新华颂》和何其芳的《我们最伟大的节日》。1958 年形成了新民歌运动。十年"文化大革命"时期，诗歌没有得到发展。之后，出现了朦胧诗、归来派诗歌和先锋派诗歌。20 世纪 70 年代末 80 年代初出现的朦胧诗的精神内涵有三个层面：一是揭露黑暗和社会批判；二是在黑暗中寻找光明、反思与探求意识，以及浓厚的英雄主义色彩；三是在人道主义基础上建立起来的对"人"的特别关注。朦胧诗改写了以往诗歌单纯描摹"现实"与图解政策的传统模式，把诗歌作为探求人生的重要方式，在哲学意义上达到了前所未有的高度。这类诗歌在创作手法上大量使用象征的艺术表达方式，使诗歌的文学意义充满多样性和不明确性。其中，顾城的《一代人》，舒婷的《致橡树》《思念》等，都成为广为流传的名作。朦胧诗潮后期出现了以诗人海子为代表的抒情诗人，其代表作《亚洲铜》《面朝大海，春暖花开》等，表现出诗人一生的热爱和痛惜，对于一切美好事物的眷恋之情，对于生命的世俗和崇高的激动与关怀。海子之后，中国诗歌走向反英雄、反崇高及平民化的年代，称为第三代诗群或新生代，诗人众多，流派纷呈，不断分化。20 世纪 90 年代以后，随着网络的发展，出现了"网络诗歌流派""民间写作""第三条道路写作"，致力于拆解诗歌语言、隐喻结构和象征体系，试图恢复语言和生存经验的原生状态。随后出现了"中间代诗人""70 后诗人""荒诞主义诗人""80 后诗人"等，当代诗歌呈现出探索性、创新性、多元化、活跃化。

二、词

　　词是有曲谱的歌辞，"以文写之以为词，以声写之则为曲"，是指同音乐相配合，用以歌唱的抒情的新的诗体。词的别称很多，如诗余、长短句、乐府、乐章、曲子词、琴趣等。关于词的兴起尚无定论，或曰南北朝，或曰隋唐，或曰宋，说法不一。但词的出现和音乐的关系很大，唐代经济繁荣，政治稳定，民间俚曲、西域音乐和唐代乐曲都有很大的发展，尤其是燕乐，主要用琵琶演奏，有三十八调，词就是配合燕乐而创作的，而胡夷新曲和里巷俗曲的结合促使了词的产生。所以唐代为词的出现提供了成熟的条件。有关音乐与诗歌结合，早在先秦时代就有以乐为诗的做法，汉魏六朝时采诗入乐，这两种做法都是选诗以入乐，有损诗歌的发展。而唐代是由乐以定词，填词时以曲拍为准绳。所以，词就是燕乐盛行时(初盛唐)在民间孕育生长，到中晚唐五代时由于文人创作而逐步成熟、定型，到两宋大盛的一种诗体。

　　关于词的体制，词以曲调为词调，不另立题，到后来，词的内容和词题可能根本不相关。每个词调都有相对固定的格式。词调的名称称为词牌。词牌分两种：同体异名和同调异体，如《念奴娇》，又称《百字令》《大江东去》，而《满庭芳》就有七种体式。词以乐段分片，片有定式。片又叫"遍"，一段音乐奏完，称乐阕，所以片又叫"阕"。下阕开头处称过变、过拍、过片，过变十分重要，很有讲究。词调分单调、双调、三叠、四叠几种，其中以双调最为常见。词调有令、引、近、慢等体制。令，较短小的篇制；引，琴曲名，后来引也可表示其他的声音；近，把节拍相近的曲子连接起来；慢，较长的篇制。这些都是依节奏来划分的。词依词腔押韵，韵位疏密无定，所以词韵比诗韵自由，而词律严于诗律。又依唱腔用字，讲究四声。后来的人填词逐渐不依唱腔，只以前人的格式为准。词的句式长短不一，以曲拍为准。以上是词的外部特征，词还有很多内部特征，如讲究取象、选境等。"词之为体，要眇宜修，能言诗之所不能言，而不能尽言诗之能言，诗之境阔，词之言长"（王国维《人间词话》），从中可略窥一斑。

曲子词最早产生于民间，王重民收有《敦煌曲子词集》，是现存最早的唐五代民间曲子词，多作于唐玄宗至五代时期，收集词161首。敦煌词主要表现男女大胆的恋情，如《菩萨蛮》（枕前发尽千般愿），反映战争问题和征夫思妇怨情等。此时的词尚未定型，格律粗糙，但自有一种质朴的韵味。敦煌曲子词的价值就在于它保持了词的本来面貌。

唐代一些文人开始写词，多为小令，流传不多。李白所做的《菩萨蛮·平林漠漠烟如织》和《忆秦娥·箫声咽》被推为"百代词曲之祖"，确是上乘之作。较早的填词作品有张志和的《渔歌子》和戴叔伦等人的《调笑令》，轻快疏朗，别有风韵。刘禹锡和白居易也善于作词，《潇湘神》就有巴楚民歌的风味，《忆江南·江南好》等也通俗平易。可见，唐初词形式短小，题材广泛，文人受民间俚曲影响明显，并以写诗的手法作词。

晚唐温庭筠是第一个专力写词的文人，他为文人词开创了新天地。他的词律精韵胜，绮怨香浓，很多人仿效，逐渐形成了花间词派。五代后蜀赵崇祚曾选录温庭筠、韦庄等十八家词为《花间集》，这是我国最早、规模最大的文人词总集，收集词五百首，香艳轻软，颓靡浮艳。南唐花间词人以冯延巳和李璟、李煜为代表，他们的词多描写宫廷生活和家国之思，如《谒金门》《摊破浣溪沙》《乌夜啼·林花谢了春红》等，轻盈婉约，洗练含蓄。花间词的美学价值很高，直接成为宋词的先导。"自李后主，眼界始大，感慨遂深，变伶工之词为士大夫之词"，可见李煜使得词的内容和风格都发生了变化。唐五代的重要词集还有《尊前集》，录三十六家词，与《花间集》一样，多写花间樽前的闲情。《全唐五代词》是收集五代词最完整的词集。五代词奠定了词婉约柔美的整体风格。

词进入宋朝，成为一代之胜。北宋前期词以晏殊、晏几道、欧阳修、柳永为代表，多半秉承晚唐五代词的余韵，填词以小令为主，多写男女之情，词境开拓不大，但词调和技巧却有很大的发展。北宋后期词以苏轼和周邦彦为代表，以诗化为特点，突破了"词为艳科""诗庄词媚"的传统，尤其是苏轼创作了大量豪放词，自此词坛上才真正有了豪放和婉约之分。婉约词以写儿女风情、离愁别恨为主，结构缜密深细，重视音律的和谐；豪放词内容偏重社会人生，气象恢宏雄放，以诗为词，不拘音律。宋词乃至整个词史上，婉约词人多于豪放词人。南宋前期词以辛弃疾为代表，大批抗金爱国的词人如张元干、张孝祥等崛起。北宋末南宋初的著名女词人李清照独树一帜，她的前期词多写闺情，反映大家闺秀的生活情趣，清丽明快，如《如梦令》《醉花阴》等；后期词如《声声慢》《永遇乐》等，多写国破家亡夫丧的悲恸，凄凉低沉。南宋后期则出现了一批以周邦彦、姜夔、史达祖、张炎、蒋捷等为代表的格律词派，讲究清真，提倡雅正，词趋于雅化和格律化。

金词豪放爽朗，其成就主要在后期，标志是杰出词人元好问，其词雄浑博大。元代词坛清冷。明初词坛以宋濂、刘基、高启为代表。嘉靖年间，杨慎、李攀龙的小词可称佳品；万历年间，词人以汤显祖最为杰出。明末清初王夫之等人有爱国词，另有吴伟业、陈维崧、朱彝尊、纳兰性德、王士祯等人，他们的词各有特色。康熙后百年间没有出色的词人，只有乾嘉之际，张惠言开创常州词派起而振之。清末词坛以龚自珍、王国维等人为代表，都有可观的成就。

三、曲

　　曲是兴盛于元代的一种新的文学体裁，元曲作为元代的代表文学样式，是和唐诗、宋词并称于世的。曲有南曲和北曲之分。南曲兴于南宋，流行于浙东一带；北曲兴于金元，随着元朝征服全国，由北方而风靡各地。南北曲是同受唐宋大曲、宋词、民间俗曲的影响而发展起来的。

　　元曲又有剧曲和散曲之别。剧曲是指曲文成为戏剧的唱词，配合"宾"（对话）、"白"（独白）而扮演故事情节者，就是俗称的"戏曲"。南曲戏曲，在南宋和元朝叫作"南戏"，在明代称为"传奇"。北曲戏曲，在元代称为"杂剧"。传奇的长短不受限制，一部可多至四五十出，一出里可用不同宫调，也不限定演唱的人数。杂剧每部只有四折，可以加上一个楔子，每折必须由同一宫调的若干曲子按规定的次序排列（联套），而且由一人独唱。南曲在宋元之际只有剧曲没有散曲，因当时宋词还在流行。明代兴起以南曲宫调唱法为依据的南散曲。北散曲兴于金代，而盛行于元朝，是一种市民文学，没有科白，和长短句十分相似，以俚俗尖新为主要特征，尖酸刻薄似乎更加风趣，油嘴滑舌反而别有韵味，是供人吟诵的作品。现代常说的散曲实际指北散曲。散曲一旦倾向典雅，就会失去其活泼清新的本来面目，明清之际，文人从市井回到书斋，散曲的风格逐渐雅化，讽刺批判的锋芒也日趋消退，江河日下的趋势就难以挽回了。

　　北散曲既有小令，也有用小令连接起来的套数。小令一名"叶儿"，又称"元人小词"。每首小令由一首曲牌构成，有如一首诗、一阕词，用以抒情写景述志叙事。带过曲，是根据某些曲牌可以相互连接的内在规律，连用两个或三个曲牌，构成一支"带过"的曲调，和小令一样一韵到底，也可视为小令的一种。套曲，又称套数、联套，有剧套与散套之分。元人北曲杂剧，通常每折的唱词用一个宫调的曲子联成一套，与宾白相间，组成一折，成为剧套；散曲联套，没有宾白相间，纯由套曲组成，就是散套了。套数中曲牌连接的先后次序是有规定的。一个套数，短的只有两个曲牌，长的可连用20多个。每个套数只押一韵，中间不能换韵。每个套曲必须有《尾》（《煞》《煞尾》《收尾》《庆馀》等），以示一个套曲的结束，但如果用带过曲结尾就可不用《尾》。幺篇就是上篇，即再用一次前面的曲牌，据说"幺"是"上"字的草书之讹，久之积非成是。北曲中重用前曲一般用"幺篇"，南曲则用"前腔"。

　　主要的散曲作家及作品有：关汉卿及其《四块玉·别情》《南吕·一枝花·不伏老》，马致远及其《天净沙·秋思》《寿阳曲·远浦归帆》，睢景臣及其《般涉调·高祖还乡》，张养浩及其《山坡羊·潼关怀古》，乔吉及其《水仙子·寻梅》等，可为一时之胜。

　　戏曲是高度综合的艺术，它广泛调动了诗词、舞蹈、音乐、绘画、雕塑等艺术形式，形成一种独特的体系。戏曲最早可追溯到唐代，当时的歌舞戏有大面（代面）、拨头（钵头）、踏摇娘三种形式，还出现了参军戏和角抵戏。金末元初出现的元杂剧是最早在全国范围内流行的，产生了大量作家和剧本的戏曲形式。元杂剧当时称传奇、北曲，是在我国北方流行的俚谣俗曲的基础上，吸收了前代各种艺术如诸宫调、唱赚、联套等的优点以及金院本的戏台演出经验而形成的一种独立戏曲样式。元杂剧主要有以下几类：爱情婚姻剧，提高了女子的地位，多半是大团圆的结局，《西厢记》《拜月亭》《墙头马上》和《倩女幽魂》合称元代四大爱情剧；神仙道化剧，否定人世红尘，肯定仙道境界，如《黄粱梦》；公案剧，一般写权豪欺压百姓、清官断案申冤的情节，如《鲁斋郎》《陈州粜米》；历史剧，《汉宫秋》《单刀会》《赵氏孤儿》

《梧桐雨》和《渑池会》并称五大历史剧；社会剧，反映社会弊端，如《窦娥冤》。北宋末到元末明初，南方流行南戏，比元杂剧的民间色彩更浓厚，其剧目主要有《永乐大典戏文三种》《荆·刘·拜·杀》和《琵琶记》。南戏分场，篇幅较长，舒缓轻柔。明清戏曲就是沿着南戏的路子发展起来的。明代戏曲分传奇和杂剧，以传奇的艺术成就为高。明代最负盛名的传奇作家是汤显祖，其代表作是《牡丹亭》，以他为中心，形成了讲究文采的临川派。明中后期出现了以沈璟为代表的讲求本色和声律的吴江派。明代主要的杂剧作家及作品有王九思及其《曲江春》、康海及其《中山狼》、徐渭及其《四声猿》等。清代初期杂剧作品有吴伟业的《通天台》、尤侗的《读离骚》等，传奇有李玉的《清忠谱》等。中期洪升的《长生殿》、孔尚任的《桃花扇》相继问世，这两部作品在各方面都达到了传奇史的顶峰，当时有"南洪北孔"之称，而戏曲史上名家辈出的景象也到此结束了。

四、赋

赋，最初是指诵说，春秋战国时期有所谓"赋诗言志"之说。《诗经》中的"赋比兴"之"赋"指铺陈的表现手法，所谓"敷陈其事而直言之也"。作为一种文体，赋最早出现在荀子的《赋篇》中，荀子有赋五篇。而作为一种文学体制，赋可追溯至楚辞，故今人多以辞赋并称。所以，赋是以楚辞为滥觞，最早见于荀子的文中，至汉代才成为一种特定体制的界于韵文和散文之间的新文学体裁。

刘勰《文心雕龙·诠赋》论赋："铺采摛文，体物写志。"陆机的《文赋》也说："赋体物而浏亮。"可见赋的特点首先在于体物。而在体物的同时，还可以言志。汉班固《两都赋序》说："赋者，古诗之流也。"赋是在先秦多种文学因素的综合影响下产生的。例如《诗经》中赋的铺排和《离骚》的华美都被汉赋吸收了；《战国策》中游说之辞的铺张扬厉，其中的东西南北式、主客问答式的铺排手法构成了汉赋的主要结构方式。所以，在艺术表现上，赋以铺张扬厉、夸饰性的描述为主，注重铺陈，辞藻华丽，十分讲求音韵的和谐美。它完美地将散文的章法、格式和诗歌的韵律、节奏结合在了一起，呈现出雄奇博大的壮美感，并形成了一种定型的主客问答形式。

赋体的流变大致经历了以下几个阶段：骚赋、汉赋、骈赋、律赋、文赋。

汉初的赋，继承骚体传统，逐步向新体赋转化。西汉的赋就是骚体赋，其代表作家是贾谊，代表作品是《吊屈原赋》《鹏鸟赋》。和离骚一样，骚体赋有很强的抒情性。在汉赋的发展过程中，骚体赋出现了一个转折点——七体，其标志是枚乘《七发》的出现。七体重在用铺张扬厉的手法揭露诸侯王的骄奢淫逸的生活。赋的成熟始于汉大赋（新体赋），其成熟的标志是司马相如，他的代表作有《子虚赋》《上林赋》，歌颂汉帝国的强大。东汉班固的《两都赋》对汉赋的题材有所拓展，但形式上没有什么变化。所以，直到东汉前期，汉赋在形式上一直以歌功颂德的大赋为主，都是长篇巨制，气象恢宏。

张衡《归田赋》的出现，标志着汉赋有了一个转折。这种赋篇幅短小，感情真挚，是"为情而造文"。不同于以前"为文而造情"的大赋，这类赋称为抒情小赋。著名的抒情小赋还有蔡邕的《述行赋》和赵壹的《刺世嫉邪赋》。小赋已经是一种文赋了。

所以，总体来看，汉赋的发展大致经历了三个阶段：骚体赋、汉大赋、抒情小赋。这三种赋不是后生而前灭的关系，只是出现的时间有先后，并且出现的时间先后也不是绝对的。大赋后来也有人写，如左思的《三都赋》，小赋在东汉末以前也有人写，如司马相如的《长门赋》。

魏晋南北朝时，赋向骈文的方向发展，称为骈赋或俳赋，它篇幅短小，以上四下六的句式为主，称为"四六文"或"四六骈文"。

唐朝盛行律赋，在骈赋的基础上，更加注重对仗和用韵。著名的律赋有王勃的《滕王阁序》。

文赋，文指古文，相对于骈赋来说，文赋是用古文写成的赋，不拘骈偶。文赋继承了先秦两汉赋的传统，多为主客问答式。杜牧的《阿房宫赋》是最早的文赋，而文赋的代表作是欧阳修的《秋声赋》和苏东坡的《前赤壁赋》《后赤壁赋》，这些赋已经摆脱了汉赋的影响，独成体制。其实，文赋的实质是用古文的语言写成的具有赋的结构的散文，可以看成赋的一种变体。宋代的文赋是赋发展到终极阶段的标志。

第四节　书信概说

书信，是个人或单位之间沟通思想、交流信息的不可缺少的书面工具，古代称为书，又有尺牍、简、笺、札、启、函缄、柬、贴、疏、表等名称。这些异称有的因为书写工具而得名，古时没有纸，写信用约长一尺的竹简、木简或素帛，因此称书信为尺牍、尺素；有的则因写信对象的不同而得名，人臣上书给皇帝称疏或表，上书给皇后、太子、王公、大臣称为笺。今天所称的信，在古代是指送信的人——信使，只是到后来才逐渐演变为书信的含义。

关于书信的起源，刘勰在《文心雕龙·书记》中说："故书者，舒也。舒布其言，陈之简牍，……三代政暇，文翰颇疏；春秋聘繁，书介弥盛。……及七国献书，诡丽辐辏；汉来笔札，辞气纷纭。"可见，书信远在春秋时代就已流行起来，战国时书信更加兴盛，出现了许多名篇。汉以后随着纸的发明使用，人们写信的条件改善了，写信的人多了，公私书信与日俱增，并且出现了善于写书信的作家。名人书札，作家书简，流布海内外而传诸久远者，实难尽数。

书信的基本特点有四个：第一，有特定的读者。一般书信的读者对象是特定的某个人，可以是上级、下级、长辈、晚辈、家属、亲友、同志甚至敌人。第二，内容是作者内心世界的真实流露。书信是与特定读者交流思想感情的工具，它借用书面文字表达出来，可以毫无保留地吐露作者内心深处的思想情感。第三，写法灵活自由。由于书信的读者对象各异，应用范围极其广泛，它的写法十分自由，议论、抒情、描写、说明均可。第四，有固定的格式。一般书信由称呼、问候、正文、结尾、署名、日期、信封七个部分构成，每部分都有固定的书写格式。

书信的种类很多，可分为一般书信和专用书信两种。专用书信，是指专门用于某种事务联系的信件，如介绍信、证明信、慰问信、感谢信、倡议书、决心书、申请书等。一般书信，是指私人间往来的书信，是人们平时和亲友、师长、同学及上级领导交流思想、商讨问题、互通情况时常用的一种应用文。历史上的许多名人书札，除了在特定时代起到社会交际作用外，其本身就是很有价值的文学作品，如李密的《陈情表》、李白的《与韩荆州书》、司马迁的《报任安书》、李陵的《答苏武书》、诸葛亮的前后《出师表》、鲁迅和许广平的《两地书》、傅雷的《傅雷家书》等。

书信作为一种文体，既可议论，亦可叙事；既能写景，亦能抒情。但书信的写作又不同于一般的议论文、记叙文和抒情文。第一，书信的写作要得体。写信都有特定的目的，因人因事而异。或问候，或议论，或协商，或委托，或表达思想感情，都是为了说明具体问题，即书信的写作要有针对性。写信对象不同，与对象的关系不同，书信的立意措辞、布局谋篇、叙事抒情等都有所不同。第二，书信要说真话，忌空假。写信的目的是什么，就开门见山讲什么，有话则长，无话则短。书信大多是亲朋故友或同志之间的互相交往和思想交流，它必须明晰表达自己的意见，准确抒发个人情怀，因而较之一般文章更具真朴质直、不假修饰的特点，能比较客观地反映作者真情实感。第三，内容不拘形式。从整体结构上来看，书信具有固定的格式，但书信的正文则是文随心意，就其篇幅来说，也是长短不一，行其所当行，止其所当止。

在科学技术高度发达的今天，书信的价值仍然首先表现在它是社会交际、传播信息的重要工具。在被称作信息时代的今天，广播、电视、电传、电报、传真、电话、网络等一系列先进信息工具的出现，不仅扩大了信息传播的距离和范围，而且大大缩短了传播的时间。但是，书信仍不失为一种重要的文字信息载体。社会团体、企事业单位之间的交流仍需要信函，而电传、电报、传真和电子邮件只是改变了传播途径和方式的信函。因此，书信仍然是现代社会最普遍、最基本的信息交流工具之一。

第五节 小说概说

小说是一种以叙述、描写为主要表现手法，以塑造人物形象为中心，通过故事情节和具体的环境描写来反映社会生活的文学样式。人物、情节和环境三要素构成完整的小说世界。正如黑格尔所言，小说能够"充分表现出丰富多彩的旨趣、情况、人物性格、生活状况乃至整个世界的广大背景"。也就是说，与其他文学体裁相比，小说更适合广泛、深刻、具体地反映社会生活。

丰富而细致的人物刻画、完整而多变的情节叙述、具体而独特的环境描绘是小说的三大特点。

小说这三方面的基本特点是密切联系的，丰富而细致的人物刻画必须借助情节的充分展开；具体而独特的环境描写则给人物活动、情节铺叙创造了特定的氛围；情节的展开和环境的描写也要和人物的活动结合起来。三者互相作用，构成了完整的小说世界。

"小说"一词最早见于《庄子·外物篇》，其最初的本意为小道、小事。因此，小说最早指流传于口头或散见于杂汇的传说、琐谈。小说真正产生是在魏晋南北朝时期，当时的小说主要分为志怪和志人两类。志怪小说主要记载奇异的人、事，它继承了神话的传统，其主要代表作品是干宝的《搜神记》；志人小说主要记载了当时一些著名人物的行为与言论，其主要代表作品是刘义庆的《世说新语》。总体来看，魏晋南北朝时期的小说初呈梗概，不够成熟，主要表现在情节简略，人物形象也不够丰满。但它毕竟是中国小说的萌芽，从多方面为唐代小说的成熟创造了条件。尤其是《世说新语》，写人气韵生动，记言简约精妙，实开后世笔记小说的先声。

唐代是中国小说的成熟时期，唐传奇吸收了魏晋小说的创作经验，还吸收了其他如传记文学的艺术成就，使小说的体制更加阔大，人物性格更加鲜明，故事情节更加完整。其中有三类作品成就最大：反映现实生活的作品，反映爱情主题的作品，反映侠义主题的作品。代表作有沈既济的《枕中记》《霍小玉传》，李公佐的《南柯太守传》，李朝威的《柳毅传》，白行简的《李娃传》，元稹的《莺莺传》，杜光庭的《虬髯客传》，袁郊的《红线传》，裴铏的《聂隐娘》等。唐传奇的产生标志着我国小说的发展已经趋于成熟，它主要有两个特点：一是能完整地描绘人物的一段生活或一生经历，形象地表现人物微妙的思想感情和性格特征；二是体制虽短，却有长篇小说的规模，出现了惊奇的情节、丰富的想象以及对生活细节的细致刻画。从此，小说正式成为一种独立的文学样式。

到了宋代，出现了一种新型的小说形式——话本"小说"。民间艺人把自己讲唱的故事记录下来，或者请人帮忙整理出来，这样就从口头创作转向了书面创作，产生了话本。现存的小说话本以爱情、公案两类为最多，成就也最高。爱情类的主要有《碾玉观音》和《闹樊楼多情周胜仙》，公案类的主要有《错斩崔宁》和《宋四公大闹禁魂张》。由于话本是用口语讲述和记录的，因而它也就成了白话通俗小说的开端。

明代长篇小说出现了高度繁荣的局面，一方面是因为明王朝采取了一系列发展生产、休养生息的措施；另一方面是由于一些进步文人看到了小说巨大的社会作用，对之大力提倡，例如李贽把《西厢记》和《水浒传》誉为"古今至文"，这也极大地推动了长篇小说的创作。再加上印刷业的发达，明代中后期，出现了大约五六十部长篇小说，最重要的是明代四大奇书：罗贯中的《三国演义》、施耐庵的《水浒传》、吴承恩的《西游记》、兰陵笑笑生的《金瓶梅》。它们分别代表了历史演义小说、农民起义小说、神魔小说、世情小说的最高成就。明代的短篇小说也十分繁荣，明代文人除了对宋元话本进行收集、加工、整理，还模拟话本形式进行创作。冯梦龙广泛搜集宋元话本和明代的拟话本，编辑为《喻世明言》《警世通言》《醒世恒言》，合称"三言"；随后，凌蒙初仿"三言"创作《初刻拍案惊奇》《二刻拍案惊奇》，合称"二拍"。"三言"和"二拍"的出现，把短篇白话小说的创作推进到了完全成熟的阶段。

由于资本主义萌芽的出现、新的思想意识的萌生、市民队伍的壮大，以及古代文化的丰厚积淀等原因，小说的创作在清代散发耀眼的光芒，主要标志是《红楼梦》和《儒林外史》的问世。曹雪芹的《红楼梦》是我国文学史上思想性和艺术性结合得最为完美的古典文学名著，代表了中国古典小说创作的最高成就。人们不仅喜欢阅读它，而且深入研究它，以至于出现了一门专门的学问——"红学"。吴敬梓的《儒林外史》是一部典型的批判现实主义的杰作，标志着古典讽刺文学的巅峰。清代的短篇小说也达到了我国文言小说的顶峰，其代表作就是蒲松龄的《聊斋志异》。《聊斋志异》植根于民间文学的土壤，除广泛吸收先秦两汉的散文艺术，更直接继承了六朝志怪小说和唐传奇的创作传统，形成了"用传奇法，而以志怪"的独特艺术风格。稍后的纪昀的《阅微草堂笔记》继承六朝小说朴素的记事观念，尚质黜华，表现出了和蒲松龄大相异趣的创作倾向。

鸦片战争以后，在小说创作上，格调不高、平庸落后的狭邪和侠义公案小说占据主导地位。后来，梁启超提倡"小说界革命"，谴责小说开始盛行，出现了李宝嘉的《官场现形记》、吴趼人（原名吴沃尧）的《二十年目睹之怪现状》、刘鹗的《老残游记》、曾朴的《孽海花》，它们合称清末四大谴责小说。这些作品明显暴露了封建官场的黑暗腐朽，但艺术成就一般不高。辛亥革命后，出现了"鸳鸯蝴蝶派"小说和"黑幕"小说，不过思想和艺术价值都很低。

"五四运动"高举民主和科学的大旗,反对文言文,提倡白话文,中国文学从内容到形式都发生了巨大的变化。"五四运动"之后,小说的创作获得了大丰收,鲁迅的《狂人日记》是现代白话小说的开端。鲁迅的小说集《呐喊》和《彷徨》,以熟练而又丰富的艺术手法,塑造了社会各阶级、各阶层的一系列典型形象,概括了异常深广的社会内容,奠定了中国现代小说的基石。在鲁迅的开拓和带动下,出现了一大批新体小说家,"文学研究会"主张为人生的文学,倾向现实主义,有成就的小说家有冰心、叶圣陶、王统照等;"创造社"主张为艺术而艺术,倾向浪漫主义,以郁达夫的"自序传"小说成就最高。"左联"之后,小说创作进一步发展,涌现了大量优秀作品,如茅盾的《子夜》,巴金的《家》《春》《秋》,老舍的《骆驼祥子》,沈从文的《边城》等。抗战爆发以后,沦陷区和国统区的小说创作都闪耀出新的光彩,代表作品有张天翼的《华威先生》、茅盾的《腐蚀》、巴金的《寒夜》、老舍的《四世同堂》、张爱玲的《传奇》、丁玲的《太阳照在桑干河上》、周立波的《暴风骤雨》、赵树理的《小二黑结婚》和《李有才板话》、孙犁的《白洋淀记事》等。

1949年,中华人民共和国成立,中国文学翻开了新的篇章。之后一段时期,长篇小说的创作取得了大丰收,代表作品有赵树理的《三里湾》、周立波的《山乡巨变》、柳青的《创业史》、梁斌的《红旗谱》、杨沫的《青春之歌》、曲波的《林海雪原》等。改革开放以后,小说创作更是出现了百花齐放的新局面,先后出现了伤痕文学,如刘心武的《班主任》;改革文学,如蒋子龙的《乔厂长上任记》、陆文夫的《围墙》、高晓声的《陈奂生》系列等;寻根文学,如贾平凹的《商州》文化系列、韩少功的《爸爸爸》、阿城的《棋王》等。20世纪90年代以后,创作格局进一步多元化,出现了先锋主义、新写实主义、新历史主义、新女性主义等创作潮流,代表作有余华的《活着》和《许三观卖血记》、铁凝的《大浴女》、王安忆的《长恨歌》、叶兆言的夜泊秦淮系列、莫言的《丰乳肥臀》、刘震云的故乡系列等。

外国小说起源于古希腊、罗马文学。文艺复兴时期,小说开始发展,出现了薄伽丘的《十日谈》和塞万提斯的《唐·吉诃德》等经典作品。18世纪掀起了启蒙主义文学思潮,英国的亨利·菲尔丁第一次给小说下了定义,建立了小说理论,创作上则出现了菲尔丁的《汤姆·琼斯》、卢梭的《忏悔录》、歌德的《少年维特之烦恼》等作品。19世纪是小说的繁荣时期,出现了浪漫主义和批判现实主义两大流派,创作上佳作纷呈,代表作品主要有:大仲马的《三个火枪手》和《基督山伯爵》、雨果的《巴黎圣母院》和《悲惨世界》、司汤达的《红与黑》、巴尔扎克的《人间喜剧》、福楼拜的《包法利夫人》、莫泊桑的《羊脂球》、狄更斯的《双城记》、哈代的《德伯家的苔丝》、果戈理的《死魂灵》、屠格涅夫的《父与子》、陀思妥耶夫斯基的《罪与罚》、列夫·托尔斯泰的《战争与和平》和《安娜卡列尼娜》、契诃夫的《一个文官的死》、马克·吐温的《哈克贝利·费恩历险记》、杰克·伦敦的《热爱生命》等。20世纪以后,小说创作进入了现代和后现代时期,呈现多元化的发展格局,涌现出象征主义、未来主义、表现主义、超现实主义、魔幻现实主义、存在主义、黑色幽默、意识流等诸多流派,这些流派被统称为现代派,其文学作品被统称为现代派文学。